电力系统经济学原理

(原书第2版)

Fundamentals of Power System Economics, 2nd Edition

[英] 丹尼尔·S. 吉尔尚（Daniel S. Kirschen） 著
戈兰·什特尔巴茨（Goran Strbac）

黄　辉　李　晨　刘　瑶　林　瑾　王媛媛　译
陈正鹏　张耀宇　董珂君　杨雅钦

陈启鑫　张　宁　校

机械工业出版社
CHINA MACHINE PRESS

本书主题为电力系统经济学和电力市场基础知识。首先介绍了电力市场化改革的起源和涉及的经济学基础知识，其次介绍了电能量市场和市场成员的行为、输电网络和电力系统运行相关知识，最后介绍了发输电投资原理，形成了电力系统经济学的基本知识体系。

本书为电力市场入门书籍，语言通俗易懂，知识内容丰富，读者能够了解和掌握电力市场的基本概念和原理，形成电力系统经济学的基本知识体系，在此基础上，结合电力市场实际工作，锻炼和提高工作能力，在为读者创造价值的同时，助力我国电力工业健康发展。

Copyright © 2019 John Wiley & Sons Ltd

All Rights Reserved. This translation published under license. Authorized translation from the English language edition, entitled Fundamentals of Power System Economics, Second Edition, ISBN 978-1-119-21324-6, by Daniel S. Kirschen, Goran Strbac, Published by John Wiley & Sons. No part of this book may be reproduced in any form without the written permission of the original copyrights holder.

本书中文简体字版由 Wiley 授权机械工业出版社出版，未经出版者书面允许，本书的任何部分不得以任何方式复制或抄袭。

版权所有，翻印必究。

北京市版权局著作权合同登记　图字：01-2020-1101 号。

图书在版编目（CIP）数据

电力系统经济学原理：原书第 2 版／（英）丹尼尔·S. 吉尔尚（Daniel S. Kirschen），（英）戈兰·什特尔巴茨（Goran Strbac）著；黄辉等译. —北京：机械工业出版社，2023.5（2025.5 重印）
书名原文：Fundamentals of Power System Economics，2nd Edition
ISBN 978-7-111-72964-8

Ⅰ.①电… Ⅱ.①丹… ②戈… ③黄… Ⅲ.①电力工业-工业经济学　Ⅳ.①F407.61

中国国家版本馆 CIP 数据核字（2023）第 058434 号

机械工业出版社（北京市百万庄大街 22 号　邮政编码 100037）
策划编辑：付承桂　　　　　　　责任编辑：付承桂　赵玲丽
责任校对：张晓蓉　翟天睿　　　封面设计：马精明
责任印制：常天培
河北虎彩印刷有限公司印刷
2025 年 5 月第 1 版第 4 次印刷
169mm×239mm·20 印张·389 千字
标准书号：ISBN 978-7-111-72964-8
定价：99.00 元

电话服务　　　　　　　　　　网络服务
客服电话：010-88361066　　　机　工　官　网：www.cmpbook.com
　　　　　010-88379833　　　机　工　官　博：weibo.com/cmp1952
　　　　　010-68326294　　　金　书　网：www.golden-book.com
封底无防伪标均为盗版　　　　机工教育服务网：www.cmpedu.com

译者的话

2007年，本书第1版的中文译著在国内出版，受到了读者的欢迎，推动了电力市场相关知识在国内的推广普及。2015年，我国启动新一轮电力体制改革，电力市场建设是其中一项关键任务。自此以来，我国电力市场建设不断深化、电力市场主体迅速增加，电力市场在支持经济社会发展、促进清洁能源消纳、保障电力可靠供应中的作用逐渐凸显。近年来，电力市场建设面临新的形势，一方面，在发电侧，具有间歇性和随机性的可再生能源大规模接入电力系统；另一方面，在需求侧，可调节负荷、储能等灵活性资源快速发展，对推动电力市场理论与实践创新提出了新要求。在2019年出版的本书第2版中，增加了若干章节，进一步阐述了可再生能源、灵活性资源对电力市场运营的影响。译者将第2版引入国内，力求帮助读者结合电力市场建设已有实践和新的形势，更加完整、深入地理解电力市场运行规律和关键问题。

黄辉负责本书第1、2、3、4、7章的翻译工作，李晨负责第5、6、8章的翻译和全书统稿工作，刘瑶、林瑾、王媛媛、陈正鹏、张耀宇、董珂君、杨雅钦分别参与了相关章节的翻译；清华大学陈启鑫教授、张宁副教授对全书进行了校对。华北电力大学董军教授对本书的出版给予了大力支持和帮助，机械工业出版社付承桂编辑为本书出版付出了艰辛劳动，在此向她们表示诚挚谢意。

由于译者水平有限，书中难免存在错漏之处，敬请各位读者批评指正。

译者

2023年5月

第1版序言

在过去100年中,电力工业长期采用垂直一体化的管理方式。在那个时期,工程师们往往把电力工业的管理视为一系列具有挑战性的优化问题。随着时间的推移,这些优化问题的规模、复杂性和涉及的范围不断扩大。为更好地解决这些问题,提升电力系统规划和运行水平,人们不断开发新的算法,并部署了功能更强大的计算机。随着电力工业引入竞争,电力市场的参与主体不断增多。不同的利益主体必须相互合作,以保障电能的稳定高效供应。在此情况下,虽然电力系统物理运行特性并没有出现大的变化,但新的问题不断涌现,传统优化问题的重要性逐渐降低。为了释放市场竞争所能带来的红利,必须以全新的方式解决原来的问题。为了在激烈的竞争中生存,新进的市场主体必须将其提供服务的价值最大化。因此,仅了解电力系统的物理原理是远远不够的,我们必须了解经济规律对物理系统运行的影响作用以及物理定律对经济规律的制约作用。

随着越来越多独立市场主体的参与,电力市场发展非常迅猛。在过去20年中,人们撰写了数百篇论文、数千篇研究报告和一些学术书籍来讨论这些新出现的问题并提出了相应的解决方案。撰写本书的目的,不是总结或重复前人的研究成果。本书另辟蹊径,聚焦于电力市场的最本质的问题,对其进行清晰而深入的剖析和阐述。我们的目的,是使读者对基本原理有一个深入的了解,并且帮助他们培养创新性思维,以解决在不同国家、不同市场以及不同企业出现的不同问题。因此,我们既不讨论特定市场,也不对所提出的解决方案进行罗列。

本书的结构很简单。在介绍了电力市场改革之后,我们将讨论对于理解电力市场必不可少的一些微观经济学概念。接下来,我们将分析竞争环境中电力系统的运行问题。为使问题简单明了,我们一开始将不考虑输电网络约束，只考虑纯电能量市场的运作。然后，我们将讨论电力系统的安全性以及输电网络对电价的影响。在最后两章，我们会分析在竞争性电力市场中发电和输电投资的问题。

在编写本书时，我们认为本书的主要读者是电力工程类专业的一年级硕士研究生和高年级本科生。我们假设这些学生了解电力系统的物理原理，理解潮流计算的目的和过程，并且熟悉基本的优化理论。此外，对于从事放松管制、竞争性市场等工作的电力工程师们和希望拓展这方面知识的读者来说，这本书也将是非常有价值的。最后，这本书对于想要了解跨学科问题的经济学家和其他专业人员也可能是有用的。

在数据方面，除标出来源的特定引用之外没有在问题和示例中使用真实数据。由于美元的使用最为广泛，因此我们使用它来作为货币单位。在案例方面，我们使用比利时漫画家 Hergé（角色丁丁的创造者）构想出来的虚拟国家西尔瓦尼亚（Syldavia）和博尔多利亚（Borduria）来进行示例分析。

本书来源于我们在曼彻斯特科技大学所进行的电力系统经济学方面的研究、教学活动。此外，感谢我们的同事 Ron Allan 和 Nick Jenkins 营造了一个开展这项工作的良好环境。同时，我们也感谢 Fiona Woolf 在输电规划方面进行的生动的跨学科讨论。一些学生花费了大量时间来校对本书并检查书中问题的答案。其中，特别感谢 Tan Yun Tiam，Miguel Ortega Vazquez，Su Chua Liang，Mmeli Fipaza，Irene Charalambous，Li Zhang，Jaime Maldonado Moniet，Danny Pudjianto 和 Joseph Joseph。

Daniel S. Kirschen，Goran Strbac

英国曼彻斯特

2004 年 2 月

第2版序言

自从本书第1版于2004年问世以来,虽然电力市场的基本原理没有改变,但竞争激烈的电力市场变得日益复杂,因此我们认为本书需要更新,以更密切地反映当前电力市场的最新实践。此外,需要特别注意的是,具有间歇性和随机性特点的可再生能源大规模并网,大大增加了电力系统运行和市场参与主体面对的不确定性。因此,第2版的许多新章节专门分析不确定性对电力市场的影响,以及电力市场对灵活性市场资源(如储能和需求侧资源等)和相应市场规则的需求。

本书第1版中的有关电力系统安全和辅助服务的内容已扩展为完整的一章,即第6章电力系统运行,置于第5章输电网与电力市场之后。我们也对整本书进行了仔细的修订,以反映当前电力市场新理论的发展以及我们对电力市场运作的更进一步的理解。

我们非常感谢Bolun Xu, Muhammad Danish Farooq, Yujie Zhou, Linyue Qiao, Mareldi Ahumada Paras, Namit Chauhan, Ben Walborn, Dimitrios Papadaskalopoulos, Rodrigo Moreno, Yujian Ye和Yang Yang。这些学生和博士后通过举例、说明的方法帮助我们指出第2版原稿中存在的错误。

Daniel S. Kirschen, Goran Strbac

美国西雅图

2018年3月

目 录

译者的话

第1版序言

第2版序言

第1章 引言 ·· **001**
   1.1 为何引入竞争 ··· 001
   1.2 电力市场结构及市场参与主体 ··· 002
      1.2.1 传统模式 ··· 003
      1.2.2 引入独立发电商 ··· 004
      1.2.3 批发竞争（Wholesale Competition） ···························· 004
      1.2.4 零售竞争（Retail Competition） ································· 006
      1.2.5 可再生能源和分布式能源 ·· 007
   1.3 电力市场成员构成 ·· 007
   1.4 竞争和私有化 ·· 009
   1.5 尚待解决的问题 ··· 009
   1.6 习题 ··· 011
   延伸阅读 ·· 011

第2章 经济学的基本概念 ··· **012**
   2.1 简介 ··· 012
   2.2 市场机制的基本原理 ··· 012
      2.2.1 消费者模型 ··· 012
      2.2.2 生产者模型 ··· 018
      2.2.3 市场均衡 ··· 021
      2.2.4 帕累托效率 ··· 022
      2.2.5 社会总福利与无谓损失 ··· 024
      2.2.6 分时价格（Time-Varying Price） ································ 025
   2.3 企业的基本概念 ··· 025
      2.3.1 投入与产出 ··· 025

2.3.2 长期与短期 ··· 026
2.3.3 成本 ··· 028
2.4 风险 ··· 032
2.5 市场类型 ··· 033
2.5.1 现货市场 ··· 033
2.5.2 远期合同与远期市场 ······························ 034
2.5.3 期货合同与期货市场 ······························ 036
2.5.4 期权 ··· 037
2.5.5 差价合约 ··· 038
2.5.6 价格风险管理 ······································· 039
2.5.7 市场效率 ··· 039
2.6 不完全竞争市场 ·· 039
2.6.1 市场力 ·· 039
2.6.2 垄断 ··· 040
2.7 习题 ··· 041
延伸阅读 ··· 047

第3章 电力市场 ··· 048
3.1 一兆瓦时的电和一桶石油有什么区别 ·············· 048
3.2 交易周期 ··· 049
3.3 远期市场 ··· 051
3.3.1 双边协商或分散式交易 ··························· 051
3.3.2 集中交易 ··· 054
3.3.3 集中式和分散式交易的比较 ····················· 064
3.4 现货市场 ··· 065
3.4.1 获取平衡资源 ······································· 066
3.4.2 市场关闸 ··· 068
3.4.3 现货市场的运营 ···································· 068
3.4.4 现货市场和远期市场中的相互运作 ············ 070
3.5 结算流程 ··· 071
3.6 习题 ··· 074
参考文献 ··· 086
延伸阅读 ··· 086

第4章 电力市场主体行为 ·································· 087
4.1 简介 ··· 087
4.2 电力用户行为 ··· 087

4.3	售电公司行为	089
4.4	生产者行为	096
	4.4.1 完全竞争	096
	4.4.2 发电和购电的组合策略	103
	4.4.3 不完全竞争	105
4.5	关于化石燃料发电以外的其他发电技术	115
	4.5.1 核电厂	115
	4.5.2 水力发电厂	115
	4.5.3 风能和太阳能发电	116
4.6	关于储能运营	118
	4.6.1 自调度	119
	4.6.2 集中调度	119
4.7	关于弹性用电需求	123
	4.7.1 弹性用电需求与储能	123
	4.7.2 弹性需求调节能力的补偿	123
	4.7.3 实施问题	124
4.8	互联外部电力系统的影响	129
4.9	对市场总体的认识	129
	4.9.1 市场出清	129
	4.9.2 行使市场力	132
	4.9.3 解决市场力带来的问题	133
4.10	习题	134
延伸阅读		137

第5章 输电网与电力市场 138

5.1	简介	138
5.2	输电网中的分散式交易	138
	5.2.1 物理输电权	139
	5.2.2 物理输电权存在的问题	140
5.3	输电网络中的集中式交易	144
	5.3.1 两节点系统中的集中式交易	144
	5.3.2 三节点系统中的集中式交易	150
	5.3.3 输电网络中的损耗	168
	5.3.4 节点电价的数学推导	173
	5.3.5 集中式交易机制下的输电风险管理	181
5.4	习题	188

参考文献 ········ 195
延伸阅读 ········ 195

第6章 电力系统运行 ········ **196**

6.1 简介 ········ 196
6.1.1 对电力系统运行可靠性的要求 ········ 196
6.1.2 电力系统可靠性的价值 ········ 197
6.1.3 电力系统可靠性的成本 ········ 197
6.1.4 获取可靠性资源 ········ 199
6.1.5 本章内容概述 ········ 199

6.2 电力系统运行问题 ········ 200
6.2.1 系统平衡问题 ········ 200
6.2.2 电网问题 ········ 205
6.2.3 系统恢复 ········ 211
6.2.4 市场模型与系统运行模型 ········ 211

6.3 获取可靠性资源 ········ 211
6.3.1 义务提供的方式 ········ 211
6.3.2 可靠性资源市场 ········ 212
6.3.3 大规模间歇性可再生能源发电渗透下的系统平衡 ········ 213
6.3.4 营造一个公平竞争的环境 ········ 214

6.4 购买可靠性资源 ········ 215
6.4.1 可靠性资源需求的定量分析 ········ 215
6.4.2 集中式电力市场中电能量和备用的协同优化 ········ 216
6.4.3 在电能量和备用之间分配输电容量 ········ 224
6.4.4 辅助服务费用分摊 ········ 228

6.5 出售可靠性资源 ········ 229
6.6 习题 ········ 235
参考文献 ········ 238
延伸阅读 ········ 238

第7章 发电投资 ········ **240**

7.1 简介 ········ 240
7.2 从投资者角度看发电容量投资 ········ 240
7.2.1 新建发电容量 ········ 240
7.2.2 发电容量退役 ········ 246
7.2.3 需求周期性波动的影响 ········ 247

7.3　从电力用户的角度看发电容量投资 ·································· 251
　　　　7.3.1　电能市场导向的发电容量投资 ························· 251
　　　　7.3.2　容量补偿电费 ··· 254
　　　　7.3.3　容量市场 ··· 255
　　　　7.3.4　可靠性合同 ··· 256
　　7.4　考虑可再生能源的发电容量投资 ·································· 257
　　　　7.4.1　投资者的视角 ··· 257
　　　　7.4.2　电力用户的视角 ··· 257
　　7.5　习题 ·· 258
　　参考文献 ·· 260
　　延伸阅读 ·· 261

第8章　输电投资 ··· **262**
　　8.1　简介 ·· 262
　　8.2　输电业务的性质 ·· 263
　　　　8.2.1　输电业务的基本原理 ··· 263
　　　　8.2.2　输电业务是一种自然垄断业务 ························· 263
　　　　8.2.3　输电是一项资本密集型产业 ····························· 263
　　　　8.2.4　输电资产使用寿命长 ··· 264
　　　　8.2.5　输电投资的不可逆转性 ····································· 264
　　　　8.2.6　输电投资是成块状（lumpy）开展的 ··············· 264
　　　　8.2.7　输电投资的规模经济性 ····································· 264
　　8.3　基于成本的输电扩容 ·· 265
　　　　8.3.1　确定输电容量投资水平 ····································· 265
　　　　8.3.2　输电费用分摊 ··· 266
　　8.4　输电的市场价值 ·· 267
　　　　8.4.1　输电需求函数 ··· 270
　　　　8.4.2　输电供给函数 ··· 271
　　　　8.4.3　最优输电容量 ··· 272
　　　　8.4.4　平衡约束成本和投资成本 ································· 273
　　　　8.4.5　用电负荷波动的影响 ··· 274
　　　　8.4.6　次优输电容量的投资收回 ································· 279
　　　　8.4.7　规模经济 ··· 281
　　　　8.4.8　网格结构类型的输电网络的投资扩容 ············· 284
　　　　8.4.9　参考电网的概念 ··· 289
　　8.5　输电其他方面的价值 ·· 294

   8.5.1 共享系统备用 ·········· 295
   8.5.2 共享电力平衡资源 ·········· 297
   8.5.3 共享发电容量裕度 ·········· 299
 8.6 去中心化的输电容量投资扩容 ·········· 302
   8.6.1 基本概念 ·········· 302
   8.6.2 两节点系统示例 ·········· 303
 8.7 非电网的输电扩容的替代方案 ·········· 306
 8.8 习题 ·········· 306
参考文献 ·········· 308
延伸阅读 ·········· 308

CHAPTER 1

第 1 章 引言

1.1 为何引入竞争

在 20 世纪的大部分时间中,当电力用户想要购买电能时,他们没有选择的余地,必须从所在地垄断电力供应的公用事业电力公司那里购买。其中一些公用事业电力公司是垂直垄断型公司,它们本身就可以生产电能(发电),并且将电能从发电厂通过输电网络送到负荷中心,然后通过配电网将电能配送给本地用户。另一种情况是,一些向用户售电的公共事业电力公司只负责电力销售和配电,这些公司必须从那些在更大区域中具有垄断地位的拥有发电和输电业务的公用事业电力公司那里购买电能。在世界上的某些国家和地区,这些公用事业电力公司是受监管的私人公司,在另外一些国家和地区,它们是国有公司或政府机构。不论这些公用事业公司的所有权和垂直垄断力如何,区域垄断性是公用事业电力公司的基本特征。

按这种区域垂直垄断模式运行的公用事业电力公司在促进经济发展和提高人们生活质量方面做出了贡献。在工业化时代,大多数人都通过接入配电网络使用电能。近几十年,电网传输的电量大约每 8 年就翻一番。同时,工程技术的进步提高了电力供应的可靠性,甚至世界上许多地区的普通电力用户年均停电时间小于 2min。我们可以举出很多例子来反映这些技术进步,如电压 1000kV 以上、送电距离跨越几千公里的输电线路的架设,发电装机容量超过 1000MW 电厂的建设以及将这些电厂和用户联结在一起的电力网络及其实时控制系统。到了这里,一些读者自然就会有这样的疑问,根据这些已经取得的成就,足以说明过去的电力行业的成功,那么,为什么还要在电力行业引入竞争?

20 世纪 80 年代,一些经济学家开始意识到,电力行业的传统管理模式已经走到了尽头,公共事业电力公司的垄断地位遏制了运营效率的提升,且助长了没有必要的投资。此外,他们还认为,私营的公用事业电力公司因低效增加的成本不应该转嫁给电力用户。而公有的公用事业电力公司往往与政府的联系太过紧密,政府的规制过程可能会限制企业的高效运营。例如,在政府部门眼中,部分公有的公用事业电力公司是摇钱树,而其他一些公用事业电力公司,因为政府的过度干预，无法根据其生产成本的变化进行灵活的定价，导致其无法获得进行必要投资所需的资金。

20世纪70年代末期，在很多西方国家开始全面放松经济管制的背景下，这些经济学家提出，如果电力行业不是采用管制下的自然垄断或由政府配置资源的模式，而是让市场机制发挥资源配置的作用，那么电价将会更低，行业的整体经济效率也会更高。在电力行业改革之前，这一放松管制的改革浪潮对航空、交通以及天然气供应等行业已产生了深刻的影响。在上述行业中，人们过去普遍认为，受管制的市场或垄断是向消费者提供"产品"的最有效方式，这些行业的特殊性使得它们不适合通过自由市场提供"产品"。而拥护放松管制的学者则认为，从引入市场竞争机制的角度来看，这些行业的特殊性带来的挑战并不是不可逾越的，这些行业的产品和服务仍然可能像其他商品一样进行自由交易并实现高效配置。如果允许电力供应商自由竞争，那么竞争带来的效率提高最终会让电力用户受益。此外，竞争性的电力公司将可能选择彼此不同的技术。因此，部分电力公司的不合理投资不太可能损害到电力用户的利益。

如果电能是一种能够放在柜子上的商品（例如，一定重量的面粉或一台电视机），在使用过程中，电力用户只需打开电视机开关，或开动设备的时候投入面粉。如是这样，那么电力将是一种普通的商品，这本书也就没有任何存在的必要。然而，尽管最近电力储能和微型发电技术均有了进步，但是电力即插即用的模式在技术上和商业上还不成熟。要想保障持续、可靠的电能供应，仍然需要通过输电网和配电网将用户与大型发电厂连接在一起，并需要特别重视电力系统的可靠性。

在这本书中，我们将探讨如何将电力供应分解成为多种不同的商品和服务，使其在公开市场上自由交易成为可能。由于电力商品的交易活动离不开电力系统这个基础设施的支撑，因此，我们还将讨论电力商品交易对电力系统运行的影响，以及电力系统物理约束对电力市场交易的限制。

从长远来看，不管是出于技术进步期望带来更大利润，还是设备老化需要及时更换的原因，总会出现电力设备投资的需求。在电力市场投资方面，我们需要研究市场激励、物理约束和可靠性需求之间的相互作用和影响。

1.2 电力市场结构及市场参与主体

在对电力市场进行深入分析之前，了解电力市场的构建方式、理清在电力市场中发挥作用的公司和组织及其类型对我们的研究有很大的帮助。在后文中，我们将更为详细地讨论每个市场参与主体的具体功能及其对应的激励政策。由于不同国家和地区的电力系统市场化的速度和发展方向不尽相同，因此并不是所有类型的参与主体在任何一个市场中都能找到。

1.2.1 传统模式

在传统电力市场的模型中（见图 1.1），电力交易仅限于消费者从当地公用事业电力公司买电。此时的公用事业电力公司具有两个主要特征。第一，它垄断了其服务区域的电力供应。如果消费者想购买电能，他们必须只能从这家公用事业电力公司购买。第二，公用事业电力公司是纵向一体化垂直垄断的。这意味着公用事业电力公司具备电力企业所有可能的功能，包括建造发电厂、搭设输电线路和配电网络，并且需要保证所运营电力系统的安全性和可靠性，并向电力用户收取所提供供电服务的费用。

有一些实际电力市场结构模式是传统电力市场结构模式的变型，如图 1.2 展示的结构模型。在这种模式中，垂直一体化的公用事业电力公司一分为二，其中一部分在较大的地域内垄断发电及输电，然后将电力出售给另一部分的几个配电公司（Distribution Company，Disco），而这些配电公司在其各自的配电营业区域也是垄断经营的。

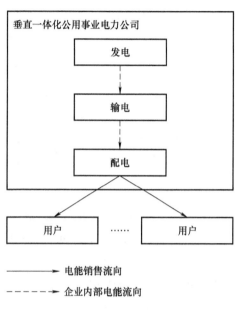

图 1.1 电力市场结构的传统模型

事实上，鉴于公用事业电力公司具有垄断地位的优势，电力用户在面对近乎勒索的电力价格时没有任何话语权。因此，这些公用事业电力公司必须由政府管理或者受政府监管机构的监督。在电力市场结构传统模式及其变型模式中，政府监管机构执行监管协议。协议规定公用事业电力公司在确定的区域内垄断电力供应，公用事业电力公司将电价制定权交由监管机构行使。同时，公用事业电力公司按照该管制价格为区域内电力用户供电并保障一定的服务质量水平。

这种模式并不限制不同区域的公用事业电力公司之间的双边交易，例如，通过互联的输电网进行的电力批发交易。

由于电力市场结构的传统模式及变型中的公用事业电力公司都不必为了生存而与其他公司竞争，因此这些公司均普遍存在因垄断导致的效率低下问题。此外，由于其不透明的运作方式，监管机构也很难评估这些公司有哪些地方需要改进。

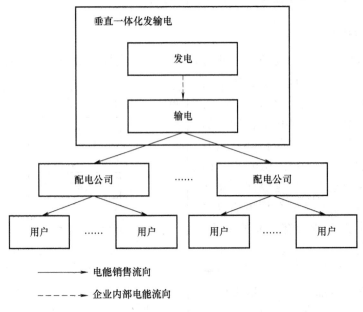

图 1.2　电力市场结构传统模型的变型

1.2.2　引入独立发电商

打破原有的区域垂直垄断格局,推动电力产业向更有竞争性的产业结构方向发展的第一步,是允许独立发电商(Independent Power Producer,IPP)向替代垂直一体化的公用事业电力公司销售电能。图 1.3 描述了这种电力市场结构模式,尽管这种结构模式在发电侧引入了一定程度的竞争,但却不足以像自由竞争市场一样可以产生反映成本变化的有效价格信号(请参阅第 2 章)。市场上的公用事业电力公司出于遏制独立发电商扩大产能的目的,有意尽量压低向独立发电商支付的购电价格或上网电价。因此,政府必须制定相关法律,强制要求公用事业电力公司购买独立发电商生产的全部或部分电能。然而,在这种情况下,这些独立发电商在发电量得到保证以后,反过来又会想方设法抬高购电价格或上网电价。出于以上原因,政府监管机构便面临着如何公平管制上网电价的任务,然而,如果政府机构缺乏详细可靠的信息,管制的结果往往导致该管制上网电价是扭曲和低效的。

1.2.3　批发竞争(Wholesale Competition)

推动电力产业朝竞争性电力市场发展的更进一步的改革,是取消当前的垂直一体化的公用事业电力公司,打造一个所有拥有大型发电厂的公司(Genco)互相之间都能公平竞争并出售电能的市场,如图 1.4 所示。

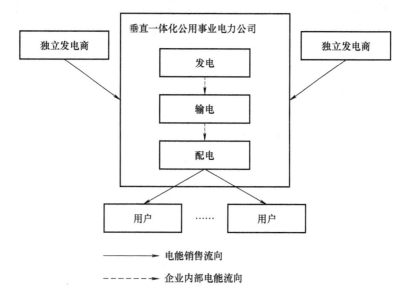

图 1.3 垂直一体化公用事业电力公司和独立发电商（IPP）

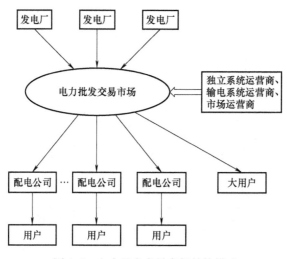

图 1.4 电力批发交易市场结构模式

配电公司在电力批发交易市场上购买能够满足本地用户所需的电能,大用户通常也可以直接参与电力批发交易市场。这个电力批发交易市场可以集中交易,也可以采用基于双边交易的运作方式（此部分内容将在第 3 章详细讨论）。在电力批发交易市场中,电价将由供求关系决定,另一方面,由于每个配电公司对其配电网上的用户的电能销售仍保持地域性垄断,因此相应的零售电价必须受到政府管制。

当电力批发交易市场以集中交易的方式运行时，必须成立独立系统运营商（Independent System Operator，ISO）。该 ISO 具有两个主要功能。首先，该机构必须以公正和有效的方式管理电力交易市场，其次，该机构负责对输电系统进行调度并保障电力系统的可靠性。顾名思义，为保证市场公平性，ISO 必须在机制上独立于所有市场参与主体。

如果市场是以双边交易的方式展开，则 ISO 的这些功能通常由一个或多个市场运营商（Market Operator，MO）和一个输电系统运营商（Transmission System Operator，TSO）来完成。MO 负责组织交易双方的电力交易，而 TSO 则负责维持电网的功率平衡和可靠性。一般而言，TSO 拥有输电资产（例如线路、变压器、开关站等），而 ISO 通常没有输电资产。

1.2.4 零售竞争（Retail Competition）

零售市场也可以引入竞争，电力零售商（售电公司）在电力批发交易市场上批量购买电能，然后将其转售给中小电力用户，如图 1.5 所示。在这种模式下，由于配电公司不再垄断其配电网络所覆盖区域的电能销售，因此配电业务和售电业务实现了分离。人们可以把电力批发交易市场的交易视为基于输电网的交易，而零售市场交易的电能则是通过配电网进行配送。由于人们普遍认为，在同一个区域建造多个相互竞争的输电网或配电网是不经济的，因此，对输电

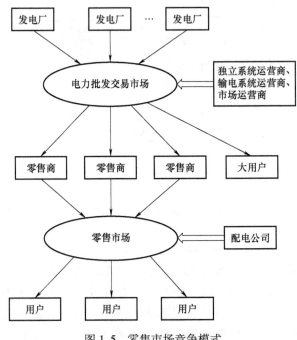

图 1.5 零售市场竞争模式

网和配电网的投资和运营仍然是区域垄断的。而监管者必须决定哪些输、配电网的投资是合理的,以及决定如何将这些投资成本分摊给使用该电网的电力用户。

从经济学的角度来看,如果建立了充分竞争的自由市场,政府就不再需要对零售价格进行管制。因为,如果有电力零售商向某个小用户提供更便宜的价格或更优质的服务,该电力用户就可以选择更换现有电力零售商,此时,更有效的市场价格就在竞争市场中产生了。因此,充分竞争的市场可以发现经济有效的电力价格信号,这就是零售竞争模式的优势,这一点我们将在第 2 章中详细介绍。

1.2.5 可再生能源和分布式能源

过去 20 年中,公共政策的制定旨在减少碳排放以缓解气候变化,在这些政策的影响下,世界上许多地区的发电装机组合发生了极大的变化。当前风能和太阳能发电在电力供应中占了很大的比例,因此电力市场必须适应此类发电资源间歇性和随机性对电网造成的影响。为更有效地应对间歇性可再生能源发电造成的更多更大的功率不平衡,电力市场的调度运行周期必须比过去有较大程度的缩短。另一个变化则是,电力市场越来越需要依赖需求侧的灵活性能源资源来帮助维持电力系统平衡,每个需求侧资源在整个电力系统中的相对规模往往有限但数量众多,并且分散在整个系统中,因此整合需求侧灵活性资源极具挑战性。让分布式能源资源(例如,需求响应资源、小规模储能和分布式光伏发电)直接参与电力市场交易是不可能的,因为这些分布式能源资源的所有者数量众多,他们参与电力批发交易市场会大幅度增加市场主体的数量,使得电力批发交易市场的管理变得不可能。此外,电力批发交易市场的交易规则复杂、准入条件严格,这对于规模小的参与主体来说交易成本过高。为解决以上问题,市场中出现了负荷集成商(Aggregator),他们可以充当批发市场和分布式能源资源所有者之间的商业和技术中介,从而提高整个电力市场的经济效率。

1.3 电力市场成员构成

本节总结了不同市场结构模式下各类组织的功能和角色,在前面的内容中已经介绍了其中一些组织。在某些国家和地区的市场中,单个组织或其下属部门能够执行以下两个或多个组织的职能。另外,不同国家、地区的组织名称也可能有所不同。

垂直一体化的公用事业电力公司(Utility)拥有并运营着发电厂、输电网和配电网等电力供应所需的全部资产。在传统的受监管环境中,这样的公用事业电力公司垄断着特定地域内的电力供应。一旦建立了电力批发交易市场,垂直一体化的公用事业电力公司的职能和资产就会被剥离和分解到其他类型的企业和组织中。

发电公司（Generating Company，Genco）拥有发电厂并出售电能，还可以提供调频、无功补偿和备用等有偿服务，帮助系统运营商维持电网的可靠性和电能质量。一个发电公司可以拥有一个或多个不同技术类型的发电厂。与垂直一体化的电力公司共存的发电企业被称为独立发电商（IPP）。

配电公司（Distribution Company，Disco）拥有并运营配电网。在竞争性的电力零售市场建立起来之前，配电公司垄断着其配电网覆盖的电力用户的售电业务。在竞争性的零售市场建立起来以后，配电公司不再承担售电业务，其职能仅限于配电网的投资和运营。

电力零售商或售电公司（Retailer）在电力批发交易市场上购买电能，然后将其转售给不愿意或不具备资质参与电力批发交易市场交易的电力用户。一些售电公司可以不拥有任何发电、输电或配电资产，另一些售电公司是发电公司或配电公司的下属部门或子公司。同一个售电公司的签约用户不限于同一个配电网，可以是不同配电网上的电力用户。

市场运营商或交易中心（Market Operator，MO）通过计算机交易平台对参与电力交易的买卖双方的报价进行交易撮合和结算，在电能交割后完成将买家的付款转给卖家。市场运营商是非营利机构，其管理的市场通常在其交易合约对应的电能量交割或实时运行时刻之前的某个时间就关闸了。另一方面，通常由独立系统运营商（ISO）负责电能交割前最后的电力交易窗口，即电力实时平衡市场。

独立系统运营商或独立调度中心（Independent System Operator，ISO）的主要职责是维护电力系统的稳定性和运行可靠性。在竞争性市场环境中，ISO必须不偏不倚地公平对待所有的市场参与主体，因此称之为独立。ISO通常只拥有监视和控制电力系统所需的计算和通信设备。独立系统运营商（ISO）也称为区域输电组织（RTO），通常承担电力系统运行调度的职能和最后的市场（即电力实时平衡市场）的运营组织职能。

输电公司（Transmission Company，Transco）拥有架空线路、电缆、变压器和无功补偿装置等输电设备资产，按照ISO的调度指令运行这些设备。

输电系统运营商或输电网调度中心（Transmission System Operator，TSO）拥有输电网资产，并负责类似ISO的系统运行调度和市场组织职能。

中小用户（Small Consumer）从电力零售商（Retailer）处购买电能，并与所在地的配电公司签约以获得配电服务。这些中小用户在竞争性零售市场建立起来以后，就获得选择电力零售商的权利。通常，他们参与电力市场的方式就是选择一家合适的电力零售商签约买电。负荷集成商（Aggregator）可以与众多中小用户签约，根据系统运行的需要提供适时降低或转移他们的用电负荷这样的需求侧响应。这样，当通过集成获得的需求响应能力足够大的时候，负荷集成商就可以通过参与电力批发交易市场的交易获得盈利。

另一方面，大用户（Large Consumer）通常拥有直接在电力批发交易市场进行交易的能力和资源。

电力监管部门（Regulator）是负责确保电力部门公平高效运营的政府机构，肩负制定和审批电力市场规则、调查涉嫌滥用市场力案件的责任，此外还负责为自然垄断的电力公司提供的产品和服务制定管制价格。监管职能有时由两级政府分开执行，例如，在美国，联邦能源管理委员会（Federal Energy Regulatory Commission，FERC）监管跨州输电网和电力批发交易市场，而各州的公用事业委员会（Public Utility Commission，PUC）则监管电力零售市场和配电网。除纯粹的经济职能之外，电力监管机构还负责制定保障电力供应质量和可靠性的相关规则。在部分地区，由专业组织负责管理这些规则的技术细节，例如，北美电力可靠性委员会（NERC）或欧洲输电系统运营商网络（ENTSO-E）。

1.4 竞争和私有化

在许多国家，电力行业引入竞争往往伴随的是行业的部分或全部组织的私有化。私有化是政府将国有公用事业电力公司出售给私人投资者的过程，然后，这些公用事业电力公司转型为私人的营利性公司。但是，私有化并不是引入竞争的先决条件。上述任何一种竞争模式均不意味着特定的所有权要求，公用事业电力公司可以在竞争环境中与私营企业共存。

1.5 尚待解决的问题

在垂直垄断型公用事业电力公司的结构模式中，关于电力系统的运行和规划的所有技术决策都是由单个企业和组织统一制定的。这就意味着，至少理论上可以这样认为，这种模式在短期内可以协调优化电力系统所有部门的运营，以实现成本最小化。例如，可以把输电系统的检修与发电机组的检修进行协调安排，通过组合优化统筹兼顾系统的可靠性和经济性。同样，电力系统的长期统一规划可以保证输电容量、电网拓扑结构与发电机组的容量和节点位置匹配。

引入竞争意味着放弃集中控制和协调规划，垄断的公用事业电力公司会被多个竞争性的电力公司所取代。和垄断的公用事业电力公司不同，这些竞争性电力公司都不承担向所有的电力用户供电的责任，每一家公司的经营决策目标都是追求公司自身的利益目标。首次提出竞争性电力市场的想法时，许多人提出反对意见的主要理由是，这种分散经营和决策的市场格局无法保证对电力用户的供电可靠性。现在有足够的证据表明，将发电和输电系统的运行分开并不一定会降低整个电力系统的运行可靠性。

对于交易买方和卖方而言，由一个相对独立的第三方的机构来负责电力系统的调度运行，其显著优势是调度过程会更加公开和透明。买卖双方有充分的激励，探索改进市场交易规则和运行规程，以降低市场主体的运行成本并提高其资产盈利能力。市场主体这种积极的态度给市场带来的影响是，市场交易开放的时刻越来越接近其交易合约对应的实时交割时刻，此外交易品种也更加丰富，以应对可再生能源以及需求侧响应、储能等新技术的发展。

由于更大的市场提供了更多的交易机会，因此电力市场在地域范围上也有所扩大，市场交易也会更具流动性和交易效率。这种地域上的扩大既得益于新的市场参与主体进入市场，也得益于市场与市场之间的耦合。交易机会的增加导致发电机与用电负荷之间的远距离交易变得更加频繁，规模也更大。这些增加的电力潮流加强了过去可能联系松散的电网各部分之间的物理关联性和依赖性。在这些条件下，为保持大型互联电力系统的稳定性和运行可靠性，会迫使系统运营商或系统调度中心扩大数据采集范围并提高数据分析能力。

正如我们将在第4章中讨论的那样，电力市场具有的一些特征容易助长滥用市场力的行为。因此，许多电力市场不得不面对它们的竞争性市场往往不够完美这样一个事实。这导致政府监管部门采取了一系列的措施，主要包括：全方位的市场调查，成立电力市场监督机构，制定市场价格上限，以及其他争议较小的抑制市场力的措施。

就长期而言，赞成电力市场竞争的主要理由是，在单个计划部门进行统一电力规划的过程中，总是容易做出错误的市场预测。特别是垄断的公用事业电力公司常常倾向于过高估计市场所需的发电装机容量，导致其垄断供应的电力用户不得不为电力公司不必要的过度投资买单。随着引入电力市场竞争，由多家追求利润最大化的公司独立开展投资决策，其汇总的预测结果要比单个计划部门预测的结果更接近实际的电力需求。此外，在自由竞争市场中，某公司不合理的投资带来的损失只是由公司投资者承担，而与公司的客户无关。在一些市场中，发电厂完全依赖出售电能和提供辅助服务获得的利润补偿和激励对发电能力的投资。在其他一些市场，市场设计者可以制定规则，让发电厂获得除电能收入和辅助服务以外的额外收入，以确保系统发电容量充裕度。我们将在第7章中更详细地讨论这个问题。

垂直一体化的公用事业电力公司可以规划其输电网络的发展，以适应新发电厂的建设。在竞争性的电力市场环境中，输电公司无法提前数年得知发电公司将在何时何地建造新发电厂，这种不确定性使输电规划过程变得更加困难。反过来，发电公司也不能确定所在节点的输电网络在未来是否可以保证充裕的输电能力。同时，其他发电公司也可能会在其附近建造新发电厂并竞争可用的输电能力。

截至当前，输配电网络一直被视为自然垄断。显然，拥有两套独立且相互竞争的输配电线路是没有意义的。从经济性和可靠性的角度来看，所有线路、馈线和其他设备应连接在同一个系统内才可以保证效率。另一方面，一些经济学家和企业家认为，并非所有这些输配电设备都必须由同一家公司垄断，独立投资者应该被允许建造新的输电设施，以满足他们已经明确的具体的输配电需求。单独来看，这样的机会对投资者来说很可能是有利可图的。然而，更为普遍的看法是，此类投资必须在一个能够最大限度地增加输电网络所有用户总体利益的框架内进行，同时将其对环境的影响降至最低。

电力不是一种普通的商品，其交易市场的运行受古典经济学原理支配。除了需要保证供电可靠性外，电力市场还受到诸如可再生能源消纳、节能减排、环境保护和能源安全等政策的影响，还受到旨在激励新技术开发或帮助民族工业发展的补贴所推动。

1.6 习题

1.1 分析所在的国家（地区）或其他可以获得足够信息的区域的电力市场结构模式。讨论你观察到的该电力市场结构模式与本章中分析的电力市场典型结构模式之间存在的异同。

1.2 分析在习题 1.1 中所选区域的电力市场中的电力公司，看看这些公司承担了哪些在本章中定义的电力市场基本功能，并讨论你观察到的实际与理论的差异。另外，试找出在部分或全部经济活动中具有垄断经营地位的电力公司。

1.3 分析在习题 1.1 所选区域的电力市场中的电力监管机构。

1.4 分析在习题 1.1 所选区域的电力市场中承担市场交易和系统调度职能的组织和机构。

1.5 分析在习题 1.1 所选区域的电力市场中为促进可再生能源发展而实施的电力市场政策和规则。

延伸阅读

European Commission (1999). Opening up to choice – the single electricity market. https://bookshop.europa.eu/en/opening-up-to-choice-pbCS1798782 (accessed 28 February 2018).

Federal Energy Commission (2015). Energy primer: a handbook of energy market basics. www.ferc.gov/market-oversight/guide/energy-primer.pdf (accessed 28 February 2018).

Hunt, S. and Shuttleworth, G. (1996). *Competition and Choice in Electricity*. Chichester: Wiley.

第 2 章 经济学的基本概念

2.1 简介

在本章中，我们将从微观经济学视角阐述理解电力市场所需的基本概念。我们还将在这里解释电力系统工程领域中常见的一些经济学术语。本章介绍的微观经济学理论知识虽不够系统且范围有限，但对于理解电力市场的逻辑却非常关键。如果读者觉得有必要或倾向于更深入地研究微观经济学这门学科，可以查阅一些更专业的微观经济学教科书。

我们在后续的章节中将会发现，电力不是一种普通的商品，电力市场比其他产品的市场更为复杂。因此，为了避免不必要的复杂性，我们使用与电力无关的例子来介绍微观经济学的基本概念。

2.2 市场机制的基本原理

市场机制是在大多数的古老文明里就已经出现了的人类的创造发明。从古至今，市场已经从最初简单的几个人偶尔聚在一起进行商品交易的地方演变成今天的电子虚拟市场，在这个虚拟市场环境中，信息通过计算机网络以数字化方式流通，数百万美元的交易在鼠标轻轻点击下就可在瞬间完成。然而，尽管有了这些技术上翻天覆地的变化，但市场机制的基本逻辑却从来就没有改变过：市场就是买卖双方进行沟通和撮合交易的地方。

为了解释市场如何运作，我们将首先介绍描述消费者行为的模型。接着，我们会提出描述生产者经济活动的模型。通过将这两种模型结合起来，我们将能够发现，需要具备什么样的条件消费者和生产者才有可能达成交易。

2.2.1 消费者模型

2.2.1.1 个人需求

举个简单的例子：假设你工作的地方离农贸市场很近，可以在上午的休息时间步行到那里。农民在这个市场上出售不同种类的水果和蔬菜，今天你打算买苹果。

你购买的苹果数量取决于它们当前的价格。当苹果的价格高于某极限价格时，你会决定放弃或购买其他类型的水果代替苹果。如果价格低于这个极限价格，但仍然很高，你可能只买一个苹果在回去工作的路上吃。如果价格再低一些，你可能会买两个，一个现在吃，另一个午餐用。在更低的价格时，你可能决定再购买一个苹果做晚餐的苹果派。最后，如果价格比你以前见过的都还要低，这可能是一个机会，你可以尝试买更多的苹果，这样你姐夫在你上次生日时送给你的苹果酒制作工具就能有用了。图 2.1 总结了你对苹果的需求是如何随价格变化的。换句话说，这条曲线代表每个苹果在你心目中的价值。你可能会说，你买苹果的决定也会受到待售苹果的质量影响。所以，我们需要假设苹果这个商品的所有非价格属性（类型、尺寸和质量）都是一样的，这点非常重要。

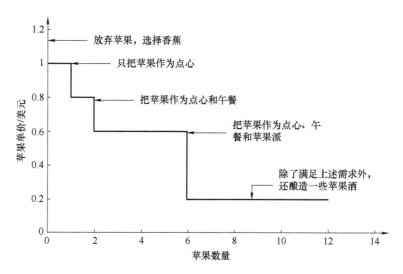

图 2.1　苹果价格与特定客户需求之间的典型关系曲线

一般而言，这样的曲线揭示了消费者愿意购买特定商品的数量和该商品的价格之间的关系。传统上（虽然看起来不太直观），绘制时以纵轴表示价格，并且假设当价格发生变化时，消费者的收入和其他商品的价格保持不变。

2.2.1.2　消费者剩余

我们假设，当你进入市场时，每个苹果价格是 0.40 美元。按照这个价格，如图 2.2 所示，你决定购买 6 个苹果。我们可以计算出你作为一个消费者，通过购买这些苹果所能获得的总消费者剩余，即你购买这些苹果的总价值。计算如下：

第一个苹果的价值	1×1.00 美元	=	1.00 美元
第二个苹果的价值	1×0.80 美元	=	0.80 美元
后面四个苹果的价值	4×0.60 美元	=	2.40 美元
总消费者剩余			4.20 美元

如图 2.2 所示,你的总消费者剩余等于曲线下方区域的面积。但是,你必须支付 6×0.40 美元 = 2.40 美元才能购买到这些苹果,这意味着你不再拥有这些可以购买其他商品的钱。我们将净消费者剩余定义为总消费者剩余与购买商品费用之间的差额。从图表上看,如图 2.3 所示,净消费者剩余等于市场价格水

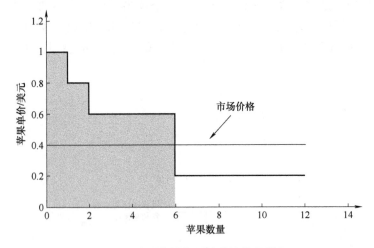

图 2.2 购买苹果实现的总消费者剩余

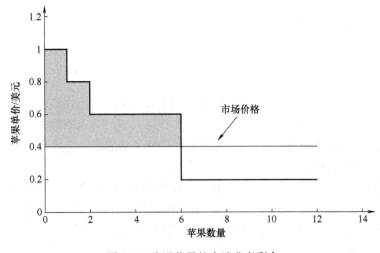

图 2.3 购买苹果的净消费者剩余

平线、需求曲线和价格坐标轴三者之间的面积。净消费者剩余代表了购买所有苹果所获得的"额外价值",即使其中一些苹果的价值或支付意愿高于统一的市场价,你仍然可以按市场价格购买这些苹果。

2.2.1.3 需求和反需求函数

所有去市场的消费者不太可能对苹果的偏好都是一样的。同样数量的苹果,一些消费者愿意支付更高的购买价格,而另一些消费者只会在苹果降价便宜的时候购买。如果我们将足够多的消费者的需求汇总起来,则单个消费者的购买决策的阶梯型需求曲线就会变成一条类似于图2.4所示的比较光滑的曲线。

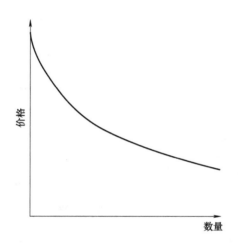

图2.4 一种商品的价格与一群消费者对这种商品的需求之间的典型关系。
根据不同的选取自变量的角度,此曲线被称为反需求函数或需求函数

图2.4所示的这条曲线代表了这类消费者对这一商品的反需求函数。如果 q 表示愿意购买的商品数量,π 表示商品价格,我们可以写成:

$$\pi = D^{-1}(q) \tag{2.1}$$

如果从另一个选取自变量的角度看这条曲线,我们就得到这种商品的需求函数:

$$q = D(\pi) \tag{2.2}$$

对于大多数(不一定是全部)实际商品而言,需求函数是从左到右向下倾斜的,也就是说,需求量随着价格的上升而下降。反需求函数具有重要的经济意义。某商品的反需求函数的函数值,反映了消费者在已经购买了一定数量的该商品的情况下,再多购买单位该商品所愿意支付的费用。消费者如果没有在多购买该商品上花费这笔钱,可以用这些钱购买其他的商品,或者把钱存起来以后购买另外的商品。换句话说,需求曲线上给出特定商品对于消费者的边际价值。曲线向下倾斜的形状表明,当消费者购买的某商品的数量很少时,他们

通常愿意购买更多，即消费者的边际支付意愿会随着购买该商品数量的增加而降低。

我们为单个消费者定义的总消费者剩余和净消费者剩余的概念可以扩展到一组消费者群体的总消费者剩余和净消费者剩余。如图 2.5 所示，总消费者剩余用反需求函数和横轴围成的区域对应的面积表示，横轴相应的范围是从坐标原点到当前市场价格下需求曲线对应的商品购买数量。净消费者剩余对应于反需求函数、市场价格水平线与纵轴之间围成的面积。

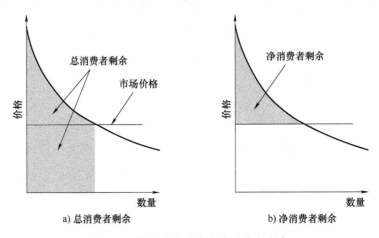

图 2.5　总消费者剩余和净消费者剩余

净消费者剩余的理念比计算这一数量的确切数值重要得多。计算净消费者剩余的确切数值是相当困难的，因为反需求函数是无法准确给出的。更加有趣的是研究净消费者剩余是如何随市场价格变化的。图 2.6 说明了市场价格上涨时净消费者剩余的变化。如果市场价格为 π_1，消费者购买数量为 q_1，净消费者剩余等于阴影部分面积（A+B+C）。如果价格上升到 π_2，消费水平下降到 q_2，消费者的净剩余减少到标记为 A 的近似三角形区域的面积。净消费者剩余的减少主要有两个原因。首先，由于价格较高，消费水平从 q_1 下降到 q_2。减少消费带来的净消费者剩余的损失等于区域 C 的面积。其次，对于消费数量为 q_2 的商品，和之前相比，消费者必须支付更高的价格（从 π_1 到 π_2），这损失了区域 B 的面积所代表的消费者剩余。

2.2.1.4　需求价格弹性

即使小幅度提高商品价格，商品的需求也会明显减少。但会减少多少呢？为了回答这个问题，我们可以使用需求曲线的导数（$dq/d\pi$）。但是，如果我们直接使用曲线的导数或斜率，其数值却与我们所用的商品数量和价格的单位有关。在这种情况下，就很难对不同商品进行需求弹性的横向比较，对不同货币单位下的同类商品的需求弹性的比较也是如此。为了解决这些问题，我们将需

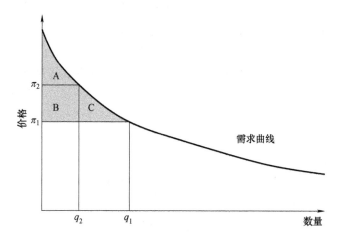

图 2.6 市场价格上涨引起的净消费者剩余的变化

求的价格弹性定义为需求的相对变化与价格的相对变化两者之比：

$$\varepsilon = \frac{\dfrac{\mathrm{d}q}{q}}{\dfrac{\mathrm{d}\pi}{\pi}} = \frac{\pi}{q}\frac{\mathrm{d}q}{\mathrm{d}\pi} \tag{2.3}$$

对于一个给定的商品价格的百分比变化，若产生了一个较大的需求量的百分比变化，那么对这种商品的需求就是有弹性的。相反，如果需求的相对变化小于价格的相对变化，则称这个商品的需求是没有弹性的。最后，如果需求的价格弹性等于-1，那么这个商品的需求就是单位弹性的。

某种商品的需求价格弹性在很大程度上取决于其替代品的供应。例如，如果消费者不能把茶作为咖啡的替代品，那么，咖啡的需求价格弹性就会小得多。在讨论弹性和替代品时，需要考虑替代过程的时间范围。假设电供暖在一个地区内普遍应用。短期内，电力需求的价格弹性将非常低，如果电价短时间上涨，消费者想继续保暖，短期内他们会继续采取电取暖设备。但是从长期来看，如果电价涨价持续的时间长，他们会考虑选择采用燃气供暖设备，这时我们会发现，用电需求的长期需求价格弹性可能远远高于短期需求价格弹性。

我们在这里给出需求交叉弹性的概念，某种商品与其替代品的关系可以通过定义商品 i 的需求变化与商品 j 的价格变化之间的相互关系来量化：

$$\varepsilon_{ij} = \frac{\dfrac{\mathrm{d}q_i}{q_i}}{\dfrac{\mathrm{d}\pi_j}{\pi_j}} = \frac{\pi_j}{q_i}\frac{\mathrm{d}q_i}{\mathrm{d}\pi_j} \tag{2.4}$$

虽然商品对其自身价格（商品自身价格弹性）的弹性总是负值，但互为替代品的两个商品之间的交叉弹性是正值，这是因为一种商品价格的上涨将刺激另一种商品的需求增加。如果两种商品是互补品关系，一种商品需求的变化将导致另一种商品需求出现类似的变化。电能和电加热器显然是互补品。互补品之间的交叉弹性为负值。

2.2.2 生产者模型

2.2.2.1 机会成本

我们建立消费者行为模型是基于这样一个假设：消费者可以自行选择购买多少商品。我们还认为，理性的消费者的需求水平是这样确定的，在理性需求水平上，商品对消费者的边际价值等于商品的价格。类似的论点也可以用来建立我们的生产者模型。

考虑一位苹果种植者，她把种植的苹果带到了我们之前提到过的苹果市场。若市场价格低于一定值，她就会认为卖苹果不值得。原因主要有以下几个方面：首先，收入不足，销售收入可能比生产苹果的成本还要低。其次，销售收入可能比她将这些苹果用于其他用途（比如卖给苹果酒生产厂）所能获得的收入要少。最后，苹果种植者可能觉得如果把生产苹果所需的各种资源（资金、土地、机器和自己的时间）投入到其他一些活动中，可能收益会更大，如种植梨或开一家住宿旅馆。我们可以对上述几种可能性进行归纳：如果销售苹果的收入低于销售苹果的机会成本，即生产和销售苹果的生产成本或潜在的机会收入损失，她会因为无利可图而不愿意出售苹果。

2.2.2.2 供给和反供给函数

另一方面，如果苹果的市场价格比较高，生产者可能会觉得向市场供应更多数量的苹果是值得的。每个生产者的机会成本也不一样，他们将会根据不同的市场价格来确定相对应的市场供给量。如果把足够多的生产者的供给量汇总起来，我们会得到一条比较平滑的、从左到右向上倾斜的曲线，如图 2.7 所示。该曲线表示商品的反供给函数：

$$\pi = S^{-1}(q) \tag{2.5}$$

这个函数表示，要使市场上所有生产者向市场供应特定数量的商品，市场价格应该取值多少。当然，我们可以换个角度来看这条曲线，并定义供给函数，它表示商品的市场供给数量与市场价格之间的函数关系：

$$q = S(\pi) \tag{2.6}$$

在市场的供给中，每个差异化的生产者（或同一生产者但使用了不同的生产技术）的市场供给量分布在供给曲线的不同位置。如果某个生产者的机会成本等于市场价格，该生产者被称为边际生产者。

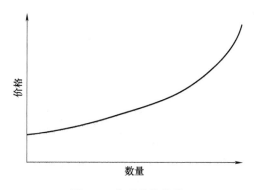

图 2.7　典型供给曲线

如图 2.8 所示，此时即使市场价格仅下降很小的幅度，边际生产者也会认为不值得继续生产这种商品。边际外生产（Extra-Marginal Production）是指，如果市场价格出现上涨，生产者供给该商品的意愿会相应增加，相应的边际内生产者（Infra-Marginal Producer）的机会成本低于市场价格。因此，只要市场价格高于这些生产者所能接受的值得生产的最低价格，他们就会生产并出售商品。

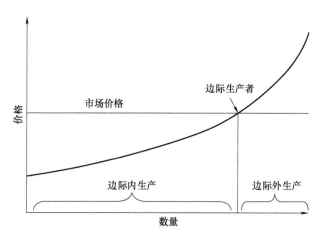

图 2.8　边际生产的机会成本等于市场价格

2.2.2.3　生产者的收入

由于全部的供应商品都以相同的价格进行交易，那么生产者剩余就等于交易量 q_1 和市场价格 π_1 的乘积，也等于图 2.9 中的阴影区域面积。生产者净剩余或利润来源于所有商品的交易价格高于其对应的机会成本（边际生产者除外）。如图 2.10 所示，市场的所有生产者净剩余或利润水平等于某一市场价格下市场供给曲线和价格水平线之间包围的区域的面积。机会成本较低的生产者比机会成本较高的生产者获得更大比例的利润。边际生产者没有获得任何利润或净剩余。

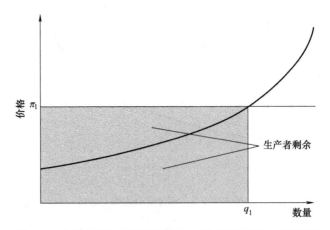

图 2.9 生产者剩余等于交易数量 q_1 和市场价格 π_1 的乘积

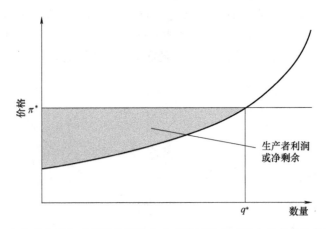

图 2.10 生产者净剩余或利润是因为生产者能够以高于机会成本的价格销售商品

图 2.11 显示市场价格从 π_1 增加到 π_2 时,生产者剩余会增加。有两个原因,价格增加会使生产者供应给市场的商品数量由 q_1 增加到 q_2(对应于标记为 C 区域),并增加了以原价格供应给市场的商品数量 q_1 因价格上涨而增加的收入(对应于标记为 B 区域)。

2.2.2.4 供给价格弹性

商品价格的上涨会激励供应商提供更多的这类商品。供给价格弹性量化了这种关系。它的定义和需求价格弹性的定义相似,但它是供给曲线的导数,而不是需求曲线的导数:

$$\varepsilon = \frac{\dfrac{\mathrm{d}q}{q}}{\dfrac{\mathrm{d}\pi}{\pi}} = \frac{\pi}{q}\frac{\mathrm{d}q}{\mathrm{d}\pi} \tag{2.7}$$

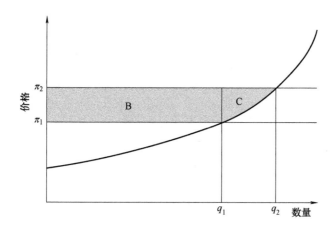

图 2.11 市场价格变化时生产者利润或净剩余的变化

供给弹性总是正的。长期供给弹性通常会高于短期供给弹性,因为厂商有更多的时间改进生产方法。

2.2.3 市场均衡

到目前为止,我们已经分别考虑了生产者和消费者,现在看看他们在市场上是如何互动的。在本节中,我们将假设每个生产者和消费者都不能通过其个人行为影响价格。换言之,所有市场参与主体都是价格的接受者。当这个假设成立时,市场被认为是一个完全竞争的市场。然而,我们应该已经注意到,这种假设通常不适用于电力市场。我们将在下一节讨论当一些市场参与主体可以通过他们的行为影响价格时,市场如何运作。

在竞争激烈的市场中,市场价格是由所有生产者和消费者的行为共同决定的。市场均衡价格或市场出清价格 π^*,是指在此价格下,生产者愿意提供的数量恰好等于消费者希望购买获得的数量。因此,它是下列方程的解:

$$D(\pi^*) = S(\pi^*) \tag{2.8}$$

这种市场均衡也可以用反需求函数和反供给函数来定义。当交易数量等于均衡数量 q^* 时,消费者愿意为该数量支付的价格等于生产者供应该数量的商品所要求的价格:

$$D^{-1}(q^*) = S^{-1}(q^*) \tag{2.9}$$

图 2.12 说明了市场均衡的概念。

到目前为止,我们已经证明在市场均衡点时,消费者和生产者的行为是一致的。然而,我们还没有证明这一点能否代表一个稳定的均衡。接下来我们证明,市场价格将向市场均衡价格收敛,如图 2.13 所示。

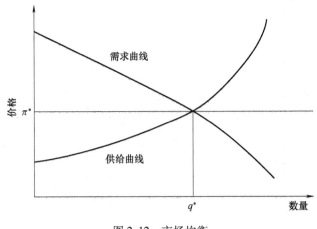

图 2.12 市场均衡

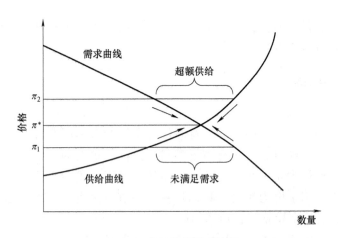

图 2.13 市场均衡的稳定性

当需求大于供给时,市场价格为 $\pi_1 < \pi^*$,此时供不应求,生产者将提高价格,而市场供给增加,直至价格达到市场均衡价格,此时市场供需平衡,到达均衡状态。与此类似,如果市场价格是 $\pi_2 > \pi^*$,则供给量超过需求量,一些生产者的商品就会因为缺少买家而无法卖出,他们将降价,这将导致市场商品供给量降低,直到生产者愿意出售的商品数量等于消费者愿意购买的数量为止,市场恢复均衡状态。

2.2.4 帕累托效率

当某一个系统由单个组织所控制时,这个组织通常会选取一些适用于该系统的绩效指标,并按使这些指标不断优化的方向来运行此系统。但是,当一个系统由具有不同利益诉求的多个主体控制时，系统运行的绩效取决于这些主体之间的相互作用，传统的优化模型不适合解决这样的系统优化运行问题。在这种情况下，需要用帕累托效率指标及相关模型来代替传统优化模型。所谓的帕累托效率，是指这样一种经济状态，即在某系统中的任何一个主体利益的增加，必然以减少其他主体的利益为代价。

在一个竞争性的市场中，无论是从交换的商品数量还是这些商品的分配结果来看，均衡状态下都是帕累托最优的。我们首先考虑图 2.14 所示的商品交换数量的优化情况。假设商品交换量为 q，小于均衡量 q^*。在此交易情况下，有人愿意以 π_1 的价格出售单位增量的商品，有人愿意以 π_2 的价格购买单位增量的商品。如果双方能以 π_1 和 π_2 之间的任何价格进行交易，买卖双方都会通过交易增加收益。因此，如果商品的交易量小于均衡量 q^* 的话，这种市场状态还有进一步优化的空间，因而就不是帕累托最优的。同样，如果商品的交易量大于均衡量 q^*，这时市场状态也不是帕累托最优的，因为部分买方愿意支付的单位增量商品的价格低于部分卖方所要求的价格，双方的交易不可能实现双赢。

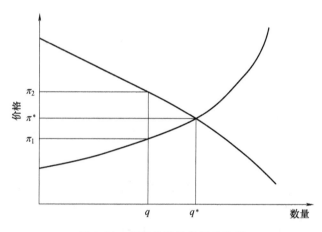

图 2.14　市场均衡的帕累托效率

我们进一步考虑商品分配的效率。在竞争性市场中，一种商品都以相同的价格进行交易，这个价格反映了该商品与其他商品之间的边际替代率。消费者 A 愿意支付这个价格购买商品，意味着他认为购买的这个商品比其他商品更有价值。另一方面，消费者 B 可能会认为，在这个价格水平下，她不愿意购买，宁愿购买其他商品。假设现在货物的分配不是基于消费者愿意支付的市场价格，而是基于其他一些条件。除了已经分配到的商品数量外，消费者 A 可能会愿意支付 10 美元购买单位的该商品。另一方面，在已经收到的分配商品的情况，消费者 B 可能将她再次购买单位该商品的支付意愿价格定为 8 美元。由于这两个消费者对同一商品的估价不同，因此如果 A 和 B 之间以 8 美元到 10 美元之间的任何价格来交易商品,他们双方的收益都会增加。因此,只有当商品是根据由统一的边际替代率确定的均衡价格机制进行商品分配时,交易就能达到帕累托最优,这也就是完全竞争市场的情况。

2.2.5 社会总福利与无谓损失

消费者净剩余和生产者净利润之和称为社会总福利。它量化了交易所带来的整体收益。在一个完全竞争的市场里,当价格是供需曲线的交点处确定的情况时,市场交易实现的社会总福利是最大的。

图 2.15 显示,在市场均衡条件下,消费者剩余等于标有 A、B 和 E 的区域面积的总和,生产者利润等于标有 C、D 和 F 的区域面积的总和。

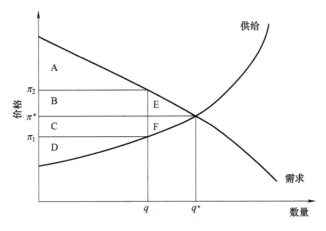

图 2.15 社会总福利与无谓损失

来自于市场外部的干预通常会妨碍商品价格达到完全竞争市场的均衡水平。例如,为了帮助厂商,政府可以设定一种商品的最低价格。如果该价格的设定值 π_2 高于竞争性市场的出清价格 π^*,则该最低价格就变成了市场出清价格,消费者的购买量将从 q^* 减少到 q。在这种情况下,消费者剩余会缩小到 A 区域面积,而生产者的剩余则等于 B、C、D 区域的面积总和。

同样,政府也可以为一个商品设定最高价格。如果这个价格被设定为 π_1,低于竞争性市场出清价格 π^*,生产者将把产量削减到 q。在这种情况下,消费者剩余等于 A、B、C 区域面积之和,而生产者剩余仅为 D 区域的面积。

最后,政府可能会决定对这种商品征税。假设税收全部转嫁给消费者,这就会造成消费者支付的价格(比如 π_2)和生产者销售的价格(比如 π_1)之间产生差额。政府对单位成交商品的征税额是两者价差 $\pi_2-\pi_1$。在这种情况下,需求量会从 q^* 下降到 q,消费者剩余将减小到 A 区域的面积,生产者剩余仅为 D 区域的面积。政府征收的税收总额等于 B、C 区域面积的总和。

外部干预会造成社会总福利的重新分配，可能有利于生产者、消费者或者政府的其中的某一方面。然而，所有这些干预措施都会产生不良影响，使社会总福利减少，减少量为 E 和 F 区域面积的总和。社会总福利的减少量被称为无谓损失，这是由于价格扭曲导致交易量减少的结果。需要注意的是，为了简单起见，在前面的例子中，我们假设对前面三种形式的外部干预所引起的需求减少量是相同的。显然，实际情况中并非如此。

在后面的章节中我们可以看到，在一些电力市场中，电能价格是通过集中撮合而不是通过生产者和消费者的直接双边互动来匹配交易的。为了最大化电能交易的社会总福利，这种集中交易的安排应该类似于自由竞争市场的交易过程并以实现社会总福利最大化为目标。

2.2.6 分时价格（Time-Varying Price）

特定商品的需求随着时间的推移而上升或下降，这是因为消费者的喜好会受到时尚或偏好变化的影响。同样，如果用于生产商品的技术得到改进，厂商供给成本也会下降。相反，如果劳动力或原材料成本增加，则供给成本增加。这些变化会影响市场价格和交易量。例如，在初夏时，草莓的边际成本较低，因为草莓每年在这个时候会自然成熟。夏季草莓的价格就会比温室种植或从温暖地区进口的草莓价格低得多。让市场价格随着外部条件的变化而变化是经济有效的，因为它可以激励最有效地利用资源，我们应该在夏天吃草莓，在冬天吃苹果，而不是反其道而行之。

另一方面，监管机构有时会让某一特定商品或服务的价格一直保持固定不变，而忽略该商品或服务的需求或供给随时间发生的变化。例如，在大多数大城市，传统出租车就是在这个基础上运行的。这种方式为消费者提供了确定性，也就是说，在同样公里数的情况下，今天的车费与昨天相同。这种方法的缺点是它不鼓励生产者或消费者采取经济有效的行为。例如，当需求增长时，允许价格上涨会鼓励更多的出租车参与运营，消费者也会使用其他替代的交通方式。

电能的价格通常不会随着供应或需求而变化。我们将在后面的章节中讨论让价格随着时间波动变化（分时价格）的好处。

2.3 企业的基本概念

让我们进一步分析在商品交易市场上的生产者行为。

2.3.1 投入与产出

为了简单起见，我们考虑的是一家生产单一产品的企业，其生产数量是 y。

为了生产这种产品，企业需要进行一些投入，这些投入被称为生产要素。生产要素会因为企业生产的产品类型不同而变动很大。生产要素可以分为很多种类，如原材料、劳动力、土地、建筑物或机器设备。假设上述企业只需要两种生产要素。产出与生产函数的投入相关，该生产函数反映了企业在生产商品过程中使用的生产技术：

$$y = f(x_1, x_2) \tag{2.10}$$

例如，y 可以表示农民生产的小麦数量，x_1 是肥料的数量，x_2 是农民种植小麦的土地面积。

为了深入了解生产函数的形状，我们保持第二个生产要素不变，并逐步增加第一个生产要素。开始时，产出 y 随 x_1 增大而增大。然而，对于几乎所有的商品和技术，y 的增长率随着 x_1 的增大而逐渐降低。这种现象被称为边际产量递减规律。

在上面的例子中，农民增加肥料的用量时，他所耕种的固定数量土地的产量会增加。但肥料在达到一定浓度以后，施肥效果会逐渐下降。同样，耕种更多的土地会增加小麦的总产量。然而，随着土地数量的增加，产量的增长率必然会下降，因为固定量的肥料必须分布在更大的土地区域。

2.3.2 长期与短期

有些生产要素的调整速度比其他要素快。例如，一个果农可以通过增加有机肥料的用量或雇佣更多的劳动力来增加苹果产量。这些调整的效果将在下一个收获季节得到显现。此外，果农还可以种植更多的果树来增加产量。在这种情况下，新果树生长直到成熟，这个过程显然需要几年时间，果树长成后苹果产量才能有所增长。

实际上，短期和长期的分界线并没有明确的标准。经济学家将长期定义为一段足够长的时间，所有生产要素都能够在这个时间段里进行调整。与之对应，从短期来看，某些生产要素是固定不变的。例如，如果我们假设第二个生产要素固定为 $\overline{x_2}$，那么生产函数就变成一个单一变量的函数：

$$y = f(x_1, \overline{x_2}) \tag{2.11}$$

图 2.16 展示了典型的短期生产函数的形状。

由于在短期内，产量通常取决于单一的生产要素投入量，因此定义投入—产出函数是很方便的，投入—产出函数是生产函数的反函数：

$$x_1 = g(y)，此时 x_2 = \overline{x_2} \tag{2.12}$$

投入—产出函数表示生产一定数量的商品需要投入多少变动的生产要素。例如，一个火力发电厂的投入—产出曲线显示了火电厂每小时的发电量需要消耗多少燃料。我们可以定义短期成本函数：

$$c_{SR}(y) = w_1 x_1 + w_2 \overline{x_2} = w_1 \cdot g(y) + w_2 \overline{x_2} \tag{2.13}$$

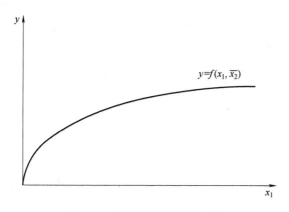

图 2.16　典型的短期生产函数

式中，w_1 和 w_2 是生产要素 x_1 和 x_2 的单位成本。图 2.17a 是一个典型的短期成本函数。这个函数向上弯曲是因为边际产量递减规律，成本函数的导数（称为边际成本函数）是生产量的单调递增函数。图 2.17b 是与图 2.17a 的成本函数相对应的边际成本函数。值得注意的是，如果生产成本单位以美元表示，则边际成本单位是美元/单位产品。在给定的产量下，边际成本函数的数值等于再多生产单位商品增加的成本。

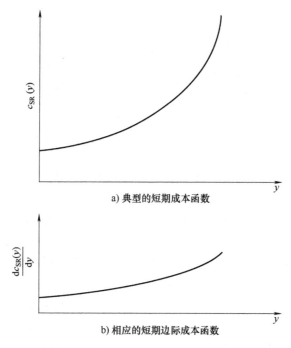

a) 典型的短期成本函数

b) 相应的短期边际成本函数

图 2.17　典型的短期成本函数和相应的短期边际成本函数

利用这些函数,我们可以确定企业在完全竞争市场中的短期行为。在这样的市场中,没有一家企业能够影响市场价格。因此,一个企业为了实现利润最大化,只需在接受市场价格的条件下将自身生产量调至最优。由于利润等于收入和成本之间的差额,所以最优产量可以通过下面的公式确定:

$$\max_y \left[\pi y - c_{SR}(y) \right] \tag{2.14}$$

在最优情况下,必定可以使得:

$$\frac{\mathrm{d}\left[\pi y - c_{SR}(y)\right]}{\mathrm{d}y} = 0 \text{ 或 } \pi = \frac{\mathrm{d}c_{SR}(y)}{\mathrm{d}y} \tag{2.15}$$

因此,企业将提高产量,直至其短期边际生产成本等于市场价格。理解上面的关系式是非常有用的。如果该企业的生产边际成本低于当前市场价格,它可以通过增加产品生产量并在市场上销售来增加利润。同样地,如果企业的边际生产成本高于市场价格,它将减少生产量以免造成资金损失。

长期成本函数的定义是比较复杂的,因为从长远来看,企业在决定如何生产方面有更大的灵活性。例如,企业可以决定购买更昂贵的机器并降低其劳动力成本,反之亦然。因此,生产函数不能被视为是单个变量的函数。我们可以假设企业的行为是最佳的,即在长期过程中,它选择最佳的生产要素组合以实现生产任何数量商品的成本最低。因此,长期成本可以看作是优化问题的解,表达式为

$$c_{LR}(y) = \min_{x_1, x_2}(w_1 x_1 + w_2 x_2), \text{ 同时 } f(x_1, x_2) = y \tag{2.16}$$

为了简单起见,我们只考虑了两种生产要素。

在本书的前几章,我们运用的是短期成本函数,因为我们主要研究已有电力系统的运行问题。而在后几章,我们主要研究电力系统的投资扩容问题,这时将主要运用长期成本函数。

2.3.3 成本

在本节中,我们定义生产成本的各个组成部分,并介绍用于描述这些成本的各种曲线。

在短期内,一些生产要素是固定的。这些生产要素的成本不取决于生产量,被称为是固定成本。例如,如果一家发电公司购买了一块土地并建造了一座发电厂,那么土地和厂房的成本就不取决于这个发电厂的发电量。另一方面,发电厂发电消耗的燃料与发电量是相关的,发电厂运营所需的劳动力成本也与发电量有一定的关系。因此,燃料和人力成本就是变动成本。还有第三类成本称为准固定成本(Quasi-Fixed Cost)。发电厂机组只要开机就会产生这类成本,但如果不开机就不会产生这类成本。例如,发电机组起动成本是固定的,因为起动成本与发电厂并网发电以后的发电量的多少无关。但是,如果机组设备停机

闲置不发电，就没有这个起动成本。

在长期过程中，没有成本是固定不变的，因为企业可以决定它在所有生产要素上的成本。如果企业决定什么都不生产，即停产或退出行业的话，它的长期成本就是零。如果不考虑固定资产折旧，企业为购买生产要素支付的金额与出售该生产要素将收回的金额之间的差额称为沉没成本。例如，就发电厂而言，为建造发电厂使用的土地不是沉没成本，因为土地可以转售套现以回收原来的投资。所以，土地成本是一种可回收成本。另一方面，如果该厂无法实现盈利，那么建造发电厂的成本与其机器设备可回收成本之间的差额就是沉没成本。

2.3.3.1 短期成本

如果我们假设部分生产要素的成本是恒定的，那么上一节中定义的成本函数可以表示为产出水平 y 的函数：

$$c(y) = c_v(y) + c_f \tag{2.17}$$

式中，$c_v(y)$ 表示变动成本；c_f 表示固定成本。

平均成本函数衡量单位产出增加的成本。它等于平均变动成本和平均固定成本之和：

$$\mathrm{AC}(y) = \frac{c(y)}{y} = \frac{c_v(y)}{y} + \frac{c_f}{y} = \mathrm{AVC}(y) + \mathrm{AFC}(y) \tag{2.18}$$

我们描绘出这些平均成本曲线的形状。由于固定成本与产量无关，零产出的平均固定成本是无穷大的。随着产量的增加，不变的固定成本在不断增加的产量上分摊。因此，平均固定成本曲线是单调递减函数，如图 2.18a 所示。

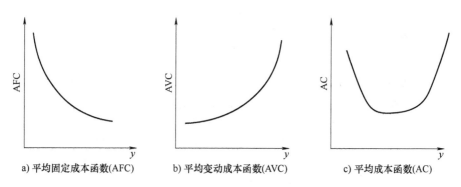

a) 平均固定成本函数(AFC)　　b) 平均变动成本函数(AVC)　　c) 平均成本函数(AC)

图 2.18　平均固定成本函数（AFC）、平均变动成本函数（AVC）和平均成本函数（AC）的典型形状

一般而言，变动成本通常会随着产量增加而线性增长，平均变动成本则可近似看成常数。然而，当产量增加到一定程度，固定的生产要素开始制约商品的生产效率。图 2.18b 显示平均变动成本最终不可避免地上升。例如，一个制造工厂的产量往往可以超出工厂的设计生产能力，这种情况下可能需要向工人

支付更高的加班费，机器的维修次数也会增多，同样生产组织效率也会降低。以发电厂为例，出力略低于发电厂的最大发电能力，此时发电效率最高。平均成本曲线汇总了平均固定成本和平均变动成本曲线以后，就有了如图2.18c所示的典型U形曲线形态。

理解平均成本和边际成本之间的差异是很重要的。两者单位都是美元/单位产量。边际成本只反映了在一定的产量水平之上再多生产单位产品增加的生产成本，而平均成本反映了特定产量上全部产品成本的平均水平。由于固定成本是与产量无关，所以边际成本并不包含平均固定成本。图2.19说明了边际成本曲线与平均成本曲线之间的关系。在产量比较低的时候，平均固定成本比较高，边际成本小于平均成本；当产量达到一定水平以后，边际成本大于平均成本。边际成本曲线与平均成本曲线的相交点对应的是平均成本的最小值。

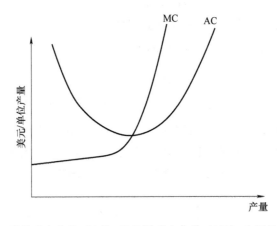

图2.19 平均成本曲线（AC）和边际成本曲线（MC）之间的典型关系

2.3.3.2 长期成本

我们在前面已经说过，从长期来看，企业没有真正固定的成本，为了调整生产的规模，企业可以改变所有生产要素的投入水平，或选择什么都不生产，即停产或退出行业。然而，企业可能会因为技术方面的原因导致一些成本独立于生产水平而存在。在长期过程中，企业会存在一些准固定成本。因此，企业的长期平均成本曲线趋于U形，如图2.20所示。

短期成本与长期成本之间的关系如何？对于长期成本，我们可以在任何数量的产出水平上最小化生产成本，因为我们可以调整所有的生产要素的投入。而对于短期成本，有些生产要素的投入是固定的。此时只有在这些固定投入的生产要素得到最优的产出点 y^* 时，短期生产成本等于长期生产成本。对于其他产出水平，短期成本都大于长期成本。因此，除了固定投入生产要素得到最优的产出点 y^* 以外，短期平均成本曲线均高于长期平均成本曲线。在 y^* 点处，两条曲线相切，如图2.20所示。当然，我们可以选择其他固定的生产要素组合，这些生产要素可以使产量 $y_1, y_2, \cdots, y_n$ 的生产成本最小化。换言之，我们可以建立不同生产能力的工厂。对于每个工厂的产出量等于设计生产能力时，短期平均成本才等于长期平均成本。如图 2.21 所示，长期平均成本曲线是短期平均成本曲线的下包络线。

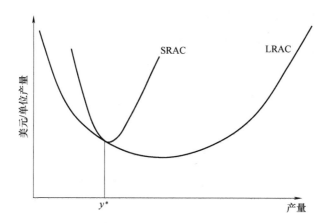

图 2.20　如果选择固定生产要素以使产量 y^* 的生产成本最小化，短期平均成本曲线（SRAC）和长期平均成本曲线（LRAC）之间的关系

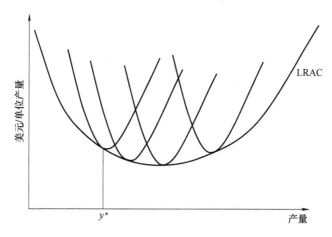

图 2.21　长期平均成本曲线（LRAC）是短期平均成本曲线的下包络线

当所有生产要素都可以调整时，单位产量增加的成本可以由长期边际成本曲线得出。图 2.22 说明了关于长期边际成本曲线的两个观察结果。首先，长期边际成本和短期边际成本仅在生产水平 y^* 下是相等的，这时固定生产要素已得到最优化。第二，在长期平均成本最低点对应的生产水平上，长期边际成本等于长期平均成本。只要长期边际成本小于长期平均成本，这种长期平均成本就会逐渐减小。只要平均成本降低，生产就会表现出规模经济性。

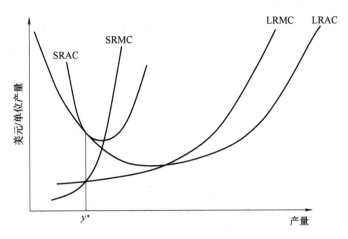

图 2.22 短期平均成本（SRAC）、短期边际成本（SRMC）、长期平均成本（LRAC）和长期边际成本（LRMC）之间的关系

2.4 风险

未来的不确定性是显而易见的。因此，事情的变化往往超出预期。企业受到不同类型风险的影响，在经济学上，这些风险可以用收入损失表示。技术风险与生产商品的设备故障有关。例如，发电厂的故障可能会影响到发电公司向市场送电。外部风险描述了自然灾害或其他灾难性事件的后果。在本章中，我们主要关注的是价格风险，即必须以比预期高出许多的价格购买商品或必须以比预期低得多的价格出售商品的风险。

做生意总是意味着要承担一些风险，但过度的风险会妨碍经济活动，因为可能出现的巨额亏损往往会使公司或个人不愿意从事可能有利可图的事业。显然，降低风险是管理风险的有效手段。例如，可以通过使用质量更好的设备或定期进行预防性维护来降低技术风险。将生产工厂设在受自然灾害影响较小的地区，可以减少外部风险。通过限制交易数量可以降低价格风险。然而，几个世纪以来，人类创造了更复杂的风险管理技术。个人或公司可以通过与他人分享风险来降低自身面临的风险。例如，大多数房主购买保险，以保护自己避免火灾摧毁房屋的后果。保险行业能够生存的原因在于，绝大多数的人都愿意定期支付少量的钱去规避灾难性的风险，而每年只有很少被烧毁的房屋需要保险赔偿。

市场提供了管理风险的另一种方式：将风险转移到其他更有能力处理风险的各方。这是可能的，因为不是每个人都愿意接受风险。一些市场参与主体可能愿意接受较低的利润，以换取较低的风险水平，而另一些市场参与主体则希望获得较高的回报，因为他们能够承受较大的风险。此外，并非所有各方都有同样的风险控制能力。例如，大型金融公司比小型新手投资者更适合评估和减轻与复杂投资相关的风险。在下一节中，我们将介绍各种类型的市场，并讨论它们如何支持价格风险的重新定位。

2.5 市场类型

到目前为止，我们只把市场当作一种通过发现均衡价格来实现供需匹配的抽象模型。接下来，我们将讨论市场如何运作，以及如何建立不同类型的市场来服务于不同的需要。

除了就商品的质量、数量和价格达成一致外，在买卖双方进行商品交易时，还有三件重要的事情必须确定：
1）交货时间；
2）结算方式；
3）此交易可能附加的条件。

买卖双方如何解决这些问题决定了他们所签订的合同的类型，以及他们所参与的市场的类型。

2.5.1 现货市场

在现货市场，卖方立即交货，买方当场付款。交货没有附加任何条件。这意味着任何一方都不能反悔。水果和蔬菜市场就是很好的现货市场的例子：你查看黄瓜的质量，告诉卖方你想要多少黄瓜，卖方把黄瓜给你，你付了相应的价钱，交易就完成了。如果后来你觉得应该吃莴苣而不是黄瓜，你恐怕也不会考虑要把黄瓜退回去，把钱拿回来。从表面上看，这些市场的规则可能显得非常不正式。事实上，它们背后承载着几个世纪的传统。石油、咖啡或大麦等商品的当代现货市场规则虽然看起来更为复杂，因为交易的数量更大，而且交易商通过电子方式进行协商撮合，但是其背后的交易原理是完全一样的。

现货市场具有即时性的优势。生产者能够卖出他所拥有的全部数量商品，消费者可以按需购买商品。不幸的是，现货市场的价格往往变化很快。因为可供立即交货的货物的库存是有限的，需求的突然增加（或生产的下降）会使价格飞涨，同样，生产过剩或需求下降也会导致价格下降。现货市场也会对有关某商品的未来产量的新消息做出一定的反应。例如，如果大量消费者能够等到今年的农产品丰收上市时再消费，那么有关农产品丰收的消息就会导致农产品当前的现货价格暴跌。现货市场价格的变化基本上是不可预测的，如果它们是可预测的，市场参与主体就会充分利用这些预测的价格变化套利。

商品价格如果出现不可预测的大幅度变化，商品的供给者和消费者将面临相当大的经营风险。双方都在经营业务过程中面临着各种风险。例如，糟糕的天气或害虫会减少农产品收成，机器故障会导致生产停工。虽然做生意意味着要承担一些风险，但过多的风险会危及企业的生存。因此，大多数企业都努力减少自身所面临的价格风险。例如，商品的生产者试图避免以很低的价格出售其产品。同样，消费者也不希望以很高的价格购买生活必需品。现货市场的价格经常发生变动，为规避价格剧烈波动带来的风险，出现了下面几节所述的其他类型的交易市场。

2.5.2 远期合同与远期市场

假设詹·麦克唐纳（J. McDonald）是一个种植小麦的农场主。虽然现在是初夏，但他非常有信心在收获季节能够交付 100 吨小麦。另一方面，他也很担心未来市场价格的波动。他希望现在就"锁定"一个可以接受的价格，而避免小麦成熟后不得不低价出售的担忧。他是否可以找到愿意接受这样一笔交易的买方呢？就像农场主担心未来可能会不得不以低价出售小麦一样，"非常棒"（Pretty Good）早餐食品加工公司也不希望将来要为用来制作早餐的原料小麦支付高价。如果双方能够协商达成一个彼此接受的价格，"非常棒"早餐食品加工公司就会准备与麦克唐纳签署一份购买小麦的远期合同，农场主在几个月后交付他收获的小麦。这一远期合同具体规定如下：

1) 待交付小麦的数量和质量；
2) 交付日期；
3) 交付后的付款日期；
4) 一方违约后接受的惩罚；
5) 成交价格。

在现货价格也不确定的情况下，农场主和食品加工公司具体需要怎么做才能够就几个月后商品的交付价格达成一致呢？双方首先要计算出商品交货时的现货价格的最优预测值。这个预测考虑了关于小麦现货价格的历史数据，以及农场主和食品加工公司拥有的关于收成、长期天气预报和需求预测的其他信息。由于许多信息是公开的，双方的估价一般都不会有很大的差异。然而，由于双方在价格谈判地位上的不同，合同商定的价格可能与现货市场预测价格仍然有一定的偏差。如果农场主麦克唐纳担心现货市场价格可能会出现极低的情况，他可能会接受低于现货市场预测价格的远期价格。现货市场价格的期望值与远期合同中约定的价格之间的差值代表了农场主为了规避价格下行风险而愿意支付的风险溢价。相反，如果这家食品加工公司对现货价格未来的上涨风险很敏感，农场主麦克唐纳或许能够获得一个较高的远期价格，该价格可以看成是现货市场预测价格和食品加工公司愿意支付的风险溢价之和。

如果商品交货时的现货价格高于商定的远期合约价格，则远期合同给卖方带来损失，为买方带来收益。相反，如果现货价格低于远期合约价格，则远期合同对买方来说是一种损失，而对于卖方却是收益。这种盈亏只反映了这样一个事实：对于签订远期合约的双方来说，如果没有签订这个远期合约，在商品交付日的现货市场进行交易，某一方可能会比远期合约交易取得更多的收益，而让交易对手增加对应的损失。因此，这些增加的收益或损失通常被称为"账面利润"或"账面损失"。账面损失会降低一家公司的竞争力，因为这意味着它以比一些竞争对手以更差的价格买进或卖出某种商品。

远期合同使交易者以双方都能接受的价格进行交易成为一种可能，从而提供了一种分担价格风险的方法。多年来，买卖双方可以签订类似的远期合约，以高于或低于预期的现货价格进行交易。如果他们可以准确估计未来的现货价格，从长期来看，平均现货价格和平均远期价格之间的差值应该等于平均风险溢价，承担价格风险的代价是其中一方得到了风险溢价的补偿。

回到我们之前的农产品例子，假设食品加工公司每年都和农场主麦克唐纳签订远期合同，协议价格低于预测的小麦交付时的现货价格。从长远来看，食品加工公司应该从承担风险中获利。然而，从短期来看，如果现货价格变动走向与预测的相反，食品加工公司可能会蒙受巨大的损失。为了承受这些损失，公司必须拥有巨额的财务储备，或要求足够大的风险溢价。但如果要求的风险溢价太大，农场主可能会认为与该食品加工公司签订远期合同是不值得的。其他食品加工公司如果能给他提供更好的交易待遇呢？同样，该公司可能也会寻找同意与它签订远期合同的其他农场主。如果有足够多的农场主和食品加工公司愿意在交货前进行远期小麦交易，小麦交易远期市场就会发展起来。远期交易市场建立起来以后，可以使各方接触到更多的潜在贸易伙伴，并帮助他们判断交易方所提供的价格是否合理。

在某些情况下，交易双方可能想要就远期合同的所有细节进行协商。如果合同涉及的商品交付时间长、数量巨大，或者需要讨论特殊条款，那么这种做法就是合理的。由于这种协商的交易成本很高，许多远期合同会使用标准化的条款和条件。这种标准化使得远期合同的转售成为可能。例如，假设"非常棒"早餐食品加工公司生产的一种新比利时华夫饼组合的销售没有达到预期。今年夏季，该公司意识到自己将不再需要已签订远期合同的小麦。这时，它可以将持有的远期合约转售给其他食品加工公司，而不是等到合约规定的交付日期后再在现货市场出售多余的小麦。其他的小麦生产商在春季签订远期合同，随着夏天的过去，他们中的一些人意识到高估了能够生产小麦的数量。如果不能交付合同中规定的数量，他们将不得不在现货市场上购买小麦来弥补缺额。这些生产商可以从"非常棒"早餐购买远期合同来弥补他们的缺额，而不是寄希望于在小麦交付日的现货价格对他们有利。远期合同的交易价格是具有相同交割日的远期合约交易市场的当前市场价格。远期合同的转售价格由市场主体对现货价格变化的预测决定，可能高于或低于合同起草双方商定的价格。

2.5.3 期货合同与期货市场

二级市场的存在使商品的生产者和消费者可以买卖标准化的远期合同，这有助于他们管理面对现货价格波动风险的风险敞口。二级市场的参与不一定限于商品生产或消费企业。无法生产或交付实际商品的市场主体也可能希望参与这种市场。这些市场主体就是市场投机者，他们希望购买一份在未来某个日期交付的合同，在以后能以更高的价格卖出。同样，投机者可以先卖出一份合约，然后再以更低的价格买入另一份。由于这些合约没有实物交割，因此它们被称为期货合同，而不是远期合同。随着合约交割日期的临近，投机者必须通过实现买卖合约头寸的平衡进行平仓，因为他们不能生产、消费或储存商品。

关于这点，我们可能想知道为什么理性的人想从事这种类型的投机活动。如果市场有充分的竞争性，所有参与主体都能获得足够多的市场信息，那么商品的远期价格应该反映了对未来商品交割的现货价格的市场一致性的预期。这就意味着，在这样的市场中，低买高卖的交易策略看起来更像是在碰运气，是在赌博，这看起来不应该是一个合理的商业策略。因此，要想成为一名成功的投机者，就需要比其他市场参与主体在某些方面更具有优势。这些优势通常来自于投机者比其他市场参与主体的更低的风险厌恶程度。一些公司的股东偏好稳定的回报，尽管回报不是特别高。这些风险厌恶的公司管理者们会努力限制市场风险敞口，这些市场的风险可能会使利润大大低于利润期望值。相反，从事商品投机公司的股东希望获得非常高的回报，同时能够承受偶尔出现的高风险带来的巨额亏损。为了获得更大的利润，风险偏好企业的管理层将享有比较大的决策自由，可以承担更高的风险。规避风险的公司通常会选择现在接受一个比未来市场预期价格稍差的价格，以换取提前就能锁定价格的安全感。作为该公司的交易对手，投机者愿意承担未来价格波动的风险，他们会要求比未来市场预期价格更好的价格交易，规避风险的公司提出的价格正好满足了这样的要求。从本质上讲，规避风险的公司会为愿意承担风险的投机者支付报酬。

正如我们在第2.5.1节中讨论的现货市场，商品的生产者和消费者除了面临价格风险外，还面临着其他风险。因此，他们通常希望寻找第三方来帮助自己降低风险。投机者不会面临价格之外的其他风险，而且拥有大量的资金，他们更有能力在足够长的时间内通过收益抵消发生的风险损失，而最终保证盈利。此外，大多数投机者经营业务广泛，通过投资多样化的商品市场进一步减少了风险。虽然投机者从交易中获利，但作为一个整体，市场也从他们的交易活动中受益，因为投机者的存在增加了市场参与主体的数量和多样性。实物交易者（即参与市场的生产者和消费者）因而更容易找到交易对家，市场流动性的增加有助于市场发现商品的价格。

2.5.4 期权

期货合同和远期合同都是固定合同，因为交货是无条件的。任何不能交付约定数量商品的卖方必须在现货市场上购买缺少的那部分商品。类似地，任何不能消纳全额商品的买家必须在现货市场上出售多余部分商品。换句话说，商品的不平衡是按交货日的现货价格来结算的。

在某些情况下，市场参与主体可能更喜欢签订有条件的交付合同，这意味着只有在合同持有人认为这样做符合其利益时，该合同才会执行。这种合同被称为期权，期权有两种：买入期权和卖出期权。买入期权赋予持有者以行权价格购买一定数量商品的权利。卖出期权赋予持有者以行权价格卖出一定数量商品的权利。期权持有人是否决定行使其在合同下的权利取决于该商品的现货价格。欧洲期权只能在合约到期日行使，而美国期权可以在合约到期日之前的任何时间行使。当期权合同达成时，期权的卖方从期权持有者那里收取一笔不可退还的期权费用。

例 2.1

6月1日，"非常棒"早餐食品加工公司（Pretty Good Breakfast）从农场主麦克唐纳（McDonald）手中购买了100吨小麦的欧式买方期权，到期日为9月1日，行权价格为每吨50美元。9月1日，小麦现货价格为每吨60美元。在现货市场该公司购买小麦将比行使期权每吨多花费10美元。因此这个买入期权的价值是100×10=1000美元。这样，差价合约就得到了执行：农场主麦克唐纳交付100吨小麦，该公司支付100×50=5000美元。

相反，如果9月1日的现货价格低于买入期权的执行价格，那么期权就没有价值，而且会被放弃执行，因为该公司直接在现货市场上购买小麦会更加便宜。

例 2.2

7月1日，农场主麦克唐纳从北方小麦贸易公司购买了100吨小麦的欧式卖方期权。本合同执行价格为每吨55美元，到期日为9月1日。如果9月1日小麦的现货价格为60美元，农场主麦克唐纳就不会行使这个期权，而是在现货市场上出售小麦。相反，如果现货价格是每吨50美元，差价合约的价值就为100×(55-50)=500美元，应行使这个卖方期权。

因此，购买期权合同可以被看作是，该合同让持有人规避了以比现货价格更差的价格交易商品的风险。与此同时，它也保留了让合约持有者以比期权执行价更好的现货价格进行商品交易的自由。期权的卖方代替持有人承担价格风险。作为承担这一风险的补偿,卖方在合同出售时获得期权费。该期权费代表买方的沉没成本,与是否执行该期权无关。

这一点对电力市场来说没有多大意义,电能的期权合同交易并不普遍。另一方面,提供备用容量的长期合同通常包括期权费和行权价,因此运作方式类似于期权合同。

2.5.5 差价合约

某些商品的生产者和消费者有时不得不通过一个集中的市场进行交易。由于他们不允许签订双边协议,他们无法选择远期合同、期货合同或期权合同来降低交易价格风险。在这种情况下,买卖各方往往借助于与集中市场并行运作的差价合同来管理价格风险。在差价合同中,双方就商品的履约价格和交易数量达成协议。然后,他们像其他参与主体一样参与集中化的市场。集中市场上的交易完成后,差价合同结算如下:

1)如果差价合同约定的执行价格高于集中市场价格,买方需要向卖方支付金额,数值上等于这两个价格之间的差额乘以合同约定的交易数量。

2)如果差价合同的执行价格低于市场价格,卖方需要向买方支付金额,数值上等于这两个价格之间的差额乘以合同约定的交易数量。

差价合同使交易双方在参与集中市场交易的同时又能让实际结算价格与集中市场价格无关。差价合同可以被认为是具有相同行使价格的买入期权和卖出期权的组合。除非集中市场价格与执行价格完全相等,否则将总有买卖双方的一个期权合约得到执行。

例 2.3

西尔瓦尼亚(Syldavia)钢铁公司被要求从西尔瓦尼亚(Syldavia)的集中交易电力市场购买电能。由于该市场的电能价格波动剧烈,该钢铁公司希望限制该市场的风险敞口,西尔瓦尼亚钢铁公司已与质量电子(Quality Electrons)发电公司签署了一份差价合同。该合同规定了在一年的时间内,每小时的电能合约交易量统一为500MW,成交价格统一为20美元/MWh。假设一个特定1h间隔的交易时段的电能市场价格是22美元/MWh。西尔瓦尼亚钢铁公司购买500MW电能,需要向集中电力市场支付22×500=11000美元。质量电子发电公司此时向市场供应500MWh电力,可从集中电力市场获得22×500=11000美元的收入。差价合同结算过程中,质量电子发电公司支付给西尔瓦尼亚钢铁公司(22-20)×500=1000美元。因此,两家公司实际上都以20美元/MWh的价格交易了500MW电能。如果集中交易市场价格低于20美元/MWh,为了结算差价合同,西尔瓦尼亚钢铁公司将给质量电子发电公司付钱。

2.5.6 价格风险管理

生产或消费大宗商品的公司面临着多种类型的风险，他们通常会通过远期合同、期货合同、期权和差价合同的组合来对冲现货市场的头寸，从而努力降低现货市场风险敞口。大多数的商品市场都有相对应的这些不同类型的金融衍生品市场。这些公司倾向于仅利用现货市场来处理由于商品的生产或需求上不可预测的变化带来的市场的剩余供给和需求。因此，现货市场的交易量通常只是其他这些金融衍生品市场交易量的一小部分。

虽然现货市场交易量可能相对较小，但现货市场能够提供决定其他所有金融衍生品市场的价格信号。由于现货市场是最后的市场，因此现货价格是在其他金融衍生品交易市场中进行估价的参考标准。现货价格的持续上涨会拉动其他金融衍生市场的价格，而现货价格的不断下跌则会导致其他金融衍生市场的价格的降低。

2.5.7 市场效率

在本章开头，我们提出的理论认为，如果双方对同一种商品具有不同的价值认同，双方就可以达成一笔交易。如果想要这样的交易简单快捷，市场必须具有流动性。这意味着在市场上应该总是有足够多的参与主体愿意买卖商品。市场的价格发现机制也应该是可靠的。在这一价格发现过程中，为了广泛传播全面、公正的市场情况信息，良好的信息传播机制是必不可少的。如果市场运作能尽可能透明，参与主体对市场的公平性也会更有信心。

最后，与交易相关的成本（如酬金、管理费用和收集市场信息的费用）只占每笔交易价值组成的一小部分。如果商品的交易在数量和质量上标准化，这些交易成本就会大大降低。满足上述这些要求的市场被称为有效市场。

2.6 不完全竞争市场

2.6.1 市场力

到目前为止，我们假设市场参与主体不能通过其个体行为影响市场价格。如果市场参与主体的数量很大，而且没有参与主体能够控制市场很大份额的生产或消费，这时这种假设才是有效的。在这种假设下，任何要价高于市场价格的供应商和任何出价低于市场价格的消费者都会被忽视，因为其他的市场参与主体可以取代他们。因此，市场价格是由买卖方双方构成的整体来共同决定的。所有参与主体都充当价格接受者的市场被称为完全竞争市场。从全局角度来看，实现或接近完全竞争市场是一个非常理想的市场，这样的市场确保了商品生产的边际成本等于商品对消费者的边际价值。这种完全竞争的市场情景引导了买卖双方的有效交易行为。

农产品市场是最好的完全竞争市场例子之一，因为农产品无差异，生产者和消费者的数量非常大。对于很多的商品市场，一些生产者和消费者如果占有了足够大的市场份额，他们就可能利用其市场力谋利。此类市场参与主体被称为策略行为主体（strategic player）。如例2.4所示，这些市场主体可以通过减少供给（物理持留）或提高报价（经济持留）来操纵市场价格。

在完全竞争市场中，市场价格是一个企业无法控制的参数。由式（2.15）可知，在完全竞争条件下，每个企业都应该将生产量增加到其边际成本等于市场价格的水平。当竞争不完全时，各个企业都必须考虑它生产的数量会对市场价格产生怎样的影响。相反（在完全竞争条件下），企业应该考虑它的定价会对自身产品销售量造成怎样的影响。我们将在第4章更详细地讨论不完全竞争市场的建模方法。

例 2.4

假设一家公司以每件1800美元的市场价格出售10件产品。公司的销售收入是18000美元。如果这家公司决定只出售9件产品，结果导致产品的市场价格上涨，那么这家公司就拥有市场力。如果价格涨到2000美元，即使销售的产品减少了，公司也能获得同样的收入。此外，因为它只有生产9件产品的成本，而不是10件的成本，企业的利润还会增加。

这家公司还能以1800美元的价格出售9件产品，并以更高的价格出售最后一件产品，希望最后一件产品出售并获得更高的利润。

2.6.2 垄断

根据某一特定行业的企业最小有效规模（Minimum Efficient Size，MES）可以粗略估计该行业在市场上可能存在的竞争企业的数量。MES等于将该行业中典型企业的平均成本最小化时的产出水平。MES曲线的形状是由生产产品的技术决定的。如图2.23a所示，如果最小平均成本对应的MES远小于该商品的需求量，那么市场应该存在大量竞争者。相反，如图2.23b所示，MES与需求总量相当，则市场无法存在两家盈利的企业，可能会形成垄断局面。

垄断者只要有机会就会降低产品供应量，从而将价格提高到高于边际生产成本的水平，以实现自身利润最大化。从全局角度来看，这并不令人满意，因为消费者购买的商品数量会比在竞争市场时的数量少。解决这一问题的可能有效办法是设立一个管制机构，其职能是监管生产者的经营活动并将价格定在可接受的水平。理想情况下，监管机构应该将价格定在与垄断企业的边际生产成本相等的水平上。但是确定这一边际成本并非易事，因为监管机构无法获得与垄断企业相同数量的信息。即使监管机构成功地发现了企业精确的边际生产成本，将价格定在这个水平也可能并不可行，因为这个价格可能会使垄断者破产。

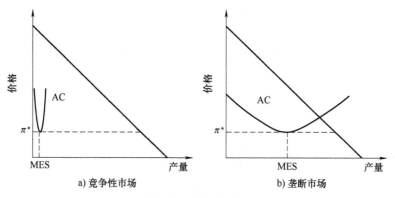

图 2.23　MES 的概念

例如，如图 2.24 所示，需求曲线和边际成本曲线的交点是价格 π_{MC}，这一价格低于平均生产成本。

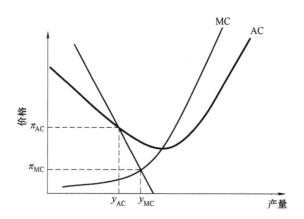

图 2.24　无利可图的自然垄断

为了避免垄断者退出市场，监管机构必须将价格至少限定在需求曲线与平均成本曲线 AC 的交点 π_{AC} 之上。这种情况称为自然垄断，其通常在生产固定成本较大而变动成本相对较小的产品上出现。输电和配电业务就具有典型的自然垄断属性。

2.7　习题

2.1　制造商生产某一特定产品的变动成本表达式如下：

$$C(q) = 25q^2 + 2000q \text{（美元）}$$

式中，C 为总变动成本；q 为生产数量。

  a. 求边际生产成本；

  b. 求商品以边际成本出售时的收入和利润。

2.2 一组消费者对给定类型的装饰品的反需求函数表达式如下：

$$\pi = -10q + 2000 \text{（美元）}$$

式中，q 代表消费者需求；π 表示这个产品的单价。

  a. 求这些消费者可能的最大需求量。

  b. 求消费者愿意支付的最高购买价格。

  c. 求最大的净消费者剩余，解释为什么消费者无法实现这一剩余。

  d. 当价格 π 为 1000 美元/件时，计算需求量、总消费者剩余、厂商总收入和净消费者剩余。

  e. 如果价格 π 上涨 20%，计算需求变化和厂商收入变化。

  f. 当价格 π 为 1000 美元/件时，求出消费者对这个产品的需求价格弹性是多少？

  g. 推导出以需求为变量的总消费者剩余函数和净消费者剩余函数的表达式。用 d 的结果检查这些表达式。

  h. 推导出以价格为变量的净消费者剩余函数和总消费者剩余函数的表达式。用 d 的计算结果检查这些表达式。

2.3 经济学家估计，某产品市场的供给函数为

$$q = 0.2\pi - 40$$

  a. 如果市场需求如习题 2.2 一样，计算市场均衡时的需求量和价格。

  b. 在均衡条件下，计算总消费者剩余、净消费者剩余、厂商总收入、厂商总利润和社会总福利。

2.4 计算下列市场干预措施对习题 2.3 的市场均衡的影响：

  a. 最低限价为每件 900 美元；

  b. 最高限价为每件 600 美元；

  c. 销售税为每件 450 美元。

在上述情况下，计算市场价格、交易量、净消费者剩余、厂商利润和社会总福利。使用图解释计算过程。计算无谓损失，与习题 2.3 的结果进行比较。用表格总结计算结果并简要分析。

2.5 产品的需求曲线由以下表达式表示：

$$q = 200 - \pi$$

计算当需求分别为 0、50、100、150 和 200 时的价格和需求价格弹性。如果需求曲线由以下表达式给出，重复上述计算过程。

$$q = \frac{10000}{\pi}$$

2.6 垂直一体化的公用事业电力公司通常会为用户制定峰谷分时电价套餐，以鼓励电力消费者将用电需求从高峰时期转移到低谷时期。在高峰和低谷期间的电能需求可视为替代品。下表总结了南极南部电力和照明公司（Southern Antarctica Power and Light Company）进行的峰谷电价收费试验的数据结果。试利用这些数据来计算高峰和低谷时期电能需求的需求价格弹性和需求交叉弹性。

项目	高峰价格 π_1/（美元/MWh）	低谷价格 π_2/（美元/MWh）	平均高峰需求 D_1/MWh	平均低谷需求 D_2/MWh
基准情况	0.08	0.06	1000	500
试验1	0.08	0.05	992	509
试验2	0.09	0.06	985	510

2.7 证明在平均生产成本最低的产出点上，边际生产成本等于平均生产成本。

2.8 一公司生产商品的短期成本函数为

$$C(y) = 10y^2 + 200y + 100000$$

a. 如果每件商品以 2400 美元的价格出售，计算出这个公司能够获利的产出范围，并得出使利润最大化的产值。

b. 当短期成本如下式所表示时，重复上述计算，并对结果进行解释。

$$C(y) = 10y^2 + 200y + 200000$$

2.9 "非常棒"（Pretty Good）早餐食品加工公司将推出一个新系列的早餐饮料。为了减少现货市场风险敞口，该公司购买了 15 万磅冷冻浓缩橙汁的买方期权。该买方期权的期权费为 3000 美元，而期权执行价格为 1.15 美元/磅，如果期权到期日的现货市场价格如下所示，试分析购买期权的决策对公司收益的影响。

a. 1.10 美元/磅；
b. 1.20 美元/磅；
c. 1.1715 美元/磅。

2.10 惊奇钢铁公司（The Amazing Steel Company）是一个电力用户，而博尔多利亚电力公司（Borduria Power）是一个发电公司。为了规避博尔多利亚电力市场价格波动的风险，这两个公司已经以 10 美元/MWh 的价格签订了一份 100MWh 的差价合同，分析当博尔多利亚电力市场上的电能价格是以下几种情况时，分别会出现什么情况？
a. 10 美元/MWh；
b. 9 美元/MWh；
c. 12 美元/MWh。

2.11 一个投机商以每吨 100 美元的价格购买了 1000 吨小麦，三个月后交货。她希望以更高的价格转售这些小麦来获利。分析表明，小麦在交付时的价格服从最低价格每吨 80 美元到最高价格每吨 130 美元的均匀概率分布⊖。投机商考虑限制因小麦价格下降给自己造成的可能损失，决定通过购买买方期权来降低这种风险。
a. 如果她想把可能损失限制在 10000 美元以内，那么期权执行价应该是多少？（在计算时不考虑期权费。）
b. 如果她不买这个期权，她的预期收益是多少？
c. 如果她以每吨小麦 1.5 美元的价格购买期权，她的预期收益是多少？
d. 分析这些结果。

2.12 经济学家估计，在博尔多利亚电力市场上，电能生产的变动成本由下列表达式给出：
$$C(Q) = 20000+500Q+10Q^2+0.001e^{(Q-85)} \text{（美元）}$$
他们还估计，电力需求曲线由下列表达式给出：
最大负荷时刻：$Q = 110 - 0.0025\pi$（MWh）
最小负荷时刻：$Q = 50 - 0.002\pi$（MWh）
式中，π 表示价格（美元/MWh）。
在市场均衡条件下，确定最小负荷时刻和最大负荷时刻的下列变量的大小：
a. 交易出清量；

⊖ 这不是一个很现实的假设。然而，如果假设一个更现实的概率分布，计算就太复杂了。

b. 市场出清价格；
c. 厂商收入；
d. 所有厂商的总变动生产成本；
e. 厂商的经济利润；
f. 合计的净消费者剩余；
g. 需求的价格弹性。

2.13 西尔瓦尼亚正在考虑在电力供给侧引入竞争。政府经济学家估计，电能的发电成本符合以下公式：

$$C = 1.5Q^2 + 100Q$$

式中，Q 是发电量（MWh）；C 是总成本（美元）。

他们还估计，需求曲线在需求高峰时刻服从如下关系：

$$P = -20D + 4000$$

式中，D 是需求量（MWh）；P 是价格（美元/MWh）。

a. 画出供给曲线；
b. 计算在需求高峰期市场出清的价格和数量；
c. 计算均衡时的需求价格弹性；
d. 计算相应的总消费者剩余和净消费者剩余；
e. 计算相应的厂商收入和经济利润；
f. 西尔瓦尼亚政府正在考虑对发电公司征收 20 美元/MWh 的税，计算一下这项税收在需求高峰时期能带来多少收入，以及它对社会总福利的影响；
g. 西尔瓦尼亚政府正在考虑征收 20 美元/MWh 的生产税。假设发电公司要求将这一税收全部让买电的电力用户支付，计算在需求高峰期这一税收将增加多少收入，以及它对社会总福利的影响。

以上计算保留两位小数。

2.14 合同的基本特征是什么？

2.15 简述现货合同、远期合同、期货合同及期权合同的特点。

2.16 用一个简单的算例，解释差价合同的原理。

2.17 在给定时期内，以消费者购买的数量 Q（kWh）为单位的需求曲线，作为价格 π（美分/kWh）的函数，由以下表达式给出：

$$\pi = -0.01Q + 5$$

a. 计算消费水平在 $\pi = 3.5$ 美分/kWh，净消费者剩余、消费支出和供应商收入。

b. 如果厂商决定将价格提高10%，计算减少的消费量和厂商增加的收入。

c. 如果在 a 中给出的生产成本由以下公式决定：
$$C = 0.0075Q^2 + 1.3Q$$
求需求的价格弹性。

d. 给出厂商边际成本的表达式，进而求出社会总福利最大化时的均衡价格和需求。

e. 在均衡点计算厂商收入、利润和平均成本。

2.18 经济学家估计，在电力市场中，电能生产的变动成本由下列表达式给出：

$$C(Q) = 20000 + 500Q + 10Q^2 \text{（美元）} \quad Q \leq 90 \text{MWh}$$

$$C(Q) = 141400 + 287.5(Q-86)^2 \text{（美元）} \quad Q \geq 90 \text{MWh}$$

他们还估计，电力需求曲线由下列表达式给出：

最大负荷时刻为
$$Q = 100 - 0.00125\pi \text{（MWh）}$$

最小负荷时刻为
$$Q = 55 - 0.001\pi \text{（MWh）}$$

式中，π 是价格，单位为美元/MWh。

在图上描出这个市场的供求曲线。在最大负荷时刻和最小负荷时刻，求出在市场均衡状态下以下变量的大小：

a. 交易量；

b. 市场出清价格；

c. 厂商收入；

d. 所有厂商的总变动生产成本；

e. 厂商的经济利润；

f. 需求的价格弹性；

g. 供给的价格弹性。

2.19 某一特定商品的需求曲线如下所示：
$$\pi(Q) = a - bQ$$
假设这种商品有一个垄断的供应商，生产这种商品的成本为
$$c(Q) = d + cQ$$

垄断供应商需要生产多少商品才能实现利润最大化？如果市场完全竞争，且厂商的总体生产成本函数和上述垄断厂商的成本函数完全相同的情况下，那么与市场有垄断供应商的情景相比，厂商的总利润与市场交易量有何差异？

2.20 博尔多利亚电力公司（Bordurian Power）是一家发电公司，西尔瓦尼亚电力公司（Syldavian Electric）是一家售电公司。这两家公司正在就一份长期的电力供应合同进行谈判，双方都预测合同执行期间的平均现货价格将为 20.00 美元/MWh。如果博尔多利亚电力公司公司的风险厌恶程度低于西尔瓦尼亚电力公司，那么从谈判中更可能得到的价格是多少？
a. 21.00 美元/MWh；
b. 20.00 美元/MWh；
c. 19.00 美元/MWh。

这两家公司必须通过南极南部电力联营体（Southern Antarctica Power Pool）进行集中物理交易，但他们双方已经签署了一份 100MWh 的双向差价合约，价格为 20.00 美元/MWh。如果南极南部电力联营体的价格为 23.00 美元/MWh，两家公司的交易应该如何结算？

延伸阅读

有兴趣愿意更深入地研究微观经济学的读者会发现在这方面有大量的参考书籍。这些书籍大多涵盖了相同的内容，但内容深度有所不同。工程师们可能会发现入门级的教科书有点令人沮丧，因为它们假设读者不懂微积分，经济原理的解释往往冗长啰嗦。对于这些读者，中级水平的书籍，如 Varian（2014），可能是个更好的选择。Gravelle 和 Rees（2007）对经济问题进行了更为严谨和数学化的处理。Tirole（1988）对企业理论进行了相当深入的分析。Hunt 和 Shuttleworth（1996）对各种类型的合同提供了可读性很强的介绍。Kirschen 等人（2000）讨论了弹性的概念如何应用于电力市场。关于各类市场如何运作，以及如何在这些市场上交易赚钱（或赔钱）的丰富信息，详见 https://www.investopedia.com/dictionary/。

Gravelle, H. and Rees, R. (2007). *Microeconomics*, 4e. Pearson Education.
Hunt, S. and Shuttleworth, G. (1996). *Competition and Choice in Electricity*. Wiley.
Kirschen, D.S., Strbac, G., Cumperayot, P., and Mendes, D.P. (2000). Factoring the elasticity of demand in electricity prices. *IEEE Trans. Power Syst.* 15 (2): 612–617.
Tirole, J. (1988). *The Theory of Industrial Organization*. MIT Press.
Varian, H.R. (2014). *Intermediate Microeconomics: A Modern Approach*, 9e. W. W. Norton.

CHAPTER 3

第3章 电力市场

3.1 一兆瓦时的电和一桶石油有什么区别

电力市场建设和发展的前提条件是电能可以作为一种商品进行交易。然而，电和其他商品，如以蒲式耳[⊖]为单位出售的小麦，以桶为单位出售的石油，甚至以立方米为单位出售的天然气之间有非常重要的差异。这些差异对电力市场的组织和规则有着根本性的影响。

最基本的区别是电能的供应是与物理系统分不开的，并且电能是持续而不是分批输送的。在电力物理系统中，发电商、用户和将他们彼此连接起来的电力线路是相互依赖的，不能被视为彼此完全无关联的个体。特别是，电力供应和需求、发电出力和负荷必须每时每刻保持平衡。如果没有维持这种平衡，或者电能传输超过了输电网络的容量，系统就会崩溃，将导致灾难性的后果。这样的故障是无法容忍的，因为不仅会导致交易停止，整个地区或城市都将陷入长时间的停电瘫痪状态，因为要将完全崩溃的电力系统恢复到正常运转状态是一个非常复杂的过程，在大型工业化国家可能需要 24h 或更长时间。这种大面积的停电事故会带来沉重的社会和经济后果。任何明智的政府都不会同意实施可能会显著提高大规模停电事故发生概率的市场机制。因此，短期的电力供需平衡不能仅仅依靠没有强制性平衡责任的市场来调节，必须由一个单一的组织提供平衡服务，不计成本地维护系统的实时平衡。

电能与其他商品之间的另外一个意义重大但并不是那么根本性的差异，是指由一台发电机产生的能量不能定向于输送给某一特定消费者。反过来，消费者不可能只从指定的一台发电机获得能源。因为所有发电机产生的电能都是在汇集起来以后输送给用电负荷的。因为不同的发电机组产生的每一度电都是无差异的，这使得电能的汇集成为可能。这种性质对电力行业也是有利的，因为电能汇集产生了对电力行业有价值的规模经济性：最大发电容量必须与所有用户的总负荷的最大负荷匹配，而不是与每个用户的最大负荷的总和相匹配。但

⊖ 在英国和美国，1 蒲式耳小麦等于 27.216 千克。

是，从另一方面来看，在这个商品集中供应的系统中，一个故障将会影响到每个人，而不仅是相关交易的当事方。

最后，对电能的需求每天和每周呈现可预测的周期性变化。电能绝不是需求周期性变化的唯一商品。举个简单的例子，咖啡的消费每天都会呈现出两三个相当尖锐的高峰，其他时刻则处于需求低谷期。然而，咖啡的交易并不需要特殊的市场机制设计，因为消费者可以很容易地以固体或液体的形式储存咖啡。另一方面，电能的生产和消费必须是同步的。由于用电需求的短期价格弹性很小，要维持电力实时供需平衡则要求发电出力能够跟踪一天内电力负荷剧烈和快速的变化。然而，并不是所有这些发电机组都需要全天开机运行。当电力负荷处在低谷期的时候，只有那些效率最高的机组才可能因为具有竞争力在开机，而其他机组将暂时停机。这些效率较低的机组只是在用电高峰期开机运行。由于市场的边际电厂随着电力负荷的增加和减少而在不断变化，由此可以推测，发电的系统边际成本（以及由此决定的实时电价）也应该在一天中随用电负荷的变化而变化。电力成本和价格在短期内呈现如此快速的周期性变化，在商品中是非常罕见的。

有人可能会提出，天然气的交易也是基于商品在物理网络中合并运输，需求也呈周期性变化。然而，天然气管道可以储存大量加压气体的能量。因此，天然气的供需不平衡在短时间内不会引起管线网络的崩溃。因此，它可以通过某种市场机制来消除市场的不平衡。另一方面，在电力系统唯一可存储并且可获取的能量是旋转的同步发电机转子的动能。由于这部分存储的动能相当小，因此突然的一次电力不平衡扰动可能就会快速地消耗掉这部分能量，继而进一步导致电力频率的下降，这种变化的速度太快了，很难通过某种市场机制来消除这种不平衡。

作为研究电力市场的第一步，我们将假设所有发电机和电力用户连接到相同的一个节点，或者通过具有无限输电容量和没有电网损耗的输电网连接。因此，我们可以首先只专注于电能的交易。到了第5章，我们再讨论输电网络对电力交易的影响。第6章讨论了保持电力系统安全稳定运行的必要性，也就意味着，我们需要分析电力系统可靠性的要求将如何重塑电力市场的设计。

3.2 交易周期

正如每个工程师都知道的那样，电的特征主要由电压、电流、功率和能量等物理变量表示。虽然所有这些变量对电力系统运行都至关重要，但最具有商品可交易属性的特征显然是系统输出的电能。对消费者来说，他们消耗的电能最能反映出他们从用电中获取的价值。而对于发电商而言，生产成本是直接与发电量挂钩的。

然而，顾名思义，电力系统的主要目的是连续地提供瞬时变化的电能（功率），或者称之为电力。因此，从严格意义上来说，电力市场不应该是电能的交易，而是在特定的时间间隔内的一定水平的功率或电力的交易。这从我们用千瓦时（kWh）而不是焦耳（J）来量化电网中流动的电能就可以看出。

因此，电力市场的设计涉及选择特定长度的时间段作为市场交易周期。然后电力功率在这个时间段的积分即该时间段的电能，是市场可交易的商品。从另一个角度来看，在给定的时间段内交易的电能可以用该时间间隔内的一个固定（即平均）的电力功率表示。由于假设每个交易周期内的物理和市场情景条件都是不变的，因此每个交易周期的电能价格也被认为是统一的。

如果我们采用很短的时间间隔（比如说5min）作为交易周期，交易电能就能更准确地反映电力系统在特定交易周期的瞬时状态，因为在每个交易周期内的实时发用电功率不会显著偏离发用电的平均功率。这在含有大量风力发电或太阳能发电的系统中尤其重要，因为这些可再生能源可能在很短的时间内就会引起电力供应快速和不可预测的变化。

然而，如果交易周期很短，这样的交易在一定的时间内就会进行很多次，这种交易在实际操作中可能并不可行。例如，如果一家发电公司有能力在一段时间内大规模生产电能，或者售电公司的用电曲线是用电功率不变的基荷，那么他们可能就不希望每隔5min进行一次交易。他们更愿意中长期锁定每个交易周期的交易量和价格，因为这样降低了他们面对的市场风险。特别是，在一家发电公司将大型火电机组并网运行之前，需要确认该机组能否维持足够长的开机运行时间，以保证能回收机组的起动成本，并在运行中满足其各种物理约束㊀。

为了解决这一矛盾，电力交易市场是由一个远期交易市场序列（包含若干个交易周期逐渐缩短的远期交易市场）和一个现货交易市场组成。远期交易市场进行的交易是中长期的大规模电能交易。远期交易发生的时间远远早于交易合同规定的电能交割期（也称为"实时"）的开始时段，其交易的频次也较低。在较短的交易周期进行的小规模电能交易市场可以按照更高频次展开，因此可以在时间上更接近电能实时运行时刻进行交易。电力现货市场是最接近电能实时交割时刻的交易市场，所以是电能交易最后的市场机会。现货市场交易量只占市场总交易量的一小部分。这样的市场体系安排不仅可以帮助市场主体管理市场风险，而且还给予了系统调度中心足够的时间去提前发现可能影响系统运

㊀ 住宅消费者的账单为一个较长的交易期内的电力交易提供了另一个很好的例子。直到最近，电表记录了用户一个月内的耗电量，并根据该月份的零售价向用户收费。一个月的交易使交易成本（主要是人工抄表的成本）保持在合理水平，使住宅消费者完全免受短期供求波动的影响。可以自动和远程读取的"智能"电表的部署，为电能零售交易提供了一个机会，使其能够以更准确地反映实时情况的价格进行交易。

行安全可靠性的风险因素。在下一节中，我们讨论了各种电力远期合约市场。然后，我们将讨论建设电力现货市场的必要性和意义，以及它与其他商品的现货市场的区别。随后章节将讨论为了满足电力系统安全可靠性要求而需要建设的辅助服务市场、发电容量市场和输电容量市场。

3.3 远期市场

远期市场交易通常包含数量众多的买方报价和卖方报价。随着时间的推移，市场参与主体之间的互动交流过程中，发生了买卖双方的协商交易和出清过程。虽然，一些电力交易的远期市场是这种分散式的交易，但是，在其他一些市场中，也采用了集中式的交易模式，集中市场同时接受来自所有买方和卖方的报价，一次性地完成市场总体的撮合和出清过程。

3.3.1 双边协商或分散式交易

依据交易时间跨度和交易数量的不同，购买者与销售者可以选择不同的双边交易形式。

（1）自定义长期合同（Customized long-term contract）：这类合同条款是买卖双方根据需求和目标私下进行协商和谈判的，因此交易具有很大的灵活性。这类交易通常时间跨度长（几个月至几年）并且交易规模很大（成百上千 MWh 规模）。签订这类合同的交易成本很高，因此只有当交易者希望购买或出售大规模交易量的时候，该类合同才比较合适。例如，一家发电集团公司在计划新建一个发电厂之前，往往需要以该发电厂投产以后的大部分发电量能在远期市场中被提前售出为前提条件，批准建设该新建电厂项目的投资资金。大型售电公司之所以愿意签订该类合同，也可能是通过该合同可以在长期获得较优惠的价格，以满足售电公司用户的基荷需求。

（2）"场外"交易（Trading "over the counter"，OTC）：这类交易通常采用标准合同形式，主要适用于规模较小的电能交易。标准合同规定了一天或一周之内各时段应交付的电能。这种合同的交易成本较低，随着电能交割时段的临近，发电公司和用户通常会选择采用此类交易对合同头寸进行调整。

（3）电子交易（Electronic trading）：售电方和购电方利用电子平台公开发布买方报价和卖方报价。通过计算机网络上的市场交易平台，所有市场成员都可以看到每笔报价的电能的申报数量与申报价格，但每笔报价都是匿名提交的。如果有一个成员提交了一笔新的买方报价，交易执行程序会对报价对应的交付时段进行扫描，寻找与之匹配的卖方报价（offer）。如果程序发现有一卖方投标的价格低于或等于此买方报价的价格，则交易就会自动达成且其成交的数量和价格会通过平台向市场公布。如果没有发现可以成交的卖方报价，这一新增的买方报价会被添加到未成交买方报价序列中，当这个买方报价找到匹配的卖方投标成交，或者市场主体撤回该报价，该报价才会撤出未成交报价序列。如果系统中出现新的报价，程序会循环进行类似的过程。在电能交割时段临近时，发电商与零售商会频繁调整交易头寸。在市场关闭前的几分钟或几秒钟内，往往会突然出现大流量的交易。这种形式的交易非常方便快捷，并且交易成本低廉。

双边交易的重要特点就是每一笔交易的成交价格均由交易双方独立协商决定，分散式交易的价格不会是政府定价。双边协商的长期市场合同的详细条款通常为保密和不公开的；独立第三方数据服务机构会收集并发布匿名的和汇总的关于场外交易（OTC）的交易量和价格信息，但不会透露交易主体的身份信息。这种市场信息披露机制可以在市场交易电子平台上展示最近每一笔成交的交易信息，可以让市场参与主体更清楚地了解市场的当前状态和发展方向，提高了电力交易市场的运行效率。

例 3.1

博尔多利亚电力公司（Borduria Power）在博尔多利亚电力市场上进行交易，该市场以双边交易为基础。该公司拥有三台发电机组，具体参数见表 3.1。为了简化分析，假设这些机组的边际成本在其运行范围内是不变的。考虑到机组存在比较大的起动成本，博尔多利亚电力公司会尽可能让机组 A 与系统始终保持同步运行不停机，同时让机组 B 尽可能在白天多发电。机组 C 的起动成本忽略不计。

表 3.1 博尔多利亚电力公司三台发电机组的具体参数

机组	类型	P_{min}/MW	P_{max}/MW	MC/(美元/MWh)
A	大型燃煤机组	100	500	10.0
B	中型燃煤机组	50	200	13.0
C	燃气轮机	0	50	17.0

观察博尔多利亚电力公司在 6 月 11 日 14:00-15:00 这一时段的合同交易情况。从表 3.2 中可知，博尔多利亚电力公司已经签订了 2 个长期合同和 3 个场外交易（OTC）合同。

表 3.2 博尔多利亚电力公司某一时段的合同交易情况

类型	合同签订日	购电方	售电方	数量/MWh	价格/(美元/MWh)
长期	1 月 10 日	价廉能源（Cheapo Energy）	博尔多利亚电力	200	12.5
长期	2 月 7 日	博尔多利亚钢铁（Borduria Steel）	博尔多利亚电力	250	12.8

（续）

类型	合同签订日	购电方	售电方	数量/MWh	价格/（美元/MWh）
OTC	4月7日	质量电子（Quality Electrons）	博尔多利亚电力	100	14.0
OTC	5月31日	博尔多利亚电力	完美电力（Perfect Power）	30	13.5
OTC	6月8日	价廉能源（Cheapo Energy）	博尔多利亚电力	50	13.8

请注意，博尔多利亚电力公司利用远期市场的价格波动回购了一部分已出售电能，实现了套利。在6月11日上午10点，博尔多利亚电力公司的值班交易员菲奥纳（Fiona）就必须决定，是否需要通过博尔多利亚电力交易中心的线上交易平台（the electronic Bordurian Power Exchange，BPeX）调整交易头寸；从表3.2中，我们可以看出博尔多利亚电力公司已经签订了总量为570MWh的合同，但该时段的全部发电能力为750MW。菲奥纳还可以看到BPeX的交易屏上显示了如表3.3所示的待交易的报价，买卖报价按照价格好坏进行优先排列。

表3.3　电力交易所显示的上午10:00待交易的报价

6月11日 14:00-15:00	标识符	数量/MWh	价格/（美元/MWh）
售电报价	O5	20	17.50
	O4	25	16.30
	O3	20	14.40
	O2	10	13.90
	O1	25	13.70
购电报价	B1	20	13.50
	B2	30	13.30
	B3	10	13.25
	B4	30	12.80
	B5	50	12.55

基于她在该市场上的交易经验，菲奥纳确信买方报价不可能再上涨。由于机组B还留有130MW的空余发电能力，她决定在竞争对手采取行动之前先赢得买电报价B1、B2和B3。由于这些买方报价的申报价格高于机组B的边际成本，所以这几笔交易如果成交即可获利。在成功完成上述交易后，菲奥纳需要将该小时内调整后的调度计划发送到发电厂。在此时制定的该时段（14:00-15:00）的调度

计划中,机组 A 按照额定功率(500MW)发电,机组 B 的出力水平为 130MW,机组 C 停机。

在 BPeX 即将停止 14:00-15:00 这一时段的交易(见表 3.4)之前,菲奥纳接到机组 B 运行人员的电话。机组 B 碰到了意料之外的机械故障,虽然机组 B 在傍晚之前都能继续运转,但发电出力最多只有 80MW。菲奥纳很快意识到这一故障会给公司造成实时市场风险敞口,而她可以选择的解决方案有三种:

1) 什么都不做,任由博尔多利亚电力公司少发 50MWh 出力,这意味着它需要以现货实时市场价格购买少发的电;

2) 起动机组 C 来补足机组 B 少发的电;

3) 尝试从 BPeX 购买机组 B 少发的电。

表 3.4 电力交易所显示的下午交易报价

6月11日 14:00-15:00	标识符	数量/MWh	价格/(美元/MWh)
售电报价	O5	20	17.50
	O4	25	16.30
	O3	20	14.40
	O6	20	14.30
	O8	10	14.10
购电报价	B4	30	12.80
	B6	25	12.70
	B5	50	12.55

由于现货市场的价格飘忽不定,菲奥纳不太愿意采用方案一。因此她决定先尝试在电力交易平台 BPeX 以低于机组 C 边际成本的价格购得替代电力。她已经是电力交易所内最后一个交易者,此时前面一些报价已经消失,同时也出现了一些新的报价,见表 3.4。

菲奥纳立即决定选择报价 O8、O6 和 O3,因为它们能够以低于机组 C 的发电成本的费用补足该时段内的合同不平衡头寸。总而言之,当该时段的交易窗口结束时,博尔多利亚电力公司在该时段总计应提供 580MWh 的出力。需要注意的是,菲奥纳是基于单位电量增量成本进行的交易决策,后面在研究现货市场运营时,我们还会继续使用这个例子。

3.3.2 集中交易

3.3.2.1 集中交易原理

集中交易通过统一安排来确定市场均衡和出清,而非买卖双方的多次协商。

尽管集中交易实现的具体方式存在多方面的差异和变化，其基本运营模式大致如下：

1) 发电公司针对特定交易时段提供报价，包括可申报电量与对应的价格。发电报价按照价格从低到高排序，根据这一排序，可以得到一条反映申报价格与累积申报数量关系的函数曲线。该曲线就是市场供应曲线。

2) 市场需求曲线可通过相似的方法得出，即根据用户提交申报量和申报价格信息的投标，买方报价按照价格从高到低的排列，可以得到市场需求曲线。由于电力需求弹性极低，这一步有时会被省略掉，直接将负荷预测值视作市场电能需求量。换言之，我们常假定需求曲线为一条垂直曲线，负荷预测值即为横坐标值。

3) 市场均衡点即市场供应曲线与市场需求曲线的交点。所有卖方价格低于或等于市场出清价格的卖方报价都会中标，发电商需要按照他们的中标电量发电。同样，所有申报价格高于或等于市场出清价格的买方报价都会中标，用户可以依据他们的中标量从系统中获取电能。

4) 市场出清价代表在市场均衡状态下多用单位电能增加的系统成本，所以被称为系统边际电价（System Marginal Price，SMP）。不管发电公司和用户的卖方报价和买方报价是多少，发电商的全部中标交易量均以系统边际电价结算，而电力用户的全部中标交易量也都是按照系统边际电价结算。

5) 通过市场供需曲线交叉点确定市场均衡状态的方法，反映了集中交易市场出清的逻辑，是以社会总福利最大化为目标的。如果假定需求是固定的刚性需求，而发电报价反映了机组的边际成本，则集中市场的出清结果就是经济调度计划，即确定每台发电机组应如何发电才能使系统发电总成本最小。

乍看上去，按照系统边际电价统一结算所有中标的发电量显得有些不合理。为什么不按照发电商的申报价格支付呢？按照每位发电商的报价支付难道不是会使平均电价更低吗？不采用按报价支付（Pay-As-Bid，PAB）办法的主要原因在于，这种出清机制不能有效激励发电商按照自身的边际成本进行报价。在按报价支付的机制下，所有发电商都会想尽办法猜测系统边际电价可能是多少，然后据边际电价水平进行报价，以获取可能的最大收益。因此在理想情况下，按报价支付和统一出清两种机制对应的系统边际电价是相同的。然而在实际情况中，有些低成本的发电商有时可能会高估系统边际电价，从而给出过高的报价。此时，该类发电机组就会被排除在中标发电计划外，而被另外一些边际成本高的机组替代，这就意味着按报价支付出清的系统边际电价会在一定程度上高于按照系统边际电价统一出清的情况。更重要的是，高成本机组代替低成本机组发电是不经济的，因为它没有实现市场资源的最优配置。另外，系统边际电价的不确定性也增加发电商的收入风险，为此他们可能会稍微提高报价以弥补这一损失。最终反而会导致电价上涨。

例 3.2

针对 6 月 11 日 9:00-10:00 这一交易段，西尔瓦尼亚（Syldavia）集中交易远期市场已接收到的报价和投标见表 3.5。

表 3.5 西尔瓦尼亚市场接收到的报价

	公司	数量/MWh	价格/(美元/MWh)
卖方报价	红色（Red）	200	12.00
	红色（Red）	50	15.00
	红色（Red）	50	20.00
	绿色（Green）	150	16.00
	绿色（Green）	50	17.00
	蓝色（Blue）	100	13.00
	蓝色（Blue）	50	18.00
买方报价	黄色（Yellow）	50	13.00
	黄色（Yellow）	100	23.00
	紫色（Purple）	50	11.00
	紫色（Purple）	150	22.00
	橙色（Orange）	50	10.00
	橙色（Orange）	200	25.00

图 3.1 显示了这些报价分别是如何累积排序从而得到市场供应曲线和市场需求

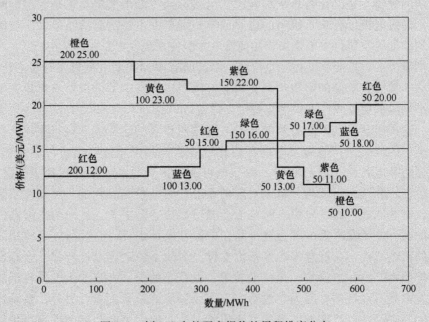

图 3.1 例 3.2 中的买卖报价的累积排序分布

曲线的。根据两条线的交点，我们可以得到给定时段的系统边际电价为16美元/MWh，总成交量为450MWh。表3.6列出了各发电商中标电能以及用户中标电能，同时还给出各公司的收入与费用。

如果不让用户提交报价，西尔瓦尼亚远期市场直接采用负荷预测值表示市场需求，且如果该时段的负荷预测值恰好为450MWh，我们会得到相同的结果。

表3.6 西尔瓦尼亚远期市场的市场出清情况

公司	生产量/MWh	消费量/MWh	收入/美元	费用/美元
红色（Red）	250		4000	
蓝色（Blue）	100		1600	
绿色（Green）	100		1600	
橙色（Orange）		200		3200
黄色（Yellow）		100		1600
紫色（Purple）		150		2400
总计	450	450	7200	7200

3.3.2.2 日前集中交易市场

例3.2说明了集中电力市场如何在1h的单一交易期内进行出清。由于若干技术和经济原因，将每小时交易期分开处理是不实际的：

1）使一台大型火电机组起动和并网运行需要好几个小时。

2）一旦同步运行，一般情况下机组必须在一段时间内继续持续运行不停机，以避免过快的温度变化造成的机械损坏。

3）同理，一旦停止运行，机组通常必须在一段时间内停止工作，然后才能重新起动。

4）大型机组在正常运行的时候其出力不能降到零，它必须保持在其"最小稳定技术出力"之上，而"最小稳定技术出力"占其额定容量的相当大比例。

5）机组出力增加或减少的爬坡速度也是有上限的。

一般而言，由于发电机组的这些物理约束的限制，日前集中市场如果按照每个独立的小时市场进行出清，其下达给发电机组的调度计划是不可行的。这会迫使发电商将不得不在现货实时市场上买卖电能，以消除市场出清的发电计划和实际发电能力的不平衡量。此外，在起动过程中，大型、高效的火电机组通常在并网发电之前就已经消耗了大量的燃料。这种燃料的成本是一个固定的"起动成本"，必须通过出售足够的电能来摊销，以回收起动成本。

大型火力发电商若参与独立的小时市场进行交易，这些物理约束和起动成本的存在会给机组带来很大的市场和技术风险。因此，考虑到机组运行的物理约束条件，大多数交易都发生在日前市场，且在日前市场，交易中心不是对第二天每个交易时刻的市场进行独立出清，而是对第二天的所有交易时刻的市场同时进行出清。

3.3.2.3 将日前集中市场的调度问题转化为数学优化问题

每一个参与日前集中市场的发电商必须提交的报价信息是复杂的，而不仅仅是申报价格和申报交易。这些报价信息应包含：增量成本曲线、起动成本和限制机组运行的物理约束参数。需要注意的是，在这些报价中，申报的"成本"信息不一定是机组的真实成本。稍后，我们会讨论发电机在什么情况下可能会故意抬高或压低成本，以达到利润最大化或风险最小化。

系统调度中心根据这些复杂的报价和日前负荷预测信息，确定日前调度计划，包括每个发电机何时开机和停机，以及每台发电机在每个交易周期的出力。从本质上讲，这是一个机组组合过程，它的职能与垂直一体化的公用事业电力公司过去的调度过程类似。但这个机组组合过程，主要是根据机组的报价而不是机组实际成本进行调度。从数学角度，这个优化问题可用公式表述为

目标函数：最小化运行日（第二天）的系统发电成本

$$\min_{x_i(t), u_i(t)} \sum_{i=1}^{N} \sum_{t=1}^{T} \left[C_i(P_i(t)) + SC_i(u_i(t), u_i(t-1)) \right] \quad (3.1)$$

式中，$P_i(t)$ 表示在时间段 t 机组 i 的发电量；$u_i(t)$ 表示在时间段 t 机组 i 的状态，$u_i(t)=1$ 表示机组开机，$u_i(t)=0$ 表示机组停机；N 表示提交报价的发电机组数量；T 表示一天中存在的交易周期数量；$C_i(P_i(t))$ 表示机组 i 在时间段 t 生产恒定不变的出力为 $P_i(t)$ 的成本；$SC_i(u_i(t), u_i(t-1))$ 表示机组 i 在时刻 t 的起动成本，当机组在 $t-1$ 时停运，在 t 时起动，这个成本是大于零的。

电力平衡约束：所有发电机出力之和必须等于系统负荷

$$\sum_{t=1}^{N} P_i(t) = L(t) \quad \forall t=1,\cdots,T \quad \forall i=1,\cdots,N \quad (3.2)$$

式中，$L(t)$ 表示在时刻 t 的负荷预测值。

出力约束：

$$P_i^{\min} \leq P_i(t) \leq P_i^{\max} \quad \forall t=1,\cdots,T \quad \forall i=1,\cdots,N \quad (3.3)$$

式中，$P_i^{\min}$ 表示发电机组 i 的最小稳定技术出力；$P_i^{\max}$ 表示发电机组 i 的最大技术出力。

爬坡率约束：

$$P_i(t) - P_i(t-1) \leq \Delta P_i^{\text{up}} \quad \forall t=1,\cdots,T \quad \forall i=1,\cdots,N \quad (3.4)$$

$$P_i(t-1) - P_i(t) \leq \Delta P_i^{\text{down}} \quad \forall t=1,\cdots,T \quad \forall i=1,\cdots,N \quad (3.5)$$

式中，ΔP_i^{up} 表示在相邻两个交易期间，发电机组 i 出力向上爬坡最大值；ΔP_i^{down} 表示在相邻两个交易期间，发电机组 i 出力向下爬坡最大值。

机组最小连续运行时间约束：发电机组的连续运行时间只有大于等于其最

小连续运行时间 T_{up}^{min} 才可以停机，否则必须开机：

如果 $\{u_i(t-1)=1 \& \exists \tau > t-T_{up}^{min}, u_i(\tau)=0\} \Rightarrow u_i(t)=1$

$$\forall t=1,\cdots,T \quad \forall i=1,\cdots,N \quad (3.6)$$

机组最小停机时间约束：发电机组的连续停机时间只有大于等于其最小连续停机时间 T_{down}^{min} 才可以开始工作：

如果 $\{u_i(t-1)=0 \& \exists \tau > t-T_{down}^{min}, u_i(\tau)=1\} \Rightarrow u_i(t)=0$

$$\forall t=1,\cdots,T \quad \forall i=1,\cdots,N \quad (3.7)$$

3.3.2.4 市场出清价格

根据上述优化结果得出的调度安排表，可以计算出每个交易时段的市场清算价格。因为在竞争市场中这个价格应该反映生产每一个兆瓦时电量的成本，所有发电机组中的边际成本最高值应为该时段的出清价格。从数学角度而言，这些边际成本由与约束（3.2）相关的拉格朗日乘子给出。然而，当问题涉及二元变量时，不能直接计算出拉格朗日乘子，可通过将二元决策变量等价于机组组合问题的最优值求解。此时，拉格朗日乘子即为每个交易期的电力边际价格，并由 π_t^* 表示。

例 3.3

举个简单的例子，假设该市场中有 3 台发电机，调度计划周期包括 3h 且交易周期为 1h。表 3.7 和表 3.8 给出了发电机组的数据和调度计划周期内的用电负荷。

表 3.7 发电机组数据

机组	P_i^{min}/MW 最小技术出力	P_i^{max}/MW 最大技术出力	β_i/(美元/MWh) 边际成本	α_i/(美元/h) 固定成本
1	0	500	10	500
2	100	350	30	250
3	0	200	35	100

表 3.8 用电负荷数据

时段 t	1	2	3
$L(t)$/MW	550	750	1050

为了简化问题，我们不考虑起动成本、爬坡率约束、最小连续运行时间和最小连续停机时间约束。假设发电机组的成本函数仅包含固定成本 α_i 和为常数的边际成本 β_i：

$$C_i(P_i(t),u_i(t)) = \alpha_i u_i(t) + \beta_i P_i(t) \quad (3.8)$$

图 3.2 展示了满足最小化总发电成本的机组组合和调度计划。由于已经对问题做了简化,我们可以单独考虑每个周期。

交易周期 1:550MW 的用电负荷可通过以下三种机组组合方案来满足 1&2,1&3,2&3。

$P_1=450$MW,$P_2=100$MW,该交易周期的总成本费用为

$$500+10\times450+250+30\times100=8250（美元）$$

$P_1=500$MW,$P_3=50$MW,该交易周期的总成本费用为

$$500+10\times500+100+35\times50=7350（美元）$$

$P_2=350$MW,$P_3=200$MW,该交易期的总成本费用为

$$250+30\times350+100+35\times200=17850（美元）$$

机组 1 的固定成本高,但边际成本是最低的。因此,应该让机组 1 尽可能多发电。机组 2 和机组 1 相比,其边际成本较小,但固定成本和最小稳定技术出力较大。在交易周期 1 内,为了调度 2 号机组,必须将 1 号机组的发电量减少到 450MW,这导致总成本较高。因此,在交易周期 1 的最优调度方案是 $P_1=500$MW,$P_3=50$MW。3 号机组是边际机组,因此这一交易周期的结算电价是按 3 号机组的边际成本确定的,即 $\pi_1^*=35$ 美元/MWh。

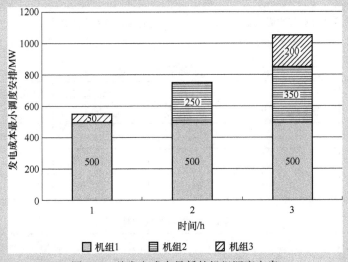

图 3.2 总发电成本最低的机组调度方案

交易周期 2:为了保证满足在该时段更高的用电负荷需求。必须保证机组 1 开机。由于仅靠机组 1 和 3 的开机组合不足以满足该时刻的用电需求,所以需要让机组 2 进入开机组合。由于机组 2 的边际成本低于机组 3,而且机组 2 可以完全承担机组 1 发电后剩余的用电需求,所以不需要机组 3 开机。交易周期 2 的调度方案是:

$P_1=500\text{MW}$，$P_2=250\text{MW}$，该交易周期的总成本为
$$500+10\times500+250+30\times250=13250 \text{ 美元}$$
由于机组2是边际机组，交易周期2的电价是按机组2的边际成本30美元/MWh确定的。请注意，此价格低于交易周期1的价格，即使这个交易周期的用电需求更高。

交易周期3：在该时段里所有机组都必须开机以满足负载需求，交易期3的最优调度方案是：
$P_1=500\text{MW}$，$P_2=350\text{MW}$，$P_3=200\text{MW}$，该交易周期的总成本为
$$500+10\times500+250+30\times350+100+35\times200=23350 \text{ 美元}$$
机组1和机组2均以其最大技术出力发电，机组3为边际机组，这一交易周期的电价为 $\pi_3^*=35$ 美元/MWh。

3.3.2.5 固定成本回收

因为每个交易周期的电价由边际机组的边际成本确定，并且不考虑固定成本，因此不能保证发电机组能够回收它们的固定成本（即空载成本和起动成本）。

例 3.4

表3.9汇总了例3.3的每个机组的发电量、收入、成本和利润。在每一交易周期内，假设所有发电机的报价都是其真实边际成本。

尽管机组1在每个交易周期内都是有利可图的，但是机组2和机组3在它们是边际机组的交易周期内是亏损的，因为市场是以它们的边际成本来确定电价，因此，这些机组的收入无法回收其固定成本。

表 3.9 例3.3的发电机组调度计划

交易周期	价格/(美元/MWh)		机组1	机组2	机组3
1	35	发电量/MWh	500	0	50
		收入/美元	17500	0	1750
		成本/美元	5500	0	1850
		利润/美元	12000	0	**-100**
2	30	发电量/MWh	500	250	0
		收入/美元	15000	7500	0
		成本/美元	5500	7750	0
		利润/美元	9500	**-250**	0
3	35	发电量/MWh	500	350	200
		收入/美元	17500	12250	7000
		成本/美元	5500	10750	7100
		利润/美元	12000	1500	**-100**

注：负值以粗体显示。

在无法直接控制结算电价和中标电量的集中市场中，通过制定发电机组的有效竞价策略，以保证市场收入能收回机组全部成本，有几种方法可以考虑。

方法1：价外加价以补偿未回收成本

在这种方法中，交易中心根据每个发电商每一交易期复杂报价信息和边际价格 π_t^* 计算其未收回成本 $\Gamma_i(t)$。为能将这些费用补偿给发电商，在根据边际成本形成的电价基础上，交易中心还需要向电力用户者征收一个加价费用。这一加价费用通常是根据每个电力用户在特定交易周期的负荷水平分摊的。

如式（3.9）所示，消费者在时间段 t 的总支付费用包括以价格 π_t^* 支付的电能费用和一个加价费用。

$$K(t) = \pi_t^* L(t) + \sum_{i=1}^{N} \Gamma_i \times \frac{L(t)}{\sum_{t=1}^{T} L(t)} \quad \forall t \in T \quad (3.9)$$

例3.5

根据例3.4的结果，2号发电机组和3号发电机组应分别收到250美元和200美元的加价费用。表3.10显示了消费者每小时将支付多少电能费用，以及使用式（3.9）计算的加价费用。

表3.10 方法1用户侧费用

时段 t	1	2	3
电能费用/美元	19250	22500	36750
加价费用/美元	105.3	143.6	201.1

方法2：考虑经济调度次优规划下的机组利润损失的价外加价补偿方法

另一种方法是将每个发电机组视为追求利润最大化的市场主体，其盈利能力会受到集中经济调度的限制。集中式经济调度以最小化发电成本为目标，如果允许自调度，每台发电机组以集中式调度的市场价格 π_t^* 为边界条件，以机组自身利润最大化为目标进行自调度，这种调度方式会导致机组利润的增加。因此，加价补偿费用应能够补偿发电商在两种情形下利润的差额，这两种情形分别是以系统发电成本最小原则开展集中发电调度的情形，以及在市场价格 π_t^* 下开展自调度的情形。每个发电机组自调度的利润，可以通过求解以下优化问题得出：

$$\max_{P_i(t), u_i(t)} \sum_{t=1}^{T} \left[\pi_t^* P_i(t) - C_i(P_i(t), u_i(t)) \right] \quad (3.10)$$

需满足约束式（3.3）~式（3.7）。

因为自调度总是可以获取比集中调度更高的利润，则称这两个值之间的差异为利润损失。在这种方法下，每个在集中调度中仅获得次优利润的发电商都有权获得等于该利润损失的加价费用。该费用采取与方法一相同的方式［即根据式（3.9）］分摊到需求侧。

例 3.6

图 3.3 显示了例 3.3 条件下发电机组的自调度。这显然不是一个可行的调度安排，因为它并不满足用电/发电功率平衡约束。自调度下，发电机组 1 的调度计划和集中调度没有区别，因为它的出力达到了发电额定容量，所以不按照机组 1 的报价确定系统边际价格。另一方面，在集中调度下，机组 2 在第 1 交易周期不发电，但在自调度模式下，在按机组 3 的报价确定的边际价格 $\pi_3^* = 35$ 美元/MWh 的条件下，机组 2 发现按照额定容量发电有利可图，因为这么高的价格足够收回机组的固定成本。另一方面，如果发电商可以自调度，机组 2 不会在第 2 交易周期发电，机组 3 不会在第 1 交易周期和第 3 交易周期发电，因为在这些时段，机组 3 的报价确定了系统边际价格，其收入不能收回其固定成本。表 3.11 汇总了集中调度和自调度下每个发电商的利润，表 3.12 显示了在每一交易周期期间用户所需支付的加价费用。

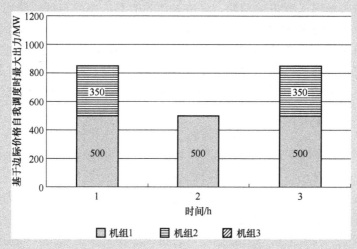

图 3.3 在集中调度确立的边际电价条件下实现利润最大化的机组自调度计划

表 3.11 成本最小化集中调度和同样系统边际电价下的自调度的机组利润

机组	1	2	3
最小成本集中调度利润/美元	33500	1250	-200
以 π_t^* 售电自调度利润/美元	33500	3000	0
以 π_t^* 售电造成的利润损失/美元	0	1750	200

表 3.12　方法 2 用户侧的费用

时段 t	1	2	3
电能费用/美元	19250	22500	36750
加价费用/美元	456.4	622.3	871.3

方法 3：凸包定价（Convex Hull Pricing）

价外加价有时引起一定的争议，因为它们代表了市场制度以外的政府干预措施。一种称为凸包定价的替代性电价方案旨在通过调整市场价格使总的加价费用最小。采用该电价方案，通过设置一定的电能价格，使得所有发电机组在各交易时间段内的利润损失（即自调度和集中调度的利润之差）最小化。这些电能价格被称为凸包价格，由集中调度的对偶问题的拉格朗日乘数给出。有关此方法和其他方法的详细介绍，请参见 Gribik 等人发表的文献（2007）。

3.3.3　集中式和分散式交易的比较

在电力市场引入竞争的初期，许多人认为的双边协商与现行调度方法相去甚远。由于电能在从发电机流向负荷时被汇集起来，因此人们认为，电力交易最好也是采用集中的方式进行，让所有生产者和消费者都参与进来。事实上，目前正在运作的一些集中电力市场（例如，PJM）是从合作电力联营体演变而来的。因此，采用集中或分散的市场模式受到历史和行业组织性质的影响。

目前电力集中市场通常由系统运营商经营。正如我们在以后的章节中所看到的那样，这将有助于将远期市场与维持系统平衡和确保运行可靠性的需要结合起来。在电网物理约束对电力市场的影响比较大的电力系统中，这一优势尤其重要。虽然这种角色组合避免了组织的多重性，但它也模糊了电力市场中需要执行的各种功能之间的界限。

大多数中小型电力用户没有参与电力批发市场交易的动力。即使当它们被集中代理进行交易的时候，售电公司根据批发市场价格的变化去引导这些用户参与需求响应的能力也很有限。因此，既然用户参与交易并不主动，在许多集中电力市场采用系统负荷预测来表示用户的需求进行交易撮合和出清，则可以大幅度降低市场的交易成本。许多经济学家对这种做法不满意，因为他们认为，如果要形成有效的市场价格，消费者和生产者之间的直接谈判和议价是至关重要的。一些经济学家因此不喜欢这种集中交易市场机制，认为这种机制实际上是一种计划机制，而不是真正的市场机制。

集中交易市场还提供了一种机制，用于减少发电机所面临的调度风险，并因此希望降低电能成本。在双边交易中，当发电机组以简单的报价单独销售每个交易周期的电量时，其运行风险在于，在某些交易时段，它可能没有卖出足够维持机组运行的电能。此时，它必须决定是否在面临亏损的低价时段仍然发电，以保持机组持续运行，或者直接停机，并在之后的时段重新起动，但需要增加额外的起动费用。任何一种方案都会增加使用该机组的成本，并迫使发电机提高其平均报价价格。另一方面，在集中交易市场中，由机组组合计算产生的调度计划避免了不必要的机组停运，并且市场规则通常确保发电机能够回收其起动和空载运行成本。因为这些因素，发电机所面临的风险降低了，在理论上，应该可以带来更低的平均市场价格。但是，这种风险的降低需要更多复杂的市场规则。这样的规则降低了价格设定过程的透明度，并增加了价格操纵的机会。

参与日前集中市场的发电商和零售商通常不得不通过日前集中竞价市场销售其所有发电量或购买所有电能需求。但是，他们通常有机会签订在第 2.5.5 节中描述的各种类型的双边金融合同，以管理他们在日前集中市场中交易量的价格波动风险。

一些日前集中市场的出清中也会包含已经签订的双边协商交易量，但这些双边交易不会影响市场边际价格的形成。

3.4 现货市场

售电公司和大用户无法准确预测其对电能需求。类似地，发电公司也不能保证其发电量恰好等于其在远期市场上的交易电量，特别是如果这些电能的全部或部分来自具有随机波动性的可再生能源（如风电或太阳能发电）。在接近电能交割的时候，发电公司和用户会发现实际发电能力或用电负荷与其签订的远期合同的差异和不平衡，他们需要在现货市场上买入或卖出电能，以消除这些不平衡电量。

虽然其他商品的现货市场依赖买方和卖方之间的直接协商去消除不平衡交易头寸，但从确保电力系统的运行可靠性的角度来看，这种协商方式并不靠谱。需求与供应之间的不平衡的物理对应关系是用电负荷和发电出力之间的不平衡，如果电力系统要保持稳定，则发用电的实时平衡必须非常迅速地得到恢复。虽然近年来一些金融衍生品的电子交易可以非常快速地进行，但是这种形式的自动交易仍然需要依赖有限的市场价格信号。而另一方面，保持电力系统的稳定性需要监测和评估大量物理数据。在当前这样的技术水平下，很难设计出一种市场机制，让足够多的发电机组和电力用户有能力，并且愿意以足够快的速度处理这些物理信息，并进入平衡市场交易，以可靠的方式维持发用电之间的实时平衡。

因此，作为最接近交割时刻的电力现货市场并不是一个一般意义上的现货市场。因为，系统运营商是所有交易主体的交易对手，所以，电力现货市场可以被称为"管制下的现货市场"。这意味着市场主体相互之间并不进行买卖交易，系统运营商是每个市场主体的中心交易对手，它根据维护电力系统稳定性的需要决定需要购买或出售多少电力。因此，系统运营商接受市场主体提交的现货市场报价，并选择和确定哪些报价中标，在此基础上计算现货市场价格。每个系统运营商都在其市场覆盖的电网范围内运营各自的现货市场，所有在系统运营商监管下进行电能交易的发电公司、零售公司、电力大用户和市场投机者都要遵守其交易规则。特别强调的是，市场主体的交易合同头寸和实际发用电量之间不平衡量，都是通过现货市场价格来结算的。例如，我们假设，一台发电机组在某个特定交易周期向售电公司出售了100MW，但在该交易周期实际只生产了97MW。为了保持电力系统的平衡，系统运营商通过在现货市场买电来弥补此不平衡电量。从金融学角度来看，发电公司被视为以这个交易周期的现货价格购买了相当于电力不平衡量（3MW）的电能。同样，如果售电公司在某特定交易时段签约100MW购电合同，但在该交易周期平均用电仅仅只有96MW，则被视为按该交易周期的现货市场价格出售了不平衡电量（4MW）。

虽然对现货市场的管制主要是来源于电力系统技术层面的考虑，但现货市场的运行仍然应该是经济有效的。对于发电公司和电力用户来说，消除电力不平衡是必须的，但不是不需要成本的。为了引导有效的市场行为，处于不平衡状态下的发电公司和电力用户必须花费真金白银去现货市场上买电或卖电，以恢复发电和用电之间的平衡。请注意，如果市场参与主体的不平衡方向和整个电力系统的不平衡方向相反，这个主体应该为其不平衡得到系统的奖励。

一个有效的现货市场能够给予市场参与主体足够的信心，让他们相信市场可以在消除电力不平衡的过程中保证公平。一旦这种现货市场机制建立起来，电能就可以像其他商品一样在远期市场自由交易。根据法律规定，现货市场被称为"实时市场""平衡市场""日内市场"或"平衡机制"，交易周期从5min到1h不等。

在接下来的段落中，我们讨论了基本的电力现货市场的功能。实际的市场方案可以与该方案有很大不同。

3.4.1 获取平衡资源

如果市场主体能够提前足够长的时间准确地预测出他们将需要消费或者生产多少电能，系统运营商也就不需要采取平衡措施了，市场主体可以通过交易弥补头寸不足或者售出冗余头寸。但实际上，电力系统中总是会存在一定的不平衡，系统运营商就必须获得发电出力或用电负荷的调整能力。随着时间的推移，发电和用电的调整逐渐通过现货市场的购电和售电交易实现，可以按照现货市场价格进行结算，该价格反映了现货市场对平衡资源增加的支付意愿，或是对减少额外电能生产或消费的支付意愿。根据自由竞争市场的理念，任何市场主体如果愿意调整其发电或用电功率，都可以参与到这个市场竞争的过程中。这种平衡市场机制为系统运营者提供了尽可能丰富的电力平衡资源的选择，有助于有效降低系统平衡成本。电力平衡资源的提供可以仅针对某一特定时段，也可以是长期的。在某一特定交易时段，市场主体提供的平衡资源的报价通常是在远期市场关闭后的实时平衡市场发生。发电没有达到满负荷的机组可以提交功率上调报价，当然也可以提供功率下调报价。如果机组下调出力的买方投标低于机组的增量发电成本时，机组就会因为下调出力获利。提交下调报价的发电机组实际上是尝试在现货市场上可购买到的更便宜的电能替代自身发电。

需求侧也可以提供平衡资源。用户可能会在某交易周期提交用电功率下调报价，如果在该交易周期的实时平衡市场的价格高于电力用户的用电收益，这样的负荷削减方式的优点是它可以非常快速地实现。同理，在现货价格非常低的时段，用户可能愿意提交上调用电功率的报价。

因为这些平衡资源的报价是在系统实时运行时刻之前很短的时间内提交的，系统运营商可能会非常关心平衡资源报价的量或价。为了降低没有获取足够平衡资源或需要以非常高的价格获取平衡资源的风险，系统运营商可以通过签订长期合同购买平衡资源。在这些合约中，通常会支付给平衡资源供应商以一个固定的价格（通常被称为期权费用），以保证一部分发电容量资源的可用性。合同中还详细规定了系统运营商调用该容量所发的每 MWh 电能的价格或者执行费。只有当合同的执行价格低于在实时平衡市场调用类似资源的价格时，系统运营商才会调用该资源。由上述可知，此类合同就等效于金融与商品市场上的期权合同，它们具有相同的目的：给予商品买家（这里指系统运营商）一定的灵活性和保护，以规避实时平衡市场价格过高的风险，同时也能保证平衡资源供应商能够获得一部分长期稳定的收入。

发电公司和用户的功率预测误差导致的不平衡量相对较小，变化也并不是那么剧烈和突然，不平衡的概率分布也是可预测的。但是，发电机组故障所带来的系统不平衡影响通常是严重的，难以预测的，并且往往是比较突然的。很多发电机组都可以保证有足够的调节出力速率应对第一类不平衡。但为了应对第二类不平衡，发电机组需要能够快速调整出力，同时还必须能够保证在相当长的一段时间内维持该出力。在第 6 章分析电力系统运行安全性和可靠性时，我们会对备用发电容量问题进行具体分析。同时，我们还应当注意到，为保持电力系统平衡，通过交易让平衡资源去调节单位电能，其所付出的代价可能是不一样的。为防止电力系统崩溃，需要增加电力系统单位 MW 电力供应,可以通过直接微调大型火电机组的出力来实现,其成本可能远远小于对用户进行相应规模的限电所付出的代价。所以,系统运营商需要各种不同类型的平衡资源的存在,才能够总是以最小的成本实现电力系统的平衡。发电商和用户在进行平衡资源供应报价时,必须说明量、价以及制约其改变功率的约束。

3.4.2　市场关闸

正如上文所述,为了让系统运营商有时间进行系统平衡,电能交易的远期市场需要在实时市场运行前的某一时点停止。但是关闭时点与实时市场运行之间相隔的时长应定为多少,取决于市场主体。于系统运营者而言,他们更倾向于较长的时间间隔,因为这样他们可以有更多时间制定调度计划,能更灵活地选择平衡资源。例如,如果在实时市场运行前半小时关闭,一旦发电不足,系统运行人员可能没有足够的时间起动大型燃煤电厂满足的电力需求缺口。另一方面,对于发电公司和用户而言,他们更倾向较短的时间间隔,因为这样可以降低风险。对用电负荷和风电出力的功率预测而言,提前 1h 预测通常比提前 4h 预测更加准确。如果机组在市场关闭后发生故障,除了祈祷现货市场价格不要太高外,发电商什么也做不了。另一方面,如果在市场关闸之前发生故障,发电公司可以尝试通过远期电子市场上以可能的最好价格购买电能来弥补因为机组故障不能生产的电能。所以,市场参与主体更倾向在市场关闸前的最后一刻之前都一直在电子交易平台上交易,实现最终合同头寸与预期用电负荷或发电能力的匹配。很难说市场主体会喜欢在一个价格完全不受控制的现货市场进行交易,进一步而言,相比较于受到电力系统运行规律严格约束的现货市场,交易主体更愿意在一个完全由市场力驱动的真正的交易市场进行交易。

3.4.3　现货市场的运营

图 3.4 是电力集中式现货市场的运营机制的示意图。市场关闸后,发电公司和用户必须告知系统运营商其合同成交情况,也就是他们在接下来的交易运行时刻准备发电和用电计划。系统运营商综合考虑发用电合同情况和系统负荷预测信息,分析电力系统可能会出现的不平衡量。如果在特定交易时段的总发电功率超过总用电功率,则电力系统供大于求。如果情况相反,则电力系统存在供不应求。在这种情况下,系统运营商必须在参与竞价的平衡资源中决定选择和使用中标平衡资源,以恢复电力系统的平衡。

在集中式电力市场中,系统运营商的平衡职能与电力市场职能之间的联系非常紧密,很难将这两个职能独立分开。

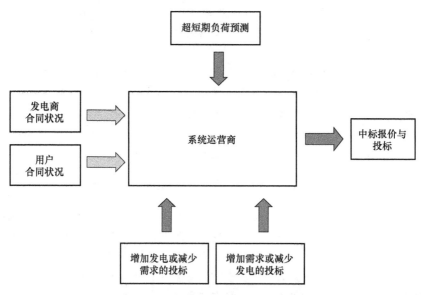

图 3.4　电力集中式现货市场运营机制示意图

例 3.7

让我们再看一遍例 3.1，博尔多利亚电力公司的电力市场交易员菲奥纳（Fiona）会如何在现货市场交易。在双边交易关闸后，菲奥纳签订的合同规定该电力公司需要在给定的交易时段提供 580MW 的净出力。她通知系统运营商，该公司将会按照下表所示的调度计划发电。

机组	计划出力/MW
A	500
B	80
C	0

接下来，菲奥纳需要决定在集中式现货市场中要如何进行买方报价和卖方报价。在进行决策分析的时候，她考虑了公司各发电机组的计划出力与技术参数：

机组	计划出力/MW	最小出力/MW	最大出力/MW	边际成本/(美元/MWh)
A	500	100	500	10.0
B	80	50	80	13.0
C	0	0	50	17.0

由于机组A、B已经达到最大发电出力，为了增加发电，她只能考虑机组C。若假设机组C的起动成本可以忽略不计，申报最大出力能达到50MW，价格必须大于或等于17美元/MWh才能获利。

菲奥纳还考虑了机组A、B是否有减少出力的可能性。已知机组A的边际成本为10美元/MWh，机组B的边际成本为13美元/MWh，只要现货市场价格低于相应的增量成本，她就会选择减少这些机组的出力。假设机组不受爬坡率的限制，该时段的出力调整不会影响下一交易时段出力，机组A的出力可以减少400MW，机组B的出力可以减少30MW。如果要继续减少出力就需要机组停机，这样可能会导致博尔多利亚电力公司不能完成后续时段的发电合同。另外，机组重新起动的费用也会减少公司的获利空间。

在第2章中论述到，在完全竞争市场中每个参与主体按照边际成本进行卖方报价，或者按照用电边际收益进行买方报价，是市场的最佳报价策略。在下一章，我们会提到电力市场通常不是一个完全竞争市场。有些市场主体会给出高于边际成本或者低于用电边际收益的报价去套利。菲奥纳根据其经验判断，如果接受下表所示的买方报价和卖方报价，公司将有可能获取最大利润。

类 型	标识符	价格/(美元/MWh)	数量/MWh
买方报价	SMB-1	17.50	50
卖方报价	SMO-1	12.50	30
卖方报价	SMO-2	9.50	400

在讨论结算流程时，我们会再一次用到该例子。

3.4.4　现货市场和远期市场中的相互运作

因为现货市场是电能交易最后的市场，它对远期市场的影响是非常大的。如果现货价格走低，电能购买者不会过度担心交易头寸与实际需求的缺口，因为他们总是可以在现货市场上以便宜的价格购买剩余需求的电量。这样的话，他们可能会减少在远期市场的购买量，从而导致远期市场上的电能价格降低。相反地，如果现货价格走高，这些买家会因为远期市场的价格更好而买进更多远期合约电能，这继而会抬高远期市场的价格。如果电能是一种简单的商品，随着时间的推移，远期市场和现货市场的价格差异就会逐步消失，远期市场的价格实际上反映了市场主体对相应的现货市场价格期望值的预测。一些集中式电力市场支持所谓的"虚拟报价"制度，目的是缩小远期价格和现货价格之间差距。虚拟报价是由没有实际发电或用电资产，因此也无意发电或用电的市场主体提交。他们在日前市场上提交了一个买入（或卖出）的报价，在现货实时市场上提交了一个同等的卖出（或购买）报价。虚拟交易机制的引入增加了市场主体的数量，该方法被证实有助于日前市场价格向现货实时价格收敛，还可能降低了市场主体滥用市场力的可能性。

不仅仅是电能这个商品的现货市场价格会发生剧烈波动。在巴西咖啡产区，如果天气预报预测会有霜冻，将导致该地区咖啡的现货价格飙升。但如果这个预测结果被发现不准确或者对农作物的损害程度没有人们预想的那么高，那么该市场的咖啡现货价格很可能会在第二天暴跌。咖啡和电能之间的区别在于，对于某个生产商来说，在现货市场上出售的咖啡与通过长期合约销售的咖啡，二者的生产方式通常是完全一样的。另一方面，某个大容量发电机组在现货市场特定交易时段上销售的电能，常常是由其他的生产灵活性更好的调峰机组替代生产的。这些生产灵活性好的调峰机组在远期市场上可能没有成本优势和价格竞争力，但由于这些机组的运行灵活性优点，使它们在现货市场的竞争中更具有优势。然而，由于这些调峰机组在现货市场一天的发电量相对于其容量而言比较低，往往需要报高价，获得足以维持经营的收入。在计算现货价格时，考虑到调峰机组的高报价，在现货市场的一些时段往往会有尖峰价格的出现。这些价格的飙升并不意味着市场出现了严重的供应紧张，而只是市场价格对流动性暂时性短缺的激烈反应。价格尖峰的产生，是因为在短时间内，市场上能够提供剩余发电能力的机组非常少，而且电力用户不能够或不愿意在这个时段减少用电功率。现货市场的尖峰价格对那些不得不从现货市场买电的公司来说是一种风险，这将促使他们在远期市场尽量购买更多的电能，从而最终也让远期市场价格上涨。总之，由于用电需求只有很小的比例是在现货市场中购买的，这往往导致偏高的远期市场价格。

3.5 结算流程

商品交易的合同一般可以由交易双方直接结算：在销售者向购买者交付商品之后，购买者按照协议价格向销售者付款。如果实际交付量少于合同量，购买者有权减少部分付款金额。相似地，如果实际购买量超过了合同量，销售者有权收取额外的款项。电力市场的结算流程要更加复杂一些，因为电能在从发电厂流向电力用户的过程中，是通过输电网集中输送的。这也正是为什么需要建立集中的电力市场结算系统的原因。

对于电力双边交易而言，买方向卖方支付商定的价格，就好像商定的数量已被卖方准确交付给买方一样。同样，通过电子交易市场签订的匿名交易是通过电力交易市场的中介来协调结算的，就好像这些交易的交割已经被完美地执行了一样。然而，在履行合同时总会有不准确的地方。一旦某发电商的电能生产数量不能与合同规定数量不一致，由此产生的不平衡量，很难通过简单地削减与该发电商签订合同的电力用户的用电需求来消除。为了保持电力系统的实时平衡和稳定性，系统运营商需要在现货市场购买替代机组的生产能力以弥补该发电公司的生产能力缺口。同样，如果一个大用户或售电公司代理用户的实际用电量低于购电量，系统运营商就会在现货市场上出售多余的电能。这些平衡市场管理使所有双边合同看上去似乎都得到了完美的履行，但平衡市场管理本身不是毫无成本。在大多数情况下，系统运营商为购买替代电能支付的金额并不等于出售过剩电能时的收入。那些因自身原因引起系统不平衡的市场主体应当承担责任，承担平衡市场管理的费用。

因此，结算过程中的第一步在于确定每个市场参与主体的净成交量。最终结算时，各发电商必须向结算系统提交在各个交易时段出售的净合约发电量。将实际发电量减净合约发电量，如果发电量大于净合约电量，则认为发电商已将该超过合约电量的多余发电量出售给了系统运营商。另一方面，如果实际发电量小于净合约电量，则视发电商已从系统运营商那里购买了发电量小于合约电量的那一部分差额电量。

类似地，所有电力大用户与售电公司需要向结算系统提交他们在各交易时段的净合约用电量。根据实际用电量减去净合约电量的结果的正负号情况，可以判断出大用户或售电公司是向系统运营商那里是出售还是购买了这个不平衡量。

不平衡电能的结算采用的是现货实时市场价格。在现货市场竞争充分的情况下，现货价格应当反映了平衡资源电能调节的增量成本。

集中电力市场的结算更为直截了当，因为所有物理交易都是由系统运营商组织结算。这些集中式市场通常实施所谓的"两结算系统"。在这样一个系统中，在日前市场确定的中标电量按照日前市场价格结算，而日前中标电量和实时中标电量的偏差是按该交易周期的现货实时市场价格结算。

例 3.8

在例 3.1 和例 3.7 中，我们观察了博尔多利亚电力公司（Bordurian Power）在 6 月 11 日 14:00-15:00 的双边市场与现货市场的交易情况。假设在交易时段的交易市场关闭后发生了如下事件：

1) 由于系统发电能力不足，系统运营商调用了博尔多利亚电力公司现货市场报价的 40MWh（SMB-1）。

2) 博尔多利亚电力公司电力公司的机组 B 的问题比预想的情况更为严重，它不得不在交易周期开始后不久就完全停机，仅生产出计划电量 80MWh 中的 10MWh，使博尔多利亚电力公司出现了 70MWh 的不平衡电量缺口。

3) 在该交易时段的电力现货价格为 18.25 美元/MWh。

表 3.13 列出了博尔多利亚电力公司交易账户上资金流进与流出情况的详细数据。

表 3.13 博尔多利亚电力公司交易情况

市 场	编 号	数量/MWh	价格/（美元/MWh）	收入/美元	费用/美元
期货和远期合约	价廉能源（Cheapo Energy）	200	12.50	2500.00	
	博尔多利亚钢铁（Borduria Steel）	250	12.80	3200.00	
	质量电子（Quality Electrons）	100	14.00	1400.00	
	完美电力（Perfect Power）	-30	13.50		405.00
	价廉能源（Cheapo Energy）	50	13.80	690.00	
电力交易中心	B1	20	13.50	270.00	
	B2	30	13.30	399.00	
	B3	10	13.25	132.50	
	O3	-20	14.40		288.00
	O6	-20	14.30		286.00
	O8	-10	14.10		141.00
现货实时市场	SMB-1	40	18.25	730.00	
	不平衡量	-70	18.25		1277.50
合计		550		9321.50	2397.50

双边贸易直接由博尔多利亚电力公司与交易对手直接结算。由于电力交易所中的交易是匿名的，所以电力交易中心的交易都是通过博尔多利亚电力交易中心（BPeX）结算的。最后，现货市场上的交易（包括自愿的和强制性的）通过系统运营商或其结算部门进行结算。本表的最底下一行的数据表明，博尔多利亚电力公司在此交易周期的总收入为 6924.00 美元。为了确定这一交易周期是否有利可图，我们必须计算博尔多利亚电力公司的发电成本。然而，在单一交易期内进行这一计算是没有意义的，因为没有明确的方法来分配机组的起动成本。

3.6 习题

3.1 选择一个你充分了解的电力市场，最好与你第 1 章的习题里所分析的市场相同，描述这个电力市场的实施方案。重点突出市场的哪些方面是以双边交易为基础的，哪些方面又是通过集中方式实现的，并着重讨论现货市场的价格机制出清机制。

3.2 西尔瓦尼亚（Syldavia）电力市场规定所有市场参与主体只能通过电力库进行集中电能交易。然而，西尔瓦尼亚铝业公司（Syldavia Aluminum，SALCo）和西尔瓦尼亚北方（Northern Syldavia，NSPCo）电力公司签署了一份差价合同，每个交易周期连续交易的电力是 200MW，价格为 16 美元/MWh。

a. 当某个交易周期的电力库价格分别为 16 美元/MWh、18 美元/MWh、13 美元/MWh 时，确认这些企业之间的电能流动和资金流动。

b. 如果在某交易周期的 1h 内，西尔瓦尼亚北方（NSPCo）电力公司只能交付 50MWh，而该交易周期的电力库价格是 18 美元/MWh，会发生什么情况？

c. 如果在某交易周期的 1h 内，西尔瓦尼亚铝业公司（SALCo）的用电量仅为 100MWh，而该交易周期的电力库价格是 13 美元/MWh，会发生什么情况？

3.3 以下 6 家公司和其他公司一起参与了南极南部（Southern Antarctica）电力市场：

1）红色（Red）公司：一家拥有多台发电机组且最大发电容量为 1000MW 的发电公司。

2）绿色（Green）公司：另一家拥有多台发电机组且最大发电容量为 800MW 的发电公司。

3）蓝色（Blue）公司：一家售电公司。

4）黄色（Yellow）公司：另一售电公司。

5）紫红色（Magenta）公司：一家没有发电资产和代理用户的贸易公司。

6）紫色（Purple）公司：另一家没有实物资产的贸易公司。

该市场在 2016 年 2 月 29 日（周一）13:00-14:00 的运营情况如下：

➢ 负荷预测

蓝色公司和黄色公司预测，他们的客户这个小时的用电功率将分别为 1200MW 和 900MW。

➢ 长期合同

2015 年 6 月：红色公司签订了一个以 15 美元/MWh 连续提供总发电功率为

600MW 的长期合同,合同期限为 2015 年 1 月 1 日至 2020 年 12 月 31 日的所有交易时刻。

2015 年 7 月:蓝色公司签订了一个合同期限为 2016 年 2 月 1 日至 2016 年 12 月 31 日所有交易时刻的用电功率为 700MW 的长期合同,且非高峰时段价格为 12 美元/MWh,高峰时段价格为 15.5 美元/MWh。

2015 年 8 月:绿色公司签订了一个以 16 美元/MWh 在 2016 年 2 月高峰时段提供总发电功率为 500MW 的长期合同。

2015 年 9 月:黄色公司签订了一个购电合同。合同详细规定了每日和每周的负荷曲线,以及每日和每周的分时价格曲线。特别是在工作日下午 1:00-2:00 之间,购电功率为 550MW,价格为 16.25 美元/MWh。

➤ 期货合同:所有期货合同将于 2016 年 2 月 29 日下午 1:00-2:00 交付。

日期	公司	类型	交易量/MWh	交易价格/(美元/MWh)
10/9/15	紫红色	买	50	14.50
20/9/15	紫色	卖	100	14.75
30/9/15	黄色	买	200	15.00
10/10/15	紫红色	买	100	15.00
20/10/15	红色	卖	200	14.75
30/10/15	绿色	卖	250	15.75
30/10/15	蓝色	买	250	15.75
10/11/15	紫色	买	50	15.00
15/11/15	洋红色	卖	100	15.25
20/11/15	黄色	买	200	14.75
30/11/15	蓝色	买	300	15.00
10/12/15	红色	买	200	16.00
15/12/15	红色	卖	200	15.50
20/12/15	蓝色	卖	50	15.50
15/1/16	紫色	卖	200	14.50
20/1/16	紫红色	买	50	14.25
10/2/16	黄色	买	50	14.50
20/2/16	红色	买	200	16.00
25/2/16	洋红色	卖	100	17.00
28/2/16	紫色	买	250	14.00
28/2/16	黄色	卖	100	14.00

➢ 期权合同

2015 年 11 月，红色公司以 14.75 美元/MWh 的价格买入了 200MWh 的卖方期权。期权费是 50 美元。

2015 年 12 月，黄色公司以 15.50 美元/MWh 的价格买入了 100MWh 的买方期权。期权费是 25 美元。

➢ 结果

1）南极南部电力市场交易周期为 2016 年 2 月 29 日下午 1:00-2:00，该时段的现货价格为 15.75 美元/MWh。

2）由于其一主要机组出现故障，红色公司在该交易时段只能提供 800MW 的发电出力，平均生产成本为 14.00 美元/MWh。

3）绿色公司在该交易时段的发电出力为 770MW，平均成本 14.25 美元/MWh。

4）蓝色公司在该交易时段的用电功率最终为 1250MW，其平均售电电价为 16.50 美元/MWh。

5）黄色公司在该交易时段的用电负荷最终为 850MW，其平均售电电价为 16.40 美元/MWh。

假设所有电力不平衡量都以现货实时市场价格结算，进而计算每个参与主体的盈亏。

3.4 集中式电力市场的系统运营商收到了如表 P3.1 所示的在特定交易周期的卖方报价：

a. 画出市场供给曲线。

b. 假设这个电力市场是单边市场，即用户侧不需要报价，市场需求由系统负荷预测值表示。计算当市场需求量分别为 400MW、600MW、875MW 时，市场的出清价格、每家发电公司中标出力以及收入。

c. 假设用电需求不是刚性的，而是由其逆需求函数表示的弹性需求，假定该函数具有以下形式：

$$D = L = 4.0\pi$$

式中，D 为用电需求；L 为用电负荷预测值；π 为市场价格。

计算用户侧价格弹性对市场出清价格和市场成交量的影响。

表 P3.1 习题 3.4 中集中市场的卖方报价

公司	数量/MWh	价格/(美元/MWh)
红色	100	12.5
红色	100	14.0

(续)

公司	数量/MWh	价格/(美元/MWh)
红色	50	18.0
蓝色	200	10.5
蓝色	200	13.0
蓝色	100	15.0
绿色	50	13.5
绿色	50	14.5
绿色	50	15.5

3.5 西尔瓦尼亚电力和照明公司（The Syldavian Power and Light Company）拥有一个发电厂，并向一些电力用户供电。该公司一直积极参与电力市场的交易，并在6月11日上午10:00-11:00的交易时段已经签订了以下合同：

1) 高峰时段以20.00美元/MWh购买600MW电力的长期合同。
2) 非高峰时段以16.00美元/MWh购买400MW电力的长期合同。
3) 与主要工业用户签订长期合同，销售电力为50MW，固定费率为19.00美元/MWh。
4) 其余供电用户以21.75美元/MWh的价格购电。
5) 签订21.00美元/MWh的200MWh电力的卖方期货合同。
6) 签订22.00美元/MWh的100MWh电力的买方期货合同。
7) 签订以20.50美元/MWh的履约价格的150MWh买方期权合约。
8) 签订以23.50美元/MWh的履约价格的200MWh卖方期权合约。
9) 签订以24.00美元/MWh的履约价格的300MWh买方期权合约。

所有期权合同的期权费用为1.00美元/MWh。高峰时段为8:00-20:00。

6月11日10:00-11:00的现货实时市场的情况如下：

1) 现货价格为21.50美元/MWh。
2) 西尔瓦尼亚电力和照明公司包括大型工业用户的总用电负荷为1200MW。
3) 该公司的发电厂以21.25美元/MWh的平均成本生产了300MWh电能。

a. 假设所有的不平衡量都以现货实时价格结算，试计算该公司在该小时内的盈亏。

b. 当现货实时市场价格为多少时，该公司的利润或亏损会变成零？现货实时价格的变化会影响各个期权合约的收益吗？

3.6 博尔多利亚电力公司（Bordurian Power）参与了几项与电能有关的

商业活动：发电业务、对电力大用户的批发销售、对中小电力用户的零售业务，以及与其他电力市场主体之间的电能交易。下列电力交易的合同周期为 7 月 21 日 10:00-11:00：

1）向某一发电企业高峰时段以 23.00 美元/MWh 购买 500MW 电力的长期峰荷合同。

2）非高峰时段以 14.00 美元/MWh 购买 300MW 电力的长期非峰荷合同。

3）和另一家售电公司签订长期售电合同，图 P3.1a 呈现了每个小时出售的电力，图 P3.1b 为相对应的价格。

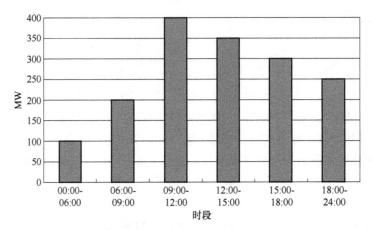

图 P3.1a　长期合同的销售电力

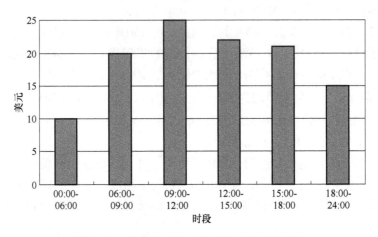

图 P3.1b　长期合同的交易价格/(美元/MWh)

4）价格为 22.00 美元/MWh 的 200MWh 卖方期货合同。

5）价格为 24.00 美元/MWh 的 100MWh 买方期货合同。

6）履约价格为 23.50 美元/MWh 的 250MWh 买方期权。

7）履约价格为 22.50 美元/MWh 的 200MWh 卖方期权。
8）履约价格为 21.75 美元/MWh 的 300MWh 方期权。
9）小型居民和商业用户的零售电价为 26.00 美元/MWh。

当这个交易时段的远期交易市场关闭后，现货实时价格为 22.25 美元/MWh。在该小时内由博尔多利亚电力公司供电的中小电力用户的总用电量为 800MWh。而公司拥有的发电厂以平均成本 21.25 美元/MWh 发电 300MWh。请注意，所有的期权费用为 2.00 美元/MWh，市场的高峰时段为 8：00-20：00。

假设所有的不平衡电量都以现货实时价格结算，试计算该公司在该小时内的盈亏。

3.7 博尔多利亚电力公司（Bordurian Power）拥有一座核电站和一座燃气电站。假设公司的交易部门针对 1 月 25 日签订了下列交易合同：

T-1. 所有交易时段 50MW 的售电远期合同，价格为 21.00 美元/MWh。
T-2. 所有非高峰时段 300MW 的长期售电合同，价格为 14.00 美元/MWh。
T-3. 所有高峰时段 350MW 的长期售电合同，价格为 20.00 美元/MWh。

除此之外，针对当天 14：00-15：00 时段，还发生了以下交易：

T-4. 600MW 的买方电力期货合同，价格为 20.00 美元/MWh。
T-5. 100MW 的卖方期货合同，价格为 22.00 美元/MWh。
T-6. 250MW 的卖期权，履约价格为 23.50 美元/MWh。
T-7. 200MW 的买方期权，履约价格为 22.50 美元/MWh。
T-8. 100MW 的卖方期权，履约价格为 18.75 美元/MWh。
T-9. 现货实时市场的卖方报价，公司的燃气电站提交了按 19.00 美元/MWh 上调 50MW 的报价。
T-10. 现货实时市场的卖方报价，公司的燃气电站提交了按 22.00 美元/MWh 上调 100MW 的报价。

买入与卖出期权的期权费为 2.00 美元/MWh。高峰时段定义为 8：00-20：00。

博尔多利亚电力公司通过公司的零售部门直接向小用户售电。居民用户需以 25.50 美元/MWh 支付电费，商业用户的电价为 25.00 美元/MWh。博尔多利亚电力公司不向工业用户售电。

图 P3.2 给出了现货市场运营商在交易时段 1 月 25 日 14：00-15：00 接收到的供给侧报价情况。为了保证该时段的用电与发电负荷的平衡，市场运营商根据市场总需求 225MW 选择中标的供给报价，这些报价是按照从低到高的优先顺序排列的。现货价格是由最后一笔中标报价对应的价格。

在这个交易时段，博尔多利亚电力公司供电的居民用户用电功率是 300MW，商业用户用电为 200MW。核电厂的发电出力为 400MW，平均成本为 16.00 美元/MWh。

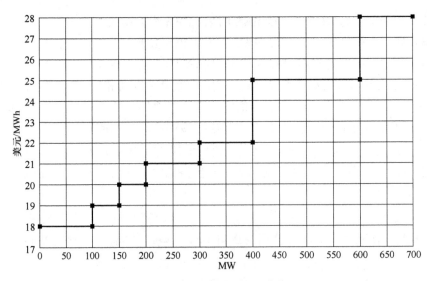

图 P3.2 市场供给报价曲线

燃气电厂的发电出力为 200MW，平均成本为 18.00 美元/MWh。所有不平衡电量均按现货实时价格结算。

  a. 计算博尔多利亚电力公司在该小时内的盈亏情况。

  b. 如果核电厂在 1 月 25 日 14:00 突然跳闸停运，计算它对公司的利润（或损失）的影响情况。

3.8 龙电力（Dragon Power）公司仅拥有一台发电机组，其成本函数和运行出力限制如图 P3.3 所示。该公司参与了西尔瓦尼亚电力市场（Syldavian electric market），该市场由双边协商远期市场和一个集中式管制现货市场组成。

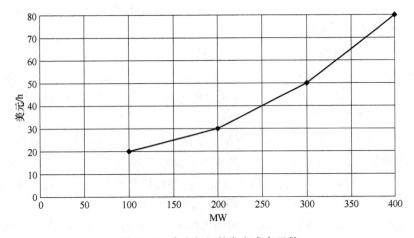

图 P3.3 发电机组的发电成本函数

交易时段为 6 月 11 日 9:00—10:00，在远期市场关闭之前，龙电力公司（Dragon Power）签订了以下双边合约。

编　号	类　型	交易量/MWh	价格/(美元/MWh)
A1	卖	200	0.16
A2	卖	100	0.22
A3	卖	75	0.30
A4	买	125	0.28
A5	卖	25	0.25

龙电力公司可以通过在集中现货市场中提交报价以增加或减少发电出力。考虑到该公司已达成的双边交易，可提交的竞价的上调和下调出力数量和对应的报价确定。假设集中现货市场为完全竞争市场，且发电机组必须开机运行。

在交易时段的结算结果为：
1) 所有该公司在集中现货市场提交的投标均未被接受。
2) 该公司的发电机组在该小时发电量为 225MWh。
3) 在该交易时段的集中现货市场价格为 0.35 美元/MWh。所有的不平衡量都是以这个现货价格结算的。

计算该公司在此时段的整体营运利润或亏损。

3.9 在西尔瓦尼亚已经有了电力现货市场、电力期货市场和电力期权市场。在这个市场上有许多参与主体，但我们只考虑以下三个玩家：
1) 西尔瓦尼亚发电公司（Syldavian Genco）：一家拥有多家发电厂的发电公司，总发电能力为 800MW。
2) 西尔瓦尼亚电力和照明公司（Syldavian Power and Light）：一家仅拥有一个发电厂的发电公司，最大发电能力为 500MW。该公司的零售电力用户包括一家工业用电用户和一些居民用电用户。
3) 博尔多利亚投资公司（Borduria Investment）：一家没有发电资产和零售用户的贸易公司。

我们关注于 5 月 14 日 13:00—14:00 交易时段交付的合同。这些公司是该时段交易的当事方。

➢ 长期合同

2011 年 06 月 11 日：西尔瓦尼亚发电公司签订了一个在高峰期连续售电 600MW，价格为 20.00 美元/MWh 的峰荷合同。

2012年07月04日：西尔瓦尼亚发电公司签订了一个在非高峰期连续售电400MW，价格为16.00美元/MWh的非峰荷合同。

2013年08月04日：西尔瓦尼亚电力和照明公司与一家工业用户签订了一个长期售电合同，所有时段的售电电力为50MW，固定费率为19.00美元/MWh。

2015年01月01日：监管机构要求西尔瓦尼亚电力和照明公司售电给居民用户的售电价格为21.75美元/MWh。

2009年06月11日：西尔瓦尼亚电力和照明公司签订了一个长期购电合同，合同日期为2015年1月1日至2015年12月31日。在合同周期内所有时段的购电为800MW，非高峰期价格为18.00美元/MWh，高峰期价格为21.00美元/MWh。

➤ 期货合同

公司	类型	总量/MWh	价格/（美元/MWh）
博尔多利亚投资公司	买	50	17.50
博尔多利亚投资公司	买	100	19.00
西尔瓦尼亚发电公司	卖	200	22.75
西尔瓦尼亚电力和照明公司	买	100	22.00
博尔多利亚投资公司	卖	100	20.25
西尔瓦尼亚电力和照明公司	卖	150	24.00
西尔瓦尼亚发电公司	买	200	19.25
西尔瓦尼亚电力和照明公司	卖	50	19.25
博尔多利亚投资公司	买	50	18.25
西尔瓦尼亚发电公司	买	200	19.00
博尔多利亚投资公司	卖	100	20.00
博尔多利亚投资公司	卖	100	22.00

➤ 期权合同

1）2015年3月1日，西尔瓦尼亚发电公司以20.75美元/MWh的价格签订了200MWh的卖方期权。

2）2015年5月1日，西尔瓦尼亚电力和照明公司以20.50美元/MWh的价格签订了150MWh的买方期权。

3）2015年5月7日，西尔瓦尼亚电力和照明公司以23.50美元/MWh的价格签订了200MWh的卖方期权。

4）2015年5月10日，西尔瓦尼亚电力和照明公司以24.00美元/MWh的价格签订了300MWh的买方期权。

➢ 现货市场

2015 年 5 月 14 日 13:00-14:00 的现货交易概况。

1) 现货实时价格为 21.50 美元/MWh。

2) 西尔瓦尼亚电力和照明公司的总用电负荷为 1400MW，包括大型工业用户。

3) 西尔瓦尼亚电力和照明公司的发电厂发电 300MWh，平均成本为 21.25 美元/MWh。

4) 西尔瓦尼亚发电公司发电 730MW，平均成本为 21.20 美元/MWh。

所有期权交易的期权费为 1.00 美元/MWh。

高峰时段定义为 8:00-20:00。

a. 假设所有的不平衡电量都以现货实时市场价结算，计算各个公司在该小时内的利润或损失。

b. 当现货实时价格为多少时，西尔瓦尼亚发电公司的利润或损失会为零？

c. 假设西尔瓦尼亚电力和照明公司的发电厂的发电成本函数为 $C=0.015P^2+9P+2325$，该公司可以自行决定该交易时段的电厂发电量。该电厂在此交易时段的最优发电量是否为 300MWh？如果不是，最优发电量应为多少？

3.10 表 P3.2 给出了用电负荷曲线，该用电负荷需求必须由表 P3.3 中的机组供电，且机组特性也总结在表中。表 P3.4 总结了针对这个用电需求的 3 种调度计划，请判断这些计划的可行性。如果某个调度计划不可行，请指出该计划所有未能满足的物理约束条件。假设在所有交易时刻都必须有 60MW 的备用发电容量，请使用图 P3.4 所示的机组成本曲线，计算所有调度方案的总成本。

表 P3.2 习题 3.10 的负荷曲线

时刻	1	2	3	4
负荷/MW	400	500	600	400

表 P3.3 习题 3.10 的机组参数

机组	最小技术出力/MW	最大技术出力/MW	最小连续运行时间	最小连续停机时间	起动成本/美元	初始状态
A	25	100	1	1	5	停运 6h
B	50	150	3	3	200	停运 1h
C	150	250	3	3	600	运行 6h
D	200	400	6	6	800	运行 12h

表 P3.4　习题 3.10 机组组合 3 种调度计划

方案	机组	时刻 1	时刻 2	时刻 3	时刻 4
S1	A	停机	停机	停机	停机
	B	停机	100	停机	停机
	C	100	250	200	200
	D	250	150	400	200
S2	A	停机	停机	100	停机
	B	停机	停机	停机	停机
	C	150	250	250	200
	D	250	250	250	200
S3	A	停机	50	停机	停机
	B	停机	停机	40	100
	C	150	停机	110	150
	D	250	450	450	150

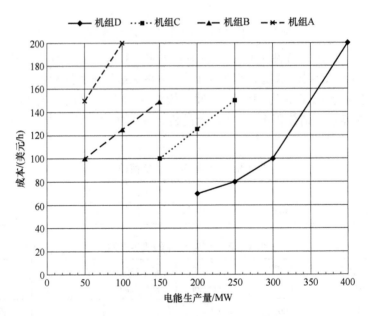

图 P3.4　各发电机组的发电成本函数

3.11　一个小型电力系统由 3 台发电机组供电。这 3 台发电机组的技术和成本特性由表 P3.5 给出。

表 P3.5　习题 3.11 中的发电机组参数

机组	P^{min}/MW	P^{max}/MW	最小连续运行时间/h	最小连续停机时间/h	空载运行成本/美元	边际成本/美元	起动成本/美元	初始状态
A	180	250	3	3	0	10	1000	停运 5h
B	70	100	2	2	0	12	600	运行 3h
C	10	50	1	1	0	20	150	运行 3h

这些发电机组需要供应表 P3.6 中的用电负荷需求。假设没有备用容量（一个不太实际但让问题大大简化的假设）。

表 P3.6　习题 3.11 的用电负荷曲线

时刻	1	2	3
负荷/MW	320	250	260

a. 单独分析各运行时刻可行的机组组合和调度方式。

b. 综合考虑各机组的初始状态、最小连续运行时间和最小连续停机时间等约束条件以及各时刻机组运行状态之间的耦合关系后，分析所有可行的包含每个时刻的总体机组组合和调度方案。

c. 计算所有可行的总体机组组合和调度方案的变动成本。

d. 分析各种可行的总体机组组合和调度方案中可能的起动成本。

e. 计算在各种可行总体机组组合和调度方案的总发电成本。根据动态规划的 Bellman 最优化原理，检验某可行的总调度方案中，在某一特定时刻的上一时刻的机组组合方案给定的情况下，该时刻的机组组合是否是以该时刻及后续时刻的总发电成本最小化为目标确定的。

f. 找出所有机组组合和调度方案中总发电成本最小化的机组组合和调度方案。

3.12　南极洲西部发电公司（The Western Antarctica Generating Company）有三台发电机组，需要每小时供给 1000MW 的发电负荷。这三台发电机组的成本函数如下所示（功率单位为 MW）：

$$C_1 = 200 + 8P_1 + 0.07P_1^2 (美元/h)$$
$$C_2 = 300 + 9P_2 + 0.10P_2^2 (美元/h)$$
$$C_3 = 350 + 5P_3 + 0.09P_3^2 (美元/h)$$

a. 计算最经济的调度方案，忽略发电机组的运行物理约束。

b. 如果对发电机组的运行添加以下物理约束，将对经济调度结果产生什么影响？总发电成本是多少？

$$200 \leqslant P_1 \leqslant 600 \text{MW}$$
$$100 \leqslant P_2 \leqslant 200 \text{MW}$$

$$200 \leqslant P_3 \leqslant 600\text{MW}$$

c. 南极洲东部电力公司（The Eastern Antarctica Power Company）想要从南极洲西部发电公司以总价 12000 美元/h 购买 200MW 电能，考虑到发电机组的出力约束，南极洲西部发电公司会答应这笔交易吗？

参 考 文 献

Gribik, P.R., Hogan, W.W., and Pope, S.L. (2007). Market-clearing electricity prices and energy uplift. www.hks.harvard.edu/fs/whogan/Gribik_Hogan_Pope_Price_Uplift_123107.pdf.

延伸阅读

Schweppe 等（1988）首次将现货价格理论应用到电力市场领域。Schweppe 的著作常被视作是在电力系统中引入竞争的理论基础。Baldick 等（2005）和 O'Neill 等详细讨论了市场设计的相关问题。关于电力市场建设的大量资料可从监管机构获得，例如，美国联邦能源管理委员会（FERC）、英国电力和天然气办公室（OFGEM）、欧洲联盟欧洲能源监管委员会（CEER）或市场运营商（如 PJM）。Gribik 等（2007）和 Galiana 等详细讨论了市场结算方式。Isemonger（2006）讨论了虚拟竞价的优点和缺点。更多关于该主题的信息可从 PJM 电力市场 2015 年的报告中获取。

Baldick, R., Helman, U., Hobbs, B.F., and O'Neill, R.P. (2005). Design of efficient generation markets. *Proc. IEEE* 93 (11): 1998–2012.

CEER. http://www.ceer.eu (accessed 14 March 2018).

FERC. http://www.ferc.gov (accessed 14 March 2018).

Galiana, F.D., Motto, A.L., and Bouffard, F. (2003). Reconciling social welfare, agent profits and consumer payments in electricity pools. *IEEE Trans. Power Syst.* 18 (2): 452–459.

Isemonger, A.G. (2006). The benefits and risks of virtual bidding in multi-settlement markets. *Electr. J.* 19 (9): 26–36. doi: 10.1016/j.tej.2006.09.010.

OFGEM. http://www.ofgem.gov.uk/public/adownloads.htm#retabm (accessed 14 March 2018).

O'Neill, R.P., Helman, U., Hobbs, B.F., and Baldick, R. (2006). Independent system operators in the United States: history, lessons learned, and prospects (Chapter 14). In: *Electricity Market Reform: An International Perspective, Global Energy Policy and Economics Series* (ed. F. Sioshansi and W. Pfaffenberger), 479–528. Elsevier.

PJM. http://www.pjm.com (accessed 14 March 2018).

PJM Interconnection (2015). Virtual transactions in the PJM energy markets. https://www.pjm.com/~/media/documents/reports/20151012-virtual-bid-report.ashx (accessed 12 October 2015).

Schweppe, F.C., Caramanis, M.C., Tabors, R.D., and Bohn, R.E. (1988). *Spot Pricing of Electricity*. Kluwer Academic Publishers.

Wood, A.J. and Wollenberg, B.F. (1996). *Power Generation, Operation and Control*, 2e. Wiley.

CHAPTER 4

第4章 电力市场主体行为

4.1 简介

在前一章中,我们讨论了电力市场的基本原理,并通过一些例子来说明市场主体是如何在市场中进行互动的。在本章中,我们将更详细地讨论发电公司、电力用户和其他市场成员为优化购售电收益而做出的决策。

首先,本章将讨论在电力市场中为什么电力用户比发电公司更被动,以及售电公司如何在电力市场代理这些用户购电。

然后,我们将从发电企业的角度考虑其在完全竞争市场中的行为。在完全竞争市场上,发电企业的市场决策不会影响市场价格,因此它可以独立优化自身的决策而不用考虑其他生产者或消费者的行为。然而这种假设在实际电力市场中不太现实,首先由于电力需求的短期弹性非常低,并且在大多数市场中,少数的发电公司供应了市场上大部分的电能。因此,我们将讨论一些有用的分析模型,这些模型可以分析不完全竞争市场的运行,并抑制市场力的滥用。

最后,我们将讨论非常规电源(例如,可再生能源发电、储能和需求响应资源)如何影响电力市场。

4.2 电力用户行为

微观经济学理论认为,电能消费者与所有其他商品的消费者一样,在增加电能消费的过程中,当某一消费水平上边际收益恰好等于市场价格时,这个消费水平是最优的。举个例子,如果某制造企业生产产品所需的电能成本使其销售无利可图,那么制造商就会停止生产。类似地,时装店的老板只会在吸引到更多顾客的时候才会提高照明水平。再以寒冷冬夜中的普通居民用户为例,为了节约电费,我们大多数人很多时候都会选择多穿几件衣服,而不是打开非常耗电的恒温采暖设备。由于本章仅涉及消费者的短期行为,因此我们不考虑用户因采用新技术、新设备而导致用能类别与用能方式改变的行为。

如果这些工业、商业和居民用户的电价是固定的,那么他们的用电需求就不受波动的电力现货价格的影响，而只是由企业和居民的行为决定。从几个星期或几个月的平均用电水平，可以看出某固定电价水平上的用户的用电需求。但是，当电价频繁变动时会发生什么呢？经验证据表明，短期价格上涨确实会导致需求下降，但这种影响相对较小。换句话说，电力需求的价格弹性很小。因此，在价格与需求量的关系图上，需求曲线的坡度非常陡峭。对像电能这类的商品来说，精确分析需求曲线的形状是很困难的。然而，将竞争性电力批发市场的电价与消费者对稀缺电能的支付意愿进行比较是很有趣的。衡量后者的一个常见指标是停电损失（Value of Lost Load，VoLL），它是通过对消费者的调查获得的，代表了消费者为避免在没有通知的情况下中断供电而愿意支付的单位电量价格的平均值。例如，从 2007 年到 2013 年，MISO 交易中心的平均日前电价为 35.85 美元/MWh，而 MISO 估计 VoLL 为 3500 美元/MWh。我们将在第 6 章讨论电力系统运行可靠性时重新分析 VoLL 的概念。

  以下两种经济和社会影响因素解释了为什么电力需求的短期价格弹性很低。首先，电能成本只占大多数工业产品生产总成本的一小部分，也只占大多数家庭的生活成本中的一小部分。此外，电在制造业中是必不可少的，在工业化的世界中，大多数人认为电能对他们的生活品质非常重要。由于减少用电节省的费用不太可能大于销售商品带来的利润，因此工业消费者不太可能为了避免短期电价上涨而大幅减产。同样，大多数居民消费者可能不会因为节省一小部分电费而降低电力带来的舒适度和便利性。第二个电力需求低价格弹性的因素是历史因素。从一个多世纪前开始的商业发电发展到今天，电能早已被看成是一种易于使用和随时可获得的商品⊖。这种便利性的认识已经变得根深蒂固，所以可以毫不夸张地说，很少有人会在每次开灯之前进行用电的"成本—收益"分析。

  当电力价格突然上涨时，电力用户可能不是简单地降低当时的用电需求，而是可能会将这用电需求转移到电价降低的时段。例如，如果预计夜间电能的价格更低，制造商可能会决定将一个高耗能的生产过程推迟到夜班完成。类似地，一些国家的居民消费者利用夜间电价较低的优势，等到凌晨才洗衣服、烘干衣服或烧开水。但是只有当电力用户能够储存半成品、热能、电能和脏衣服时，这种用电需求的转移才有可能性。除非不同时段的高低电价之间的差别非常大，否则电力用户这种负荷转移带来的电费节省可能不明显，因为只有一小部分居民和小型商业用户可以在不造成重大的舒适度或收入损失的条件下及时转移用电负荷。因此，大多数小型居民和商业用户不太可能对按每小时或更短时间周期变化的价格做出需求的变化响应。如果这些用户准备进行需求响应，他们的电力负荷可以通过需求侧能源管理系统进行自动控制，该系统将自动接

⊖ 有人可能会说，安装在墙上的电灯开关是有史以来第一个"杀手级应用（KillerAPP）"。

收价格信息，并根据每个用户的偏好对用电负荷的价格响应行为进行编程。我们将在本章后面更详细地讨论电力用户的弹性需求问题。

在可以预见的将来，这些电力用户中的绝大多数可能会继续按照固定零售电价购电，此电价每年最多调整几次。这种固定零售电价机制使这些用户免受批发电价波动的影响，但也导致他们对批发市场的短期需求价格响应几乎没有任何贡献。极低的需求弹性对电力市场的运行非常不利。实际上我们将在本章后面看到，它容易导致发电公司在电力批发市场中滥用市场力。

4.3 售电公司行为

一方面，最大用电负荷至少为几百千瓦的电力大用户，可以通过雇用专业人员来预测其用电负荷，并在电力市场以较低的价格购电，从而节省大量资金，这些电力大用户可以直接地、积极地参与电力批发市场的交易。另一方面，这种直接交易活动对那些通常喜欢用固定电价买电的小型电力用户来说是不值得的。售电公司正在努力填补批发市场的波动价格交易和这些小型用户的固定价格购电需求之间的空白。

他们面临的挑战是，必须在电力批发市场以波动的价格购买电能，然后在零售市场以固定价格出售。在电力批发市场的高电价时段，售电公司在批发市场的购电价格往往高于面向用户的零售电价，因此，通常在这些时段的交易是赔钱的。但是从另一方面来看，当电力批发市场的价格较低的时段，售电公司的零售电价往往高于批发市场的购电价格，在这些时段的交易是赚钱的。为了维持经营，售电公司的购电加权平均价格必须低于向用户收取的零售电价。这并不总是容易做到的，因为售电公司不能直接控制用户的用电量。每个售电公司向其零售用户的售电量只能由该用户电表统计的实际用电量来决定。在任何时段，如果售电公司所有用户的总用电量超过了公司定的购电合同的总购电量，售电公司必须在电力现货批发市场上以该时段的现货实时价格购买不平衡电能。同样，如果在该时段公司合同的购电量超过用户的实际用电量，则零售商需要在电力批发现货市场上向系统销售不平衡电能。

为了降低暴露在不可预测的现货市场价格风险中的现货交易头寸，售电公司会尽可能准确地预测代理用户的用电负荷。然后，公司会在电力远期交易市场上为用户购买符合预测的电量。因此，售电公司有强烈的意愿去了解顾客的用电方式。公司通常会鼓励所代理的电力用户安装计量设备，以记录每个时段的用电量，因此，如果一些用户在电价高峰时段能够减少用电，售电公司就可以为这些用户提供更多的售电电价优惠。售电公司通过使用最先进的预测技术，考虑所有影响电力需求的因素（如气象、天文、经济、文化和其他方面），有可能将任何时刻的用户用电量的平均预测误差控制在 $1.5\% \sim 2\%$ 之内。

但是,这种准确性仅对大量用户的总用电负荷的预测中才有可能实现,考虑大量电力用户用电负荷的预测值在经过汇总后,其预测误差的随机波动性比不汇总的情况大大降低了。如果一个售电公司不能在给定地区的电力零售业务实现完全垄断,则该公司的对代理用户的负荷预测的预测精度,是远不如一个在特定地区实现完全垄断的公用事业电力公司的。可以预见的是,电力用户如果可以自由选择售电公司,以追求更低廉的电价,那么这个情况将会变得更糟糕。不稳定的代理用户群体使售电公司很难收集和完善用电负荷预测所需的各类可靠统计数据。

例 4.1

智慧能源公司(Pretty Smart Energy)是一家售电公司,公司根据对代理电力用户的用电负荷预测,在电力远期市场(包含长期双边协商市场、平台集中交易市场、远期交易市场、期货交易市场)按照代理用户的用电需求预测结果进行购电,并将购买的电能按零售电价转售给相应的代理电力用户。首先假设该零售电价是固定不变的,即电力用户各个小时的用电电价都相同。图 4.1 中的条形图显示了智慧能源公司的电力用户在 12h 内的用电负荷预测,而折线图给出了各时刻公司在电力批发市场签订远期合同的购电平均成本。在用电高峰时段,公司的平均购电成本高于零售电价 37.00 美元/MWh,在其他时段,则低于此零售电价。图 4.2 显示,在电力批发市场平均购电成本较低的时刻,智慧能源公司因为转售而获利,但在电力批发市场平均购电成本较高的时刻,公司的转售是亏本的。表 4.1 详细介绍了这个过程,并显示在这 12h 内的总利润实际上为亏损 2846 美元。售电公司必须希望这样的亏损时段是暂时的,并希望其他时段的电力批发市

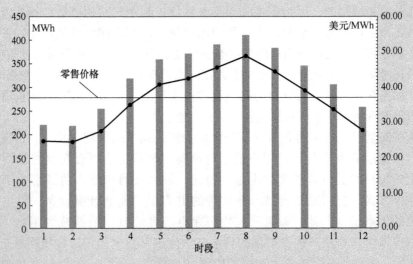

图 4.1 固定零售电价方案下,用电负荷预测曲线、平均远期市场购电价格和零售价格

场的平均购电成本能足够低。如果这 12h 的交易是一个比较普遍的情况,那么应该将零售电价提高到大于平均购电成本的水平,如 37.08 美元/MWh。

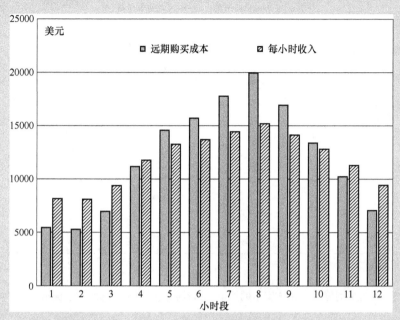

图 4.2　固定零售电价方案下,每小时的远期购电平均成本和售电收入

另外,智慧能源公司可以尝试通过为零售的电力用户提供峰谷分时电价套餐来改变其用电模式。图 4.3 说明了如果将 1h、2h、3h 和 12h(非高峰时段)的零售电价设为 36 美元/MWh,将其余时段(高峰时段)的价格设为 38 美元/MWh,将会发生什么。这种峰谷电价往往会使用户的负荷曲线的峰谷差减小,从而减少售电公司在批发市场高电价时段的购电量。图 4.4 显示了这种峰谷分时电价方案的每小时远期平均购电成本和平均售电收入。表 4.2 给出了更详细的信息,并显示出这种更复杂的零售电价方案带来了 1399 美元的利润。值得注意的是,在固定零售电价和峰谷分时电价两个方案中,假设这 12h 内的总用电量不会发生变化。

到目前为止,我们总是假设智慧能源公司在电力批发市场的远期交易市场中为零售用户购买每个时段的用电量。但是在实践中,售电公司的用电负荷预测肯定存在误差,必须在现货实时市场上交易在远期市场购买的合约电量与用户实际用电量之间的不平衡电量。图 4.5 说明了这些不平衡电量在实时现货市场交易带来的成本。图 4.6 表示了实时现货市场价格。表 4.3 给出了在固定零售电价为 37 美元/MWh 的情况下的给市场交易详细信息,并显示不平衡量会大大增加售电公司的损失。

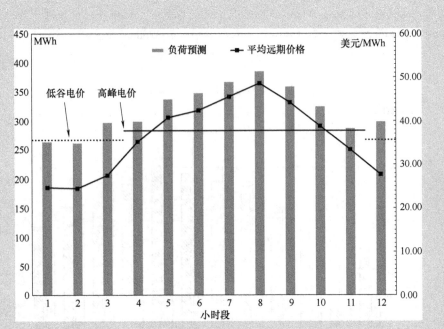

图 4.3 峰谷分时零售电价方案下的用电负荷预测曲线,平均远期购电价格和零售电价

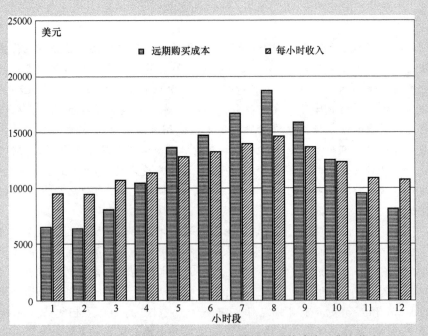

图 4.4 峰谷分时零售电价方案下,远期购电平均成本和售电收入

表 4.1 在固定零售电价为 37 美元/MWh 条件下，12h 内的售电业务明细

小时	1	2	3	4	5	6	7	8	9	10	11	12	总计
负荷预测/MWh	221	219	254	318	358	370	390	410	382	345	305	256	3828
远期市场购电量/MWh	221	219	254	318	358	370	390	410	382	345	305	256	3828
远期市场平均购电成本/(美元/MWh)	24.70	24.50	27.50	35.20	40.70	42.40	45.50	48.60	44.20	38.80	33.40	27.70	
远期市场购电费用/美元	5459	5366	6985	11194	14571	15688	17745	19926	16884	13386	10187	7091	144482
收入/美元	8177	8103	9398	11766	13246	13690	14430	15170	14134	12765	11285	9472	141636
利润/美元	2718	2737	2413	572	−1325	−1998	−3315	−4756	−2750	−621	1098	2381	−2846

表 4.2 12h 内的售电业务明细，高峰售电价为 38 美元/MWh，非高峰零售电价为 36 美元/MWh

小时	1	2	3	4	5	6	7	8	9	10	11	12	总计
负荷预测/MWh	264	262	297	299	337	348	367	385	359	324	287	299	3828
远期市场购电量/MWh	264	262	297	299	337	348	367	385	359	324	287	299	3828
远期市场平均购电成本/(美元/MWh)	24.70	24.50	27.50	35.20	40.70	42.40	45.50	48.60	44.20	38.80	33.40	27.70	
远期市场购电费用/美元	6521	6419	8168	10525	13716	14755	16699	18711	15868	12571	9586	8282	141821
收入/美元	9504	9432	10692	11362	12806	13224	13946	14630	13642	12312	10906	10764	143220
利润/美元	2983	3013	2524	837	−910	−1531	−2753	−4081	−2226	−259	1320	2482	1399

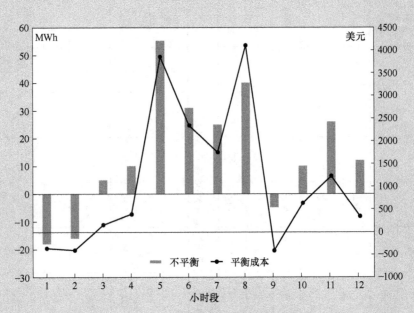

图 4.5 反映实际用电量和远期购电量之差的不平衡电量以及相应的平衡费用

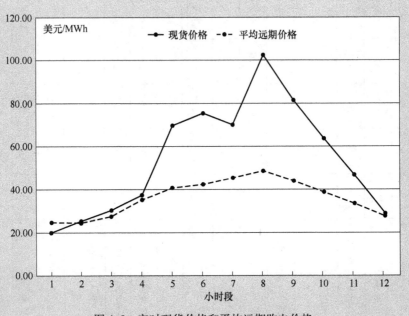

图 4.6 实时现货价格和平均远期购电价格

表 4.3 考虑预测误差和实时现货市场不平衡量交易，在 12h 内的售电业务明细，固定售电价为 37 美元/MWh

小时	1	2	3	4	5	6	7	8	9	10	11	12	总计
负荷预测/MWh	221	219	254	318	358	370	390	410	382	345	305	256	3828
远期市场购电量/MWh	221	219	254	318	358	370	390	410	382	345	305	256	3828
远期市场平均购电价格/(美元/MWh)	24.70	24.50	27.50	35.20	40.70	42.40	45.50	48.60	44.20	38.80	33.40	27.70	
远期市场购电费用/美元	5459	5366	6985	11194	14571	15688	17745	19926	16884	13386	10187	7091	144482
实际用电量/MWh	203	203	259	328	413	401	415	450	377	355	331	268	4003
不平衡电量/MWh	−18	−16	5	10	55	31	25	40	−5	10	26	12	175
现货价格/(美元/MWh)	20.30	25.40	30.30	37.50	69.70	75.40	70.10	102.30	81.40	63.70	46.90	28.90	
平衡费用/美元	−365	−406	152	375	3834	2337	1753	4092	−407	637	1219	347	13568
小时购电成本/美元	5094	4960	7137	11569	18405	18025	19498	24018	16477	14023	11406	7438	158050
收入/美元	7511	7511	9583	12136	15281	14837	15355	16650	13949	13135	12247	9916	148111
利润/美元	2417	2551	2446	567	−3124	−3188	−4143	−7368	−2528	−888	841	2478	−9939

4.4 生产者行为

在本节中,从一家发电企业的视角来看电力生产者行为。该企业以单个发电机组利润最大化为目标。首先,在完全竞争市场中考虑相关决策,然后,讨论当发电机组能够行使市场力时如何对它们的竞价行为进行建模。

4.4.1 完全竞争

4.4.1.1 基本调度(Basic Dispatch)

首先考虑如何在 1h 的时间内,最大化发电机组 i 的利润,并假设在此期间其他参数保持不变。该利润是销售电能所获得的收入与生产电能的成本之间的差值:

$$\max \Omega_i = \max \left[\pi P_i - C_i(P_i) \right] \tag{4.1}$$

式中,P_i 是机组 i 在该小时内的出力;π 是出售电能的价格;$C_i(P_i)$ 是生产电能的成本。

如果我们假设企业直接决定的唯一决策变量是机组的发电出力,那么上述优化问题实现最优解的必要条件是

$$\frac{d\Omega_i}{dP_i} = \frac{d(\pi P_i)}{dP_i} - \frac{dC_i(P_i)}{dP_i} = 0 \tag{4.2}$$

此表达式中的第一项表示企业在该小时内增加 1MW 电力所获得的收入,即发电机组 i 的边际收入。第二项表示该小时内生产额外 1MW 电力所花费的成本,即其边际成本。因此,为了使利润最大化,必须将发电机组 i 的产量或出力调整为其边际收入等于其边际成本的水平,即

$$\text{MR}_i = \text{MC}_i \tag{4.3}$$

如果是完全竞争市场(或者如果该发电机组的产能相比于市场规模很小),则市场价格 π 不受 P_i 变化的影响。因此,发电机组 i 的边际收入为

$$\text{MR}_i = \frac{d(\pi P_i)}{d(P_i)} = \pi \tag{4.4}$$

式(4.4)表达了这样一个事实,若发电商是价格接受者,那么他出售的每 MWh 电能所能实现的收入就是市场价格。在这些条件下,如果边际成本是关于电能产量的单调递增函数,则发电机组应将其出力增加到边际生产成本等于市场价格的水平:

$$\frac{dC_i(P_i)}{d(P_i)} = \pi \tag{4.5}$$

边际成本包括燃料成本、运行维护成本以及随机组出力变化而变化的所有其他成本。相反,与该时段出力不相关的成本(例如,投资建设发电厂的摊销成本或短期固定运行成本)不包含在边际成本中,因此,在做出短期发电调度

决策时与此类成本无关。

只要属于完全竞争，那么每个发电机组的出力应该由式（4.5）决定。由于给定了市场价格，即使一家发电企业拥有多个机组，也可以独立调度所有机组。在下一节中，我们将讨论更为复杂的情况，即单个发电企业拥有足够的发电机组的总容量，这样的生产规模足以影响整个电力市场的价格。

例 4.2

假如有一个化石燃料发电机组，已知它的投入—产出曲线，该曲线详细描绘了在 1h 内生产给定电力所需的燃料消耗（通常以 MJ/h 或 1MBtu/h 表示）。

如果该火力发电机组的最小稳定技术出力（即它可以连续稳定发电的最小出力）为 100MW，最大稳定技术出力为 500MW。根据该电厂的实际数据，我们可以得出该机组的投入—产出曲线为

$$H_1(P_1) = 110 + 8.2P_1 + 0.002P_1^2 \text{ (MJ/h)}$$

将投入—产出曲线乘以燃料成本 F（以美元/MJ 为单位），可以得出该机组的每小时运行成本：

$$C_1(P_1) = 110F + 8.2FP_1 + 0.002FP_1^2 \text{ (美元/h)}$$

如果我们假设煤炭的成本为 1.3 美元/MJ，则该机组的成本曲线为：

$$C_1(P_1) = 143 + 10.66P_1 + 0.0026P_1^2 \text{ (美元/h)}$$

如果出售电能的价格可以达到 12 美元/MWh，则该机组的最优出力为：

$$\frac{dC_1(P_1)}{d(P_1)} = 10.66 + 0.0052P_1 = 12 \text{ (美元/MWh)}$$

或者 $P_1 = 257.7 \text{MW}$

实际上，即使是单个发电机组的优化调度，也要比式（4.5）所表示的情况要复杂得多。接下来，我们将会详细解释发电机组的成本特性和技术特性如何影响基本调度。

4.4.1.2 机组物理约束

假设发电机组 i 产生的最大技术出力 $P_i^{\max}$ 满足以下条件：

$$\left.\frac{dC_i(P_i)}{dP_i}\right|_{P_i^{\max}} \leq \pi \tag{4.6}$$

因此，该机组应该按照最大出力 $P_i^{\max}$ 发电。相反，如果机组 i 的最小稳定技术出力如式（4.7）所示：

$$\left.\frac{dC_i(P_i)}{dP_i}\right|_{P_i^{\min}} > \pi \tag{4.7}$$

显然，机组此时的发电无法产生利润，而避免亏损的唯一方法就是关停机组。

> **例 4.3**
>
> 以例 4.2 的发电机组为例,如果电能价格大于或等于下面的值,那么该机组将会按照最大发电出力安排生产:
>
> $$\left.\frac{dC_i(P_i)}{dP_i}\right|_{500\text{MW}} = 10.66 + 0.0052 \times 500 = 13.26\ (\text{美元/MWh})$$
>
> 另一方面,如果价格低于以下给定的值,该机组如果开机,则无法盈利:
>
> $$\left.\frac{dC_i(P_i)}{dP_i}\right|_{100\text{MW}} = 10.66 + 0.0052 \times 100 = 11.18\ (\text{美元/MWh})$$

4.4.1.3 分段线性成本函数

投入—产出曲线是根据发电机在各种出力水平下运行时的测量数据得出的。即使尽可能使这些测量数据准确,数据点的连线通常不会是平滑的曲线。因此,测量数据可以采用分段线性插值法进行处理,产生与二次函数形状接近的曲线。图 4.7 表示了分段线性成本函数曲线及其相关的边际成本函数曲线。

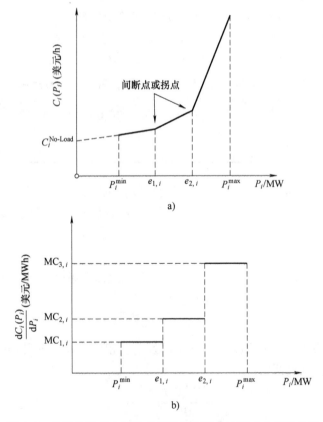

图 4.7 分段线性成本函数曲线及其相关的边际成本函数曲线

由于分段线性成本函数曲线中的每一段都是线性曲线,因此每一个线性分段曲线对应的边际成本的都是固定不变的。这使得在特定电价条件下的机组自调度过程就变得非常简单:

$$\begin{aligned}
&\pi < \mathrm{MC}_{1,i} \Rightarrow P_i = P_i^{\min} \\
&\mathrm{MC}_{1,i} < \pi < \mathrm{MC}_{2,i} \Rightarrow P_i = e_{1,i} \\
&\mathrm{MC}_{2,i} < \pi < \mathrm{MC}_{3,i} \Rightarrow P_i = e_{2,i} \\
&\mathrm{MC}_{3,i} < \pi \Rightarrow P_i = P_i^{\max}
\end{aligned} \quad (4.8)$$

如果价格恰好等于成本曲线的某一段的边际成本,则机组可以以该段内的任何值作为出力水平。如果调度出力是在分段线性线性曲线的间断点,其对应的发电边际成本应该等于下一段分段曲线的斜率,因为传统意义上将边际成本定义为新增单位 MW 出力的成本,而不是减少单位 MW 出力所节约的成本。

例 4.4

可以通过以下三段分段线性成本函数曲线来近似表示例 4.2 的二次成本曲线:

$$100 \leq P_1 \leq 250 : C_1(P_1) = 11.57 P_1 + 78.0$$
$$250 \leq P_1 \leq 400 : C_1(P_1) = 12.35 P_1 - 117.0$$
$$400 \leq P_1 \leq 500 : C_1(P_1) = 13.00 P_1 - 377.0$$

图 4.8 表明了随着发电价格变化而应如何调度该机组。

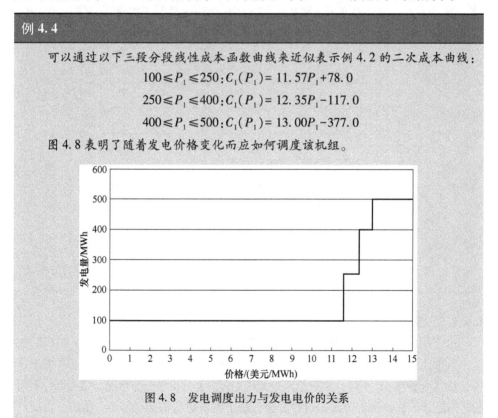

图 4.8 发电调度出力与发电电价的关系

4.4.1.4 空载运行成本

尽管以上得出的最优性条件确定的调度计划保证了利润最大化,但并不能确保发电机组不会出现亏损。生产者还必须考虑与发电机组运行相关的准固定成本,即仅在机组发电时产生的与发电量无关的成本。第一种准固定成本是空载运行成本。如果发电设备在并网运行的情况发电出力为零,则空载运行成本表示保持这种机组空载运行状态所需的燃料成本。对于大多数火电机组来说,由于存在不为零的最小技术出力,不可能进行真正的空载运行。因此,空载运行成本只是发电成本函数中反映了成本函数曲线在纵轴上的截距的常数项,没有实际的物理意义。

正如在第 2 章中讨论的那样,仅当边际成本大于平均生产成本时,以边际成本进行销售才会不亏损。

例 4.5

假设例 4.4 的机组总是随着电能的市场价格变化而进行发电利润最大化的最优调度,即根据图 4.8 进行调度。图 4.9 显示,其利润随电能价格呈分段线性增长。由于存在空载运行成本,该机组仅在电能价格达到 11.882 美元/MWh 时才可获利。

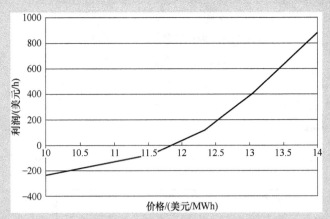

图 4.9 随着发电市场价格的变化而进行发电利润最大化最优调度,发电机组获得的利润

4.4.1.5 发电调度计划

由于用电负荷随时间变化,因此发电机出力的成本会随之变化。正如我们在上一章中所看到的那样,电价通常会在一段时间内保持不变,持续时间取决于市场,从几分钟到 1h 不等。如果给定一天或一天以上的价格分布情况,就可以针对每段时间进行最优调度。但是,这种方法忽略了发电机组的起动成本,所以,由此产生的调度计划并不一定是最优的。另外,这种调度方法忽略了发电机组在不同出力水平之间进行变化的爬坡约束,在技术上常常也是不可行的。此外,其他经济和环境的因素也可能影响发电计划的优化。这些不同类型的约束将在下面讨论。

虽然发电机组可以单独制定每个时间段的最优出力调度计划,但由于机组可能具有很大的起动成本,同时还需要遵守一些物理约束,这样的调度计划实际上不太可能实现多时段的发电总利润最大化,因此以一天、一周或更长时间为周期来优化调度计划,会更加合理一些。这个调度方法与机组组合模型有些相似之处,电力垄断公用事业为了以最小的发电成本满足给定的用电负荷需求,需要确定一组最为合理的机组组合和经济调度。从本质上讲,这两种调度方法都可以在满足运行物理约束条件的同时,实现变动成本部分和准固定成本部分之间的平衡。在机组组合问题中,人们会将所有机组综合在一起进行联合优化,以保证系统的发电出力和总用电负荷的实时平衡,另一方面,如果我们假设某台发电机是价格接受者,则我们可以不考虑其他发电机组的影响,对它进行独立优化。即使发电主体是价格接受者这一假设成立,也很难得到能够实现利润最大化的发电计划,因为计算量会非常大。一些决策变量只有0/1两种状态的整数变量,这导致优化问题可能是非凸的;如果对约束做严格处理的话,会显著增加问题的维数。可喜的是,动态或混合整数规划(MIP)等优化技术已成功用于此问题的求解。

4.4.1.6 起动成本

发电机组的起动成本表示使机组从停机状态转变为运行状态的产生的成本。因此,这是另一种准固定成本。柴油发电机组和常规燃气发电机组的起动成本较低,因为这些类型的机组起动速度很快。另一方面,大型火电机组必须燃烧大量的燃料,直到使蒸汽处于足够的温度和压力下才能保持发电出力。由于这些火电机组的起动成本很高,为了使其利润最大化,必须在很长一段时间内保持开机运行以摊薄起动成本。为减少起动成本和增加利润,机组可能会在数小时内一直都亏损的情况下仍保持开机运行而不停机,而不是因为暂时的亏损就停机,然后在价格再次上涨时再开机。

例 4.6

接下来,我们研究如何在几个小时的时间内安排例 4.2 的燃煤机组的调度计划。我们将假设电能的销售价格是按小时设定的,接下来几个小时的电能价格如图 4.10 所示。并假设发电机组在第 1 小时起动,它的起动成本为 600 美元。表 4.4 汇总了结果。

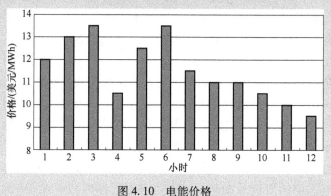

图 4.10 电能价格

表 4.4　例 4.6 的燃煤机组在连续的时间段内的成本和损益

小时	1	2	3	4	5	6	7
价格/(美元/MWh)	12.0	13.0	13.5	10.5	12.5	13.5	11.5
发电出力/MW	257.7	450.0	500.0	100.0	353.8	500.0	161.5
收入/美元	3092	5850	6750	1050	4423	6750	1858
运行成本/美元	3063	5467	6123	1235	4240	6123	1933
起动费用/美元	600	0	0	0	0	0	0
总成本/美元	3663	5467	6123	1235	4240	6123	1933
利润/美元	−571	383	627	−185	183	627	−75
累积利润/美元	−571	−188	439	254	437	1064	989

首先要注意的是，最优发电出力会随着电能价格的波动而显著变化。该机组在第 3 个和第 6 个小时以最大出力发电，在第 4 个小时以最小出力发电。由于机组的起动成本，该机组在运行的第 1 个小时亏损。到第 3 个小时，此起动成本已收回，该机组开始获利。第 4 个小时的价格如此之低，以至于该机组即使以其最小出力运行也显示出亏损。但是，最好不要在此时关闭机组，因为这样可以避免在第 5 个小时再次产生起动成本。在第 7 个小时，即使设备未以其最小出力运行，该机组仍会出现亏损。这是因为该机组发电收入不足以补偿其空载成本。如果价格在接下来的几个小时内继续下降，则最佳策略是在第 6 个小时结束时关闭机组，并等到价格上涨后再重新起动。

4.4.1.7　运行物理约束

起动或关闭火电机组，或者增加或减少其少量的出力，都会在原动机中产生相当大的机械应力。过度的压力会损害机组并缩短其寿命。因此，通常对此类变更设置限制，以避免损坏这些昂贵的机组。这些保障措施长期看来具有很好的经济效益，但在短期却增加了成本。特别是限制一个机组增加或减少其出力的速率，可能会阻止它在一段期间内达到其经济上的最优出力。为了最大限度地降低爬坡率约束造成的成本，机组的运行计划的优化需要在不少于几个小时的时间范围进行。

为了避免频繁起停机组所造成的损失，通常规定将火电机组起动后必须保持并网的最小连续运行小时数。类似的约束还有，一旦将机组关闭，机组必须保持连续停机的小时数。这些约束确保了有足够的时间使涡轮中的温度梯度下降。这些最小运行时间约束和最小停机时间约束减少了更改机组状态的次数，并且可能会对最优调度计划产生重大影响。例如，最小停机时间约束可能会迫使机组在低电价期间继续亏损运行，因为考虑后续时段可能盈利机会的丧失，将机组现在停机可能会得不偿失。

4.4.1.8 环境保护政策约束

发电机组必须遵守环境保护相关的政策法规,这也可能限制机组按照最优出力发电。目前,化石燃料发电厂排放某些污染物的法规越来越多。在有些地方,某些污染物在大气中的释放速率受到限制,这也就限制了机组的最大出力水平;在另外一些地方,则是限制一年中释放的污染物总量,这对电厂的运营构成了复杂的总量约束。

虽然水力发电厂不排放污染物,而且比火力发电厂的运行更灵活,但水的使用可能受到限制。设计这些约束条件是为了确保有足够的水进行再利用或用来保护濒临灭绝的鱼类。此外,还必须为灌溉和其他水力发电厂提供水。水力发电厂的优化运行是一个非常复杂的问题,尤其是对处在多个相互连接流域的电厂群。

4.4.1.9 关联经济性的影响

热电联产或热电联产所产生的电能通常取决于相关工业生产的需求。因此,此类电厂在电力市场上的售电能力可能会受到限制。

除电能外,发电机还可以提供其他服务,例如,备用服务、负荷跟踪、频率调节和电压调节等。这些通常称为辅助服务或系统服务的其他服务构成了除电能销售以外的其他收入来源。我们将在第6章中讨论与提供这些服务有关的问题。在这一点上,我们只需要注意,发电商的电能交易能力可能会受到其提供辅助服务合同的影响。相反,电能的生产可能会妨碍发电机提供辅助服务的能力。

4.4.1.10 预测误差

在一段时间内,优化调度发电机组的出力需要预测每个小时的电能价格。这样的预测永远不会完全准确,并且这些预测误差会导致调度和调度决策的结果最终变得并不理想。由于涉及的因素很多,而且缺乏充分的信息,因此很难准确地预测市场价格。由于电能价格取决于市场均衡水平,因此它既受负荷又受发电能力的影响。在负荷方面,必须考虑负荷预测中使用的时间、气象、经济和其他相关因素。在发电方面更加复杂,因为某些事件是会随机发生的(例如,发电机组的故障),而另一些事件则是当事方并非总是可以提前知道的(例如,计划中的停机维护)。

4.4.2 发电和购电的组合策略

假设一个发电企业签署了一份供电合同,在 1h 内为给定负荷 L 供电。首先,让我们假设该企业决定履行其合同义务,并使用 N 个电厂的机组组合来为此负荷供电。显然,它将设法以最低的成本生产所需的电能。从数学上讲,如果我们忽略对发电机组的运行约束,则可以将其表达为以下优化问题:

$$\min \sum_{i=1}^{N} C_i(P_i)$$
$$\text{s. t.} \sum_{i=1}^{N} P_i = L \qquad (4.9)$$

式中，P_i 表示机组组合中第 i 个机组的发电出力；$C_i(P_i)$ 表示该机组出力为 P_i 时的发电成本。

通过微积分原理我们知道，构造一个包含目标函数和约束条件的拉格朗日函数 ℓ 是解决此类优化问题的最简单方法：

$$\ell(P_1, P_2, \cdots, P_N, \lambda) = \sum_{i=1}^{N} C_i(P_i) + \lambda \left(L - \sum_{i=1}^{N} P_i \right) \qquad (4.10)$$

式中，λ 是一个新变量，称为拉格朗日乘子。

对式（4.10）求偏导，并令其等于 0，是问题存在最优解的必要条件，而求解这些方程式可得到如下所示的最优解：

$$\frac{\partial \ell}{\partial P_i} \equiv \frac{\mathrm{d}C_i}{\mathrm{d}P_i} - \lambda = 0 \quad \forall i = 1, \cdots, N$$
$$\frac{\partial \ell}{\partial \lambda} \equiv \left(L - \sum_{i=1}^{N} P_i \right) = 0 \qquad (4.11)$$

根据这些最优条件，我们得出结论，投资组合中的所有发电机组都应以等边际成本运行，并且该边际成本等于拉格朗日乘子 λ 的值：

$$\frac{\mathrm{d}C_1}{\mathrm{d}P_1} = \frac{\mathrm{d}C_2}{\mathrm{d}P_2} = \cdots = \frac{\mathrm{d}C_N}{\mathrm{d}P_N} = \lambda \qquad (4.12)$$

因此，拉格朗日乘子的值等于用各发电机组新增单位 MWh 电量所增加的发电成本。所以拉格朗日乘子通常也被称为电能生产的影子价格。

让我们假设该发电企业可以参与电力现货市场，如果市场价格 π 低于电能生产所对应的影子价格 λ，则发电企业应选择在市场上购买电能，并将企业各发电机组的发电出力调低到一定水平，在该出力水平上满足以下条件：

$$\frac{\mathrm{d}C_1}{\mathrm{d}P_1} = \frac{\mathrm{d}C_2}{\mathrm{d}P_2} = \cdots = \frac{\mathrm{d}C_N}{\mathrm{d}P_N} = \pi \qquad (4.13)$$

如果涉及的电能交易规模很大，在不提高价格 π 的前提下，市场可能没有足够的流动性来满足该购电交易需求。此问题将在本章后面详细讨论。

越来越多的工业用户不能由于电力供应中断而关闭用电设备，因为这会带来重大的财务损失。这样的消费者应安装应急自备发电机，该应急发电机能够在停电期间供应至少一部分负荷。当电力系统正常运行但市场价格很高时，这些消费者可能会发现，即使这些自备应急发电机的边际成本可能很高，但也低于电能的现货价格。在这种情况下，他们可能会起动应急发电机以减少对外电能需求，甚至可能在市场上出售过剩的发电能力。

例 4.7

假设一个小型电力系统的 300MW 负荷由两个火力发电机组和一个小型径流式水力发电厂供应,而且要使成本最小化。水力发电厂的发电量恒定为 40MW,火力发电厂的成本函数由以下表达式给出:

机组 A:$C_A = 20 + 1.7 P_A + 0.04 P_A^2$(美元/h)

机组 B:$C_B = 16 + 1.8 P_B + 0.03 P_B^2$(美元/h)

由于水电机组的变动运行成本可以忽略不计,因此最优问题的拉格朗日函数可以写为

$$\ell = C_A(P_A) + C_B(P_B) + \lambda(L - P_A - P_B)$$

其中,L 代表火电机组必须提供的 260MW 负荷。

将拉格朗日函数偏导数设置为零,则得到最优解的必要条件:

$$\frac{\partial \ell}{\partial P_A} \equiv 1.7 + 0.08 P_A - \lambda = 0$$

$$\frac{\partial \ell}{\partial P_B} \equiv 1.8 + 0.06 P_B - \lambda = 0$$

$$\frac{\partial \ell}{\partial \lambda} \equiv L - P_A - P_B = 0$$

求解该方程式可得到 λ 的值,我们得到该系统在当前负荷状态下的电能边际成本:

$$\lambda = 10.67 (\text{美元/MWh})$$

进而我们可以计算得到火电机组的最优出力:

$$P_A = 112.13 \text{MW}$$

$$P_B = 147.87 \text{MW}$$

将它们代入成本函数,即可求出总的负荷供应成本为

$$C = C_A(P_A) + C_B(P_B) = 1651.63 (\text{美元/h})$$

4.4.3 不完全竞争

当处于不完全竞争市场时,一些企业(策略博弈厂商)便能够通过其行为来影响市场价格。电力市场通常由一些策略博弈厂商和许多价格接受厂商组成。拥有多个发电机组的发电企业,如果对整个公司所有机组的总出力调度计划进行统筹优化,可能会对市场价格有更大的影响。那么拥有多个发电机组的企业的总利润为

$$\Omega_f = \pi P_f - C_f(P_f) \quad (4.14)$$

式中,P_f 表示该企业拥有的所有机组的全部出力;而 $C_f(P_f)$ 表示该企业能够产

生此电能的最低总发电成本。

在本节中,我们不能再假定市场价格 π 不受单个市场参与主体的影响。由于不再将市场价格设置成固定值,因此,企业 f 出售的电能不仅取决于其自身的决策,还取决于其竞争对手的决策。因此,我们将式(4.14)进行改写,使其能够反映这两种关联性:

$$\Omega_f = \Omega_f(X_f, X_{-f}) \tag{4.15}$$

式中,X_f 代表企业 f 的行为;X_{-f} 代表其竞争对手的行为。

式(4.15)表明,企业 f 不能独立地优化自身利润。它必须考虑其他企业将要做什么。乍一看,这似乎非常困难,因为这些企业是竞争对手,他们之间的信息交流行为可能是违法的。然而,不失一般性,我们可以假设所有企业都采取理性的市场行为,即它们以利润最大化为目标。换句话说,每个发电企业都会选择行为 X_f^*,使得

$$\Omega_f(X_f^*, X_{-f}^*) \geq \Omega_f(X_f, X_{-f}^*) \; \forall f \tag{4.16}$$

式中,X_{-f}^* 代表其他企业的最优决策。

这种不同主体的最优决策相互依赖问题就是博弈论中所谓的非合作博弈问题。这种博弈的解(如果存在)称为纳什均衡,表示不完全竞争下的市场均衡。

虽然用变量 X_f 表示企业可能采取的行动或决策,这样的表达式非常简洁,但它可能隐藏了复杂的细节,即式(4.16)的求解实际上需要我们了解企业之间的战略互动是如何进行的。在下面的内容中,我们将讨论对不完全竞争的 4 种具体模型。

如果在不完全竞争市场模型中,企业的决策变量是自身的产量,可以采用古诺(Cournot)博弈模型进行分析。若企业的以市场报价作为决策模型,则可以采用伯川德(Betrand)博弈模型对不完全竞争市场竞争行为进行建模。

4.4.3.1 伯川德博弈模型(Betrand Model)

在伯川德博弈模型中,我们假设每个企业将其电能的价格作为唯一的决策变量:

$$X_f = \pi_f \; \forall f \tag{4.17}$$

因此,发电企业 f 出售的电量是其自身报价和竞争对手报价的函数。企业 f 的收益如下:

$$\pi P_f = \pi P_f(\pi_f, \pi_{-f}^*) \tag{4.18}$$

根据该模型,对于诸如电能之类的同质商品,只要企业 f 的价格低于其竞争对手的价格,企业 f 便可以出售任意它想要出售的电量:

$$P_f(\pi_f, \pi_{-f}^*) = \begin{cases} P_f, & \pi_f \leq \pi_{-f}^* \\ 0, & \pi_f > \pi_{-f}^* \end{cases} \tag{4.19}$$

例 4.8

让我们假设只有两个发电企业的电力市场的情况。这被称为双寡头垄断市场。我们首先假设这两家企业的边际生产成本固定不变:

$$MC_A = 35 (美元/MWh)$$
$$MC_B = 45 (美元/MWh)$$

根据伯川德博弈模型,这些企业通过报价让市场决定每个企业的销售量来进行竞争。在这种情况下,如果将其价格设定为略低于 45 美元/MWh,那么发电企业 A 将占领整个市场,因为发电企业 B 以该价格售出每 MWh 电能时都会亏损。因此,本例中的市场价格为 $(45-\varepsilon)$ 美元/MWh。

例 4.9

现在让我们假设这两个发电企业具有相同的且固定不变的边际成本:

$$MC_A = 35 (美元/MWh)$$
$$MC_B = 35 (美元/MWh)$$

两家发电企业都不可能将其价格定在其边际成本之上,如果某一家企业的报价高于边际成本,整个市场将随后可能被另一家企业通过边际成本报价抢占。只有当两家企业提供的价格(即市场出清价格)为 35 美元/MWh,即等于边际生产成本时,才能达到可持续的均衡状态。

例 4.8 与例 4.9 的结果可能与人们的经验判断结果大相径庭,因为在第一种情况下,一个企业就占据了整个市场,而在另一种情况下,在双寡头垄断市场中,市场价格与完全竞争市场的出清价格完全相同。人们常常会认为寡头垄断市场能够产生比完全竞争市场更高的市场价格。

4.4.3.2 古诺博弈模型 (Cournot Model)

在古诺博弈模型中,每个企业都决定它所期望的产量。首先,我们再次考虑双寡头垄断市场的情况。如果两家企业必须同时决定产量多少,则两家企业都将估计另一家企业的预期产量。如果企业 1 估计企业 2 产量为 y_2^e,则它将自己产量设置为 y_1,以使其预期利润最大化:

$$\max_{y_1} \pi(y_1+y_2^e)y_1-c(y_1) \quad (4.20)$$

式中,$\pi(y_1+y_2^e)$ 表示预期总产量 $y_1+y_2^e$ 下市场形成的价格。

因此,企业 1 的最优产量取决于其对企业 2 产量的估计。我们可以直接以反应函数的形式表达这种关系:

$$y_1 = f_1(y_2^e) \quad (4.21)$$

由于企业 2 遵循类似的过程来优化其生产,所以我们也有

$$y_2 = f_2(y_1^e) \tag{4.22}$$

刚开始，每个企业对其竞争对手的产量所作的估计可能是不正确或不准确的。但是，随着他们在市场清算中收集更多信息，修改了对竞争对手的估计产量，并相应地调整了自身产量，最终他们的产量达到了古诺博弈均衡：

$$y_1^* = f_1(y_2^*)$$
$$y_2^* = f_2(y_1^*) \tag{4.23}$$

一旦达到平衡，两家企业都不能通过单方面改变其产出来增加收益。

现在让我们考虑市场上有 n 家企业竞争的情况。它们的总产量是

$$Y = y_1 + \cdots + y_n \tag{4.24}$$

与所有其他企业一样，企业 i 寻求最大化其利润：

$$\max_{y_i} \{y_i \cdot \pi(Y) - c(y_i)\} \tag{4.25}$$

市场价格 $\pi(Y)$ 是总产量的函数。在以下情况下可以达到此最大值：

$$\frac{d}{dy_i} \{y_i \cdot \pi(Y) - c(y_i)\} = 0 \tag{4.26}$$

或者

$$\pi(Y) + y_i \frac{d\pi(Y)}{dy_i} = \frac{dc(y_i)}{dy_i} \tag{4.27}$$

从左侧提出 $\pi(Y)$ 并将第二项乘以 Y/Y，我们得到

$$\pi(Y)\left\{1 + \frac{y_i}{Y} \frac{Y}{dy_i} \frac{d\pi(Y)}{\pi(Y)}\right\} = \frac{dc(y_i)}{dy_i} \tag{4.28}$$

式 (4.28) 的右边等于企业 i 的边际生产成本。如果我们将企业 i 的市场份额定义为 $s_i = y_i/Y$ 并使用式 (2.3) 中给出的需求价格弹性定义，则可以将式 (4.28) 表示成以下形式：

$$\pi(Y)\left\{1 - \frac{s_i}{|\varepsilon(Y)|}\right\} = \frac{dc(y_i)}{dy_i} \tag{4.29}$$

上述表明，当一个企业的市场份额大到不可忽略时，它通过将其产量设定在使边际成本小于市场价格的水平上来最大化其利润。因此，它将通过物理持留来行使市场力。式 (4.29) 表明，低弹性和高市场集中度有助于寡头厂商行使市场力。有趣的是，一个企业行使市场力可使市场上的所有企业受益，因为它提高了企业作为价格接受者出售其产品的价格。因此，旨在降低市场力的行动必须由代表用户利益的监管机构发起。这种行动通常不会得到任何生产企业的支持。

式 (4.29) 也适用于企业具有完全垄断性质 ($s_i = 1$) 或其市场份额很小 ($s_i \approx 0$) 的极端情况。价格和边际成本之间的最大差异发生在完全垄断的情况下，垄断者提高价格的能力仅受需求弹性的限制。对于市场份额很小的企业，

式（4.29）可简化为式（4.5）的形式，并且该企业成为价格接受者。

古诺博弈模型表明，企业应该维持高于边际生产成本的报价，其差异取决于需求的价格弹性。用古诺博弈模型获得的数值结果对需求价格弹性非常敏感。特别是对于诸如电能这类价格弹性很低的商品，使用古诺博弈模型计算出的均衡价格往往高于实际市场中的价格。

例 4.10

假设一个市场中有两个企业（A 和 B）在电能市场上互相竞争。实证研究表明，特定时间的反需求函数由下式给出：

$$\pi = 100 - D (美元/MWh) \quad (4.30)$$

式中，D 是此时的电能需求。

我们还假设企业 A 的电能生产成本比企业 B 的便宜：

$$C_A = 36 P_A (美元/MWh)$$
$$C_B = 46 P_B (美元/MWh) \quad (4.31)$$

假设采用伯川德博弈模型（Betrand Model），当企业 A 的价格将略低于企业 B 的边际生产成本时（即 46 美元/MWh），将占领整个市场。以该价格交易，需求量为 54MWh，企业 A 将获得 540 美元的利润。企业 B 在这个价格水平上出售的每单位电能都会亏损，因此将决定不出力。这样一来，显然企业 B 不会获得任何利润。

另一方面，如果假设使用古诺博弈模型，则市场状态取决于每个企业的生产决策。我们假设企业 A 和企业 B 都决定生产 5MWh 电能。根据古诺博弈模型，市场价格必须使总需求等于总产量。由于总产量为 10MWh，因此总需求也为 10MWh，根据式（4.30），可以求出市场价格为 90 美元/MWh。给定市场价格及其各自的产量，我们可以很容易地计算出，企业 A 获利 270 美元，企业 B 获利 220 美元。以下的四字格总结了这种市场状态：

10	270
220	90

每个田字格中的数字表示的含义是

需求	A 的利润
B 的利润	价格

两家企业可以为其他的生产组合生成类似的表格，其排列如表 4.5 所示。该表说明了在古诺博弈模型下两家企业之间的影响。在表格的左上角，企业通过限制产量来拉高价格。随着产量的增加（即当我们在表中向右或向下移动）时，价格下降，需求增加。在表格的右下角，市场上的产量过多，价格跌到了企业 B 的边际生产成本以下，从而导致了亏损。在表 4.5 所示的可能性中，当企业 B 生产

5MWh 电量的时候，企业 A 会选择自己生产 30MWh 的电量，因为这将使 A 实现其最大化利润。同样，企业 B 希望在 A 生产 5MWh 的时候，B 可以生产 25MWh 并最大化其自身利润。从博弈论的角度来看，以上的市场结果都不会是市场均衡状态，因为这种结果只能让 A 和 B 中的某一方实现最大化利润，但另一方却不行。换句话来说，在市场均衡状态下，没有哪个企业可以通过单方面改变自身行为去增加利润。表 4.5 中阴影部分的单元格即处于此均衡状态。企业 A 的利润（600 美元）是通过调整自己的生产，该行（企业 B 产量不变）中可以实现的最大利润。同样，企业 B 的利润（210 美元）在此列（企业 A 产量不变）中也是最大的。因此，两家企业在当前状态下都没有动力去改变产量。尽管企业 A 由于其边际生产成本较低而占据了更大的市场份额，但它并没有完全将企业 B 排挤在市场之外。这些企业共同维持一个高于边际生产成本的价格。这个价格也高于伯川德博弈模型所预测的价格。

表 4.5 例 4.10 中仅存在两个竞争者的市场对应的古诺博弈模型竞争结果

		企业 A 的产量												
		5		10		15		20		25		30		35	
企业 B 的产量	5	10	270	15	490	20	660	25	780	30	850	35	870	40	840
		220	90	195	85	170	80	145	75	120	70	95	65	70	60
	10	15	245	20	440	25	585	30	680	35	725	40	720	45	665
		390	85	340	80	290	75	240	70	190	65	140	60	90	55
	15	20	220	25	390	30	510	35	580	40	600	45	570	50	490
		510	80	435	75	360	70	285	65	210	60	135	55	60	50
	20	25	195	30	340	35	435	40	480	45	475	50	420	55	315
		580	75	480	70	380	65	280	60	180	55	80	50	-20	45
	25	30	170	35	290	40	360	45	380	50	350	55	270	60	140
		600	70	475	65	350	60	225	55	100	50	-25	45	-150	40
	30	35	145	40	240	45	285	50	280	55	225	60	120	65	-35
		570	65	420	60	270	55	120	50	-30	45	-180	40	-330	35
	35	40	120	45	190	50	210	55	180	60	100	65	-30	70	-210
		490	60	315	55	140	50	-35	45	-210	40	-385	35	-560	30

我们可以用数学上的公式和方法解决以下问题，而不是为每种可能的生产组合画表。由于每个企业都将其产量作为其决策变量，因此每个企业所赚取的利润由以下表达式表示：

$$\Omega_A(P_A, P_B) = \pi(D) P_A - C_A(P_A) \quad (4.32)$$

$$\Omega_B(P_A, P_B) = \pi(D)P_B - C_B(P_B) \quad (4.33)$$

式中，$\pi(D)$ 表示反需求函数。

如果每个企业都试图最大化其利润，我们将面临两个单独的优化问题。因为两家企业都在同一个市场中竞争，而且供应必须等于需求，所以这两个优化问题无法独立解决。因此，我们还必须具备以下条件：

$$D = P_A + P_B \quad (4.34)$$

对于每个优化问题，我们可以写出最优性条件：

$$\frac{\partial \Omega_A}{\partial P_A} = \pi(D) - \frac{dC_A}{dP_A} + P_A \cdot \frac{d\pi}{dD} \cdot \frac{dD}{dP_A} = 0 \quad (4.35)$$

$$\frac{\partial \Omega_B}{\partial P_B} = \pi(D) - \frac{dC_B}{dP_B} + P_B \cdot \frac{d\pi}{dD} \cdot \frac{dD}{dP_B} = 0 \quad (4.36)$$

将式 (4.30) 和式 (4.31) 给出的值代入式 (4.34)~式 (4.36) 中，我们可以得到以下相互作用函数：

$$P_A = \frac{1}{2}(64 - P_B) \quad (4.37)$$

$$P_B = \frac{1}{2}(54 - P_A) \quad (4.38)$$

求解这两个方程可得出

$P_A = 24.7 \text{MWh}$；$P_B = 14.7 \text{MWh}$；$D = 40 \text{MWh}$；$\pi = 60.7$ 美元/MWh

这接近于我们使用 P_A 和 P_B 的离散值建立表 4.5 所得到的均衡状态。

例 4.11

我们还可以使用上一个示例中的数据来探讨当市场中竞争的企业数量增加时会发生什么。为简单起见，我们考虑以下情况：企业 A 与数量不断增长的其他企业竞争，这些企业与企业 B 类似。每一个企业都可以用类似于式 (4.35) 或式 (4.36) 的最优条件表示。方程组可以与反需求函数 (4.30) 以及表示这些企业在同一市场上竞争的方程一起求解：

$$D = P_A + P_B + \cdots + P_N \quad (4.39)$$

其中，N 代表在这个市场上竞争的企业数量。在这种特殊情况下，这些方程式对于任意数量的企业都很容易求解，因为从企业 B 到企业 N 之间所有的企业都是相同的，因此产生的电能一样。由于企业 A 生产的电能成本低于其他企业，因此在该市场中它具有竞争优势。如图 4.11 所示，它总是比其他任何企业生产更多的电能。尽管 A 的市场份额随着竞争企业数量的增加而减少，但与其他企业的单个企业市场份额趋于零的情况不同。如图 4.12 所示，即使新企业的边际生产成本与现有企业相同，竞争企业数量的增加也压低了市场价格。然而，在这种情况下，价格渐渐趋向于46美元/MWh，也就是企业B到企业N的边际成本。这种加剧的竞争导致需求增加，从而使消费者受益。最后，如图4.13所示，竞争加剧也降低了每家企业的利润。由于其成本优势，企业A的利润可能大于所有其他企业的利润之和。与处于竞争边缘企业的利润不同，随着竞争者数量的增加，企业A的利润不会趋于零。

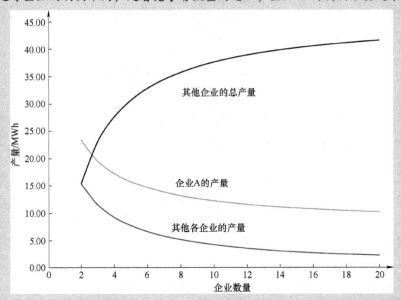

图4.11 在古诺博弈模型中，随着竞争者数量的增加，每家企业的产量变化

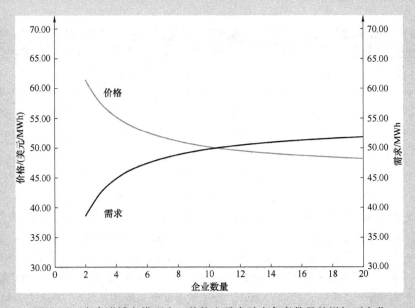

图4.12 在古诺博弈模型中，价格和需求随竞争者数量的增加而变化

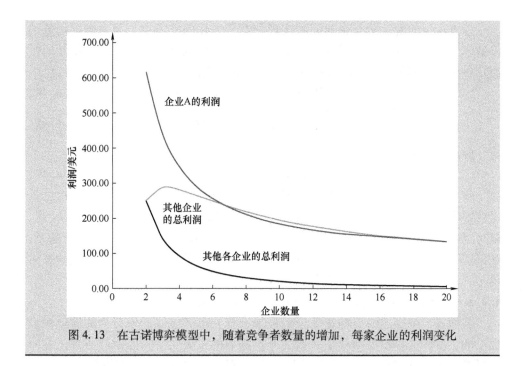

图 4.13　在古诺博弈模型中，随着竞争者数量的增加，每家企业的利润变化

4.4.3.3　供给均衡

尽管古诺博弈模型为不完全竞争市场的市场行为分析提供了有益的尝试，但当将其应用于电力市场，却会发现，该模型往往会导致对寡头市场价格的预测偏高和不合理。因此，更符合电力市场实际，同时也是更复杂的发电公司竞争策略模型也处在不断地推陈出新的过程中。在这些模型中，假设企业愿意提供的电量与市场价格的关系，是通过以下供给函数表示：

$$P_f = P_f(\pi) \ \forall f \tag{4.40}$$

此时，每个发电企业面临的决策变量既不是价格也不是数量，而是主体供给报价函数的各个参数。

在市场均衡状态下，总需求将等于所有企业的产量之和：

$$D(\pi) = \sum_f P_f(\pi) \tag{4.41}$$

每个企业的利润可以表示为

$$\Omega_f = \pi P_f - C_f(P_f)$$
$$= \pi \left[D(\pi) - \sum_{-f} P_{-f}(\pi) \right] - C_f\left(D(\pi) - \sum_{-f} P_{-f}(\pi) \right) \ \forall f \tag{4.42}$$

将利润函数对市场价格求导数，以获得最优解的一阶必要条件，经过一些处理后，可以将最优解表达为以下形式：

$$P_f(\pi) = \left(\pi - \frac{dC_f(P_f)}{dP_f} \right) \cdot \left(-\frac{dD}{d\pi} + \sum_{-f} \frac{dP_{-f}(\pi)}{d\pi} \right) \ \forall f \tag{4.43}$$

该方程组的解是所有企业同时实现利润最大化的平衡点。因为供给函数的参数未知，所以这些最优条件是一组方程。为了找到这组方程的唯一解，通常假定供给和成本函数分别具有线性和二次函数形式：

$$P_f(\pi) = \beta_f(\pi - \alpha_f) \; \forall f \tag{4.44}$$

$$C_f(P_f) = \frac{1}{2}\alpha_f P_f^2 + b_f P_f \; \forall f \tag{4.45}$$

因此，决策变量为

$$X_f = \{\alpha_f, \beta_f\} \; \forall f \tag{4.46}$$

将式（4.44）和式（4.45）以及反需求函数带入式（4.43）中，可以计算出这些决策变量的最优解。一旦使用数值计算迭代过程计算出了这些最优解，就可以计算出每个企业的均衡市场价格、均衡需求和均衡产量。需要注意的是，如果假设反需求函数是仿射的（即它包含一个线性项加一个偏移量），则均衡供给不一定取决于特定的实际需求水平。

4.4.3.4 基于 Agent 的建模（Agent-Based Modeling）

前面各节中描述的市场竞争模型是基于有关市场主体竞争行为的简单假设提出的。尽管这些模型提供了一些关于市场力的重要见解，但他们通常没有对市场参与主体可能采取的各种行为以及市场规则进行足够详细的建模。

与上述模型主要采用一种通用行为模式描述市场主体的竞争行为有所不同，智能体模型是通过一个独立的软件实体来代表每一个市场参与主体，该软件实体致力于最大程度地实现自己的目标，并且能够从以前的经验中学到东西。这些智能体生存在模拟了真实市场规则的虚拟仿真环境中，并互相不断进行交互。通过在虚拟市场中反复的交互和竞争，每个智能体最终都能发现最适合其代表的市场主体特征的竞价策略。

这种方法的主要优点是它可以包含市场各方面的详细描述（例如，远期市场与现货市场之间的相互作用，输电阻塞对市场影响）。但是，更详细的市场模型要求智能体进行更多重复的交互才能确定其最优策略，因而需要更多的计算时间。尽管如此，也不能保证这些模拟一定会求得最优（或其他意思的）策略行为。最后，智能体的学习能力受到所用算法和它们可以调整参数集的限制。

4.4.3.5 实验经济学

在市场仿真实验中，市场主体除了由软件智能体来代表以外，还可以由实验人员（通常是学生）来扮演。根据实验人员扮演的企业主体在虚拟市场中的资产回报，可以给予这些人员一定的金钱激励，这会促进他们在虚拟市场实验中有更好的表现。虽然由此带来的问题是，让人员参与市场仿真会降低仿真的流程速度并减少模拟的迭代次数，但人类的推理能力和创造力是机器无法比拟的。

4.4.3.6 模型的局限性

到目前为止，前面各节中描述的模型在电力市场上的应用主要涉及对未来几年内市场份额的预测。这些模型目前只适用于每个发电企业的总发电容量，但还不够复杂和精确，很难对单台机组的日运行方式优化进行贴近实际的分析。而且这些模型没有考虑非线性因素，例如，空载运行成本和起动成本以及每个机组出力的动态物理约束。

更进一步而言，将发电竞争问题理解为一个追求短期利润最大化的优化问题可能是过于简化了。在某些情况下，具有市场力的发电企业可能会限制甚至压低市场价格。他们这样做的原因可能是为了阻止潜在投资者进入市场，以增加或保持自身的市场份额，或者是为了避免引起电力监管机构的注意和干预。

4.5 关于化石燃料发电以外的其他发电技术

到目前为止，我们主要分析的发电厂是化石燃料发电厂，这些电厂主要通过燃烧化石燃料（例如，煤、石油或天然气）将化学能转化为电能。由于这些燃料开采成本的存在，这些电厂有较高的边际成本。不燃烧化石燃料的发电厂的边际成本要低得多（例如，核能），甚至可以忽略不计（例如，水力发电、风能、太阳能）。但是，这些电厂每兆瓦装机容量的投资成本往往更高，因此，其所有者面临的挑战是获得足够的收入以收回投资。

4.5.1 核电厂

核电机组一般以几乎恒定的发电出力水平运行，因为调整其出力在技术上有一定的难度。理想情况下，这些电厂应仅每 12~18 个月才会停机一次更换燃料，因为重新起动核电厂是一个缓慢且成本高的过程。在集中竞价市场中，核电厂的出价通常为 0.00 美元/MWh，以确保在市场上能中标全部可能的出力。因此，他们是市场上的价格接受者，即他们让其他市场主体决定市场出清价格。在双边协商市场上，核电厂的所有者通过签订长期售电合同来保证提供基荷出力。

核电厂的非计划停运对其所有者而言可能会造成很高的成本，因为核电厂的大容量和长期停运需要在现货和短期远期市场上购买大量的替代能源。如此大的购买量会大大抬高市场的价格。

4.5.2 水力发电厂

成熟的水力发电技术使得水电厂能够轻松调节发电出力。水电出力可以在很大的范围内快速上调或下调，并且可以频繁起停，而不会对其预期寿命产生重大影响。正如我们将在第 6 章中看到的那样，水电技术的这种运行灵活性对于电力系统的运行非常有价值。然而，尽管水力发电厂通常在功率调整方面受到的物理约束很小，但是在给定的时间内其可以或必须产生的电能却可能受到很大的限制。水力发电厂可产生的最大出力取决于流域内的降雨或降雪量，其产生的最小出力取决于是否要保证一定流量的水通过大坝，以避免水库过满或保护生态环境（例如，为养鱼提供适量的水）或用于其他用途（例如，灌溉、运输、娱乐）。尽管人们总是可以让水流过大坝而不必经过涡轮机，但这样会造成资源浪费，因为这是本来可以以零边际成本生产相应的能源。

在具有梯级水坝的流域中，这些物理约束变得更加复杂，因为特定水电站可以或必须产生的电能是上游和下游水电站生产的电能的函数。因此，必须统一优化给定流域所有水电站的运行，以最大化其所有电站生产电能的价值。给定预测的电能价格，此优化问题需要确定每个水电站的调度出力，在满足物理约束的同时追求总体利润最大化。如果水电站的容量仅占电力系统总装机容量的很小的比例，则可以将水电站视为价格接受者。否则，应考虑水电站对市场出清价格的影响。

由于可用于水电站发电的水量取决于降水量，并且降水量取决于季节，因此水电的运行优化应在一年的时间内进行⊖。但是，为了使优化计算具有可行性，通常采用两阶段方法通过。第一阶段优化一年以上的用水量，时间段为一个月或一周。第二阶段将第一阶段的结果作为条件，并以更精细的时间段完善优化，以确定每个时间阶段的发电量。

由于涉及的时间周期较长，对市场价格和来水的预测非常不准确。因此，通常使用随机而非确定性的优化模型来完成水力发电的调度。

4.5.3 风能和太阳能发电

4.5.3.1 间歇性和随机性

风电和太阳能发电与其他形式的发电在竞争时具有很大的优势，因为其发电资源是免费的。但是，这些发电技术也面临两个重要的问题。首先，这些发电技术的出力是间歇性的：在大多数地方，风并不是一直吹着的，太阳会经常被乌云遮蔽。这意味着这些可再生发电无法选择何时能够发电。根据所在地区和季节的不同，风电和太阳能发电的出力模式可能与用电负荷高峰的时段一致，也可能不一致。发电商唯一能做的事情是预测这些电厂什么时候能发电，以及在远期市场上能够生产和出售电能的数量是多少。

这会导致第二个问题：可再生能源出力存在固有的不确定性。因此无法精确地预测风何时将开始或停、风的大小如何或者大片云会在何时以及持续多长时间遮住太阳。因此，风力发电机组和太阳能发电机组经常面临售出的电能与

⊖ 如果水库可以储存一年以上的雨雪，则优化的时间跨度可以更长。

实际发出的电能之间的偏差。由于现货市场上消除这些偏差的平衡服务成本可能非常高，可再生能源发电运营商采用了几种应对措施。首先，他们使用数值天气预报（用于风力发电）和云层的卫星图像（用于太阳能发电）来提高发电功率预测的准确性⊖。第二，随着更好的预测技术的出现，他们可以在短期远期市场积极交易，以减少预测的不平衡。第三，他们可以与灵活的常规发电机或储能设备运营商合作。这些设备的运行可以增加，减少其出力或提供备用服务，以消除可再生能源发电的不确定性变化带来的偏差。这种发电组合使这些新能源机组签订"固定合约量"的售电合同成为可能。尽管由这种灵活发电组合生产的电能可能并不总是比在现货市场上购买能源便宜，但这确实能够降低可再生发电所面临的现货价格风险。

4.5.3.2 政府政策和补贴

可再生能源存在的上述问题通常可由政府出台政策来应对，因为鼓励可再生能源发电可以减少二氧化碳排放。这些政策旨在通过强制用户购买可再生能源，或通过补贴投资一些设备（如可提高可再生能源发电能力或能源生产的设备）来促进可再生能源发电的发展。换句话说，就是依靠棍棒和胡萝卜这样的激励手段。

可再生能源发电的组合容量比例指标或可再生能源消纳指标（Renewable portfolio standard or renewable energy standard）要求售电公司有义务生产或购买占公司总零售电量一定比例的特定类型的可再生能源电量，该比例通常随时间增加。例如，在加利福尼亚州，这些比例到 2020 年为 33%，到 2024 年为 40%，到 2027 年为 45%，到 2030 年为 50%。这些指标有时还会指定不同可再生技术的比例。

投资税收减免（Investment tax credit）要求为投资者减免每千瓦时可再生能源发电量的税收，有助于减轻可再生能源机组高额投资成本的回收压力。

生产补贴可以采取不同的形式：

生产税减免（production tax credit）是对于可再生能源发电厂的运营商，其发电厂生产的每度电都可获得一定的税收减免。

固定购电电价（Feed-in Tariff）保证了以可再生能源发电生产的每度电以固定的和合理的价格出售。

差价合约（Contract for difference）由可再生发能源发电商与政府制定的政府授权合约。当电能批发市场上的电能平均价格低于商定的合约价格时，政府将向发电商支付差额。当平均市场价格超过合约价格时，发电商将市场价格和合约价格之间的差额返还给政府。有了这类合同，可再生能源发电商就会积极

⊖ 尽管预测的准确性已取得重大进展，但一位经验丰富的预测员最近告诉我们："在这项业务中，您必须接受有时您的预测将完全错误！"

参与批发市场，以保证获得更稳定的收入。

可再生能源证书（Renewable energy certificate），可再生能源发电商每生产1MWh电能，就会获得一个可再生能源证书。然后可以在自由或管制市场上出售这些证书。自由市场上的购买者是那些公司或个体，他们希望确保自己消费电能的一部分是可再生能源的志愿者。管制市场上的买方通常是必须满足可再生能源配额要求的售电公司。

税收减免，固定购电电价和差价合约价格的水平通常取决于可再生能源发电技术的发展，并且通常会随着时间的推移而逐渐降低，以反映人们期望这些技术的成本将降低到实现"电网平价"的水平，即不再需要补贴来与电力市场上的常规发电机组竞争。这些补贴的成本已社会化，这意味着它由纳税人或用电者承担。

4.5.3.3 对电力市场的影响

随着风电和太阳能发电的发电容量的增加，其对电力市场的影响变得越来越大。由于非常低的边际成本，可再生能源发电商愿意以低价出售电能，最终使电能平均价格下降，他们面临的主要挑战是收回其巨大的投资成本。因此，它们取代了其他形式的电能，并常常迫使它们退出市场。另一方面，在没有风或阳光的时候，电力市场价格可能会大幅上涨。

基于环境政策的补贴虽然是合理的，但却导致市场配置扭曲。例如，获得生产税收减免的可再生能源发电商实际上每生产1MWh电能，就获得市场价格收入以外的固定补贴。当用电需求降低且可再生发电大发时，这可能导致市场价格为负（即发电商既发电又送钱）。可再生能源发电商比其他发电商更能承受这一点，因为只要负的价格带来的损失不超过发电获得的补贴，它们就可以继续生产，获取利润。

在某些地方，住宅和商业用户在屋顶上安装的光伏发电变得非常重要。尽管这些电力用户通常不直接参与电力批发市场，但他们的行为对这些市场具有间接影响，因为当中午的时候太阳辐照度最强时，这些电力用户生产电能的总量增加可能会导致这些时段的用电负荷大幅下降。

4.6 关于储能运营

垂直一体化的电力公用事业企业使用抽水蓄能电厂已有数十年之久，通过对用电负荷曲线移峰填谷，促进了作为基荷运行的核电的发展，并降低了整个电力系统投资运营成本。这些电厂在用电低谷通过向山上抽水来存储电能，而在用电高峰间则通过放水并在水轮机上做功来释放存储的电能。以这种方式进行的电能充放循环减少了系统用电负荷曲线的峰谷差。这使核电站以恒定的发电功率运行成为可能，这也减少了常规发电机组的频繁开停，或避免这些机组偏离经济出力位置的运行，从而降低了电力系统运行成本。

如果有更多可利用的储能容量，解决可再生能源的间歇性和随机性问题可能将变得容易得多。因此近年来，研究者对电化学电池能量存储系统的开发投入了大量精力。与抽水蓄能电站相比，这些设备有望实现更便宜、更高效、更环保的电能存储。

在本节中，我们仅考虑电池或其他储能设备跨时段价差套利的运营模式，即它们在价格较低时购买和存储能量，而在价格较高时释放并出售该能量。在后面的章节中，我们将讨论储能运行的灵活性为电力系统运营的其他方面创造的价值。

在竞争市场环境中，如果在高价期间出售电能所产生的收入大于低价期间购买电能的成本，那么跨时段套利便可盈利。该计算必须考虑到以下事实：由于电能损失的存在，只有部分购买和存储的电能可以出售。

4.6.1 自调度

我们首先假设单个储能运营商的情况，该储能运营商根据价格预测来决定未来 T 时段的充放电功率。该运营商寻求最大化其运营利润，具体由以下表达式给出：

$$\Omega = \sum_{t=1}^{T} \pi(t)(P_D(t) - P_C(t))\Delta t \qquad (4.47)$$

式中，$\pi(t)$ 是 t 期间的预测市场价格（美元/MWh）；$P_D(t)$ 是 t 时段内储能设备的放电功率（MW）；$P_C(t)$ 是 t 时段内储能设备的充电功率（MW）；Δt 是每个周期（h）的持续时间。

电池在每个时刻可能正在充电、放电或闲置，这意味着 $P_C(t)$ 和 $P_D(t)$ 不能同时为非零。某个时刻存储的电能（即储能设备储能状态）由以下表达式给出：

$$E(t) = E(t-1) + [\eta P_C(t) - P_D(t)]\Delta t \qquad (4.48)$$

式中，$E(t)$ 是周期 t 结束时的储能（MWh）；η 是储能设备单次充电效率。

此优化受到以下约束：

$$0 \leq E(t) \leq E^{max} \quad \forall t = 1, \cdots, T \qquad (4.49)$$

$$0 \leq P_D(t) \leq P^{max} \quad \forall t = 1, \cdots, T \qquad (4.50)$$

$$0 \leq P_C(t) \leq P^{max} \quad \forall t = 1, \cdots, T \qquad (4.51)$$

$$E(T) = E(0) = E_0 \qquad (4.52)$$

式中，E^{max} 是储能设备的额定容量；P^{max} 是储能设备的额定功率；E_0 是初始充电状态。

4.6.2 集中调度

储能设备也可以视为系统运营商以最低成本满足电力负荷需求的一种资源。

系统运营商为现货市场出清而必须解决的优化问题与 3.3.2.4 节中讨论的问题相似，但负荷平衡约束变为

$$\sum_{i=1}^{N} P_i(t) + P_D(t) - P_C(t) = L(t) \quad \forall t = 1,\cdots,T \quad (4.53)$$

式中，$P_i(t)$ 是在时刻 t 内发电机组 i 的出力功率；N 是发电机组数；$L(t)$ 是时刻 t 的预测用电负荷。

每个时刻内储能设备的充电或放电功率受式（4.48）~式（4.52）所述的储能运营约束。

从数学角度看，储能的建模提供了更多的决策变量和优化空间，因此有助于降低整个电力系统的运营总成本。但是，这不一定能确保储能设备能够通过式（4.47）描述的运行过程实现盈利。

例 4.12

考虑一个简单的例子，一个市场具有三个发电机组，调度时段包含 3h，出清周期为 1h。表 4.6 和表 4.7 给出了发电机组的特性以及调度时间范围内的用电需求。为简化计算，我们忽略了起动成本、爬坡率等约束以及最小上下爬坡约束。这些简化使得我们可以将每个出清周期分开考虑。我们还假设发电机的成本函数仅涉及固定成本 α_i 和常数边际成本 β_i：

$$C_i(P_i(t), u_i(t)) = \alpha_i u_i(t) + \beta_i P_i(t) \quad (4.54)$$

表 4.6 发电机组数据

发电机组 i	$P_i^{\min}$/MW 最小技术出力	$P_i^{\max}$/MW 最大技术出力	α_i/(美元/MWh) 边际成本	β_i/(美元/h) 固定成本
1	0	500	10	500
2	100	350	25	250
3	0	200	50	100

表 4.7 用电负荷数据

时间段 t	1	2	3
$L(t)$/MW	495	750	505

表 4.8 显示了集中市场的系统运营商将如何制定这些发电机组出力计划，在满足用电负荷的约束下，实现发电成本最小化。表中还提供了每个交易小时的市场价格，以及每个发电机组的收入、运营成本和利润。在此期间内运营系统的总成本为 23300 美元。机组 1 的利润可观，因为它只是在第 1 个小时是边际机组。

表 4.8 没有储能的市场结算

小时	价格/(美元/MWh)		机组 1	机组 2	机组 3
1	10	电量/MWh	495	0	0
		收益/美元	4950	0	0
		成本/美元	5450	0	0
		利润/美元	-500	0	0
2	25	电量/MWh	500	250	0
		收益/美元	12500	6250	0
		成本/美元	5500	6500	0
		利润/美元	7000	-250	0
3	50	电量/MWh	500	0	5
		收益/美元	25000	0	250
		成本/美元	5500	0	350
		利润/美元	19500	0	-100
	总收益/美元		26000	-250	-100
	总成本/美元			23300	

我们在这个市场中引入一个 1MW/10MWh 的储能设备,其充放效率为 0.83。该储能设备最初处在完全放电状态,并且根据发布的价格进行自调度以进行跨时段套利。我们假设它的容量与系统的发电机组容量相比是足够小的,对市场价格没有影响。表 4.9 列出了上述条件下的市场结算结果。储能设备利用第 1 个小时的低价以 1MW 的最大功率充电。在第 2 阶段中,它以 0.2MW 的功率充电,以补偿储能损失,并确保在第 3 阶段的高价下可以放电 1.0MWh。该套利操作为电池产生了 35 美元的利润,且与不带储能的情况下相比,减少了 50 美元的总发电成本。

表 4.9 充电功率为 1MW 和容量为 10MWh 的储能电池的结算结果

小时	价格/(美元/MWh)		单元 1	单元 2	单元 3	电池
1	10	电量/MWh	496	0	0	-1
		收益/美元	4960	0	0	-10
		成本/美元	5460	0	0	0
		利润/美元	-500	0	0	-10
2	25	电量/MWh	500	251	0	-0.2
		收益/美元	12500	6275	0	-5
		成本/美元	5500	6525	0	0
		利润/美元	7000	-250	0	-5

（续）

小时	价格/(美元/MWh)		单元1	单元2	单元3	电池
3	50	电量/MWh	500	0	4	1
		收益/美元	25000	0	200	50
		成本/美元	5500	0	300	0
		利润/美元	19500	0	-100	50
	总收益/美元		26000	-250	-100	35
	总成本/美元		23265			

如果该储能设备的额定功率不是1MW，而是10MW，那么它将在第1个小时充满电，在第3个小时完全放电，以赚取最大的价差。但是，在这种情况下，如果还是假设该储能设备的运行对市场价格和功率平衡没有影响，就不合理了。表4.10显示了该市场包含了该台10MW/10MWh储能设备与其他发电机组一起的最优调度计划，以最小的系统成本满足用电负荷需求。在这种情况下，储能设备在第1个小时以5MW的功率充电，在第2个小时以1MW的功率充电。由于机组1在第1个小时处于最大技术出力运行状态，因此不是按照该机组成本设置边际价格。在该时刻的边际价格实际上是25美元/MWh，因为在当前时刻的运行状态下增加单位用电量，储能设备在第1个小时会减少充电1MWh，并在第2个小时增加充电1MWh。在这种情况下，由于在第2个小时的边际机组是机组2，该机组的成本决定了第2个小时的市场边际价格。由于储能可将第1个小时的用电负荷通过充放电转移到第2个小时，所以，不管是第1个小时，还是第2个小时，系统供电的边际成本都是一样的。因为储能设备在第3个小时内可以放电5MWh，所以不需要调度机组3。第3个小时的单位用电量增加将要求储能设备在第2个小时充电更多。因此，第3个小时的边际价格为30.12美元/MWh，即25美元/MWh除以0.83充电效率。尽管储能设备在此调度计划内没有获得利润，但与没有储能的情况相比，它可使负载曲线变平缓并使系统的运行成本降低274美元。

表4.10 10MW/10MWh电池的市场结算

小时	价格/(美元/MWh)		机组1	机组2	机组3	电量
1	25	电量/MWh	500	0	0	-5
		收益/美元	12500	0	0	-125
		成本/美元	5500	0	0	0
		利润/美元	7000	0	0	-125
2	25	电量/MWh	500	251	0	-1
		收益/美元	12500	6276	0	-26
		成本/美元	5500	6526	0	0
		利润/美元	7000	-250	0	-26

（续）

小时	价格/(美元/MWh)		机组 1	机组 2	机组 3	电量
3	30.12	电量/MWh	500	0	0	5
		收益/美元	15060	0	0	151
		成本/美元	5500	0	0	0
		利润/美元	9560	0	0	151
总收益/美元			23560	-250	0	0
总成本/美元			23026			

4.7 关于弹性用电需求

4.7.1 弹性用电需求与储能

电力用户可以通过自调度或通过系统运营商的调度来转移用电负荷。在某种程度上来讲，电力用户提供的此类调节能力类似于储能。在这样的能量存储过程中，这些消费者不是以化学能或势能形式存储能量，而是通过存储热量、存储生产过程中的中间品或简单地推迟用电过程来完成类似储能的过程。相对于建设储能设施而言，弹性用电需求的一个显著优势在于：电力用户已经拥有类似储能的设备，不需要将再投入大量资金用于蓄电池或抽水蓄能电厂的建设；但缺点是用户侧储能设施的主要目的不是向电力系统提供服务。工业企业制造过程中用电稳定性要求和普通用户舒适度要求限制了这些设备在电能调峰方面的应用。一些大型工业用电设备能够转移大量的负荷，因此在系统级调峰发挥着重要作用；另一方面，小型电力用户的调节能力必须整合起来才能产生一定的效果。在某些特定时间，总有一部分用户可能不愿意或者没有能力改变其用电负荷，因此对用户侧可用调峰容量的量化评估需要考虑这种随机性和概率分布，而没有必要和每个用户进行专门咨询。

4.7.2 弹性需求调节能力的补偿

具有调节能力的电力用户的用电如果是按照分时价格（time-varying price）结算，他们可能会认为对用电过程进行分时优化是非常具有经济价值的，在满足生产效率与舒适性要求的条件下，可以实现用电成本最小化。该优化问题与4.6.1节中讨论的储能自调度问题非常相似。在这种情况下，用电调节的相应报酬水平是由分时电价确定的。

对于那些不是按照分时价格结算的电力用户来说，在电网公司、售电公司和负荷集成商发出负荷调节信号时，这些电力用户可以减少用电负荷或者转移用电负荷。对这些电力用户的需求响应行为的激励措施可能是优惠电价。除了激励措施外，具有响应能力的电力用户与发送负荷调整信号的实体公司（电网公司、售电公司或负荷集成商）之间还必须关于以下内容达成协议：

> 预计电力用户多长时间响应一次？
> 电力用户在单次需求响应过程中用电负荷可削减量为多少？
> 电力用户削减负荷后至少经过多长时间才能回到正常的用电模式并开始增加用电，以补偿之前被削减的用电负荷？
> 如何对电力用户的负荷响应效果进行量化评估？

评估电力用的需求响应行为并不是一个简单的问题，由于向用户支付补偿费用的公司希望确保用户确实对其用电负荷进行了调整，而不是用电负荷自身的随机波动。因此，通常需要将电力用户的实际用电负荷曲线与相似日负荷曲线的情况进行比较，从而完成对用户削减负荷情况的评价。

4.7.3 实施问题

将用户侧的弹性需求调节资源纳入电能市场有两种方法，一种是由系统运营商将弹性用电需求与其他电力供给资源一起进行集中优化调度，另一种是令弹性需求用户根据市场运营商发布的市场价格对用电负荷进行自调度。

在集中调度模式中，电力用户将其弹性需求的技术经济特征数据提交给市场运营商，市场运营商以全局最优化为目的，制定电力用户的弹性负荷与发电机组的运行出力调度计划。然后，将调度计划发送到每个具有弹性需求的用户和发电机组。尽管这种集中式全局优化调度在理论上可以实现最佳的经济效率，但将其扩展到处理成千上万甚至数以百万计的具有弹性需求设备的用户时就不一定了。集中式调度对通信和计算的要求非常严格且成本非常高。同时由于这种集中化的机制要求弹性需求电力用户提供大量有关如何以及何时需要用电的信息，因此可能还会引发侵犯用户隐私的问题。

在电力市场中，整合弹性电力需求的调节资源的另一种方法是让电力用户根据市场发布的价格信息进行自调度，这避免了集中调度的可能带来的巨大工作量和可能侵犯用户隐私的问题。然后，用户可以利用不同时间段电价差异合理安排用电来减少电费。由于在需求高峰期电价较高，非需求高峰期电价较低，因此，消费者将有动力将高峰期的用电需求转向非高峰期。然而，在这种分时定价机制下，用户用电设备可以设置随着价格变化而用电功率变化的简单的自动响应功能，可能会导致很多用电负荷需求向全天价格最低的时段集中，从而有可能把过去的低谷负荷时段改变成新的高峰负荷时段，这可能导致系统的运行效率的降低。另外，在新的高峰时段持续一段时间的高电价以后，弹性用电需求的负荷曲线在这种情况下会出现变化上的反复。

以下高度简化的示例旨在具体说明这些问题及其解决办法。

例 4.13　弹性电力需求用户的集中调度

首先假设有一个总时长为 2h，且出清周期为 1h 的电力市场。该市场的参与主体如下：

➢ 一个发电厂，在 t 时刻的功率 P_t（MW）与成本之间的关系为 $C(P_t)=100P_t^2$（美元）且最大技术出力为 $P^{max}=8MW$；

➢ 一个没有价格弹性的电力用户，在第一个时间段的需求为 $D_1=1MW$，在第二个时间段的需求为 $D_2=2MW$；

➢ 一千个具有相同的价格弹性电力用户，其需求 d_t 连续可调。每个用户在两个出清周期内必须使用 $E=6kWh$ 的电量，但每个周期内电能消费不能超过 $d^{max}=5kWh$。

电力集中调度的目标是确定每个出清周期内用户的总用电需求，以实现总发电成本最小化。由于发电机的成本函数是二次函数，因此总成本最小化等效于将这两个时期内发电机组的功率之差的绝对值最小化：

$$\min |P_1-P_2| \tag{4.55}$$

由于每个出清周期内的总发电量必须等于总用电量，因此我们有

$$P_1=D_1+1000d_1 \tag{4.56}$$

$$P_2=D_2+1000d_2 \tag{4.57}$$

将式（4.56）和式（4.57）代入目标函数（4.55）中，我们得到

$$\min |(D_1+1000d_1)-(D_2+1000d_2)| \tag{4.58}$$

我们还必须考虑发电厂的运行约束：

$$D_1+1000d_1 \leq P^{max} \tag{4.59}$$

$$D_2+1000d_2 \leq P^{max} \tag{4.60}$$

并且，在用户需求中有

$$d_1 \leq d^{max} \tag{4.61}$$

$$d_2 \leq d^{max} \tag{4.62}$$

$$d_1+d_2 \leq E \tag{4.63}$$

表 4.11 显示了在两个市场周期内安排需求的一组可能选项，以及在两个周期内相应的总发电成本。由表可得，通过安排 $d_1=3.5kWh$ 和 $d_2=2.5kWh$ 能够使用电负荷曲线更平缓，可以在满足约束的同时最大程度地降低总发电成本。

表 4.11 数据可行的发用电计划安排表

d_1	d_2	P_1	P_2	$C(P_1)+C(P_2)$
5.0	1.0	6.0	3.0	4500
4.5	1.5	5.5	3.5	4250
4.0	2.0	5.0	4.0	4100
3.5	**2.5**	**4.5**	**4.5**	**4050**
3.0	3.0	4.0	5.0	4100
2.5	3.5	3.5	5.5	4250
2.0	4.0	3.0	6.0	4500
1.5	4.5	2.5	6.5	4850
1.0	5.0	2.0	7.0	5300

注：表中最优解以粗体显示。

例 4.14 弹性电力需求用户的无约束自调度

假设每个弹性电力需求用户都提前得知第 1 个小时的电价为 π_1，第 2 个小时为 π_2。由于第一时间的电力刚性需求负荷水平较低，因此市场运营商将电价设置为 $\pi_1<\pi_2$，以鼓励用电负荷需求从第 2 个小时转移到第 1 个小时。如果我们假设用户负荷对价格变化做出响应，尽最大可能将用电弹性负荷分配到电价低的时段（即第 1 个小时）。我们将得到

$$d_1 = d^{\max} = 5\text{kW} \tag{4.64}$$

$$d_2 = E - d_1 = 1\text{kW} \tag{4.65}$$

为了平衡发电和负荷，发电计划必须为

$$P_1 = D_1 + 1000 d_1 = 6\text{MW} \tag{4.66}$$

$$P_2 = D_2 + 1000 d_2 = 3\text{MW} \tag{4.67}$$

显然，第 1 个小时不再是非高峰时段，而总发电成本将是

$$100 P_1^2 + 100 P_2^2 = 4500(\text{美元}) \tag{4.68}$$

由于电价 π_1 和 π_2 与实际的发电计划不一致，因此这个调度计划的发电总成本明显高于集中式优化调度时的成本。

上述示例表明，如果在将实时电价直接发送给用户的情况下，允许需求侧以不受约束的方式对电力价格做出响应，则会造成适得其反。以下示例表明了解决如何正确引导弹性需求问题的两种可能方法。

例 4.15 受外部条件约束的弹性需求电力用户的自调度

在这种方法中，市场运营商在向弹性需求用户发送电价信号的同时还会发送限制信号 ω。该信号的取值范围是 0 到 1，代表每个电力调度期间允许该用户最大负荷削减比例。因此，这种方法防止了用电设施将过多的用电量需求转移到最低价格时段。当 ω 的值接近 1 时，代表几乎不会限制电力用户对负荷的削减，而当 ω 的值接近 0 时，会过度限制电器的灵活性，并且会阻碍需求曲线的充分平整优化。因此，必须正确调整 ω，以达到所期望的结果。

让我们考虑与先前示例相同的系统，但是假设系统运营商除了向电力用户发送时间差价 $\pi_1-\pi_2$ 之外，还发送灵活性限制信号 ω。现在，每个弹性需求用户在 1 个小时内消耗的电能量为

$$d_1 = \omega d^{max} \tag{4.69}$$

因此第 2 个小时的弹性需求为

$$d_2 = E - d_1 \tag{4.70}$$

然而，我们必须确保

$$d_2 \leq \omega d^{max} \tag{4.71}$$

然后按以下方式调度发电厂以满足负荷：

$$P_1 = D_1 + 1000 d_1 \tag{4.72}$$
$$P_2 = D_2 + 1000 d_2 \tag{4.73}$$

表 4.12 显示了针对限制信号 ω 的不同取值下，每小时的弹性需求与发电调度量以及总发电成本。

表 4.12 受约束条件下弹性需求用户的自调度

ω	d_1	d_2	P_1	P_2	$C(P_1)+C(P_2)$
1	5.0	1.0	6.0	3.0	4500
0.9	4.5	1.5	5.5	3.5	4250
0.8	4.0	2.0	5.0	4.0	4100
0.7	**3.5**	**2.5**	**4.5**	**4.5**	**4050**
0.6	3.0	3.0	4.0	5.0	4100
0.5	2.5	2.5			
0.4	2.0	2.0			
0.3	1.5	1.5	不可行情况：约束条件 $d_1+d_2=E$ 不满足		
0.2	1.0	1.0			
0.1	0.5	0.5			

$\omega=1$ 的值对弹性需求的调节范围没有限制,并导致与前面示例的解决方案效率低下一样的情况。较大的 ω 值 (0.8~0.9) 不足以限制用户在第 1 个小时内集中用电需求的行为。另一方面,$\omega=0.6$ 过度限制了用电需求响应的能力,因此无法消除 2 个小时的用电负荷之间的差异。较低的 ω 值 (0.1~0.5) 允许弹性用户功率的水平太低,以致无法满足总电能约束 ($E=6\text{kWh}$),因此无法找到可行解。ω 的最优值为 0.7,因为它即使总体需求曲线变平缓并且与集中调度产生的总发电成本相同。

例 4.16 在二次价格惩罚函数情况下弹性电力需求用户的自调度

如示例 4.15 所示,大部分电力用户都不太可能接受系统运营商对自身负荷削减比例施加的外部限制。相反,通过添加与用电负荷的二次方成正比的非线性价格惩罚系数,可以使电力用户的用电成本函数变为非线性,从而避免用电量过于集中在少数几个时刻的情况发生。可以使用惩罚因子 α 进行调节,以达到所需的结果。

让我们再次思考示例 4.13 的系统,假设 $\pi_1=1$ 美元/kWh 和 $\pi_2=2$ 美元/kWh,并确定使总发电成本最小的惩罚因子 α 的值。在该惩罚函数的条件下,电力用户支付的电费为

$$\pi_1 d_1 + \pi_2 d_2 + \alpha (d_1)^2 + \alpha (d_2)^2 \quad (4.74)$$

给定约束 $d_1+d_2=E$,可以将式 (4.74) 重写为单个决策变量 d_1 的函数:

$$\pi_1 d_1 + \pi_2 (E-d_1) + \alpha (d_1)^2 + \alpha (E-d_1)^2 \quad (4.75)$$

由于所有电力用户都试图使他们所支付的总电费最小化,因此可以通过将该金额相对于 d_1 的导数值为零来找到 d_1 的最优值:

$$\frac{d[\pi_1 d_1 + \pi_2 (E-d_1) + \alpha (d_1)^2 + \alpha (E-d_1)^2]}{d[d_1]} = 0 \quad (4.76)$$

经过一系列计算后,我们得到

$$d_1 = \frac{2\alpha E + \pi_2 - \pi_1}{4\alpha} \quad (4.77)$$

只要式 (4.77) 计算出来的 d_1 满足约束 $d_1 \leq d^{\max}$,该值就是 d_1 的最佳值。如果 (4.77) 得出值 $d_1 > d^{\max}$,则 d_1 的最优解等于 $d^{\max}$,d_2 始终等于 $E-d_1$。表 4.13 显示了弹性电力用户负荷分配和总发电成本如何随惩罚因子 α 变化。当 $\alpha=0$ 时,不施加任何惩罚,其结果与示例 4.14 的低效率解决方案相同。$\alpha=0.1$ 时,$d_1=5.5\text{kW}$,该值不满足约束条件 $d_1 \leq d^{\max}$,因此将 d_1 设置为等于 $d^{\max}=5\text{kW}$。

较小的 α 值 (0.1~0.4) 不足以阻止在由于第 1 个小时内电价最低导致的用电量的集中,从而导致高峰需求从第 2 个小时变为第 1 个小时。较大的 α 值 (0.6~0.9) 过度限制了设备的弹性。α 的最优值是 0.5,因为它使总体需求曲线趋于平缓并且产生与集中调度相同的最优总发电成本。

表 4.13　在二次价格惩罚情况下弹性需求用户的自调度

α	d_1	d_2	P_1	P_2	$C(P_1)+C(P_2)$
0	5.0	1.0	6.0	3.0	4500.0
0.1	5.0	1.0	6.0	3.0	4500.0
0.2	4.25	1.75	5.25	3.75	4162.5
0.3	3.833	2.167	4.833	4.167	4072.2
0.4	3.625	2.375	4.625	4.375	4053.1
0.5	**3.5**	**2.5**	**4.5**	**4.5**	**4050.0**
0.6	3.417	2.583	4.417	4.583	4051.4
0.7	3.357	2.643	4.457	4.643	4054.0
0.8	3.313	2.687	4.313	4.687	4057.0
0.9	3.278	2.722	4.278	4.722	4059.9

4.8　互联外部电力系统的影响

一些竞争性电力市场的电力系统是与邻近的垂直垄断电力公司互联的。这些垂直垄断的电力公司经常会参与竞争性电力市场的交易，如果竞争性电力市场的价格高于这些垄断电力公司的边际发电成本，这些垄断电力公司就会在竞争性电力市场中卖电。另一方面，如果竞争性电力市场的价格低于它们的边际发电成本，那么这些垄断电力公司减少发电量并从竞争性市场购电就会有利可图。

4.9　对市场总体的认识

4.9.1　市场出清

图 4.14 显示了从美国的新英格兰电力市场独立调度中心（ISO-New England）网站上收集的数据所得出的报价曲线。该系统报价曲线是将卖方申报的 556 个价格/数量分段报价按从低到高顺序排列而成。由于此报价数据是匿名的，我们只能推测哪些发电机组提交了某种类型的报价。我们可以看出曲线上的 4 个不同部分：

1) 以零价或负价提供约 750MW 的电力，其中一些报价段可能是由核能、径流水力发电、垃圾焚烧电站以及其他不能中断运行的发电厂提交的，因为无论市场价格如何，这些电厂都需要确保自己的机组进入发电调度计划中。其他的机组报价可能来自可再生发电机组，即使市场价格为负，这些机组也会因为可以获得补贴而保持盈利。

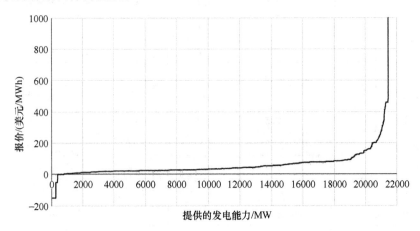

图4.14 2016年3月30日，新英格兰电力市场独立调度中心
（ISO-New England）日前市场的报价曲线

2）电能从750MW增加到大约19000MW的过程中，报价逐渐增加，可能反映出每台发电机组的边际生产成本。值得注意的是，有些发电机组只提交一段报价（价格/数量），而另一些发电机组将报价分成10段（这是市场规则所允许的最大值）。

3）申报电力从19000MW到21400MW的过程中，申报价格的上升曲线非常陡峭。这些报价是由边际成本高得多的发电机组提交的，或者是由不经常运行的发电机组提交，因此需要更高的电能价格才能收回其固定成本。

4）一些发电商的报价达到了天花板价格（报价上限）1000美元/MWh。

具有这种典型形状的曲线通常被称为"曲棍球棒效应曲线"。

图4.15显示了使用来自上述同一网站的数据构建的两条需求曲线。左边的曲线是在上午3点结束的交易时段（即接近当天的最低需求），而右边的曲线是在上午11点结束的交易时段（即接近当天的最大需求）。在第3个小时没有提交约7550MW以上需求量的报价，在第11个小时没有提交10500MW以上需求量的报价，表明这些消费者在该需求水平上对价格不敏感。另一方面，由于分别在第3个小时和第11个小时提交了大约2800MW和4000MW的价格弹性需求报价，因此这些部分的需求曲线显示出一定的价格弹性。但是，这种弹性的很大一部分可能源于日前市场中提交的虚拟交易报价，而不是真正的弹性需求的报价。

如图4.16所示，如果将报价和出价曲线叠加起来，则可以看到该特定日期各个市场时段的市场出清价格将在相对较小的范围内波动。可以看到，由于

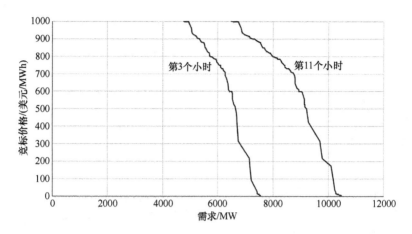

图 4.15 2016 年 3 月 30 日，第 3 个小时和第 11 个小时的 ISO-新英格兰电力市场独立调度中心日前市场的需求报价曲线

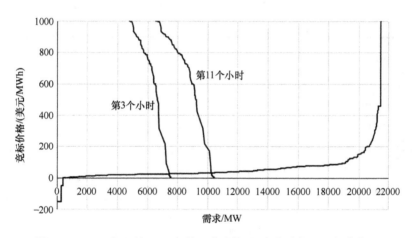

图 4.16 2016 年 3 月 30 日，第 3 个和第 11 个小时的 ISO-新英格兰电力市场独立调度中心日前市场的出清

2016 年 3 月 30 日是气候相对温和的春季，不需要太多的电力进行供热或制冷。因此，市场上提供的发电能力远远超过需求，并且不需要高价竞标的发电机组。另一方面，在特别炎热或寒冷的日子，需求曲线会向右移动。根据它们的相对形状可以得出，在高峰时间段供需曲线的交点可以在需求增量较小的情况下飙升至非常高的价格，从而导致出现价格尖峰。

图 4.17 使用价格持续时间曲线总结了 2015 年 ISO-新英格兰电力市场的出清价格情况，即显示超过给定水平的市场出清价格持续的小时数所占百分比的图表。相比之下，图 4.18 显示，加拿大阿尔伯塔省的电力价格通常在较窄的范围内变化，但在某些时候则会飙升至更高的价格水平。

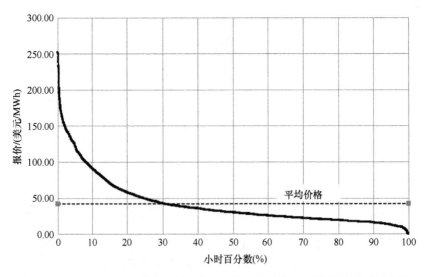

图4.17 2015年ISO-新英格兰波士顿地区的日前市场小时价格持续时间曲线

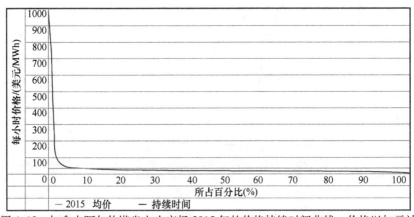

图4.18 加拿大阿尔伯塔省电力市场2015年的价格持续时间曲线。价格以加元计
资料来源：www.aeso.ca。

4.9.2 行使市场力

发电商将试图经常运用经济持留或物理持留行为来提高市场出清价格。正如我们在2.5.1节中讨论的那样，经济持留意味着在一部分申报容量上提高报价，并期望这些申报容量作为系统边际电量确定市场出清价格。如图4.14和图4.16所示，这意味着报价曲线的陡峭部分变得更加陡峭，同时也推高了供给曲线与需求曲线的交点。物理持留则意味着减少直接市场供给量，导致市场报价曲线向左移动，从而又导致了更高的市场出清价格。供给曲线和需求曲线的形状直观地解释了在需求高峰期间更容易行使市场力。正如我们前面提到的，如果需求的价格弹性较高，则行使市场力的效果会较差。图4.19表明，即使总需求中只有

相对较小的一部分需求对价格敏感,在高峰负荷期间也可以显著降低市场价格。

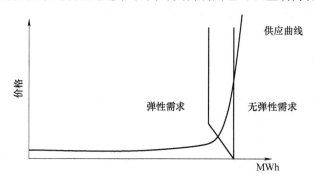

图 4.19　部分弹性需求对市场出清的影响

在第 5 章中,我们将讨论在输电网络容量阻塞的情况下会如何有利于滥用市场力。

4.9.3　解决市场力带来的问题

对于企业来说,形成"笛卡尔式"的合谋来瓜分市场并保持高价并不罕见。虽然法律没有禁止企业行使市场力,但相互串通是违法的,当公司卷入该行为时,监管机构将对其处以重罚。但是,企业之间的串通往往采取微妙、更默契的形式。长期竞争的公司之间不必相互讨论如何操纵市场,而是可以通过公开的价格传递信号。短期内一家公司虽然可以通过压低竞争对手的价格来在获得更大的利润,但它可能会意识到,这样做不符合自己的长期利益。

由于市场力是一个严肃的问题,电力市场的设计者已经建立了各种机制来减轻其影响。最简单的方法是设定价格上限,即自动将价格限制在监管机构设定的范围内。该价格上限必须设置得相对较高,因为有时高电价表明需要投资更多的发电能力,较高的电价还可以帮助发电厂回收固定成本,因此适当高价也是合理的。一些市场还设置了申报价格上限,即对发电公司的报价施加限制。最后,一些市场已经开发了竞价市场的市场力消减方法。当某发电企业的报价有行使市场力的嫌疑时,根据该机组的技术特性和当前燃料成本计算机组的默认报价,将有违规嫌疑的发电报价替换为该机组的默认报价。然后根据这些更新了的默认报价信息重新计算出清价格,并将其与原来的出清价格进行比较。如果这些新计算得到市场出清价格远低于原来的出清价格,则将以机组的默认报价作为该机组报价的上限。

除了这些旨在防止部分发电企业行使市场力的事前措施外,同时监管机构还应尽力惩罚已经发生的滥用市场力行为。但是,由于发电公司通常会辩称他们比市场监管者更了解自己的电厂,因此很难证明是否已经发生了滥用市场力的情况。例如,在监管机构认为发电厂为了提高市场出清价格对申报容量进行了物理持留,发电厂可能会反驳说,该发电厂急需维护或修理;同样,他们也可能以监管机构低估了峰荷机组的运行成本为由进行反驳。然而，高额罚款的威慑力量可以极大程度地阻止发电企业滥用市场力。

4.10 习题

4.1 价廉电子（Cheapo Electrons）是一家售电公司。表 P4.1 给出了该公司消费者在 6h 内的预测用电负荷。价廉电子通过远期市场与电力交易中心的集中市场，购买了恰好与预测数量相同的电能。表 P4.1 还列出了在各时段内平均购电价格。我们可以想像，终端用户的实际用电一般不会刚好等于负荷预测值，该公司需要按照表中提供的现货价格在现货市场上购买或者出售不平衡量的电能。假设价廉电子按照 24.00 美元/MWh 的固定零售价格向终端用户售电，计算它在这 6h 内的利润或损失值。为了实现售电公司的收支平衡，它向终端用户收取的零售价格应当定为多少？

表 P4.1 价廉电子预测的终端客户电能消费值

时　段	1	2	3	4	5	6
负荷预测值/MWh	120	230	310	240	135	110
平均成本/(美元/MWh)	22.5	24.5	29.3	25.2	23.1	21.9
实际负荷/MWh	110	225	330	250	125	105
现货价格/(美元/MWh)	21.6	25.1	32	25.9	22.5	21.5

4.2 假设某燃气发电机组的能量输入—输出曲线可以近似表示成如下的形式：

$$H(P) = 120 + 9.3P + 0.0025P^2 \ (\text{MJ/h})$$

该机组的最小稳定技术出力是 200MW，最大技术出力等于 500W，天然气的成本是 1.20 美元/MJ。在一段长达 6h 的交易区间内，若该机组在电能市场上进行电能交易所面对的电价如表 P4.2 所示。

表 P4.2 某燃气发电机组面临的电能市场价格

时　段	1	2	3	4	5	6
价格/(美元/MWh)	12.5	10	13	13.5	15	11

假设该机组实现了最优化调度，在一开始就处于开机状态，并且不能关停，计算它在交易区间内的运行利润或损失。

4.3 假设可以用一条分为三段的分段线性曲线来近似表示习题 4.2 中的成本曲线，该曲线的 4 个间断点分别等于成本曲线 200MW、300MW、400MW 与 500MW 对应的值。按照上述条件，重复习题 4.2 的计算。

4.4 假设习题 4.2 中机组的起动成本为 500 美元/次,并且开始时处于停机状态。针对与习题 4.2 相同的价格条件,确定该机组应该何时开机起动,又应该在什么时间关停,才可以实现运行利润最大化?(假设调度过程不考虑机组动态爬坡约束)

4.5 如果机组的最小连续开机时间是 4h,考虑该约束后,重新计算习题 4.2。

4.6 博尔多利亚发电公司(Borduria Generation)拥有三台发电机组,它们的成本函数如下所示:
机组 A:$15+1.4P_A+0.04P_A^2$(美元/h)
机组 B:$25+1.6P_B+0.05P_B^2$(美元/h)
机组 C:$20+1.8P_C+0.02P_C^2$(美元/h)
假设利用这三台机组为 350MW 的负荷供电,那么博尔多利亚发电公司(Borduria Generation)应当如何调度才能最小化发电成本?

4.7 如果博尔多利亚发电公司(Borduria Generation)有机会从现货市场上按照 8.20 美元/MWh 的价格购电,那么习题 4.6 的调度结果又会发生怎样的变化?

4.8 除供应 350MW 的负荷之外,如果博尔多利亚发电公司(Borduria Generation)还可以在现货市场上按照 10.20 美元/MWh 的价格售电,那么该公司应当出售的最佳电量是多少?它能够从这一笔交易中实现多大的利润?

4.9 假设发电机组面临如下所示的发电约束,重复习题 4.8 中的计算。
$$P_A^{max} = 100MW$$
$$P_B^{max} = 80MW$$
$$P_C^{max} = 250MW$$

4.10 假设有一电能市场仅有两台发电机组进行供电竞争,它们的成本函数分别是
$$C_A = 36P_A(美元/h)$$
$$C_B = 31P_B(美元/h)$$
该市场的逆需求函数的估计形式是

$$\pi = 120 - D(\text{美元/MWh})$$

如果以古诺博弈模型表示市场竞争关系，采用类似于例 4.10 中的表格形式，计算该市场的均衡点（价格、数量、各企业的产量与利润）。

（提示：可以采用 Excel 电子表格软件计算，可接受的计算误差应当不高于 5MW。）

4.11 写出习题 4.10 的最优解条件，并进行求解。

4.12 假设有一个抽水蓄能电站，其储能能力为 1000MWh，充放电效率为 75%。假设该电站在额定功率下运行时，需要 4h 来完全放空或完全放满该电站的上水库。假设该抽水蓄能电站的经营者决定在以 12h 为一个优化周期的时间内使用一个非常简单的运行策略：水库开始时是空的，在电价最低的 4h 内抽水，然后在电价最高的 4h 内发电，表 P4.3 给出了这 12 个小时的价格。计算该电厂在该循环周期内的利润与损失。确定电厂效率为何值时，它的利润或损失会等于零（提示：可使用 Excel 电子表格软件计算）。

表 P4.3 抽水蓄能电厂面临的市场价格情况

时段	1	2	3	4	5	6
价格/(美元/MWh)	40.92	39.39	39.18	40.65	45.42	56.34
时段	7	8	9	10	11	12
价格/(美元/MWh)	58.05	60.15	63.39	59.85	54.54	49.50

4.13 龙力能源有限公司（Dragon Power Ltd）正在考虑在其已在西尔瓦尼亚电力市场运营的 50MW 发电厂之外再建一座新发电厂。新厂的可能容量为 50MW、100MW 和 150MW。现有工厂和新工厂的发电边际成本为 25 美元/MWh。龙力能源有限公司对西尔瓦尼亚市场的分析表明：

1）其竞争对手目前拥有 200MW 的发电能力。
2）其竞争对手发电能力的运营增量成本为 30 美元/MWh。
3）需求可以用需求曲线 $\pi = 450 - D$ 表示，其中 D 为总电力负荷需求，π 为市场价格。

a. 假设以最大化龙力能源有限公司的总营业利润为目标，使用古诺博弈模型（Cournot model）来确定新工厂的容量。该公司在该机组投运后的总营业利润是多少？

b. 龙力能源公司建一座最优容量的新电厂，会对龙力集团的竞争对手的单位小时利润产生什么影响？

c. 假设这个新电厂已经建成，而电力需求是 300MW，请估计一下西尔瓦尼亚市场上的不完全竞争将使得电力用户每小时会增加多少成本？

d. 另一个团队的分析师估计，西尔瓦尼亚市场的需求曲线是 $\pi = 440 - 1.2D$。这一修正后的需求函数会如何影响最优发电容量的新电厂的盈利能力？（假设工厂每小时必须赚够 6000 美元的毛利来支付固定成本）关于古诺博弈模型（Cournot model）的鲁棒性（robustness），你能得出什么结论？

延伸阅读

邦恩（Bunn）(2000) 综述了负荷与市场价格预测方法的近期发展状况；同时，布什内尔（Bushnell）和曼瑟（Mansur）(2001) 给出过一组反映了用户会对市场上的电价变化做出怎样反应的研究数据。阿罗约（Arroyo）和科内霍（Coneio）(2001) 对作为价格接受者的发电商的利润最大化策略进行了讨论。巴尔迪克（Baldick）等人（2005）提出了市场力减弱的主题研究。如果读者对供应函数均衡有兴趣，可以参阅德埃（Day）等人（2002）关于这个主题的讨论。吉尔尚（Kirschen）(2003) 则更加详细地讨论了电力市场的需求侧响应问题。邦恩（Bunn）和奥利维拉（Oliveira）(2001) 等人描述了如何使用基于智能体的建模来研究市场设计。伍德（Wood）和伍伦伯格（Wollenberg）(2014) 所著的《Power Generation, Operation and Control》则是发电调度方面的经典参考文献。

Arroyo, J.M. and Conejo, A.J. (2000). Optimal response of a thermal unit to an electricity spot market. *IEEE Trans. Power Syst.* 15 (3): 1098–1104.

Baldick, R., Helman, U., Hobbs, B.F., and O'Neill, R.P. (2005). Design of efficient generation markets. *Proc. IEEE* 93 (11): 1998–2012.

Bunn, D.W. (2000). Forecasting loads and prices in competitive power markets. *Proc. IEEE* 88 (2): 163–169.

Bunn, D.W. and Oliveira, F.S. (2001). Agent-based simulation – an application to the new electricity trading arrangements of England and Wales. *IEEE Trans. Evol. Comput.* 5 (5): 493–503.

Bushnell, J.B. and Mansur, E.T. (2001). The impact of retail rate deregulation on electricity consumption in San Diego. Working Paper PWP-082, Program on Workable Energy Regulation. University of Californian Energy Institute, April 2001. https://ei.haas.berkeley.edu/research/papers/PWP/pwp082r.pdf.

Conejo, A.J., Carrión, M., and Morales, J.M. (2010). *Decision Making under Uncertainty in Electricity Markets*, International Series in Operations Research & Management Science. Springer.

Day, C.J., Hobbs, B.F., and Pang, J.-S. (2002). Oligopolistic competition in power networks: a conjectured supply function approach. *IEEE Trans. Power Syst.* 17 (3): 597–607.

Kirschen, D.S. (2003). A demand-side view of electricity markets. *IEEE Trans. Power Syst.* 18 (2): 520–527.

Wood, A.J. and Wollenberg, B.F. (2014). *Power Generation, Operation and Control*, 3e. Wiley.

Yu, N.P., Liu, C.C., and Price, J. (2010). Evaluation of market rules using a multi-agent system method. *IEEE Trans. Power Syst.* 25 (1): 470–479.

CHAPTER 5

第 5 章 输电网与电力市场

5.1 简介

在现实中,发电设备与用电负荷均位于同一节点这一假设在绝大多数情况下是无法成立的。一般而言,发电设备与用电负荷需要通过输电网进行连接,而输电网中普遍存在输电阻塞和网损,将对电力市场运行产生重要影响。近年来,电力批发市场在地理上的覆盖范围逐步扩大,大范围、远距离的电力交易逐渐增多,输电阻塞和网损对电力市场的影响也进一步增大。

在本章中,我们将研究输电网对电能交易的影响,以找到一套行之有效的机制,其目的是规避由输电网络特性引起的输电阻塞和市场价格波动。而在第 6 章中,我们将进一步讨论系统运营机构如何来保持系统可靠性,包括输电网的稳定运行。出于简化分析的目的,在本章中,我们假设系统是稳定运行的,即输电网各支路传输的有功功率均需要保持在给定的极限值之下。如果市场参与主体拟达成的交易没有突破各类系统稳定限制(比如当用电方需求很低时),输电网不会对市场交易的结果产生影响。而如果拟开展的市场交易突破了一个或多个系统稳定限制,市场交易结果将受到影响。在双边的或分散式的交易机制下,这意味着一些交易可能将被削减;而在集中式的交易机制下,注入功率将被调整,且各节点的出清电价将出现差异。

5.2 输电网中的分散式交易

在双边或分散式交易机制下,所有的电能交易只涉及到两方主体:售电方主体和购电方主体。这两方主体需要就交易的量、价以及其他条款达成一致。而系统运营机构并不了解交易的过程,也不会对其交易价格进行干预。系统运营机构的职责仅在于保证系统的平衡和安全可靠运行,其具体职责如下:

1)通过电能的购售交易保持系统供需平衡,而这类平衡交易的电能量规模通常保持在一个较小的水平。

2)在通过其他措施无法保证系统可靠运行的情况下,对交易规模进行限制。

根据图 5.1 中双边交易机制下的两节点系统进行说明。假设发电机 G_1 和负荷 L_1 签订了一笔电能量规模为 300MW 的双边交易合同，发电机 G_2 和负荷 L_2 签订了一笔电能量规模为 200MW 的双边交易合同。由于交易通过双边协商达成，因此交易价格为购售双方之间的私有信息。但交易电量需提交给系统运营机构，因为所有交易合同约定的电量均需通过输电网传输，而输电网是向所有交易参与方公平开放的。系统运营机构在执行这些交易合同的过程中，必须确保系统在有关稳定限值内运行。在此情况下，如果连接节点 A 和节点 B 的输电线路容量在 500MW 及以上，以上两笔交易都不会受到影响。如果节点 A 和节点 B 之间的输电线路最大传输容量小于 500MW，系统将出现输电阻塞，在此情况下系统运营机构必须介入，对节点 A 和节点 B 之间的双边交易合同电量进行削减。

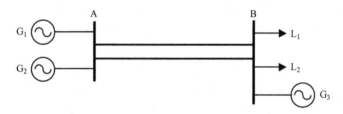

图 5.1 两节点系统中双边交易

5.2.1 物理输电权

即使通过现代电力系统分析软件，也很难计算若干电力交易是否会打破系统输电约束。而为保证系统安全稳定运行，分析确定到底哪一笔交易应当被削减，更是一个棘手的问题。因此，通常采用行政管理手段来解决此类问题，这些行政管理手段可根据交易合同的性质（可削减的合同或者不可削减的合同）、交易达成的先后顺序，或根据其他一些因素来决定交易削减的顺序。然而，这些行政管理手段未能考虑各类交易的经济性，因为在分散式的交易系统中，不具备对各类交易经济性进行评估的基础条件。因此，通过行政管理手段来对交易进行削减在经济上是低效的，应当尽可能避免采用这种方式。

分散式交易的支持者认为最好能够找到一种方法，能够对不同交易的参与主体使用输电网络的意愿进行排序。当位于节点 A 的发电厂与位于节点 B 的电力用户签订了一笔交易合同，如果双方不想交易合同因输电阻塞而被削减，那他们就应该购买该笔交易对应的输电网络使用权。由于这些输电权均通过公开拍卖的方式购买，因此交易参与主体可以较好地判断购买这些输电权所花费的成本是否合理。

举一个例子，我们假设在图 5.1 中，发电机 G_1 和负荷 L_1 达成的交易价格为 30.00 美元/MWh，而发电机 G_2 和负荷 L_2 达成的交易价格为 32.00 美元/MWh。与此同时，发电机 G_3 愿意以 35.00 美元/MWh 的价格出售电能，那么负荷 L_2 应不会为购买输电权支付超过 3.00 美元/MWh，因为如果超过了 3.00 美元/MWh，将导致从 G_2 购电比从 G_3 购电更贵。同样的道理，L_1 愿意为购买输电权支付的价格不会超过 5.00 美元/MWh。而事实上，购买输电权的成本可以被用户用来与节点 B 处的发电商讨价还价，从而降低购电电价。

以上提到的输电权被称为"物理输电权"，它们赋予了持有者在给定输电线路上使用特定输电容量的权利。

5.2.2 物理输电权存在的问题

在上一节我们举的例子中，物理输电权看起来是较为简单的，但其在实际应用中却远不是如此。第一个难点是电能在系统中传输的路径并不由交易参与主体的意愿所决定，而是由物理定律决定的。第二个难点则是物理输电权可能加剧某些交易参与主体滥用市场力的可能性。接下来我们将对这两个问题进行详细讨论。

5.2.2.1 并联路径

在电力系统中，电流和潮流分布服从两个基本定律，即基尔霍夫电流定律（Kirchhoff's Current Law，KCL）和基尔霍夫电压定律（Kirchhoff's Voltage Law，KVL）。基尔霍夫电流定律指出注入和流出同一个节点的所有电流之和相等，这意味着每个节点应同时保持有功和无功平衡。基尔霍夫电压定律则指出某一回路中所有支路电压降之和等于 0，或者换句话说，并联支路的电压降相等。因为电压降与通过支路的电流成正比，基尔霍夫电压定律决定了电流（也包括有功和无功潮流）在系统中的流向。图 5.2 给出了一个简化的例子，电流 $\dot{I}$ 通过和两条

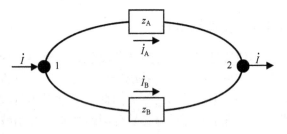

图 5.2 基尔霍夫电压定律示意图

并联支路从节点 1 流向节点 2，支路的阻抗分别为 z_A 和 z_B，因此两个节点之间的电压差为：

$$\dot{U}_{12} = z_A \dot{I}_A = z_B \dot{I}_B$$

由于 $\dot{I} = \dot{I}_A + \dot{I}_B$，可以得出：

$$\dot{I}_A = \frac{z_B}{z_A + z_B} \dot{I} \tag{5.1}$$

$$\dot{I}_B = \frac{z_A}{z_A + z_B} \dot{I} \tag{5.2}$$

并联支路上的电流与各条支路的阻抗成反比。为简化讨论，我们假设各条支路上的电阻远远小于其电抗，可得：

$$Z = R + jX \approx jX \tag{5.3}$$

此外，不考虑无功和网损。图 5.2 所示的系统可以转化为图 5.3 所示的有功潮流系统。并联支路的有功潮流可以通过下式表达：

$$F^A = \frac{x_B}{x_A + x_B} P \quad (5.4)$$

$$F^B = \frac{x_A}{x_A + x_B} P \quad (5.5)$$

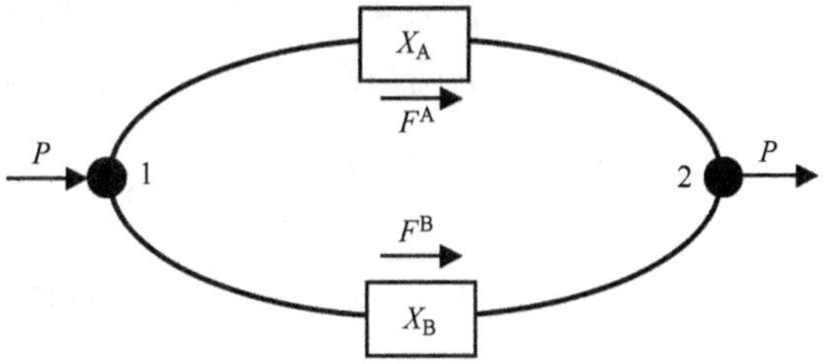

我们用功率转移分布因子（Power Transfer Distribution Factor，PTDF）来表示各支路注入的有功功率与该支路潮流之间的关系。

图 5.3　并联支路上的有功潮流

5.2.2.2　算例分析

在两节点系统中，可以不考虑基尔霍夫电压定律（KVL）的影响，因为潮流只流过唯一的一条路径⊖。因此，我们须采用一个三节点的闭环系统来作进一步的研究。图 5.4 给出了这样的系统，表 5.1 则给出了该系统的各项参数。为简化分析，我们假设系统约束条件只包含容量约束，即各支路的有功潮流不能超过该支路的传输容量，并假设该支路的电阻为零。

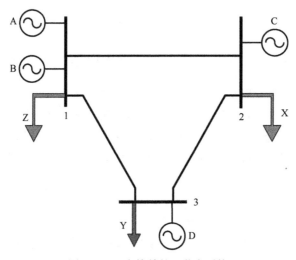

图 5.4　一个简单的三节点系统

表 5.1　图 5.4 所示三节点系统的支路参数

支　　路	电抗（标幺值）	容量/MW
1-2	0.2	126
1-3	0.2	250
2-3	0.1	130

⊖　为简化分析，我们将有两个独立回路的线路视为一条支路。

我们假设发电厂 B 和负荷 Y 拟达成传输容量为 400MW 的交易合同。如果发电厂 B 在节点 1 处注入 400MW 的功率，负荷 Y 在节点 3 处接收 400MW 的功率，潮流沿图 5.5 所示的两条路径传输，则流经路径 I 和路径 II 的潮流为：

$$F^{\mathrm{I}} = \frac{0.2}{0.2+0.3} \times 400 = 160 (\mathrm{MW})$$

$$F^{\mathrm{II}} = \frac{0.3}{0.2+0.3} \times 400 = 240 (\mathrm{MW})$$

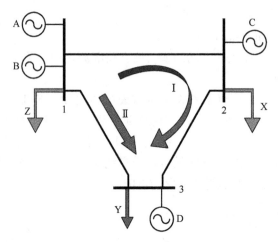

图 5.5　发电厂 B 和负荷 Y 之间交易在各支路上的潮流

为保证交易结果能够实际执行，有关交易方需要持有线路 1-3 上 240MW 的输电权和线路 1-2 及 2-3 上 160MW 的输电权。但这显然是不可能的，因为线路 1-2 和 2-3 的最大容量分别为 126MW 和 130MW。即便在没有其他交易的情况下，发电厂 A 和负荷 Y 之间最多按线路 1-2 的容量上限来开展交易，其最大交易量为：

$$P^{\max} = \frac{0.5}{0.2} \times 126 = 315 (\mathrm{MW})$$

然而，假设负荷 Z 拟从发电厂 D 处购买 200MW 的电能，则图 5.6 中各条路径传输的电能为：

$$F^{\mathrm{III}} = \frac{0.2}{0.2+0.3} \times 200 = 80 (\mathrm{MW})$$

$$F^{\mathrm{IV}} = \frac{0.3}{0.2+0.3} \times 200 = 120 (\mathrm{MW})$$

假设这些交易是同时发生的，我们可对系统中的潮流进行计算。在计算过程中，我们可采用叠加原理，因为我们已假设潮流和注入功率之间是线性关系。不同线路上的潮流如下：

$$F_{12} = F_{23} = F^{\mathrm{I}} - F^{\mathrm{III}} = 160 - 80 = 80 \,(\mathrm{MW})$$
$$F_{13} = F^{\mathrm{II}} - F^{\mathrm{IV}} = 240 - 120 = 120 \,(\mathrm{MW})$$

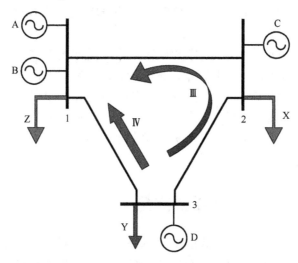

图 5.6 发电厂 D 和负荷 Z 之间交易在各支路上的潮流

可以看到，发电厂 D 和负荷 Z 之间的交易会产生一个逆向潮流，从而提升发电厂 D 和负荷 Z 之间的可交易电量。如果我们不希望看到系统中的交易机会过多地受到输电网络约束的限制，那么我们在确定持有的输电权数量时，就需要考虑这种出现逆向潮流的情况。在一个双边交易或分散交易的系统中，系统操作员只需要确定当所有交易均同时执行时，未出现系统运行越限的情况。如果出现系统运行越限的情况，那么就需要市场主体签订更多的双边交易合约来调整系统运行情况，以使系统重新进行安全稳定运行状态。因此，双边电能量交易与双边物理输电权交易是紧密联系在一起的。

理论上讲，如果市场运转是高效率的，市场主体通过重复多次的交易，总是可以找到双边电能量交易和输电权交易的最优组合。但事实上，电力系统运行要面临很多约束，要交换大量的信息，因此很难通过双边交易快速找到这个最优解。

5.2.2.3 物理输电权和市场力

我们将物理输电权定义为赋予其所有者在特定时间，通过输电网络的特定支路传输特定数量电能的权利。物理输电权与其他类型的产权一样，它们的所有者可以选择使用或出售它们，也可以选择持有它们。在完全竞争的电力市场环境下，购买物理输电权而不使用它们是不理性的行为；换句话讲，在非完全竞争的电力市场环境下，物理输电权可能提升一些市场成员行使市场力的能力。比如说，在图 5.1 的两节点系统中，如果 G_3 是连接节点 B 的唯一发电机组，那么它将有动机购买从节点 A 到节点 B 的物理输电权。如果 G_3 没有使用或转售此输电权,那么节点 B 处其他发电机组的可售出电能将显著减少。这种人为因素造成的输电容量的减少,增强了节点 B 处 G_3 的市场力,使得其收益增加,并使得整个系统经济效率下降。Joskow 和 Tirole(2000)有关文献对此类问题进行过较为深入的研究。

为规避市场力问题,往往规定物理输电权 "不使用即放弃"。在此原则下,市场成员不使用其持有的输电容量,视同为自动放弃,该部分输电容量将分配给其他想要使用它的市场成员。从理论上讲,这种办法可以阻止市场成员通过囤积输电容量来增强其市场力。但是,在实际操作中,此原则难以落实,因为未被使用的输电容量可能无法及时分配给其他市场成员,以至于其他市场成员来不及调整交易行为。

5.3 输电网络中的集中式交易

在一个集中的或电力库模式的交易系统中,购售双方向系统操作员(假设同时扮演交易撮合平台的角色)提交投标信息,系统操作员按照购售双方提交的投标信息,考虑输电系统约束进行市场出清,形成市场的统一出清价格。在此过程中,如果进一步考虑输电网络中的网损和阻塞,那么电能价格还要受到其注入或流出节点的影响。对于连接到同一节点的所有市场成员来说,无论是发电还是用电,他们面临的价格是相同的。而在分散式的交易系统中,价格由双边合约确定,因此情况会有所不同。在集中式的交易系统中,系统操作员更加能够发挥积极的作用。只有在系统操作员实现对输电网络的最优运营时,电力市场的经济效率才能实现最优。

5.3.1 两节点系统中的集中式交易

我们用博尔多利亚(Borduria)和西尔瓦尼亚(Syldavia)两个虚构的国家的例子,来分析输电网络对集中交易的影响。在多年对抗之后,两国决定重启原有的互联线路。在付诸实施之前,两国政府邀请独立经济学家比尔(Bill),来研究互联线路的重启将对两国电力市场带来怎样的影响,并评估可能给两国带来的收益。

比尔首先从两国电力系统着手进行研究。他看到两国均已建立高度竞争的集中式电力市场。两国电力市场中的价格均与电能生产的边际成本较为接近;两国发电装机规模均大幅超过本国需求。通过回归分析,比尔分别拟合出了两国电力市场的供给函数。

博尔多利亚的供给函数为:

$$\pi_B = MC_B = 10 + 0.01 P_B (美元/MWh) \tag{5.6}$$

西尔瓦尼亚的供给函数为:

$$\pi_S = MC_S = 13 + 0.02 P_S (美元/MWh) \tag{5.7}$$

如图 5.7 所示，两国电力市场的供给量均随着本国电力需求单调增长。为简化处理，比尔假设博尔多利亚和西尔瓦尼亚两国的电力需求分别为 500MW 和 1500MW 两个定值。比尔还假设两国电力需求弹性均为 0。当两国电力市场独立运营时，市场价格如下：

$$\pi_B = MC_B = 10 + 0.01 \times 500 = 15 (美元/MWh) \tag{5.8}$$

$$\pi_S = MC_S = 13 + 0.02 \times 1500 = 43 (美元/MWh) \tag{5.9}$$

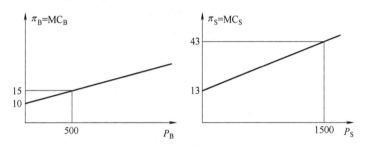

图 5.7 博尔多利亚和西尔瓦尼亚两国电力市场的供给函数

由于两国电力系统均未与其他第三国互联，各自输电网络足够坚强且几乎没有阻塞，比尔认定采用图 5.8 中所示的简化模型即可满足研究需要：

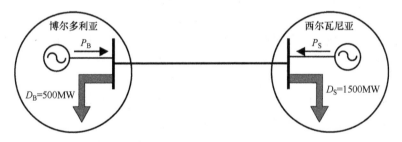

图 5.8 博尔多利亚和西尔瓦尼亚互联系统模型

5.3.1.1 无输电阻塞情况

在正常运行条件下，互联线路传输容量最大可达到 1600MW。如果关闭所有西尔瓦尼亚境内的发电机组，整个国家的电力需求仍可以通过互联线路从博尔多利亚受入电力来满足。因此，互联线路的传输容量可以完全满足实际电能传输需求。如式 (5.8) 和式 (5.9) 所示，博尔多利亚的市场价格大幅低于西尔瓦尼亚。因此，如果让博尔多利亚的发电机组满足两国所有的电力需求，我们可以得到：

$$P_B = 2000 (MW) \tag{5.10}$$

$$P_S = 0 (MW) \tag{5.11}$$

将以上两个等式代入式 (5.6) 和式 (5.7)，两国电力系统的发电边际成本如下：

$$\text{MC}_\text{B} = 30(\text{美元/MWh}) \tag{5.12}$$
$$\text{MC}_\text{S} = 13(\text{美元/MWh}) \tag{5.13}$$

在现实中，这种情况显然是不会出现的，因为博尔多利亚的发电机组的要价达到 30 美元/MWh，而西尔瓦尼亚的发电机组只需要 13 美元/MWh 的价格。因此，博尔多利亚的发电机组不可能全部占有两国全部的市场，因为两国的市场价格会逐渐趋同。换句话说，互联系统让两国市场融合为一个统一的电力市场，而两国的市场成员均面对相同的市场价格。

$$\pi = \pi_\text{B} = \pi_\text{S} \tag{5.14}$$

在统一市场中，两国发电机组均面临来自对方的竞争，均面对两国市场的总电力需求：

$$P_\text{B} + P_\text{S} = D_\text{B} + D_\text{S} = 500 + 1500 = 2000(\text{MW}) \tag{5.15}$$

只要发电边际成本低于系统出清价格，两国的发电机组均有动力增加发电出力，直到在生产边际成本等于系统出清价格，因此式（5.6）和式（5.7）仍然适用。比尔联立式（5.6）、式（5.7）、式（5.14）和式（5.15），以求出市场均衡条件，求解结果如下：

$$\pi = \pi_\text{B} + \pi_\text{S} = 24.30(\text{美元/MWh}) \tag{5.16}$$
$$P_\text{B} = 1433(\text{美元/MWh}) \tag{5.17}$$
$$P_\text{S} = 567(\text{美元/MWh}) \tag{5.18}$$

互联线路上的潮流等于博尔多利亚的发电减去负荷，也等于西尔瓦尼亚的负荷减去发电。

$$F_\text{BS} = P_\text{B} - D_\text{B} = D_\text{S} - P_\text{S} = 933 \tag{5.19}$$

从直觉上来讲，从博尔多利亚向西尔瓦尼亚输电也是说得通的，因为在互联线路启用前，博尔多利亚的价格低于西尔瓦尼亚。

图 5.9 给出了统一市场运营的图形化描述。博尔多利亚和西尔瓦尼亚发电机组供给曲线分别从左到右、从右到左递增。因为两个 y 轴之间的距离等于系统的总负荷，水平的 x 轴上的任意点均代表一种两国发电机组分配总负荷的可行方式。此图还给出了两国市场供给函数。博尔多利亚和西尔瓦尼亚市场价格分别通过左右两边垂直的 y 轴进行度量。

当两国市场融合为一个统一市场后，两国市场的价格须是相等的。在图 5.9 中，统一市场的共同价格即为两条供给曲线的交点。图 5.9 还给出了两国各自的发电量和互联线路上传输的电量。

5.3.1.2 有输电阻塞的情况

在一年当中，输电系统各个组件需要进行停运检修。需要检修的组件不仅包括输电线路和变压器等，还包括提供重要无功服务的发电厂等设备。因此，连接博尔多利亚和西尔瓦尼亚的互联线路输电容量并不总是能够达到其标称的

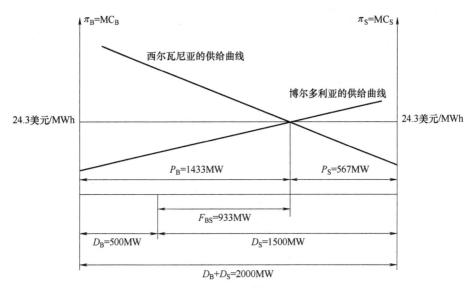

图 5.9 博尔多利亚和西尔瓦尼亚市场融合示意图

1600MW。在咨询过输电工程师之后,比尔估计在一年的大部分时间当中,互联线路最多只能输送 400MW 的电力。因此,他认为有必要研究一下上述情况下的市场运行问题。

当互联线路的输电容量上限为 400MW 时,博尔多利亚发电量须降至 900MW(其中,500MW 供应本地负荷,400MW 供应给位于西尔瓦尼亚的用户)。西尔瓦尼亚发电量相应地调整为 1100MW。通过式(5.6)和式(5.7),我们看到:

$$\pi_B = MC_B = 10 + 0.01 \times 900 = 19 (美元/MWh) \tag{5.20}$$

$$\pi_S = MC_S = 13 + 0.02 \times 1100 = 35 (美元/MWh) \tag{5.21}$$

图 5.10 说明了这种情况。输电通道容量的限制使博尔多利亚与西尔瓦尼亚的电能价格相差 16 美元/MWh。如果电力是一种普通的商品,交易者将在这种价格差异中发现商机:如果他们能找到一种将更多电能从博尔多利亚输送至西尔瓦尼亚的方式,则可以通过不同电力市场的价差赚取更大的利润。但是这种套利难以实现,因为互联线路是两国之间传输电能的唯一通道且已经满载。只要互联线路的容量低于自由交易所需要的容量,这种价差就会始终存在。输电线路阻塞会将本来完整的市场分割成多个规模更小的市场。因为输电线路阻塞,每个国家都必须由本地发电机组来满足部分本地的负荷需求,这就导致电能生产的边际成本在不同的国家会有差异。如果分裂而成的小市场也是完全竞争的,它们各自的价格依然会等于边际成本。即所谓的区域边际定价(locational marginal pricing)方法,即电能的边际成本值取决于它的生产或消费位置。如果系统中各节点上的价格都不一样,区域边际定价就变成了节点定价(node pricing)。前面的例子表明,通常在受入电力的地区,边际价格较高;而在送出电

力的地区,边际价格较低。

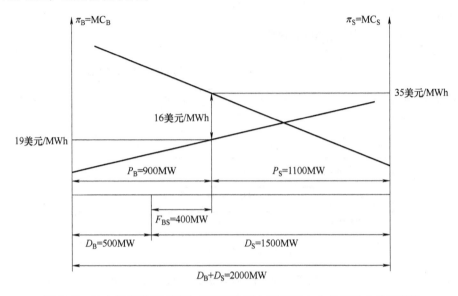

图 5.10 输电线路阻塞对博尔多利亚和西尔瓦尼亚电力市场影响的示意图

比尔将他的研究结果汇总成表 5.2,表中所使用的各种符号代表含义如下:R 代表一组发电商销售电能所获得的收入;E 代表一组消费者为购买电能而支付的费用;下标 B 和 S 分别表示博尔多利亚和西尔瓦尼亚。F_{BS} 表示互联线路上的潮流,从博尔多利亚流向西尔瓦尼亚时取正值。

表 5.2 博尔多利亚-西尔瓦尼亚互联系统的三种运营情况对比

	独立市场	统一市场	阻塞下的统一市场
P_B/MW	500	1433	900
π_B/(美元/MWh)	15	24.33	19
R_B/(美元/h)	7500	34865	17100
E_B/(美元/h)	7500	12165	9500
P_S/MW	1500	567	1100
π_S/(美元/MWh)	43	24.33	35
R_S/(美元/h)	64500	13795	38500
E_S/(美元/h)	64500	36495	52500
F_{BS}/MW	0	933	400
$R_{TOTAL} = R_B + R_S$/(美元/h)	72000	48660	55600
$E_{TOTAL} = E_B + E_S$/(美元/h)	72000	48660	62000

表 5.2 显示了互联线路重启后最大受益者可能是博尔多利亚的发电机组和

西尔瓦尼亚的电力用户。博尔多利亚的电力用户将面临电能价格的上涨,而西尔瓦尼亚的发电机组将失去大部分市场份额。总体而言,互联将产生积极的影响,因为它将减少整个系统中电力用户在购买电能上花费的总费用。之所以会出现这种费用的节省,是因为效率较低的发电机组被效率较高的发电机组所替代。但输电线路阻塞会在一定程度上对西尔瓦尼亚的发电机组起到保护作用,使它们可以避免与博尔多利亚发电机组的竞争,进而降低整个系统的收益。

在上述分析中,假设市场是完全竞争的。如果市场不是完全竞争的,互联线路阻塞将导致西尔瓦尼亚的发电机组抬高价格,使市场出清价格超过它们的边际发电成本,也将导致博尔多利亚市场竞争加剧。此外,通过引入更多的市场参与主体,互联线路也将使整个市场的竞争程度提升。

5.3.1.3 阻塞盈余

比尔认为有必要对互联线路阻塞问题进行研究,以量化阻塞对两国发电机组和电力用户的影响。他以互联线路上的潮流电量为自变量,给出博尔多利亚和西尔瓦尼亚的电能价格函数:

$$\pi_B = MC_B = 10 + 0.01(D_B + F_{BS}) \tag{5.22}$$

$$\pi_S = MC_S = 13 + 0.02(D_S - F_{BS}) \tag{5.23}$$

比尔假设电力用户在当地电力市场上支付的价格与他们消耗的电能在何处生产无关。因此,电力用户支付的总费用为:

$$E_{TOTAL} = \pi_B D_B + \pi_S D_S \tag{5.24}$$

联立式(5.22)~式(5.24),图 5.11 显示了该费用如何随 F_{BS} 的变化而变化。正如比尔所预期的那样,这费用随着两国之间潮流的增加而单调减少。前面提到过,最大的潮流交换量只有 933MW,再增加并不会带来更多的经济效益。

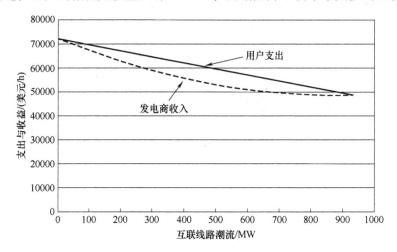

图 5.11 用户支出(实线)和发电商收入(虚线)随博尔多利亚和西尔瓦尼亚互联线路潮流变化而变化情况

同样，比尔假定发电商在本地的售电价格与它们生产的电能在哪里消费无关。那么发电商在以上两个市场中的总售电收入可以用式（5.25）表示：

$$R_{TOTAL} = \pi_B P_B + \pi_S P_S = \pi_B(D_B + F_{BS}) + \pi_S(D_S - F_{BS}) \quad (5.25)$$

图 5.11 同样给出了发电机组售电收入随互联线路潮流 F_{BS} 变化的关系曲线。我们可以看到，除了在互联线路没有阻塞（F_{BS} = 933MW）或在没有运行的时候（F_{BS} = 0MW），发电机组的售电收入总是少于电力用户支付的购电费用。联立式（5.24）和式（5.25），可以看到互联线路上的潮流电量等于两国电能生产量与消费量之差，可以得出：

$$\begin{aligned} E_{TOTAL} - R_{TOTAL} &= \pi_S D_S + \pi_B D_B - \pi_S P_S - \pi_B P_B \\ &= \pi_S(D_S - P_S) + \pi_B(D_B - P_B) \\ &= \pi_S F_{BS} + \pi_B(-F_{BS}) \\ &= (\pi_S - \pi_B)F_{BS} \end{aligned} \quad (5.26)$$

这种发电机组售电收入与电力用户购电支出之间的差额被称为商业剩余，其等于两国市场价格之差乘以互联线路的潮流电量。由于这种商业剩余是由输电阻塞引起的，因此也被称作阻塞剩余（或阻塞盈余）。

具体来讲，当互联线路的潮流约束为 400MW 时，可以得到：

$$E_{TOTAL} - R_{TOTAL} = (\pi_S - \pi_B)F_{BS} = (35-19) \times 400 = 6400(美元) \quad (5.27)$$

显然，这一数值与表 5.2 最后一行中的总支出和总收入之差完全一样。

在电力库中，各市场成员所处位置的节点价格是以集中优化的方式得到的，他们均按各自对应的节点价格进行购售电交易，市场运营商会从中获取阻塞剩余。但是阻塞剩余不能当成市场运营商的收入，否则反而会起相反的作用，激励市场运营商故意制造阻塞或至少不会尽力去消除阻塞。但另一方面，如果只是简单地将阻塞剩余返还给市场成员，又会削弱节点边际定价本身对经济行为的激励作用。在本章后续部分关于阻塞风险管理与金融输电权（Financial Transmission Right，FTR）的讨论中，还将重新来研究这一问题。

5.3.2 三节点系统中的集中式交易

在我们讨论分散式或双边交易时，就已经提到了两个以上节点输电网络中的潮流分布由基尔霍夫电流定律（KCL）和基尔霍夫电压定律（KVL）决定。因此，我们需要研究这些物理定律会对集中式交易造成什么影响。接下来，我们将使用前面分析双边交易时用到的三节点系统进行讨论。图 5.12 展示了该系统的相关特性，表 5.3 给出了系统参数。我们再次以每条线路上的潮流不能超过线路容量来表示网络约束，并且假设线路的电阻忽略不计。

当我们对双边交易进行分析时，可以不必考虑价格或成本信息，因为这些数据是交易双方的私有信息。但是，在本节的集中式交易市场上，电能生产者和消费者需要向系统操作员提交报价和投标,系统操作员可以使用这些信息来优化系统运行。由于我们可以从系统操作员的角度来分析问题,因此可以假设表 5.4 给出的数据全部已知。由于市场是完全竞争的,还可以假设发电商的报价等于他们的边际生产成本。为简便起见,假设每台发电机的边际成本为常数,系统的负荷水平也是常数,如图 5.12 所示。

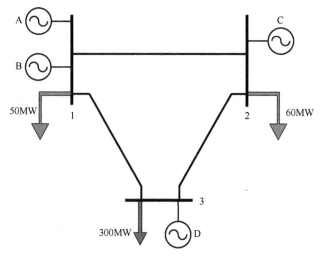

图 5.12　用于集中式交易分析的简单三节点电力系统

表 5.3　图 5.12 所示三节点系统的支路参数

支　　路	电抗(标幺值)	容量/MW
1-2	0.2	126
1-3	0.2	250
2-3	0.1	130

表 5.4　图 5.12 所示的三节点系统的发电机组数据

发电机	装机容量/MW	边际成本/(美元/MWh)
A	140	7.5
B	285	6
C	90	14
D	85	10

5.3.2.1　经济调度

如果忽略网络中可能存在的约束,系统 410MW 的总负荷完全应该根据发电商的报价或边际成本来进行发电调度,以使得满足负荷需求的总成本最小。假定在整个运行区间内,所有发电机有一个恒定的边际成本,系统负荷的价格弹性为零,在此情况下,发电调度结果很容易计算得到:根据边际成本递增的顺序对发电机排序,并逐渐加载容量直到满足所有的需求为止。我们得到:

$$P_A = 125\text{MW}$$
$$P_B = 285\text{MW}$$
$$P_C = 0\text{MW}$$
$$P_D = 0\text{MW}$$
(5.28)

经济调度的总成本是:

$$C_{ED} = MC_A \cdot P_A + MC_B \cdot P_B = 2647.50(\text{美元/h}) \quad (5.29)$$

我们须检查此调度结果是否会引发一根或多根线路发生潮流越限。在大型系统中,需要使用潮流程序计算各条支路上的潮流。对于本节的简单系统,我们可以进行手工计算。并且通过计算,可以更加直观地理解潮流在网络中的流动方式。按照图 5.13 所示潮流方向,可以写出各节点的潮流平衡方程:

$$\text{节点 1:} \quad F_{12} + F_{13} = 360 \quad (5.30)$$
$$\text{节点 2:} \quad F_{12} - F_{23} = 60 \quad (5.31)$$
$$\text{节点 3:} \quad F_{13} + F_{23} = 300 \quad (5.32)$$

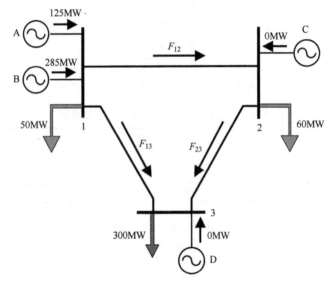

图 5.13 三节点系统中的基本调度计划

在这种情况下,得到包含三个未知数的三个方程。因为功率平衡适用于整个系统,这些方程是线性相关的。例如,将方程式 (5.30) 减去方程式 (5.31) 得到方程式 (5.32)。由于消去上述其中一个方程而不会损失信息,所以只剩下包含三个未知数的两个方程。需要注意的是,上述方程的成立条件没有考虑支路阻抗。

与其根据基尔霍夫电压定律添加一个新的方程,不如让我们再次运用叠加定理简化计算。图 5.14 展示了如何将原始问题分解成两个更容易求解的问题。

如果可以成功地解出这两个子问题中的潮流,就能够更容易地求出原始问题的潮流,因为依据叠加定律,可以知道:

$$F_{12} = F_1^A + F_2^A \quad (5.33)$$

$$F_{13} = F_1^B + F_2^B \quad (5.34)$$

$$F_{23} = F_1^A - F_2^B \quad (5.35)$$

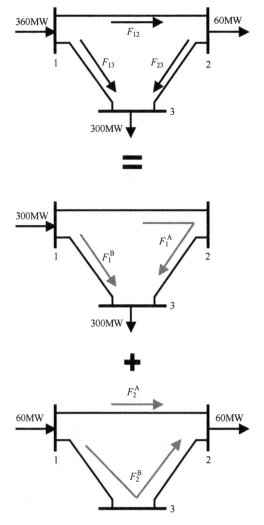

图 5.14 应用叠加定律计算三节点系统的线路潮流

让我们先分析第一个子问题。在节点 1 处注入 300MW 的电能,从节点 3 处流出。由于它可以沿着两条路径(A 和 B)流动,可以得到:

$$F_1^A + F_1^B = 300 \quad (5.36)$$

路径 A 和 B 的电抗值分别是:

$$x_1^A = x_{12} + x_{23} = 0.3\text{pu} \tag{5.37}$$

$$x_1^B = x_{13} = 0.2\text{pu} \tag{5.38}$$

由于上述 300MW 电能会按照式（5.4）和式（5.5）在两条路径之间进行分配，我们可以得到：

$$F_1^A = \frac{0.2}{0.3+0.2} \times 300 = 120(\text{MW}) \tag{5.39}$$

$$F_1^B = \frac{0.3}{0.3+0.2} \times 300 = 180(\text{MW}) \tag{5.40}$$

同样，对于第二个分解电路，60MW 的电能从节点 1 处注入，从节点 2 处流出。此时两条支路的阻抗值分别是：

$$x_2^A = x_{12} = 0.2\text{pu} \tag{5.41}$$

$$x_2^B = x_{13} + x_{23} = 0.3\text{pu} \tag{5.42}$$

因此：

$$F_2^A = \frac{0.3}{0.2+0.3} \times 60 = 36(\text{MW}) \tag{5.43}$$

$$F_2^B = \frac{0.2}{0.2+0.3} \times 60 = 24(\text{MW}) \tag{5.44}$$

将上述结果代入式（5.33）~式（5.35），可以知道原始电路系统各支路上的潮流分布为：

$$F_{12} = F_1^A + F_2^A = 120 + 36 = 156(\text{MW}) \tag{5.45}$$

$$F_{13} = F_1^B + F_2^B = 180 + 24 = 204(\text{MW}) \tag{5.46}$$

$$F_{23} = F_1^A - F_2^B = 120 - 24 = 96(\text{MW}) \tag{5.47}$$

图 5.15 展示了以上结果，从这些结果中，我们可以得出结论：支路 1-2 上的潮流是 156MW，而该线路的最大输电容量只有 126MW，所以经济调度将会使支路 1-2 上超载 30MW 的负荷。这样的调度计划显然是不可行的。

5.3.2.2 对经济调度计划的修正

在上一节中，经济调度可以使系统总生产成本最小，但由于没有考虑传输容量限制，这种调度结果显然是不可行的。因此，我们必须对该结果进行最小成本修正，以消除线路 1-2 上的过载。上一节中的经济调度是将所有发电都集中在节点 1 处，为了减少支路 1-2 上的潮流电量，我们可以增加节点 2 或节点 3 处的发电量。首先，让我们来分析在节点 2 处的发电量增加 1MW 会发生什么，如果忽

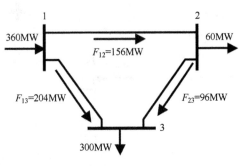

图 5.15 经济调度下的三节点系统潮流分布

略网损影响,我们必须在节点 1 处减少 1MW 的出力。图 5.16 展示了这种再调度过程。

由于微增潮流 ΔF^A 和潮流 F_{12} 的方向相反,在节点 2 处增加发电出力,同时在节点 1 处相应减少发电出力,可以减少支路 1-2 上的过载程度。为了量化分析,我们可以再次使用叠加定理。由于路径 A 和 B 上的电抗值分别是:

$$x^A = x_{12} = 0.2\text{pu} \quad (5.48)$$
$$x^B = x_{23} + x_{13} = 0.3\text{pu} \quad (5.49)$$

并且两条路径上潮流之和等于 1MW,我们可以得到:

$$\Delta F^A = 0.6\text{MW} \quad (5.50)$$
$$\Delta F^B = 0.4\text{MW} \quad (5.51)$$

在节点 2 处注入并从节点 1 处流出 1MW 的电能,可以减少支路 1-2 上 0.6MW 的潮流量。考虑到这条线路过载 30MW,须将总共 50MW 的电能从节点 1 处转移到节点 2。图 5.17 展示了这种基于经济调度的再调度过程,即是我们通常所称的约束调度。我们还可以看到,由于再调度支路 1-3 上的潮流减少了,而支路 2-3 上的潮流增加了,但流经支路 2-3 的潮流电量仍然小于表 5.3 给出的线路容量。为了实现这种约束调度,连接在节点 1 上的发电机必须供应 360MW 的电能,其中 50MW 满足本地负荷,其余 310MW 全部注入网络。同时,节点 2 处的发电机必须供应 50MW 的电能,此外还需从网络获取额外的 10MW 电能,以满足 60MW 的本地负荷。在上述条件下,可以得到最小成本发电调度为:

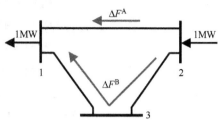

图 5.16 节点 2 处发电微增变化的影响

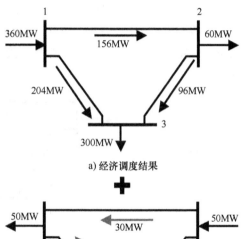

a) 经济调度结果

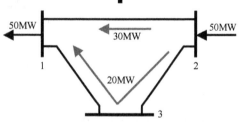

b) 电能从节点1转到节点2的再调度

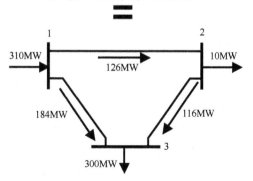

c) 由a)与b)的结果叠加得到的约束调度结果

图 5.17 两条流经路径

$$P_A = 75\text{MW}$$
$$P_B = 285\text{MW}$$
$$P_C = 50\text{MW} \quad (5.52)$$
$$P_D = 0\text{MW}$$

如上式所示,我们须减少发电机 A 的出力,而发电机 B 的出力保持不变,因为发电机 A 的边际生产成本更高。该约束调度的总成本计算如下:

$$C_2 = \text{MC}_A \cdot P_A + \text{MC}_B \cdot P_B + \text{MC}_C \cdot P_C = 2972.50(\text{美元/h}) \quad (5.53)$$

该成本显然高于式(5.29)计算的经济调度成本。两者之差即是再调度成本。

前面我们提到,通过增加节点 3 处发电机 D 的出力也能够减少支路 1-2 上的过载。让我们使用相同的过程来计算这种再调度方案的成本。假设从节点 3 处注入系统 1MW 的电能,然后从节点 1 处流出,图 5.18 显示了它的两条流经路径。

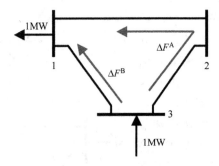

图 5.18 节点 3 处发电微增变化的影响

假设路径 A 和 B 对应的电抗分别是:

$$x^A = x_{23} + x_{12} = 0.3\text{Pu} \quad (5.54)$$
$$x^B = x_{13} = 0.2\text{Pu} \quad (5.55)$$

两条路径上流过的潮流之和须等于 1MW,我们可以得到:

$$\Delta F^A = 0.4\text{MW} \quad (5.56)$$
$$\Delta F^B = 0.6\text{MW} \quad (5.57)$$

从节点 3 处注入并从节点 1 处流出 1MW 的电能,支路 1-2 上将减少 0.4MW 的潮流。这意味着我们需要将 75MW 的发电出力从节点 1 处转移到节点 3 处,以减少支路 1-2 上 30MW 的潮流过载。图 5-19 展示了这种基于经济调度的再调度如何减少所有支路上的潮流的情况。正如期望的那样,支路 1-2 上的潮流电量等于该支路的最大容量。由于节点 1 处总发电出力减少了 75MW,因此发电调度结果为:

$$P_A = 50\text{MW}$$
$$P_B = 285\text{MW}$$
$$P_C = 0\text{MW}$$
$$P_D = 75\text{MW}$$
(5.58)

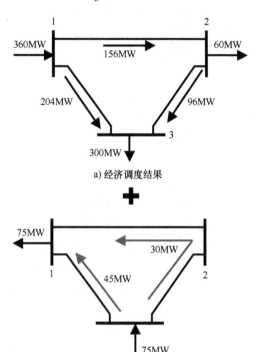

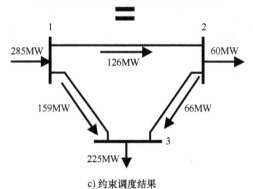

图 5.19 经济调度结果；发电从节点 1 转到节点 3 的再调度结果；叠加得到的约束调度结果

该约束调度方案的发电总成本为：

$$C_3 = \text{MC}_A \cdot P_A + \text{MC}_B \cdot P_B + \text{MC}_D \cdot P_D = 2835 (\text{美元/h}) \quad (5.59)$$

下面我们将比较消除支路1-2上过载的这两种方案。如果是增加节点3处的发电出力，需要再调度75MW的电能。而增加节点2处的发电出力，只需要再调度50MW的电能。这是因为，支路1-2上的潮流对节点3上的发电变化的敏感度小于节点2处的发电变化的敏感度。然而，由于发电机D的边际生产成本低于发电机C的边际生产成本，所以增加节点3处的发电量是成本较低的解决方案。由此得到经济调度成本与约束调度成本之差为：

$$C_S = C_3 - C_{ED} = 2835.00 - 2647.50 = 187.50(美元/h) \tag{5.60}$$

5.3.2.3 节点电价

在讨论博尔多利亚—西尔瓦尼亚互联线路时，我们就已经提到了节点边际价格的概念。现在我们对这一概念做进一步的分析。节点边际价格等于在节点上增加单位兆瓦的负荷时，在满足系统约束的情况下以最经济的手段满足该负荷需求所增加的成本。

在上节的三节点系统中，我们不是依据经济调度结果，而是以式（5.58）给出的约束调度结果来计算节点边际价格，即通过增加发电机D的出力消除支路1-2上的过载。显然，节点1此时新增的单位兆瓦负荷应当全部由发电机A提供。发电机A的边际成本要低于发电机C和D。虽然发电机B边际成本比发电机A更低，但它已经达到出力上限，无法再生产额外的电能。因为单位兆瓦电能的生产和消费都在同一点上，所以网络对该节点的边际价格没有影响。因此，节点1处的节点边际价格为：

$$\pi_1 = MC_A = 7.50 \text{ 美元/MWh} \tag{5.61}$$

那么怎样的方案才是在节点3处供应额外的单位兆瓦负荷最经济方案呢？虽然发电机A的边际发电成本最低，且没有满载，但是增加节点1处的发电出力，将不可避免地使支路1-2的过载。另一个可选方案是增加发电机D的出力。由于这个发电机位于节点3处，供应额外的单位兆瓦电能不会对输电网络造成影响。因此，我们有：

$$\pi_3 = MC_D = 10 \text{ 美元/MWh} \tag{5.62}$$

满足节点2上的单位兆瓦负荷增量是一个更为复杂的问题。很明显，我们可以使用连接在节点2上的发电机C，但是这个发电机的边际发电成本高达14美元/MWh，比其他发电机组的边际成本高很多。如果我们选择调整其他节点上的发电机出力，就必须考虑到它可能对输电网络造成的影响。我们选择调整节点1或节点3处的发电出力，图5.20分别展示了调整节点1或节点3处的发电出力两种方案下的潮流分布结果。可以看到，这两种方案都增加了支路1-2上的潮流。因为支路1-2上的潮流已经达到了最大值，所以这两个方案都不可行。同理，节点1和3上的任何发电出力组合也都不可行。

然而，我们可以增加节点3的发电出力，同时减少节点1的发电出力。例

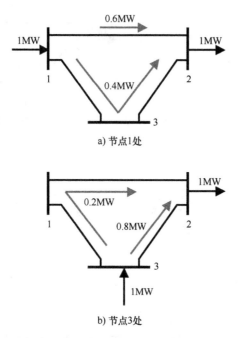

a) 节点1处

b) 节点3处

图 5.20 节点 1 与 3 处发电出力满足节点 2 上的单位兆瓦负荷增量的潮流微增情况

如，如图 5.21 所示，我们可以在节点 3 增加 2MW 出力，在节点 1 减少 1MW 的出力，最后发电出力净增量为 1MW，正好可以满足节点 2 上的 1MW 用电负荷增量需求。我们可以再次使用叠加定律来确定系统的微增潮流分布。图 5.22 中的第一个图显示，如果在节点 3 注入 1MW 的电能，从节点 1 流出，支路 1-2 上的潮流将减少 0.4MW。第二个图显示从节点 3 注入 1MW 的电能，从节点 2 流出，支路 1-2 上的潮流会增加 0.2MW。总的来说，上述操作同时进行将使支路 1-2 上的潮流减少了 0.2MW。通过在节点 3 处增加 2MW 出力，同时在节点 1 处减少 1MW 出力以满足节点 2 处增加的额外单位兆瓦用电负荷是可行的，因为此时支路 1-2 上的潮流低于该线路的最大容量。但该方案是不是最优的呢？该出力组合没有使支路 1-2 上的潮流越限，甚至还空出了 0.2MW 的线路容量。由于节点 1 处的发电机组比节点 3 的发电机组更便宜，这意味着在上述方案中，节点 1 处的发电出力减少得太多了，导致方案在经济性上没有达到最优。

图 5.23 给出了如何在不使支路 1-2 出现输电阻塞的情况下，通过在节点 1 和 3 的发电再调度，满足节点 2 处的单位兆瓦用电负荷增量。我们有如下式：

$$\Delta P_1 + \Delta P_3 = \Delta P_2 = 1 (\text{MW}) \tag{5.63}$$

利用图 5.20 所示的节点功率与线路潮流的相关系数，还可以写出：

$$0.6 \Delta P_1 + 0.2 \Delta P_3 = \Delta F_{12} = 0 (\text{MW}) \tag{5.64}$$

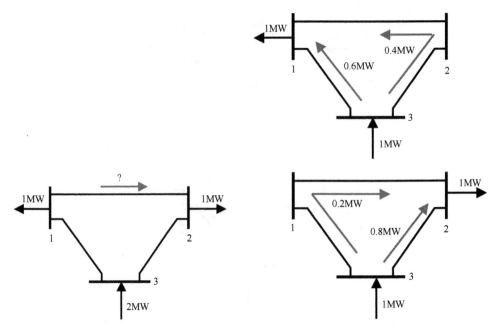

图 5.21 为了满足节点 2 上的单位兆瓦负荷增量,在节点 3 处增加发电出力,节点 1 处减少发电出力

图 5.22 应用叠加定律分析图 5.17 所示的方案

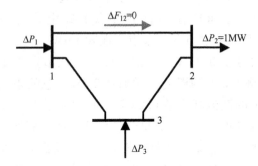

图 5.23 在不改变支路 1-2 潮流的情况下,节点 2 处增加单位兆瓦负荷的再调度

求解这些方程,我们可以得到:

$$\Delta P_1 = -0.5 (\text{MW}) \tag{5.65}$$

$$\Delta P_3 = 1.5 (\text{MW}) \tag{5.66}$$

因此,如果要以最低成本满足节点 2 上的单位兆瓦用电负荷增量,需要将发电机 D 的出力增加 1.5MW,并将发电机 A 的出力减少 0.5MW。节点 2 的单位兆瓦用电负荷的电能成本,也就是该节点的节点边际价格为:

$$\pi_2 = 1.5 MC_D - 0.5 MC_A = 11.25 (\text{美元/MWh}) \tag{5.67}$$

综上所述，我们可以得到：

1）节点1的电价由发电机A的成本决定，为7.50美元/MWh。发电机B的边际成本虽然较低（6.00美元/MWh），但它因为已经达到出力上限而无法再增加出力，所以不会影响边际电价。

2）节点3处的节点边际价格由发电机D的成本决定，为10美元/MWh。

3）节点2的节点电价由位于其他节点的发电机A和D的组合送电成本决定，为11.25美元/MWh。

这些分析逻辑可以推广到更复杂的网络。在一个没有输电约束的系统中，我们可以假定所有的发电机具有恒定的边际发电成本，除了一台机组之外，其他发电机要么满发，要么不发电。该例外发电机就是边际机组，作为最后中标机组，边际机组的中标出力正好使得中标总发电出力等于总用电负荷。

边际机组通常是部分发电容量中标，它的边际成本决定了整个系统的价格，因为边际机组是满足了系统最后一兆瓦用电负荷的发电中标出力，而这一兆瓦负荷的供应成本即边际价格。如果输电网络因出现输电阻塞影响了经济调度，那么将会有另外一些发电机的发电出力位于最大出力和最小出力之间，从而也变成边际机组。

一般情况下，如果系统中存在 m 个约束为紧的输电约束，则系统内将存在 $m+1$ 个边际机组。如果某节点上有部分容量中标的边际机组，该机组的边际成本决定了所在节点的节点边际电价。对于没有边际机组的节点，其节点边际价格由多个其他节点上边际机组的组合发电增量成本决定，增量出力的组合的方式取决于所在输电网按照基尔霍夫电压定律（KVL）确定的节点功率与潮流功率的关系。在后面，我们将看到，这种组合增量供电方式可能使最后的潮流分布和节点价格的逻辑因为过于复杂而变得难以理解。

5.3.2.4　阻塞盈余

在分析那些复杂的市场逻辑之前，让我们总结一下这个三节点系统的经济调度情况。表5.5展示了该系统的负荷、发电出力以及各个节点的节点边际价格。它还给出了以节点边际价格进行电能买卖，用户支付的费用和发电厂所获得的收入，表中结果都是在发用电按照固定负荷水平运行1h条件下计算出来的。

如果我们比较所有节点上用户购电费之和与所有发电商的收入之和，会发现两者并不相等。从用户那里得到的钱会大于付给发电商的金额，两者差值就是我们在前面两节点博尔多利亚—西尔瓦尼亚互联系统例子中提到的商业剩余，这种剩余同样是由输电网络阻塞造成的。如果没有输电阻塞，也就说如果当支路1-2的容量大于156MW时，可以对系统实施无约束经济调度，所有节点的边际价格将是相同的，这时发电商实现的总收入将等于用户支付的总金额。

表 5.5 三节点系统经济运行情况总结

项 目	节点1	节点2	节点3	全系统
用电/MW	50	60	300	410
发电/MW	335	0	75	410
节点边际价格/(美元/MW)	7.50	11.25	10.00	—
用户支出/(美元/h)	375.00	675.00	3000.00	4050.00
发电收入/(美元/h)	2512.50	0.00	750.00	3262.50
阻塞盈余/(美元/h)				787.50

5.3.2.5 看似违反经济学常识的有效潮流分布

在经济学中，不同地区的商品的价格之间普遍存在区域差异。最直观的例子就是水果和蔬菜的生产，温热气候下的室外种植成本会低于寒冷气候下的温室培育成本。如果市场是完全竞争的，那么这些商品的价格在温暖地区较低，而在寒冷地区较高。如果这些地区之间能够进行自由贸易，人们就会把水果和蔬菜从低价地区运往高价地区。理性的商人不会将高价买进的商品在低价地区售出，因为这样就无法从中获利。然而，在电力系统中，即使是在系统运行最优的情况下，上面所说的这种看似违背经济学常识的事情也有可能会发生。

图 5.24 显示了前面三节点系统约束调度情况下的潮流分布和节点价格。支路 1-2 和 1-3 上的潮流实现了电能从节点边际价格较低的节点输送到节点边际价格较高的节点。另一方面，潮流经过支路 2-3 从价格较高的节点流向价格较低的节点。这种现象的出现不是因为电能交易者的非理性行为，而是因为电路定律（主要是基尔霍夫电压定律）先于市场规律在起作用。

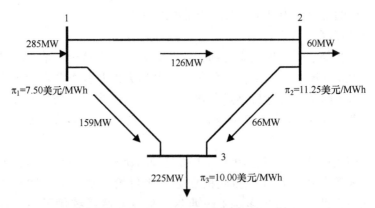

图 5.24 三节点系统的节点边际电价与潮流。支路 2-3 上的
潮流由边际电价高的节点流向边际电价低的节点

表 5.6 显示了三节点系统各条支路通过输送电能所产生的商业剩余和阻塞盈余。线路 2-3 上的商业剩余值是负数，因为潮流从价格较高的节点流向价格较低的

节点。所有线路上的商业剩余总和等于表5.5中各节点商业或阻塞盈余的代数和。

表5.6 三节点系统各条支路上的阻塞盈余分布

支 路	潮流/MW	送端节点电价/(美元/MWh)	受端节点价格/(美元/MWh)	商业剩余/(美元/h)
1-2	126	7.50	11.25	472.50
1-3	159	7.50	10.00	397.50
2-3	66	11.25	10.00	-82.50
总计				787.50

5.3.2.6 看似违反经济学常识的有效价格分布

在之前提到的三节点系统中,有个重要的假设,即支路1-2上的潮流不超过126MW。正如将在第6章中专门阐述的,在一个真实存在的系统中,一条线路上允许通过的最大潮流不一定是固定的。如果潮流是受到线路热稳定值的限制,那么这种限制取决于天气条件,因为风和寒冷的环境温度等可以降低导体内部的温升。如果潮流是受系统稳定性的限制,那么这种限制取决于系统结构及相关配置。因此,研究支路1-2上的最大潮流如何影响节点边际价格具有现实意义。

表5.7总结了该支路最大潮流对三节点系统运行和经济性的影响。该表的每一行对应于不同潮流限值。对于每个潮流限值,我们使用与前面相同的过程计算了约束调度结果和节点价格。我们还计算了用户支付费用和发电厂获取的收入,以及发电成本、发电利润和阻塞盈余。表的最后一行显示,如果支路潮流限值在160MW及以上,则该支路的输电潮流约束不会对经济调度产生影响。在这种情况下,发电机组A是唯一的边际机组,网络中的节点价格是统一的,网络中不会产生阻塞盈余。另一方面,如果潮流限值小于70MW,所有调度方案都会导致支路1-2潮流越限。

表5.7 支路1-2上的最大潮流约束对三节点系统运行的影响

F_{12}^{max}	P_A	P_B	P_C	P_D	π_1	π_2	π_3	发电成本	发电收入	发电利润	用户付费	阻塞盈余
70	0.00	238.33	86.67	85.00	6.00	14.00	11.33	3493.33	3606.67	113.33	4540.00	933.33
80	0.00	255.00	70.00	85.00	6.00	14.00	11.33	3360.00	3473.33	113.33	4540.00	1066.67
90	0.00	271.67	53.33	85.00	6.00	14.00	11.33	3226.67	3340.00	113.33	4540.00	1200.00
100	3.33	285.00	36.67	85.00	7.50	14.00	11.83	3089.33	3681.67	583.33	4765.00	1083.33
110	20.00	285.00	20.00	85.00	7.50	14.00	11.83	2990.00	3573.33	583.33	4765.00	1191.67
120	36.67	285.00	3.33	85.00	7.50	14.00	11.83	2881.67	3465.00	583.33	4765.00	1300.00
130	60.00	285.00	0.00	65.00	7.50	11.25	10.00	2810.00	3237.50	427.50	4050.00	812.50

(续)

F_{12}^{max}	P_A	P_B	P_C	P_D	π_1	π_2	π_3	发电成本	发电收入	发电利润	用户付费	阻塞盈余
140	85.00	285.00	0.00	40.00	7.50	11.25	10.00	2747.50	3175.00	427.50	4050.00	875.00
150	110.00	285.00	0.00	15.00	7.50	11.25	10.00	2685.00	3112.50	427.50	4050.00	937.50
160	125.00	285.00	0.00	0.00	7.50	7.50	7.50	2647.50	3075.00	427.50	3075.00	0.00

如果潮流限值在 70~90MW 之间，发电机 A 没有发电出力，发电机 B 和 C 部分负载，发电机 D 满载。因此，节点 1 和节点 2 的节点价格分别为 6.00 美元/MWh 和 14.00 美元/MWh，而节点 3 处的节点价格为 11.33 美元/MWh，在节点 1 和节点 2 的两个节点电价之间。但是，它必然高于 10.00 美元/MWh，因为发电机 D 处于满载状态。

人们通常会认为，进一步增加线路容量肯定会带来更低的价格，因为系统将受到更少的约束。但从表 5.7 可以看到，情况不一定如此。如果我们将上限提高到 120MW，节点 1 和节点 3 的价格将上涨，而节点 2 的价格将保持不变。然而，这并不意味着该系统运行方式不是经济最优的，因为低成本的发电机组 A 和 B 多发了电，而较昂贵的发电机组 C 少发了电。总的来说，该运行方式让发电企业的发电总成本减少了，而用户支出、发电企业的利润以及阻塞盈余增加了。在这种情况下，提高线路输电能力将使发电收入增加，而电力用户将付出更高的费用。为什么会这样？增加支路 1-2 上的潮流将增加连接到节点 1 上的发电机出力。在某一时刻，发电机 B 达到了它的最大发电能力，发电机 A 成为了边际机组，节点 1 的价格将提高到 7.50 美元/MWh。使用叠加定理，我们可以计算出节点 3 的价格：

$$\pi_3 = \frac{1}{3}\pi_1 + \frac{2}{3}\pi_2 = 11.83 (美元/MWh) \quad (5.68)$$

如果我们把该线路潮流限值提高到 120MW 以上，发电机 C 出力将为零。因为机组 D 是边际机组，所以节点 2 的价格是节点 1 和节点 3 的价格综合作用的结果。随着该线路潮流限额的提高，节点价格、发电机收入、发电机利润、用户支付费用以及阻塞盈余都在减少，直到限值达到 156MW。

5.3.2.7 更多的看似违反经济学常识的有效价格分布价格的情景

如果支路 2-3 的输电限额减少到 65MW，又会发生什么情况呢？在这些条件下，最小成本的约束调度结果为：

$$\begin{aligned} P_A &= 47.5 \text{MW} \\ P_B &= 285 \text{MW} \\ P_C &= 0 \text{MW} \\ P_D &= 77.5 \text{MW} \end{aligned} \quad (5.69)$$

与该调度结果相对应的系统潮流如下：

$$F_{12} = 125\text{MW}$$
$$F_{13} = 157.5\text{MW} \tag{5.70}$$
$$F_{23} = 65\text{MW}$$

因此，只有线路 2-3 的潮流是受到限制的。此时发电机 B 处于最大出力状态，发电机 C 无发电出力，边际发电机组是 A 和 D。发电机组 A 决定了节点 1 的价格 π_1 为 7.50 美元/MWh，而发电机组 D 决定节点 3 的价格 π_3 为 10.00 美元/MWh。要计算节点 2 的边际价格，我们需要计算该节点额外新增单位兆瓦用电负荷的成本。由于边际机组将为这一兆瓦的增量用电负荷供电，我们有：

$$\Delta P_1 + \Delta P_3 = 1 \tag{5.71}$$

这些发电的增量出力必须使支路 2-3 上的潮流保持在其限值范围内。考虑到各路径的电抗之间的关系，我们有：

$$-0.4\Delta P_1 - 0.8\Delta P_3 = 0 \tag{5.72}$$

出现负号是因为增加节点 1 或节点 3 的发电出力，同时增加节点 2 的用电负荷会减少支路 2-3 上的潮流。求解方程式（5.71）和方程式（5.72），我们得到：

$$\begin{aligned}\Delta P_1 &= 2\text{MW} \\ \Delta P_3 &= -1\text{MW}\end{aligned} \tag{5.73}$$

节点 2 上的 1MW 用电负荷增量需要增加节点 1 上 2MW 发电出力，减少节点 3 的 1MW 发电出力，因而可以算出：

$$\pi_2 = 2 \times 7.50 - 1 \times 10 = 5.00(\text{美元/MWh}) \tag{5.74}$$

因此，节点 2 的边际电价低于其他任何节点的电价，也就意味着，节点 2 的电价也低于所有边际机组的边际成本。

5.3.2.8　节点电价与市场力

到目前为止，我们都假设市场是完全竞争的，即当单位用电负荷增量由本地发电机满足时，该节点的电价等于机组的边际成本。尽管此假设大大简化了分析，但在实践中并非如此，尤其是在输电网阻塞的情况下。现在，我们将证明基尔霍夫电压定律（KVL）可以使策略性竞价行为变得更加容易且有利可图。

让我们回到之前的三节点系统示例中，假设是支路 2-3 而不是支路 1-2 的约束为紧。假设节点 2 上的发电机组 C 总是想要保持一定的出力。如果发电机 C 的起动成本很高，在短暂的低电价时段保持持续开机并承受亏损的运行方式，比在此低电价时段停机后并在高电价时段再重新起动的运行方式更划算时，则这种情况可能会发生；或者，如果机组 C 是热电联产机组，必须持续运行以提供工业生产所需的热蒸汽时，也会发生类似情况。机组 C 的所有者意识到，如果机组要持续运行，他的报价必须低于当前节点边际价格 5 美元/MWh，假设他的报价为 3 美元/MWh。如果其他生产者以边际成本报价，则经济调度结果为：

$$P_A = 35\text{MW}$$
$$P_B = 285\text{MW}$$
$$P_C = 90\text{MW} \tag{5.75}$$
$$P_D = 0\text{MW}$$

然而支路 2-3 上存在输电约束，因此需要对经济调度结果作如下的调整：

$$P_A = 32.5\text{MW}$$
$$P_B = 285\text{MW}$$
$$P_C = 7.5\text{MW} \tag{5.76}$$
$$P_D = 85\text{MW}$$

由于发电机组 A 和 C 为边际机组，它们决定了节点 1 和节点 2 的节点价格分别为 7.50 美元/MWh 和 3.00 美元/MWh。发电机组 D 处于满功率运行状态，因此不能决定节点 3 的价格。采用与之前相同的分析方式，我们发现，要满足节点 3 上额外的 1MW 用电负荷增量需求，我们必须将机组 A 的出力增加 2MW，同时将机组 C 的出力降低 1MW。因此，节点 3 的边际价格为：

$$\pi_3 = 2\pi_1 - \pi_2 = 12.00(\text{美元/MWh}) \tag{5.77}$$

节点 2 的机组 C 的报价降低（从边际成本 14 美元/MWh 降低到 3 美元/MWh）使节点 3 的节点价格从 10.00 美元/MWh 上升到 12.00 美元/MWh，同时该节点上的机组 D 的发电出力也从 77.5MW 增加到 85MW。发电机 C 的低报价产生的结果从直观上很难理解，机组 C 的降低报价行为竟然导致机组 D 的收入出现了显著增加！

拥有发电机组 D 的发电公司很难不注意到这一现象，他可能会试探看看如果他把自己的报价提高到 20 美元/MWh 会发生什么。在这些条件下，约束后调度结果为：

$$P_A = 47.5\text{MW}$$
$$P_B = 285\text{MW}$$
$$P_C = 0\text{MW} \tag{5.78}$$
$$P_D = 77.5\text{MW}$$

节点 1 和节点 3 上的边际机组决定了节点 1 和节点 3 的节点价格，分别是：

$$\pi_1 = 7.50(\text{美元/MWh})$$
$$\pi_3 = 20.00(\text{美元/MWh}) \tag{5.79}$$

另一方面，满足节点 2 的 1MW 用电负荷增量，需要在节点 1 处增加 2MW 的发电出力，在节点 3 处减少 1MW 的发电出力。因此有：

$$\pi_2 = 2\pi_1 - \pi_3 = 2 \times 7.50 - 1 \times 20.00 = -5.00(\text{美元/MWh}) \tag{5.80}$$

因为节点 2 的节点价格是负数，连接到该节点的用户消费电能不仅不会支付用电费用，反倒会因此获取一定收入；而节点 2 处的发电机生产的电能不仅不会获得收入，反倒会因此支付一定费用。除了让发电机组 C 的日子难过外，发电机组 D 即使在中标出力下降的情况下，仍通过提高报价增加了自身收入：

$$\Delta\Omega_D = 77.50 \times 20 - 85 \times 10 = 700(美元)$$

发电机组 D 之所以能够行使市场力，是因为支路 2-3 的输电阻塞使机组 D 处于非常有利的市场地位。事实上，为满足系统用电负荷需求，在不导致输电约束的情况下，发电机 D 的出力不可能降低到 77.5MW 以下。因此，不管发电机 D 报多少价，它的出力都不会低于 77.5MW。因此，在这种市场情景中，发电机组 D 具有区域垄断性。

一般来说，输电网约束可以增加机组的策略性竞价机会，因为不是所有的发电机组都位于有利于策略博弈的电网节点上，在这些节点上，机组的出力可以显著减轻输电阻塞。事实上，在许多情况下，能够有效缓解输电阻塞的发电机的数量可能非常少。因此，输电阻塞可以将一个竞争激烈的大市场切割为若干个规模较小的市场。由于这些较小市场的参与主体更少，使得其中一些主体能够行使市场力。这些市场情景和行为是不容易识别和分析的，关于这个问题的研究可参见 Day et al.（2002），其中讨论了在考虑输电阻塞时可用于分析策略性竞价行为的建模方法。

5.3.2.9　对节点边际价格的几点思考

前面的例子已经证明，没有边际机组的节点的电价比其他节点的电价可能更高、更低，或者介于其他边际机组的报价之间。节点电价甚至可以是负数。我们还发现，与普通商品不同，电能可以从高价地区流向低价地区。所有这些现象都是经济学原理和基尔霍夫电压定律（KVL）之间相互作用的结果。有句话说的好："永远不要相信仅在两节点系统中证明是对的结论在多节点电网中都是成立的。"

这些结论看似违背了经济学常识，但它们通过数学推导后最终证明都是正确的。在一个存在阻塞问题的输电网络中运营一个集中式的电力市场，可使用节点边际电价机制来提高交易效率，而节点边际电价的计算通常采用以社会福利最大化为目标的优化程序⊖。不幸的是，正如我们所看到的，这些价格的形成过程不仅仅取决于经济规律，更还受到基尔霍夫电压定律（KVL）的制约。即使简单的三节点示例中，分析这些价格的形成也需要耗费大量时间和精力。而在真实的系统中，分析就更加困难。这就把电力交易员置于"不得不接受计算机运行结果"的境地，与普通商品交易相比，这种情况并不完全令人满意。

通过一个小例子，就可以详细地解释节点价格的影响因素。持怀疑态度的

⊖　我们示例中的优化过程是以生产成本最小化为目标。由于这些示例中假设需求的价格弹性为零，最小化成本就等于最大化福利。参见 Hogan（1992）。

读者可能会认为我们所描述的现象是人为假想,不会发生在真实的系统中。但事实并非如此,看似违背了经济学常识但确实正确有效的节点电价,在一些实际系统中经常可见。

5.3.3 输电网络中的损耗

通过电网传输电能必然会有能量损失。由于这些损失的能量都来自一台或多台发电机组的发电出力,而且这些发电机组又希望能够按它们全部的发电量均获取收入,因此必须设计一种响应的电力市场机制,将网损及其带来的成本考虑在内。

5.3.3.1 网损的类型

在进一步讨论之前,我们应该区分电力系统中三种不同类型的损耗。第一种类型叫变动损耗。这些损耗是由通过线路、电缆和变压器的电流造成的,变动损耗又可称为负载损耗、串联损耗、铜耗或与输电功率相关的损耗。由式(5.81)可知,这些损耗与支路的电阻 R 和支路电流的二次方成正比。它们也可以表示为视在功率 S,或支路上流过的有功功率 P 和无功功率 Q 的函数。由于电力系统的电压一般都不好偏离额定值太多,并且有功功率一般远大于无功功率,因此变动损耗可以用有功功率的二次函数来近似表示:

$$L^{\text{variable}} = I^2 R \approx \left(\frac{S}{U}\right)^2 R = \frac{P^2 + Q^2}{U^2} R$$
$$\approx \frac{R}{U^2} P^2 = KP^2$$

(5.81)

需要注意的是,式(5.81)含义有些模糊。因为由于存在变动损耗,一回线路的首端的输电功率与末端的输电功率并不一致!

第二类损耗是固定损耗。这些损耗主要是由变压器铁心中的磁滞和涡流损耗引起的,另外是由输电线路中的电晕效应引起的。固定损耗与电压的二次方成正比,与潮流无关。由于电压波动不大,固定损耗可以近似视为常数。固定损耗也被称为空载损耗、分流损耗或铁耗。

第三种类型的损耗被称为非技术性损失。这种委婉说法涵盖了偷电等因素引起的损耗。

由于变动损耗的值与潮流值的二次方成正比,因此变动损耗在负荷高峰时段更多。在西欧国家,每年输电系统损耗的电能占总电能的比重为1%~3%,而配电系统中损耗的电能占4%~9%。在接下来的讨论中,我们只考虑变动损耗,因为它们通常比固定损耗大得多。

5.3.3.2 边际网损成本

图5.25展示了一个两节点系统,其中连接在节点1上的发电机通过电阻为 R 的线路为连接在节点2上的负荷供电。为了简单起见,我们假设只存在有功负

荷，忽略了无功潮流对该线路损耗的影响。我们还假设两个节点上的电压都为额定值。

图 5.25　双节点系统边际网损成本计算示意图

在上述假设条件下，网损可以表示为：
$$L = KD^2 \tag{5.82}$$
其中，D 是节点 2 上的负荷，且 $K = R/U^2$。节点 1 的发电出力为：
$$G(D) = D + L = D + KD^2 \tag{5.83}$$
如果节点 2 的用电负荷从 D 增加到 $D + \Delta D$，节点 1 的发电出力也会发生相应的变化：
$$\begin{aligned} \Delta G &= G(D + \Delta D) - G(D) = \Delta D + 2\Delta D \cdot DK \\ &= (1 + 2DK)\Delta D \end{aligned} \tag{5.84}$$
在上式中，我们忽略了 ΔD 中的二阶项。如果节点 1 的边际发电成本为 c，则由节点 2 的负荷增加 ΔD 而导致的发电成本增加为：
$$\Delta C = c(1 + 2DK)\Delta D$$
此时节点 2 的边际成本为：
$$\frac{\Delta C}{\Delta D} = c(1 + 2DK)$$
我们假设市场处于完全竞争状态，那么可以得到节点 1 和节点 2 的电能价格分别为：
$$\pi_1 = c \tag{5.85}$$
$$\pi_2 = \pi_1(1 + 2DK) \tag{5.86}$$
由于网损是用电负荷的二次函数，因此两节点之间的价格差随线路潮流的增加而线性增加。

由于网损，节点 2 的用户支付的总费用超过了节点 1 处发电商获取的收入。因此，输电导致了商业剩余 MS。这一剩余等于在节点 2 处售电费用减去购买节点 1 处发电的收入：
$$MS = \pi_2 D - \pi_1(D + KD^2) \tag{5.87}$$
将式（5.85）和式（5.86）代入上式，可以得到：
$$MS = c(1 + 2KD)D - c(D + KD^2) = cKD^2 \tag{5.88}$$
虽然节点 2 处用电负荷消耗的电能少于节点 1 处的发电机生产的电能，但两节点之间的价差足以确保这一商业剩余始终为正。在本例子中，由于只有一个具有确定边际成本的发电机，商业剩余恰好等于网损电量的发电成本。但在复杂网络中，人们很难得到一个类似于式（5.88）的显示表达式，所以也就难以找到一个方法，可以用它对网损成本进行严格的定量分析。式（5.88）的意义在于向人们揭示了商业剩余与网损成本的近似关系。

5.3.3.3 网损对发电经济调度的影响

让我们回到本章最开始给出的博尔多利亚（Borduria）-西尔瓦尼亚（Syldavia）互联线路示例，以研究损耗对于发电调度的影响。为了简化分析，我们首先假设互联线路不会发生阻塞，同时它的系数为 $K = R/U^2 = 0.00005 \mathrm{MW}^{-1}$。

根据式（5.6）和式（5.7），博尔多利亚和西尔瓦尼亚发电的变动成本可以用式（5.89）和式（5.90）表示：

$$C_B(P_B) = \int_0^{P_B} \mathrm{MC}_B(P)\mathrm{d}P = 10P_B + \frac{1}{2} \times 0.01 P_B^2 \tag{5.89}$$

$$C_S(P_S) = \int_0^{P_S} \mathrm{MC}_S(P)\mathrm{d}P = 13P_S + \frac{1}{2} \times 0.02 P_S^2 \tag{5.90}$$

如果博尔多利亚-西尔瓦尼亚联合电力市场是高效且竞争良好的，那么在市场均衡状态时，电能生产的总变动成本最低：

$$\begin{aligned}&\min(C_B + C_S)\\&= \min\left(10P_B + \frac{1}{2}\times 0.01 P_B^2 + 13P_S + \frac{1}{2}\times 0.02 P_S^2\right)\end{aligned} \tag{5.91}$$

这种成本最小化受到功率平衡约束。换言之，在博尔多利亚和西尔瓦尼亚的发电出力必须等于负载和损耗之和：

$$P_B + P_S = D_B + D_S + K F_{BS}^2 \tag{5.92}$$

式中，K 由两国联络线的电阻大小决定；F_{BS} 表示联络线上流向西尔瓦尼亚的有功潮流。

我们再次假设所有的节点电压都保持在额定值。为了解决这个优化问题，我们采用了一种经验方法，即改变潮流 F_{BS}，然后使用下式计算西尔瓦尼亚和博尔多利亚的发电出力：

$$P_S = D_S - F_{BS} \tag{5.93}$$

$$P_B = D_B + F_{BS} + K F_{BS}^2 \tag{5.94}$$

使用式（5.89）和式（5.90）可计算总发电成本。图 5.26 展示了当我们考虑或不考虑互联线路网损的时候，总成本是如何随互联线路潮流的变化而变化的。该图表明了考虑网损后将最优潮流从 933MW 减少到 853MW。表 5.8 给出了这两个最优解的详细信息。这些网损使得博尔多利亚发电机的竞争力有所下降，因为它们生产的一小部分电能在传输给西尔瓦尼亚用户的过程中损失了。因此，博尔多利亚的发电出力较不考虑网损时有所下降，而西尔瓦尼亚用的发电出力则相对有所提高。值得注意的是，此次考虑网损后的再调度过程中，发电出力调整规模明显大于电网损耗。由于再调度，博尔多利亚和西尔瓦尼亚的边际发电成本（以及当地电能价格）不再相等。两地之间出现了约为 2.00 美元/MWh 的价差。西尔瓦尼亚的用户以 25.94 美元/MWh 的价格从当地发电商购买或以 23.89 美元/MWh 的价格从博尔多利亚发电商购买并支付 2 美元/MWh 的输电费用，这两种方式的费用没有差别。类似地，博尔多利亚的用户可以从当地发电商购电，或是从更昂贵的西尔瓦尼亚发电商购买电能，这两种方式的总购电成本也都是一样的。对于后者，虽然发电费用高，但因为他们的输电交易（从西尔瓦尼亚到博尔多利亚）有利于降低网损，因此获得了 2.00 美元/MWh 的输电价差补偿。

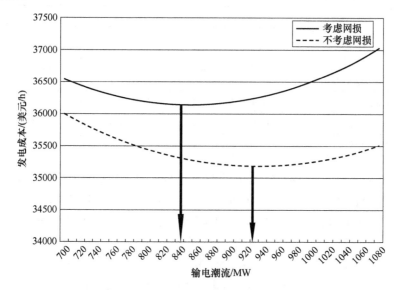

图 5.26 计及或忽略互联线路损耗时，博尔多利亚和西尔瓦尼亚互联系统的总发电成本。它是关于联络线输电潮流的函数。联络线的系数 $K=R/U^2$ 为 0.00005MW^{-1}。博尔多利亚和西尔瓦尼亚内部所有线路的阻抗均忽略不计，两地的负荷需求分别是 500MW 与 1500MW

表 5.8 网损对博尔多利亚-西尔瓦尼亚互联系统运行的影响

项 目	不计网损	计及网损
P_B/MW	1433	1389
P_S/MW	567	647
网损/MW	0	36
输电潮流/MW	933	853
MC_B/(美元/MWh)	24.33	23.89

(续)

项目	不计网损	计及网损
MC_S/(美元/MWh)	24.33	25.94
总发电成本/(美元/h)	35183	36134

5.3.3.4 商业剩余

表 5.9 总结了考虑联络线网损时博尔多利亚（Bordurian）-西尔瓦尼亚（Syldavian）的运行情况。用户和发电商以所在节点的电价买卖电能，假设节点电价等于所在节点的边际发电成本。

表 5.9 博尔多利亚-西尔瓦尼亚互联系统计及网损时的运行情况

	博尔多利亚	西尔瓦尼亚	全系统
用电负荷/MW	500	1500	2000
发电出力/MW	1389	647	2036
节点边际电价/(美元/MWh)	23.89	25.94	—
用电费用/(美元/h)	11945.00	38910.00	50855.00
发电收入/(美元/h)	33183.21	16783.18	49966.39
商业剩余/(美元/h)			888.61

网损造成了每小时 888.61 美元的商业剩余。如果我们把这些剩余看作是互联系统运营商在博尔多利亚购买电能并在西尔瓦尼亚出售电能获得的"利润"，我们会得到同样的结果。在博尔多利亚购买的电能为 889MW（即 1389MW - 500MW），价格为 23.89 美元/MWh。在西尔瓦尼亚售出的电能为 853MW（即 1500MW - 647MW），价格为 25.94 美元/MWh。所能获得的利润或剩余为：

$$853 \times 25.94 - 889 \times 23.89 = 888.61(\text{美元/h})$$

需要注意的是，由于存在网损，商业剩余与直接将联络线潮流乘以两节点的电价差价得到的费用并相等。

5.3.3.5 网损与阻塞的综合作用

无论电网系统是否有阻塞，都会发生网络损耗。当互联系统的潮流被限制在 600MW 时，西尔瓦尼亚的发电机组需要发电 900MW 才能满足当地 1500MW 的用电负荷需求。那么西尔瓦尼亚的节点价格（我们假设等于边际成本）是：

$$\pi_S = MC_S = 13 + 0.02 P_S = 31.00(\text{美元/MWh}) \tag{5.95}$$

根据式（5.94），我们可以算出博尔多利亚的发电出力等于：

$$\begin{aligned}\pi_S &= D_B + F_{BS} + KF_{BS}^2 = 500 + 600 + 18 \\ &= 1118(\text{MW})\end{aligned} \tag{5.96}$$

可以推出博尔多利亚的边际成本和节点价格为：

$$\pi_B = MC_B = 10 + 0.01 P_B = 21.18(\text{美元/MWh}) \tag{5.97}$$

两个节点的电价差达到了 9.82 美元/MWh，很大程度上是因为输电阻塞的存在。表 5.10 总结了该情况下互联系统的详细运行情况。

表 5.10　博尔多利亚-西尔瓦尼亚互联系统同时计及损耗与阻塞时的运行情况

项　目	博尔多利亚	西尔瓦尼亚	整个系统
用电负荷/MW	500	1500	2000
发电出力/MW	1118	900	2018
节点边际电价/(美元/MWh)	21.18	31.00	—
用电费用/(美元/h)	10590	46500	57090
发电收入/(美元/h)	23679	27900	51579
商业剩余/(美元/h)			5511

由于互联输电线路阻塞导致输电潮流降低，网损也就相应地降低了。

5.3.3.6　双边交易中的网损分摊

由于网损不是输电线路潮流的线性函数，输电交易造成的网损不仅仅与输电交易量和交易主体所在节点有关。网损还要受到电网中发生的其他输电交易的影响。因此，如何在所有市场参与主体之间分摊网损成本是一个较难解决的问题。然而，网损成本必须得到公平的分摊和补偿。一个公平的网损分摊机制应当是让引起电网损耗的市场主体（例如，位于较远地区的发电商和用户）支付更多的网损费用。Conejo 等（2002 年）研究提出了多种近似公平的电网损耗成本分摊方法。

5.3.4　节点电价的数学推导

在实际的电力系统中，输电网络的规模较大、复杂性较高，显然不能以前一节例子中使用的特殊方式来计算电能价格。一个集中式市场的运营者需要一整套系统程序来计算这些价格。市场运营者接受发电厂和电力用户的报价和出价，然后完成市场出清。其决策必须以社会福利最大化为目标，同时满足网络约束。在以下章节中，我们考虑了这个约束优化问题 4 种更加复杂的情形。为了简单起见，我们再次假设整个系统内处于完全竞争状态，因此发电厂提交的报价等于其边际成本。

5.3.4.1　单节点系统

让我们先回过头来看看当发用电主体都连接在同一节点时，我们如何开展交易。假设这样一个简单的"网络"没有损耗，发电厂与用户之间也不存在输电约束。

经济福利等于用户从电能消费中获得的利益与发电成本之间的差额。我们假设用户的用电利益由总需求 D 的函数 $B(D)$，而每小时的发电成本为总发电量 P 的函数 $C(P)$。该成本函数 $C(P)$ 表示实际发电成本或发电商提交的报价。如前所述，在一个完全竞争的市场中，这两个函数之间只相差一个常数。显然，为了保持系统运行的稳定性，总发电出力必须总是等于用电负荷。因此，我们可以将该系统的操作表述为以下约束优化问题：

目标函数是：

$$\max \ B(D)-C(P)$$

约束条件是：

$$P-D=0$$

该问题的拉格朗日函数是：

$$\ell(D,P,\pi) = B(D)-C(P)+\pi(P-D) \tag{5.98}$$

$$\frac{\partial \ell}{\partial D} \equiv \frac{dB}{dD}-\pi = 0 \tag{5.99}$$

$$\frac{\partial \ell}{\partial P} \equiv -\frac{dC}{dP}+\pi = 0 \tag{5.100}$$

$$\frac{\partial \ell}{\partial \pi} \equiv P-D = 0 \tag{5.101}$$

等式约束的拉格朗日乘子用 π 表示，为什么会使用该符号，在后面的分析中将发现这是理所当然的。最优条件是最优化问题的拉格朗日函数对各控制变量求偏导数。

依据式 (5.99)~式 (5.101)，我们可以得出：

$$\frac{dB}{dD} = \frac{dC}{dP} = \pi \tag{5.102}$$

式 (5.102) 对我们在第 2 章中讨论问题进行了数学表示，当用电边际效益小于用电价格时，即用电需求会一直增加，直至用电边际效益等于用电价格为止。类似地，只要边际发电成本小于发电价格，发电商就愿意增加发电出力，直至边际发电成本等于发电价格。在均衡条件下，在完全竞争市场中，市场价格等于最优化问题的等式约束拉格朗日乘子。

5.3.4.2 计及网损的无输电容量限制的电力系统

现在让我们考虑这样一种情况，即用户和发电连接到电网的不同节点。由于我们假设这个输电网的通道容量是无限的，所以输电阻塞是不存在的，因此对节点电价也没有影响。另一方面，我们考虑了发电厂和用户负荷分布对电网损耗的影响。

考虑各节点的净有功注入量比单独考虑发电和负荷更为方便。如果发电厂和用户都连接到一个特定的节点，当发电出力超过负荷时，净有功注入量为正，反之为负。如果我们用 I_k 表示节点 k 处的净有功注入量，我们有：

$$I_k = P_k - D_k \tag{5.103}$$

如前所述，如果各个节点之间没有输电网络连接，那么每个节点的净注入必须为零,并且需要在每个节点上独立地进行经济优化。输电网络的存在使得可以通过正净注入量节点和负净注入量节点之间的交易来创造经济福利。

在每个节点上,我们定义了经济福利函数 $W_k(I_k)$。如果 I_k 是负的,这个函数值就等于用户在节点 k 处由用电带来的收益。如果 I_k 是正的,它是大小等于该节点的发电成本的负数。对所有节点进行求和,得到全网的总福利:

$$W = \sum_{k=1}^{n} W_k(I_k) \tag{5.104}$$

在上式基础上,求取总福利最大化,为:

$$\max_{I_k}(W) = \max_{I_k}\left[\sum_{k=1}^{n} W_k(I_k)\right] \tag{5.105}$$

由于最大化一个函数等价于最小化函数的负数,我们也可以将目标函数表示为:

$$\min_{I_k}(-W) = \min_{I_k}\left[\sum_{k=1}^{n} -W_k(I_k)\right] = \min_{I_k}\left[\sum_{k=1}^{n} C_k(I_k)\right] \tag{5.106}$$

第二个公式更具有可取性,因为它与传统的最优潮流问题的定义是一致的[⊖]。在这个问题中,假设需求对价格完全不敏感,在每个节点的用电负荷为固定值。因此,用户获得的收益是恒定的,在优化时不需要考虑。在此条件下,用式(5.107)表示总发电成本最小化:

$$\min_{I_k}(-W) = \min_{I_k}\left[\sum_{k=1}^{n} C_k(I_k)\right] \tag{5.107}$$

由于我们假设电网各通道的容量是无限的,因此对这种优化的唯一约束就是功率平衡等式约束。因此,所有节点的净注入量之和必须等于网络各支路上形成的电网损耗:

$$\sum_{k=1}^{n} I_k = L(I_1, I_2, \cdots, I_{n-1}) \tag{5.108}$$

如式(5.108)中的函数 L 所示,电网损耗是由各支路上潮流决定,其大小等于所有节点的净注入功率之和。这个网损函数不应该设置成所有节点上的净注入功率的函数,不然会很难表达功率平衡关系,因为任何节点净注入功率的调整都会导致网损的变化。为了解决这个困难,必须假设系统中的某一节点为松弛节点(Slack Bus),该节点的功率注入量不会产生电网损耗,所以该节点注入功率不是网损函数 L 的自变量。在给定所有其他节点的净注入功率的情况下,可以调整松弛节点的注入功率以满足式(5.108)。因为松弛节点的设置是纯数学意义的,没有物理含义,所以它的选择可以是任意的。在式(5.108)和本章的其余部分中,我们均选择节点 n 作为松弛节点。

⊖ 我们在前述三节点示例中遇到的约束经济调度问题就是最优潮流问题的简化版本。

联立式（5.107）与式（5.108），可以得到优化问题的拉格朗日函数：

$$\ell = \sum_{k=1}^{n} C_k(I_k) + \pi\left[L(I_1, I_2, \cdots, I_{n-1}) - \sum_{k=1}^{n} I_k\right] \quad (5.109)$$

上式的最优条件为：

$$\frac{\partial \ell}{\partial I_k} \equiv \frac{\mathrm{d}C_k}{\mathrm{d}I_k} + \pi\left(\frac{\partial L}{\partial I_k} - 1\right) = 0 \quad k = 1, \cdots, n-1 \quad (5.110)$$

$$\frac{\partial \ell}{\partial I_n} \equiv \frac{\mathrm{d}C_n}{\mathrm{d}I_n} - \pi = 0 \quad (5.111)$$

$$\frac{\partial \ell}{\partial \pi} \equiv L(I_1, I_2, \cdots, I_{n-1}) - \sum_{k=1}^{n} I_k = 0 \quad (5.112)$$

联立式（5.110）和式（5.111）可以得到：

$$\frac{\mathrm{d}C_k}{\mathrm{d}I_k} = \frac{\mathrm{d}C_n}{\mathrm{d}I_n}\left(1 - \frac{\partial L}{\partial I_k}\right) = \pi\left(1 - \frac{\partial L}{\partial I_k}\right) \quad k = 1, \cdots, n-1 \quad (5.113)$$

拉格朗日乘子 π 表示在松弛节点上注入功率的边际成本或边际效益。在竞争性的市场中，这就是松弛节点的节点价格。根据式（5.113）可知，其他节点的节点价格与松弛节点的节点价格相关。如果增加单位节点 k 处净注入功率，则电网损耗也会增加，则有：

$$\frac{\partial L}{\partial I_k} > 0 \quad (5.114)$$

因此可以得出：

$$\frac{\mathrm{d}C_k}{\mathrm{d}I_k} < \frac{\mathrm{d}C_n}{\mathrm{d}I_n} \quad (5.115)$$

因此，向节点 k 处的发电商支付的节点价格要小于松弛节点的节点价格，以惩罚它们向该节点注入增量功率而造成的额外电网损耗。另一方面，节点 k 的用户支付更低的价格，因为在该节点用电负荷的增加将减少电网损耗。如果节点 k 的净注入功率的增加减少了损耗则相反。最后，如果忽略电网损耗，所有节点上的电价是相等的。

5.3.4.3 计及电网损耗的有限输电容量系统

我们将在第 6 章中讨论，系统调度中心不仅要考虑线路的热稳极限，还要考虑如何在停电事故时保证电力系统的暂态稳定性和电压稳定性。为了计算电价，通过施加某些线路或线路集合（断面）上的潮流约束来体现对以上问题的考虑。我们对所有这些约束进行如下建模：

$$F_l(I_1, I_2, \cdots, I_{n-1}) \leq F_l^{\max} \quad l = 1, 2, \cdots, m \quad (5.116)$$

式中，F_l 表示支路 l 的潮流；$F_l^{\max}$ 表示潮流的最大允许值；m 表示网络中的支路数量。需要注意的是，松弛节点的净注入功率没有包含在支路潮流的表达式中，目的是为了避免出现超定方程组问题。

我们将这些不等式约束加入到先前优化问题的拉格朗日函数［式（5.109）］，可得：

$$\ell = \sum_{k=1}^{n} C_k(I_k) + \pi \left[L(I_1, I_2, \cdots, I_{n-1}) - \sum_{k=1}^{n} I_k \right]$$

$$+ \sum_{l=1}^{m} \mu_l \left[F_l^{\max} - F_l(I_1, I_2, \cdots, I_{n-1}) \right] \tag{5.117}$$

此时，最优解的求解条件为：

$$\frac{\partial \ell}{\partial I_k} \equiv \frac{\mathrm{d}C_k}{\mathrm{d}I_k} + \pi \left(\frac{\partial L}{\partial I_k} - 1 \right) - \sum_{l=1}^{m} \mu_l \frac{\partial F_l}{\partial I_k} = 0 \quad k=1,\cdots,n-1 \tag{5.118}$$

$$\frac{\partial \ell}{\partial I_n} \equiv \frac{\mathrm{d}C_n}{\mathrm{d}I_n} - \pi = 0 \tag{5.119}$$

$$\frac{\partial \ell}{\partial \pi} \equiv L(I_1, I_2, \cdots, I_{n-1}) - \sum_{k=1}^{n} I_k = 0 \tag{5.120}$$

$$\frac{\partial \ell}{\partial \mu_l} \equiv F_l^{\max} - F_l(I_1, I_2, \cdots, I_{n-1}) = 0 \quad l=1,\cdots,m \tag{5.121}$$

$$\mu_l \left[F_l^{\max} - F_l(I_1, I_2, \cdots, I_{n-1}) \right] = 0 \quad \mu_l \geqslant 0 \quad l=1,\cdots,m \tag{5.122}$$

通过考虑只有一回线路（比如线路 i）上的潮流约束为紧的特殊情况，我们可以更好地理解这些方程的含义。因为所有拉格朗日乘子 μ_l 都等于 0，除了 μ_i，可以得到：

$$\frac{\mathrm{d}C_k}{\mathrm{d}I_k} = \pi \left(1 - \frac{\partial L}{\partial I_k} \right) + \mu_i \frac{\partial F_i}{\partial I_k} \quad k=1,\cdots,n-1 \tag{5.123}$$

$$\frac{\mathrm{d}C_n}{\mathrm{d}I_n} = \pi \tag{5.124}$$

$$\sum_{k=1}^{n} I_k = L(I_1, I_2, \cdots, I_{n-1}) \tag{5.125}$$

$$F_i(I_1, I_2, \cdots, I_{n-1}) = F_l^{\max} \quad \mu_i > 0 \tag{5.126}$$

由式（5.123）可知，各个节点（松弛节点除外）的节点电价会受到起作用的线路潮流约束的影响。对节点 k 电价的影响取决于输电紧约束的影子成本（拉格朗日乘子 μ_i）和支路 i 上的潮流相对于节点 k 净注入功率的灵敏度因子 $\partial F_i / \partial I_k$。

5.3.4.4 电网容量有限系统的直流潮流模型

求解方程（5.123）~方程（5.126）的计算过程十分困难，不仅因为它们隐含地涉及潮流方程的求解，而且因为它们是非线性的。为求解这种优化问题，通常可使用一种直流潮流的线性化模型，而不是使用完整而精确的交流模型。直流潮流方程由交流潮流方程推导而来，简化假设如下：

1) 与电抗相比，每条支路的电阻可以忽略不计。

2) 每根节点上电压的大小等于它的额定值。

3) 各支路之间电压角的差异足够小，以下近似等式成立：

$$\cos(\theta_i - \theta_j) \approx 1$$

$$\sin(\theta_i - \theta_j) \approx \theta_i - \theta_j$$

在这些假设下，网络中无功功率可以忽略不计，净有功注入量与节点电压相角相关，有以下等式：

$$I_i = \sum_{j=1}^{n} y_{ij}(\theta_i - \theta_j) \quad i = 1, \cdots, n \tag{5.127}$$

式中，y_{ij} 表示连接节点 i 和 j 的支路的导纳；θ_i 表示节点 i 的电压相角。节点 i 和 j 之间的有功潮流可以由下式给出：

$$F_{ij} = y_{ij}(\theta_i - \theta_j) \quad i, j = 1, \cdots, n \tag{5.128}$$

由于直流潮流忽略了支路的电阻，相当于忽略了损耗，我们不再需要考虑与式（5.108）类似的等式约束。然而，我们给出了包含变量 θ_i 的新的等式约束 (5.127)。支路潮流的约束条件如下：

$$y_{ij}(\theta_i - \theta_j) \leq F_{ij}^{\max} \quad i, j = 1, \cdots, n \tag{5.129}$$

需要注意的是，这个模型为每个支路设置了两个约束：一个约束是针对节点 i 到节点 j 的潮流，另一个针对节点 j 到节点 i 的潮流。显然，在任何时候两个约束中只可能有一个约束起作用。

此时，优化问题的拉格朗日函数是：

$$\ell = \sum_{i=1}^{n} C_i(I_i) + \sum_{i=1}^{n} \pi_i \left[\left\{ \sum_{j=1}^{n} y_{ij}(\theta_i - \theta_j) \right\} - I_i \right]$$

$$+ \sum_{i=1}^{n} \sum_{j=1}^{n} \mu_{ij} [F_{ij}^{\max} - y_{ij}(\theta_i - \theta_j)] \tag{5.130}$$

对该函数的各变量求偏导，可以得出如下所示的最优解条件：

$$\frac{\partial \ell}{\partial I_i} \equiv \frac{dC_i}{dI_i} - \pi_i = 0 \quad i = 1, \cdots, n \tag{5.131}$$

$$\frac{\partial \ell}{\partial \theta_i} \equiv \sum_{j=1}^{n} y_{ij}(\pi_i - \pi_j + \mu_{ij} - \mu_{ji}) = 0 \quad i = 1, \cdots, n-1 \tag{5.132}$$

$$\frac{\partial \ell}{\partial \pi_i} \equiv \left\{ \sum_{j=1}^{n} y_{ij}(\theta_i - \theta_j) \right\} - I_i = 0 \quad i = 1, \cdots, n \tag{5.133}$$

$$\frac{\partial \ell}{\partial \mu_{ij}} \equiv F_{ij}^{\max} - y_{ij}(\theta_i - \theta_j) \geq 0 \quad i = 1, \cdots, n \tag{5.134}$$

$$\mu_{ij}[F_{ij}^{\max} - y_{ij}(\theta_i - \theta_j)] = 0 \quad \mu_{ij} \geq 0 \quad i = 1, \cdots, n \tag{5.135}$$

需要注意的是，式（5.132）只有 $n-1$ 个方程，因为系统中的一个节点（通常是松弛节点）的电压相角被设为参考基准值，因此不是一个变量。只有当节点 i 和节点 j 之间存在支路时，式（5.134）和式（5.135）才成立。

$$\frac{\partial C^{\min}}{\partial F_{ij}^{\max}} = \mu_{ij} \tag{5.136}$$

因此，拉格朗日乘子 μ_{ij} 表示该约束对应资源的边际成本。它的单位是美元/MWh，因为它的含义为如果支路 ij 增加 1MW 输电最大能力，由此制定的经济调度计划，与增加前的经济调度计划相比，在持续运行 1h 后可节省的总发电成本。

在实际操作上，操作员必须考虑许多关于系统运行可靠性的因素，这些问题我们将在第 6 章中讨论。处理这些问题远不止对某些线路上的有功潮流设置固定的限值这么简单。虽然直流潮流近似法使用便捷且计算效率高，但它并不能较好地应用于电力系统的实际运行中。然而，它可以用来确定节点边际价格，该价格足够准确地反映每个节点的生产者和消费者对系统运行成本的边际影响。

如果报价函数是分段线性的，我们可以使用线性规划包来求解方程 (5.131)~方程 (5.135)，以获得最优的有功功率注入量和每个节点的电压角。除了这些原始变量的值外，我们还得到了对偶变量的值：

1) 与节点负载平衡约束相关的拉格朗日乘子（即节点价格）。
2) 与线路潮流约束相关的拉格朗日乘子。

将这个严谨的数学推导过程和我们在第 5.3.2 节中用来计算节点价格的特殊方法进行比较是很有趣的。根据线性规划模型制定的经济调度计划，确定了发电机组可能的运行状态，或者是按照最小技术出力运行，或者是按照最大出力运行，也可能是报价曲线的分段间断点对应出力水平运行。但是，该模型无法解决发电机为满足某个物理约束进行再调度的问题。正如我们在三节点示例中所讨论的那样，如果有 m 个约束，则有 $m+1$ 个这边际机组⊖。式 (5.131) 确定了连接边际发电机的节点电价，但该公式不适用于在报价分段点出力运行的发电机组，因为对这些出力点的报价费用函数是不可微的。同样，对于没有可报价机组的节点，这个公式也不适用。

假设系统中存在 m 个有功约束，我们可以得出：

1) $m+1$ 个已知价格 π_i；
2) $n-m-1$ 个未知价格 π_i；
3) m 个未知的拉格朗日乘子 μ_{ij}。

为求出这些 $n-1$ 未知变量的值，我们有 $n-1$ 个方程 (5.132)。如果我们用 K 和 U 表示价格分别已知价格的节点集合和未知价格的节点集合，我们可以将这些方程重新排列如下，使所有未知变量都位于左侧：

$$Y_{ii}\pi_i - \sum_{j \in U} y_{ij}\pi_j + \sum_{j=1}^{n} y_{ij}(\mu_{ij} - \mu_{ji}) = \sum_{j \in K} y_{ij}\pi_j \tag{5.137}$$

$$i \in U; i \neq 松弛节点$$

⊖ 如果需求侧根据系统运行需要，提交投标来增加或减少负荷，我们也可以有边际负荷

$$-\sum_{j \in U} y_{ij}\pi_j + \sum_{j=1}^{n} y_{ij}(\mu_{ij}-\mu_{ji}) = -Y_{ii}\pi_i + \sum_{j \in K} y_{ij}\pi_j \qquad (5.138)$$

$$i \in K; i \neq 松弛节点$$

其中，Y_{ii} 表示网络导纳矩阵的第 i 个对角元素。只有当节点 i 和 j 之间的支路潮流达到极限时，μ_{ij} 才是非零的。拉格朗日乘子 μ_{ij} 和 μ_{ji} 不能同时非零，因为它们分别对应于同一支路上的正向和反向潮流。即使我们已经写出了涵盖所有可能节点的等式，对于节点 i，只有当节点 j 位于与节点 i 相连的某条支路的另一端时，才会可能有非零项出现。

例 5.1

在已知式 (5.58) 所示的约束优化调度的情况下，让我们使用此模型重新计算第 5.3.2 节中三节点系统的节点边际价格。分别位于节点 1 和节点 2 处的发电机组 A 和 D 均有出力限制。因此，这些节点上的电价是已知的，等于这些发电机组的边际成本：

$$\pi_1 = \frac{dC_A}{dP_A} = 7.5(美元/MWh) \qquad (5.139)$$

$$\pi_3 = \frac{dC_D}{dP_D} = 10.0(美元/MWh) \qquad (5.140)$$

另一方面，节点 2 上的价格是未知的，因此我们可以有：

$$K = \{1, 3\}$$
$$U = \{2\}$$

从节点 1 到节点 2 的潮流约束的影子成本 μ_{12} 也未知，其他拉格朗日乘子 μ_{ij} 等于零，因为相应的约束没有发挥作用。如果我们选择节点 3 作为松弛节点，我们可以根据式 (5.137) 和式 (5.138) 的模式写出下式：

$$i=1: -y_{12}\pi_2 + y_{12}\mu_{12} = -Y_{11}\pi_1 + y_{13}\pi_3 \qquad (5.141)$$

$$i=2: Y_{22}\pi_2 - y_{12}\mu_{12} = y_{21}\pi_1 + y_{23}\pi_3 \qquad (5.142)$$

因为该电网的导纳矩阵为：

$$Y = \begin{pmatrix} -10 & 5 & 5 \\ 5 & -15 & 10 \\ 5 & 10 & -15 \end{pmatrix} \qquad (5.143)$$

式 (5.141) 和式 (5.142) 变为：

$$\begin{cases} 5\pi_2 - 5\mu_{12} = 25 \\ -15\pi_2 + 5\mu_{12} = -137.5 \end{cases} \qquad (5.144)$$

求解可得：

$$\begin{cases} \pi_2 = 11.25(美元/MWh) \\ \mu_{12} = 6.25(美元/MWh) \end{cases} \qquad (5.145)$$

节点2的节点价格与式（5.67）中给出的值相同。需要注意的是，因为这两个节点之间有多条潮流路径，所以支路1-2上约束的影子成本不等于节点1和2边际电价之间的差。

5.3.4.5 交流潮流建模

前一节讨论的直流近似法的优点是支持线性的、可计算的模型。但它仍有局限性：

1) 它只针对有功潮流。但要想精确确定支路电流限制还应考虑无功潮流。

2) 它没有考虑电压大小，因此忽略了对这些变量的约束。

3) 它只考虑了有功功率注入，因而忽略了无功功率注入和变压器分接头变化对系统状态的影响。

4) 正是由于这些未精确考虑的因素，系统调度中心倾向于更加保守制定电力系统运行策略，这对市场效率的影响是不利的。

因此，要严格、准确地反映输电网络约束对电力交易的影响，就需要使用完整的交流潮流模型。然而，将这样一个高维度非线性的模型集成到市场出清过程中需要使用非线性优化技术，这种技术比线性规划技术计算过程要慢得多，而且无法保证收敛性。由于及时的市场出清远比解决方案的准确性重要，因此，至今为止，还没有实际运营的集中式电力市场采用交流潮流优化模型进行市场出清计算。

5.3.5 集中式交易机制下的输电风险管理

我们在前面章节已经提到，商品的生产者和消费者完全通过现货市场来销售或购买商品是不常见的。在第4章中，我们讨论了在集中式市场中，市场参与主体如何通过差价合约来控制面对波动的现货价格的风险敞口。但是在第4章的讨论中，我们假设交易不受输电网络约束的影响，而现在我们已经看到了传输容量限制如何导致网络中不同位置的价格差异。因此，我们必须考虑到电网阻塞对交易合约可执行性的影响，以及需要什么样的合约工具来管理与阻塞相关的风险。虽然损耗也会造成节点边际价格的差异，但这些差异比阻塞造成的差异要小得多，且更容易预测，因此我们将讨论的重点放在阻塞上。讨论结果可以推广到损耗的影响。

5.3.5.1 与电网相关的新型合约机制的必要性

我们假定在一个集中式交易系统中，所有生产和消耗的电能都通过该集中式现货市场进行物理交易。发电商和用户向网络注入或获取电能要遵循系统运营商的调度。他们注入或获取电能的价格采用集中出清的方式，并与他们各自在电力网络中所处的位置相关。但是，所有市场参与主体都可以签订双边金融合同，以保护自己免受节点价格波动的影响。让我们来看看当博尔多利亚的发电商与西尔瓦尼亚的钢铁厂签订一份简单的差价合约（CFD，Contract For Difference）时会发生怎样的情况。本份合约规定以每兆瓦 30 美元的价格连续交付 400MW 的电能。和之前一样，我们假设这两个地区内部都没有网络阻塞。因此，博尔多利亚仅有一个节点边际价格（博尔多利亚的发电商按照此价格售出其所有发电量），同样西尔瓦尼亚也仅有一个节点边际价格（西尔瓦尼亚的钢铁厂所有用电量均按照此价格购买获取）。

只要博尔多利亚与西尔瓦尼亚的互联线路没有阻塞，这两个节点的边际价格是相等的。即博尔多利亚的发电价格与西尔瓦尼亚的用电价格相同。特别是，如果现货价格为 24.30 美元/MWh，博尔多利亚发电商与西尔瓦尼亚钢铁厂之间的合同结算如下：

1）博尔多利亚发电商以 24.30 美元/MWh 的价格销售 400MW 的电能，并获取 400×24.30=9720（美元）的收入。

2）西尔瓦尼亚钢铁厂以 24.30 美元/MWh 时的价格购买 400MW，并支付 400×24.30=9720（美元）。

3）西尔瓦尼亚钢铁厂支付 400×(30-24.30)=2280（美元）给博尔多利亚发电商，用于结算差价合约。

4）博尔多利亚发电商和西尔瓦尼亚钢铁厂因此以 30 美元/MWh 的价格有效交易了 400MW。

5）如果节点价格高于 30 美元/MWh，博尔多利亚发电商将向西尔瓦尼亚钢铁厂支付费用，用于结算差价合约。

现在让我们考虑一下当互联线路容量限制在 400MW 会发生什么情况。我们在前面看到，博尔多利亚的节点价格为 19.00 美元/MWh，而西尔瓦尼亚的节点价格则升至 35.00 美元/MWh。在这些条件下：

1）博尔多利亚发电商以 19.00 美元/MWh 的价格出售 400MW 的电能，并 400×19.00=7600（美元）的付款。根据合约，应该是 400×30=12000（美元）。因此，它少收取了 4400 美元（12000 美元-7600 美元），博尔多利亚发电商期望西尔瓦尼亚钢铁厂支付这笔款项以结清合约。

2）西尔瓦尼亚钢铁厂以 35.00 美元/MWh 的价格购买 400MW 的电能，并支付 400×35.00=14000（美元）。根据合约，它应该只付 400×30=12000（美元）。因此，西尔瓦尼亚钢铁厂期望博尔多利亚发电商支付 2000 美元来结清合约。

买卖双方的期望值显然是不平衡的。当电网出现阻塞时，差价合约将起不到预期的作用，因为合约没有指定合约参考价格对应的交易关口。如果双方同意以西尔瓦尼亚的节点价格作为合约结算的基准参考价格，双方的期望就不会有任何分歧，合约将按如下方式结算：

1）博尔多利亚发电商以 19.00 美元/MWh 的价格出售 400MW 的电能，并从系统运营商处收取 400×19.00=7600（美元）。

2）西尔瓦尼亚钢铁厂以 35.00 美元/MWh 的价格购买 400MW 的电能，并向系统运营商支付 400×35.00＝14000（美元）。

3）差价合约结算中，博尔多利亚发电商向西尔瓦尼亚钢铁厂支付 400×（35.00－30.00）＝2000（美元）。

这样的合约对西尔瓦尼亚钢铁厂是有效的，而博尔多利亚发电商由于承担了两地之间的价差风险，因此遭受了较大的损失。因此，对于希望保护自己免受现货价格风险影响的市场主体，不仅需要签订电能买卖的差价合约，还需要具有对输电系统传输电能限制带来的价格风险进行管理的能力。

5.3.5.2 金融输电权（FTR，Financial Transmission Right）

比尔（Bill），这位被邀请研究博尔多利亚与西尔瓦尼亚之间的电力互联的经济学家意识到，没有专门的合约作保障，这种互联成效不能得到充分体现。

他再次对之前讨论的示例进行了分析，计算了差价合约结算的总费用差额，即合约结算中双方应收款项：

$$4400+2000=6400（美元）$$

他注意到，这一差额值正好等于市场上产生的阻塞盈余，即用户支付的费用总额与发电商获取的总收入之间的差值（见表5.2）：

$$62000-55600=6400（美元/h）$$

比尔意识到，如果博尔多利亚发电商与西尔瓦尼亚钢铁厂获得了这一阻塞盈余，他们将能够公平地结算他们的差价合约。为了证明这不仅仅是巧合，比尔采用了一种分析方法，用以解决存在电网阻塞时的差价合约结算问题。按照惯例，正金额代表收入或盈余，负金额代表支出或赤字。如果差价合约的结算价格 π_C 和电量 F 已知，那么西尔瓦尼亚钢铁厂预计的收入总额为：

$$E_C = -F\pi_C \tag{5.146}$$

相反地，博尔多利亚发电商预计获取的总收入为：

$$R_C = F\pi_C \tag{5.147}$$

用户与发电商在现货市场上的收入分别是：

$$E_M = -F\pi_S \tag{5.148}$$

$$R_M = F\pi_B \tag{5.149}$$

这里，比尔已经考虑到买卖双方是以不同的节点价格成交的。

消费者和生产者结算差价合约时期望支付或获取的资金为：

$$E_T = E_M - E_C = -F\pi_S - (-F\pi_C) = F(\pi_C - \pi_S) \tag{5.150}$$

$$R_T = R_M - R_C = F\pi_B - F\pi_C = -F(\pi_C - \pi_B) \tag{5.151}$$

如果生产者和消费者位于同一节点或者系统中不存在阻塞，生产者与消费者将按照同一现货价格进行电力交易，即 $\pi_S = \pi_B$，此时差价合同是可直接结算的，原因是：

$$E_T = -R_T \tag{5.152}$$

相反，如果 $\pi_S \neq \pi_B$，则购售双方的期望支出或收入存在差额，如式（5.153）所示：

$$E_T + R_T = F(\pi_B - \pi_S) \tag{5.153}$$

然后，比尔将式（5.153）与式（5.26）中给出的阻塞剩余表达式进行比较。他注意到，这两个等式都涉及价格存在差异的两个市场之间的电能交互。事实上，阻塞剩余受两个市场之间可传输的最大功率的影响，因此阻塞盈余应能完全覆盖两个市场之间按最大功率传输电能对应的差价合约导致的费用差额。

比尔的结论是，如果双方采用一种新的结算方式，即所谓的金融输电权（FTR）的方式，就可以解决差价合约存在的问题。FTR 是在网络中任意两个节点之间定义的，它使其持有者有权获得相当于购买的输电权数量与两个节点之间的差价之积的收入。因此，博尔多利亚和西尔瓦尼亚之间的输电量为 F 的 FTR 持有人有权从阻塞盈余中获得以下收入：

$$R_{FTR} = F(\pi_S - \pi_B) \tag{5.154}$$

这一数额正是确保博尔多利亚发电商和西尔瓦尼亚用户之间签订的差价合约得以结算所需的数额。需要注意的是，如果系统中没有阻塞，博尔多利亚与西尔瓦尼亚之间就没有差价，FTR 持有人也没有收入。然而，在这种情况下，差价合约涉及的费用是平衡的。

最后，比尔观察到 FTR 的持有者并不关心对他们电能量从哪里发出来，要送到哪里去。例如，一个位于西尔瓦尼亚且持有博尔多利亚和西尔瓦尼亚之间输电量为 F 的 FTR 的用户，可以：

1) 以 π_B 的价格在博尔多利亚市场上购买 F 的电能，并使用其输电权将其在西尔瓦尼亚"免费"交付。在这种情况下，它支付了 $F\pi_B$。

2) 以 π_S 的价格在西尔瓦尼亚市场上购买 F 的电能，并凭借 FTR 使用其在阻塞盈余中的份额抵消其为购买电能支付的高价。在这种情况下，它先支付了 $F\pi_S$，然后又获得了 $F(\pi_S - \pi_B)$ 的收入。

总之，金融输电权（FTR）可以使其持有者完全规避电网阻塞相关的市场风险。因为它们提供了完美的风险对冲方式。

比尔必须解决另一个问题：电能生产者和消费者将如何获得 FTR？比尔的建议是采用拍卖的方式。在每个市场结算周期内，系统运营商将确定可以通过互联线路传输的电能规模。然后，将相应规模的 FTR 拍卖给最高出价者。拍卖将向所有希望从电能价格差异中获利的发电商、用户甚至投机者开放。FTR 的持有人能够自己使用 FTR，也可以将它们转售。那么，竞价者应为 FTR 支付多少费用呢？这取决于他们对 FTR 涉及的电网位置之间可能出现的价差的期望。在我们的示例中，如果比尔对博尔多利亚和西尔瓦尼亚的电能价格以及在阻塞期间互联线路传输容量的估计是正确的，那么拍卖的最高价格可为：

$$35 - 19 = 16(美元/MWh)$$

5.3.5.3 点对点金融输电权

两节点的博尔多利亚/西尔瓦尼亚示例系统并没有清晰地展示金融输电权的一个重要特性,即金融输电权适用于网络中任意两个节点,这些节点不必通过支路直接连接。对于拟参与交易的发电商和用户来说,这种方法的优势在于,他们只需要知道电能交易在电网中的注入节点和获取节点,而不必担心网络的复杂结构。就他们而言,电能传输的具体路径并不重要。

为了说明这一点,让我们在三节点示例中进一步分析点对点金融输电权是如何运作的。我们首先考虑第 5.3.2.2 节~第 5.3.2.4 节中分析的基本条件。图 5.27 给出了该系统的约束后经济调度方式。假设节点 3 的一个用户与连接到节点 1 的发电机组签订了一份差价合约,该合约以 8.00 美元/MWh 的价格供应 100MW 的电能。合约参考价格为节点 1 的节点价格。为管理风险,该用户还购买了从节点 1 到节点 3 的 100MW 金融输电权(FTR)。如我们所见,节点 1 和节点 3 的节点价格分别为 7.50 美元/MWh 和 10.00 美元/MWh。本合约的结算方式如下:

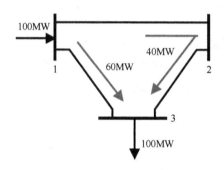

图 5.27 节点 1 与节点 3 之间 100MW 交易所需要的输电权

1)用户向市场运营商支付 100×10.00 = 1000(美元),以在节点 3 处获取 100MW 电能。

2)发电机组从市场运营商处获得 100×7.50 = 750(美元),因为其在节点 1 处注入 100MW 电能。

3)用户向发电商支付 100×(10.00−7.50) = 50(美元),以结清差价合约。

4)用户由于持有节点 1 和节点 3 之间的金融输电权,可从市场经营者那里获取 100×(10.00−7.50) = 250(美元)。

因此,最终的结果是用户为 100MW 电能所付出的总费用是 800 美元,这恰好相当于单位兆瓦电能的价格为 8.00 美元/MWh。

前面的分析中已经提到过,市场运营商用来支付金融输电权持有者的钱来自于他在网络阻塞时所获得的商业剩余。所以,市场运营商出售的金融输电权数量不能超过网络的实际传输量。表 5.11 给出了该三节点系统中满足同步可行性条件（simultaneous feasibility condition）的三种金融输电权组合。每个组合均精确地利用了图 5.28 中所示的最大输电容量。

表 5.11 三节点系统点对点金融输电权的部分可行组合

组合	输电权			结算			
	源点节点	终点节点	数量/MW	源点价格/(美元/MWh)	终点价格/(美元/MWh)	收入/美元	总计/美元
A	1	3	225	7.50	10.00	562.50	787.50
	1	2	60	7.50	11.25	225.00	
B	1	3	285	7.50	10.00	712.50	787.50
	3	2	60	10.00	11.25	75.00	
C	1	3	275	7.50	10.00	687.50	787.50
	1	2	10	7.50	11.25	37.50	
	3	2	50	10.00	11.25	62.50	

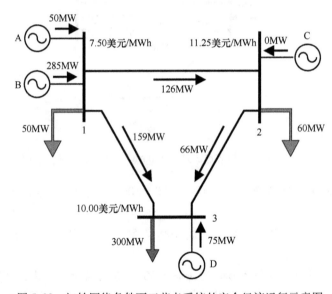

图 5.28 初始网络条件下三节点系统的安全经济运行示意图

需要注意的是，在每个组合中，输电权持有者依据节点价差所取得的收入恰好都等于市场运营商所收取的商业剩余（具体参见表 5.5）。

就像在 5.3.2.7 节中所分析的那样，如果线路 2-3 的输电容量极限值为 65MW，此时输电权的作用又会发生怎样的变化呢？图 5.29 给出了在该条件下的系统运行情况。表 5.12 总结了表 5.11 所示的三种金融输电权组合在此情况下的结算结果。

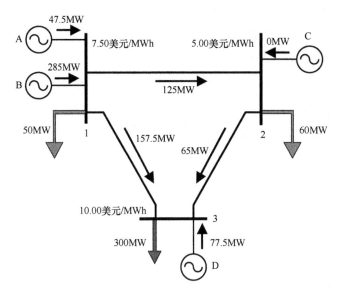

图 5.29 线路 2-3 的最大输电容量为 65MW 时的三节点系统安全经济运行示意图

需要注意的是,在这些条件下,某些金融输电权的结算值是负值。这意味着输电权的持有者需要向市场运营商支付额外的费用。考虑到它们已经付钱购买了输电权这一事实,出现此类结果无疑会让人感到有些惊讶。然而,事情并没有听起来那样糟糕,差价合约最终还是可以结算的。举一个例子,假设节点 2 的用户与节点 1 处的发电商签订了一个差价合约,规定以 8.00 美元/MWh 的价格交付 60MW 的电能,合同的参考价格依然是节点 1 的节点价格。同时,该用户还购买了 60MW 从节点 1 到节点 2 的输电权。综合起来,差价合约与输电权的结算结果如下所示:

1) 用户从节点 2 获得 60MW 的电能,并因此向市场运营商支付 60×5.00 = 300(美元)。

2) 发电商向节点 1 注入 60MW 的电能,并因此从市场运营商处获得 60×7.50 = 450(美元)。

3) 为了结算差价合约,用户还需要向发电商支付 60×(8.00−7.50) = 30(美元)。

4) 由于持有从节点 1 到节点 2 的金融输电权,用户还需要向市场运营商支付 60×(7.50−5.00) = 150(美元)。

此时,用户的总支出是 480 美元,它等效于以 8.00 美元/MWh 的签约价格结算其差价合约。

与表 5.5 相似,在这些条件下,市场运营商获得的阻塞剩余为 406.25 美元。与之前的示例不同,这比表 5.12 最后一列的 412.50 美元(即市场运营商须支付的,用以结算金融输电权的费用)稍微少一些。于是矛盾就出现了,其原因是,在该情景下，系统运营商不能够按照目前所有拍卖的金融输电权进行相应的点对点的输电服务。需要注意的是，为实现收支平衡，市场运营商须向价值为负的金融输电权持有者那里收费。

表 5.12 三节点系统点对点金融输电权的部分可行组合的结算

组合	输电权			结算			
	源点节点	终点节点	数量/MW	源点价格/(美元/MWh)	终点价格/(美元/MWh)	收入/美元	总计/美元
A	1	3	225	7.50	10.00	562.50	412.50
	1	2	60	7.50	5.00	−150.00	
B	1	3	285	7.50	10.00	712.50	412.50
	3	2	60	10.00	5.00	−300.00	
C	1	3	275	7.50	10.00	687.50	412.50
	1	2	10	7.50	5.00	−25.00	
	3	2	50	10.00	5.00	−250.00	

注：线路 2-3 的输电容量极限是 65MW。

因此，点对点金融输电权变成一种责任，因为在价差方向与期望相反时，金融输电权的持有者需要向系统运营商支付费用。如果这样的安排难以接受的话，市场参与主体还可以购买期权性质的金融输电权，当执行输电权有利可图的情景出现，输电权持有者才会执行该输电权。

5.3.5.4 关口输电权（FGR，Flow Gate Right）

除了定义在两个不同的节点之间以外，输电权还可以定义于网络中的某条支路或关口（断面），因此通常称它们为关口输电权（FGR，Flow Gate Right）。FGR 与 FTR 很类似，但是 FGR 的价值与节点价差无关，它等于特定潮流关口（断面）或支路的最大输电极限约束的影子成本或拉格朗日乘子值。如果关口上流经的潮流小于它的最大极限，此时对应的不等式约束就没有发生作用，因此它的拉格朗日乘子也就等于零。只有那些发生阻塞的支路所对应的 FGR 才会带来收入。

多年来，关于点对点输电权和潮流关口输电权谁优谁劣的争论一直存在。据我们所知，所有采用金融输电权的市场都选择了点对点输电权品种。

5.4 习题

5.1 现有如图 P5.1 所示的电力系统。假设输电线路的热稳定极限是该网络所受到的唯一约束，同时忽略无功功率的影响，请校准如表 P5.1 所示的几组交易同步发生的可行性。

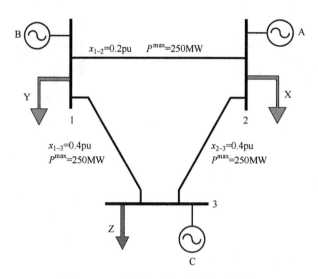

图 P5.1 习题 5.1 的三节点电力系统

表 P5.1 习题 5.1 的基础数据集

组 别	卖 方	买 方	数 量
第一组	B	X	200
	A	Z	400
	C	Y	300
第二组	B	Z	600
	A	X	300
	A	Y	200
	A	Z	200
第三组	C	X	1000
	X	Y	400
	B	C	300
	A	C	200
	A	Z	100

5.2 现有如图 P5.2 所示的两节点电力系统。连接在节点 A 与节点 B 上的发电机组的边际生产成本分别如下面表达式所示：

$$MC_A = 20 + 0.03 P_A (美元/MWh)$$
$$MC_B = 15 + 0.02 P_B (美元/MWh)$$

假设电力需求恒定不变且价格弹性为零，电能的销售价格等于它的边际生产成本，并且发电机的出力不受限制。分别针对如下情况，计算各条节点上的电价、各机组的发电量与线路上的潮流：

a. 连接节点 A 与节点 B 之间的线路是断开的；

b. 节点 A 与节点 B 间的线路处于在运状态，并且没有输电容量约束限制；

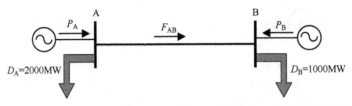

图 P5.2　习题 5.2~习题 5.4、习题 5.10 和习题 5.11 的两节点系统

c. 节点 A 与节点 B 间的线路处于在运状态，并且没有输电容量约束限制，但发电机 B 的最大出力只有 1500MW；

d. 节点 A 与节点 B 间的线路处于在运状态，并且没有输电容量约束限制，发电机 A 的最大出力为 900MW，而发电机 B 的出力没有限制；

e. 节点 A 与节点 B 间的线路处于在运状态，但它的最大输电容量只有 600MW，各发电机组的出力不受限制。

5.3　针对习题 5.2 所列的各种情形，分别计算发电商的收入与用户支付的费用，并指出，谁会因为两条节点间连接的输电线路的存在而受益。

5.4　计算习题 5.2 所列情形 e 对应的阻塞剩余。利用习题 5.3 的结果检查你所得到的答案。当节点 A、B 间连线上的潮流等于多少时，阻塞剩余会等于零。

5.5　现有如图 P5.3 所示的三节点系统。表 P5.2 列出了连接在该系统中的所有发电机组的参数。计算图 P5.3 所示负荷条件下的无约束经济调度方案和节点电价。

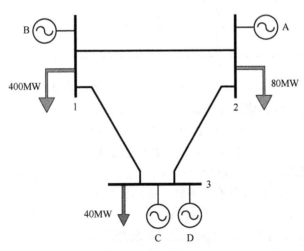

图 P5.3　习题 5.5~习题 5.9 以及习题 5.12~习题 5.17 的三节点系统

表 P5.2 习题 5.5 中三节点系统中的发电机参数

发电机组	容量/MW	边际成本/(美元/MWh)
A	150	12
B	200	15
C	150	10
D	400	8

5.6 表 P5.3 给出了习题 5.5 中三节点系统的支路参数。假设按照习题 5.5 的计算结果进行发电机组调度，请利用叠加定律，计算出系统中的潮流分布。指出哪些线路会出现输电约束越限。

表 P5.3 习题 5.6 中三节点系统的支路参数

支路	电抗（标幺值）	最大容量/MW
1-2	0.2	250
1-3	0.3	250
2-3	0.3	250

5.7 针对你在习题 5.6 中所发现的输电约束越限的线路，确定两种能够消除输电约束越限的发电机组再调度方案。并比较哪一种方案会更好一些。

5.8 针对习题 5.5 与习题 5.6 中的三节点系统，假设电机组已经按习题 5.7 中的方式进行了最优再调度，消除了习题 5.6 所确认的输电阻塞，计算此时的节点价格。同时，请计算商业剩余，并证明它等于线路阻塞带来的阻塞盈余之和。

5.9 针对习题 5.5 与习题 5.6 中的三节点系统，假设支路 1-2 的容量减少到了 140MW，而其他支路的保持不变。计算此时的最优调度方案与节点价格。（提示：为了得到最优解，我们需要对全部三节点上的发电机组进行再调度）

5.10 针对习题 5.2 中的双节点系统，假设节点 A、B 间输电线路的系数 $K = R/U^2 = 0.0001 \text{MW}^{-1}$，并且该线路不存在容量限制。计算线路上的潮流等于多少时，总发电变动成本最小。假设两节点构成的市场是完全竞争的，计算此时的节点边际价格与商业剩余（提示：使用电子表格软件）。

5.11 在 0~0.0005 之间，选择几个不同的 K 值，重复习题 5.10 的计算。针对不同的 K 值，画出线路上的最优潮流数量与损耗，以及两节点上的电能边际成本。讨论你所得到的结果。

5.12 针对在习题 5.7 中所得到的最优再调度方案,采用线性数学方法(直流潮流近似方法),计算此时的节点价格以及不等式约束资源的影子成本。然后,检查你得到的答案,看它们是否与习题 5.8 的结果相一致。以节点 3 为松弛节点。

5.13 分别选择节点 1 与节点 2 作为松弛节点,重复习题 5.12 的计算,证明节点价格与松弛节点的位置无关。

5.14 针对习题 5.9 给出的条件,采用线性数学方法(直流潮流近似方法),计算不等式约束资源的边际价值或影子成本。

5.15 在如图 P5.3 所示的三节点系统。假设发电机 D 与节点 1 的某一用户签订了一笔差价合约,约定以 11.00 美元/MWh 的履约价格交付 100MW 的电能,并选择节点 1 的价格作为参考。针对习题 5.8 中给定的条件,证明通过购买 100MW 从节点 3 到节点 1 的点对点金融输电权,发电商 D 能够完全规避风险。

5.16 为了实现与习题 5.15 相同的风险规避效果,发电机 D 需要采用怎样的方式购买关口输电权(FGR)?

5.17 针对习题 5.9 给定的条件,重复习题 5.15 与习题 5.16 的计算。

5.18 针对你所在的地区,或者你所熟悉的其他地区,分辨其交易是集中式还是分散式。同时还请指出,为了规避与电网阻塞相关的风险,这些地区使用的是什么形式的输电权。

5.19 针对你所在的地区或者你所熟悉的其他地区,明确它们所用到的电网损耗成本分摊方法。

5.20 针对图 P5.4 所示的小型电力系统。

假设:
1) 发电机组 A 和 B 具有以下恒定的边际发电成本:

$$MC_A = 20 \text{ 美元/MWh}$$
$$MC_B = 40 \text{ 美元/MWh}$$

2) 忽略空载运行成本和起动成本。

3）三条输电线路的电抗相同，电阻可以忽略不计。
4）直流潮流假设是有效的。
5）每台发电机组的容量为 500MW。
6）输电线路的容量取决于天气状况。在寒冷的天气条件下，每条线路可承载 400MW。在炎热的天气条件下，这一容量减少到 240MW。
7）该系统是在 N-0 安全标准下运行的，即我们不必考虑线路或发电机组故障停运的影响。

a. 计算寒冷天气条件下的最佳潮流。
b. 计算炎热天气条件下的最佳潮流。
c. 计算寒冷天气条件下的每小时因为系统安全约束增加的运行成本。
d. 计算炎热天气条件下的每小时因为系统安全约束增加的运行成本。

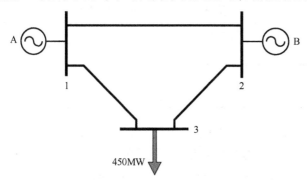

图 P5.4　习题 5.20~习题 5.22 中的三节点电力系统

5.21　重复习题 5.20 的计算，但假设节点 1 和节点 2 之间线路的电抗是其他两条线路电抗的两倍。

5.22　针对图 P5.4 所示的小型电力系统，假设：
1）节点 3 的现在负载为 300MW。
2）发电机组 A 和 B 具有以下恒定的边际发电成本：
$$MC_A = 10 \text{ 美元/MWh}$$
$$MC_B = 20 \text{ 美元/MWh}$$
3）三条输电线路的阻抗相同。

a. 在这些条件下计算无约束最优调度方案。
b. 计算此无约束经济调度的每小时系统发电成本。
c. 计算在实施此经济调度方案的情况下每条线路的潮流。
d. 在这些条件下，每个节点的边际用电成本是多少？
e. 如果出于运行可靠性的原因将线路 1-3 的潮流限制为 150MW，应如何修正无约束调度结果？

f. 计算此约束后调度的每小时系统运行成本和每小时因为安全约束增加的运行成本。

g. 如果考虑线路 1-3 的潮流约束，每个节点的边际用电成本是多少？

h. 指出此系统中存在的经济学悖论⊖（看似违背经济学常识而实际是合理的情况）。

i. 假设独立系统运营商仅出售从节点 1 到节点 3 之间的点对点金融输电权。在系统运营商因此不会赔钱的情况下，其可以出售的最大输电权规模是多少？

5.23 在图 P5.5a 中所示的三节点电力系统。每对节点的连线是两回具有相同阻抗和相同输电容量。表 P5.4 给出了每回线路的电抗和输电容量。

表 P5.4 习题 5.23 中的电路特性

源点节点	终点节点	阻抗（标幺值）	容量/MW
1	2	0.2	120
1	3	0.4	180
2	3	0.2	250

图 P5.5b 显示了两台发电机的边际成本曲线。起动和空载成本可以忽略不计。直流（线性）潮流模型被认为是可接受的。

a. 在忽略电网约束的情况下计算经济调度方案。

b. 当所有电路都处于正常运行状态时，检查上述经济调度方案是否破坏了任何输电线路的容量约束。

c. 假设所有发电机组都以其边际成本出价，那么在这些条件下每个节点的边际价格是多少？

系统运营商必须保证系统安全运行满足 N-1 原则，即在任何一回输电线路中断的情况下都不应出现输电线路过载（此时不考虑关于发电机组的紧急事件）。

d. 对于每个支路，确定如果实施上述经济调度方案，单回路的故障是否将导致电网潮流越限（考虑到如果一回线路断开，两节点连线的输电容量和电抗会发生变化）。

确定可能出现最严重潮流越限的故障情况以及可能过载的电路或支路。

e. 确定最低成本发电调度方案，该方案可以避免在 d 中确定的关键紧急事件导致线路过载。假设不允许事后的再调度。

f. 在上述条件下，每个节点的边际价格是多少？

⊖ 悖论（名词）：看起来荒谬或矛盾的陈述、命题或情况，但实际上是或可能是真的。

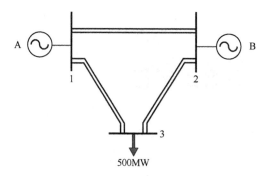

图 P5.5a 习题 5.23 中的三节点电力系统

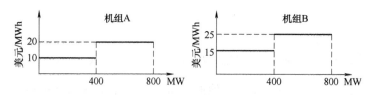

图 P5.5b 习题 5.23 中发电机的边际成本曲线

参 考 文 献

Conejo, A.J., Arroyo, J.M., Alguacil, N., and Guijarro, A.L. (2002). Transmission loss allocation: a comparison of different practical algorithms. *IEEE Trans. Power Syst.* 17 (3): 571–576.

Day, C.J., Hobbs, B.F., and Pang, J.-S. (2002). Oligopolistic competition in power networks: a conjectured supply function approach. *IEEE Trans. Power Syst.* 17 (3): 597–607.

Hogan, W.W. (1992). Contract networks for electric power transmission. *J. Regul. Econ.* 4 (3): 211–242.

Joskow, P. and Tirole, J. (2000). Transmission rights and market power on electric power networks. *RAND J. Econ.* 31 (3): 450–487.

延伸阅读

Momoh (2000) provides a very readable discussion of the optimization techniques used in power systems. Hsu (1997) and Wu et al. (1996) are useful references on the principles of nodal pricing. Conejo et al. (2002) discuss the various methods used to handle losses. The seminal work on financial transmission rights was published by Hogan (1992). Joskow and Tirole (2000) discuss in detail market power issues with physical transmission rights. Day et al. (2002) present a numerical method to analyze market power issues in large networks.

Hsu, M. (1997). An introduction to the pricing of electric power transmission. *Util. Policy* 6 (3): 257–270.

Momoh, J.A. (2000). *Electric Power System Applications of Optimization*. Marcel Dekker.

Wu, F., Varaiya, P., Spiller, P., and Oren, S. (1996). Folk theorems on transmission access: proofs and counterexamples. *J. Regul. Econ.* 10 (1): 5–23.

CHAPTER 6

第 6 章 电力系统运行

6.1 简介

6.1.1 对电力系统运行可靠性的要求

当买卖双方交易普通商品时，他们通常需要含蓄地或明确地就如何交付商品以及谁负责交付商品达成一致。这可以如卖家在市场摊位上卖出一袋苹果一样简单，也可以像将商品运输到地球的另一边一样复杂。如果某一次运输出现问题，商品可能会被延误或丢失，但合同会明确责任在卖方还是买方。如果买方或卖方将这批商品的运输承包给物流公司，则可以向该物流公司索赔，并决定是否继续使用其服务。

但是电能的买家和卖家没有这样的选择，他们必须使用已有的电力系统来完成交易。此外，电力系统是连续运行交割的，而不是分批次运行交割的，而且，电力系统将所有交易都集中到同一潮流中来完成交割。而这个系统中的故障不加区别地影响所有市场参与主体的交易执行，而不是只单单影响某一个交易。正如我们将在本章的后面看到的，要避免事故发生就需要了解整个系统的运行状态，以及整个系统的协同运行能力。由于这不是单个市场参与主体有能力做的事情，因此这一责任被委托给一个被称为"系统调度中心"（System Operator）的独立机构。尽管他们会全力保障系统安全运行，但由于系统设备的意外故障或用电负荷与发电功率之间的突然失衡，也会造成偶尔的大停电事故和更为频繁的小停电事故。

系统调度中心（System Operator）通常不对这些事件对市场参与主体可能造成的损害负责。因此，电力用户和发电商事实上承担了停电事故带来的社会经济成本。因此，电力监管机构的职能之一是确保垄断的输配电公司提供令人满意的电力系统可靠性水平，即保证停电的次数、程度和持续时间足够低。电力监管机构通常通过制定电网设计标准、强制系统运营商遵循调度准则、定期审查其可靠性指标，以及在重大事故发生后开展调查等方式来做到这一点。电力系统的可靠性是一种"公共物品"，所有电力用户和发电商都能在不影响他人的前提下从中受益。

6.1.2 电力系统可靠性的价值

由于更高的电力系统可靠性级别意味着更小的停电概率，因此应该根据减少停电的预期损失来衡量可靠性改进的价值。而量化减少的停电损失不是一件简单的事。我们首先要评估为提高可靠性而采取的措施如何影响停电的频率、停电的用户数量和停电的持续时间。然后，我们应该评估每次停电的损失。然而这取决于用户的类型、停电持续时间以及停电发生的时点。为了获得这些数据，我们必须调查不同类别的用户，询问他们愿意支付多少钱来避免一定时间内的停电。在这些数据收集完毕后，我们就可以计算出一个叫做"失负荷价值"（Value of Lost Load，VoLL）的指标，即一个普通消费者在没有事先通知的情况下，为了避免一度电的停电所愿意支付的费用。事实上，可以从更加宏观的视角来量化该价值。一方面，由于停电对不同用户的影响方式不同，计算单个用户的失负荷价值是没有意义的。例如，短暂的停电对大多数住宅用户的影响几乎可以忽略不计，而对半导体制造商来说，这可能要花费数百万美元。另一方面，该价值在研究大范围的可靠性时非常有用，因为大范围的停电会不加选择地影响所有类型的用户。表 6.1 总结了在不同国家或地区的失负荷价值。大量数据表明，虽然失负荷价值是对停电潜在成本的粗略估计，但这些数值都至少比当地平均电价要高两个数量级。因此，停电给消费者带来的社会经济成本要远远大于相应给发电机造成的收入损失。

表 6.1 各地区的失负荷价值（VoLL）

国家/地区	失负荷值（美元/MWh）	数据来源
英国	22000	London Economics
欧盟国家	12290~29050	European Commission
美国	7500	Brattle Group
美国—MISO	3500	MISO
新西兰	41269	London Economics
澳大利亚—维多利亚州	44438	London Economics
澳大利亚	45708	London Economics
爱尔兰	9538	London Economics
北美	9283~13925	London Economics

6.1.3 电力系统可靠性的成本

可靠性的获得也需要成本。在第 7 章和第 8 章中，我们将讨论可靠性需求如何影响发电和输电投资。在本章中，我们将重点讨论它如何影响电力系统的运行成本（在不考虑新的投资的情况下）。系统运行的可靠性成本来自于两个方面：一是系统运营商为了保持电力系统稳定性的成本；二是避免非计划停电的成本：

1）预防措施：系统调度中心通常希望确保在发生意外情况时电力系统能够保持稳定。预防措施让系统运行背离了最优经济运行状态。这些措施是有成本的，因为它们意味着背离最低成本的运行方案。在第 5 章中提到的经济调度和最优潮流解决方案之间的差异就是预防措施说明的一个例子。

2）纠正措施：与常态化发挥作用的预防措施不同，系统调度中心只有在发生意外时才采取纠正措施。然而，为了能够有效实施纠正措施，系统调度中心必须在任何故障发生之前有足够的可靠性资源。这类资源包括发电机组迅速增加出力的能力，或大型电力用户在接到通知后立即降低负荷水平的响应能力。因此，纠正措施有两部分成本：一是可靠性资源的备用成本；二是可靠性资源使用成本。

实施更广泛的预防措施和为纠正措施获取更多的可靠性资源，可以提高系统调度中心应对不可预见的意外事件的能力，从而提高系统的可靠性。然而，存在某一可靠性的均衡水平，在该水平上，提供这些可靠性措施和资源的边际成本等于它们所提供的可靠性价值。从理论上讲，根据这一均衡状态可以确定应花在系统运行可靠性上的最优成本，因为从长期来看，在系统可靠性上多花 1 美元，平均下来就可以避免 1 美元的停电损失。然而许多因素使这个均衡状态的计算非常困难。首先，可能发生的故障事件数量众多，每一种故障事件发生的概率都相对较小，并且很难找到这种概率的准确值，因为它取决于天气、设备运行状态等因素。连锁故障（即一个组件的故障导致另一个组件的故障）的概率也是不可忽略的，并且以复杂的方式取决于电力系统的结构和状态。其次，处理特定故障事件的最经济有效的方法也取决于电力系统的状态。最后，由于特定的措施或可靠性资源通常可以用来应对多种故障，其可靠性价值难以精确计算。

由于电力系统这种不确定性和复杂性，系统调度中心倾向于使用确定性规则来定义他们的可靠性责任，这些规则并没有考虑为避免停电而采取的措施的成本。通常，这些规则定义了一组常见的故障，并要求操作人员在系统运行中考虑所有这些常见的故障，而不需要强制性的负荷削减。常见的故障通常包括所有独立系统设备（线路、发电机组和电容器）的非计划停运。两个几乎同时发生的独立故障的概率通常被认为很小，因此不需要考虑这类事件。当监管机构批准这些标准并因此允许系统运营商向系统的用户收取系统服务费用时，他们实际上是代表消费者购买了一定程度的可靠性。

6.1.4 获取可靠性资源

系统调度中心不会简单地对突发事件和系统状态渐进式变化做出反应。相反，他们会花费大量的时间和精力来思考可能发生的危险故障⊖，以及需要做些什么来避免出现系统的不稳定状态。因此，电力系统的调度必须在运行时刻之前足够早的时间开始计划，以确保预防措施和必要的预防资源准备就绪。在垂直一体化的市场环境中，实现这些操作所需的所有可靠性资源都在系统运营商的控制之下。另一方面，在竞争性市场环境中，这些可靠性资源中的一部分属于市场参与主体，且主要属于发电侧的市场主体，但属于用户需求侧的市场主体的情况也越来越多。因此，这些资源不会自动和免费提供给系统运营商，而必须通过市场购买获得。

提前获取可靠性资源有两个好处。首先，由于有更多的选择空间，因此采购成本可能更低。其次，这样可以确保系统运营商获得足够的可靠性资源去应对可能的故障。但是从另一方面来看，随着我们更加接近系统实时时刻，系统状态预测的不确定性会逐步降低，可以根据实际需要对可靠性资源的采购数量进行相应的调整。因此，如何权衡两个方面的考量，更好地将电能量市场与系统可靠性保障需求结合起来，是引起持续关注的问题。在电力市场建设之初，交易至少需要提前几个小时关闭，因为系统运营商认为他们需要足够的时间来决定采取怎样的举措以保证系统运行可靠性。可靠性资源不仅可以通过长期辅助服务合同⊖，还可以通过市场关闭后发电机组提供调节能力来获取。随着系统运营商对在竞争环境中保持可靠性的信心的提升，对某些长期辅助服务合同的依赖已减少，并已由交易周期和与实时运行时刻的时间提前量最短可至 5min 的平衡市场所取代。在有高比例不确定性可再生能源的电力系统中，接近实时运行时刻关闭市场是特别有利的，因为这样会降低了这些可再生能源发电的不确定性，而这就减少了系统对备用资源的需求。

6.1.5 本章内容概述

在本章的后续部分，我们将首先分析影响电力系统的不同类型的扰动，以及这些扰动对运行可靠性的影响。我们还将描述处理这些扰动所需的资源类型。然后，我们将讨论如何确定每个资源所需的数量，并探讨可以建立哪些机制来获取它们。最后，我们将从可靠性资源提供商的角度出发，研究如何将可靠性资源交易与电能交易进行组合优化，以实现这些主体的运营利润最大化。

⊖ 有经验的系统操作员曾经向我们描述他的工作为"被雇佣来担惊受怕的"。
⊖ 辅助服务之所以有这个名字，是因为它们是对主要商品（如电能）交易的辅助，而且它们主要代表了按照系统需求交付电能（或其他资源）的潜在能力，而不是这种资源的实际交付。

6.2 电力系统运行问题

系统调度中心不仅要考虑电力系统的当前状态,还要考虑未来几小时内可能发生的情况。系统的当前状态应该是,如果外部条件保持不变,系统应该能够持续地正常运行。这意味着任何设备的运行范围都不应该在其长期运行额定值之外。例如,正如我们在前一章中所讨论的,输电线路的潮流水平不应达到这样的程度,以至于其电阻损耗引起的线路温度升高导致线路故障。

不幸的是,假设外部条件不变是一个非常乐观的假设。电力需求随着人类活动的变化而不断变化,而风电场和光伏电站出力的变化则取决于天气和时间。此外,在由成千上万个设备组成的电力系统中,个别设备的故障并不罕见。如果其中一些元件(如输电线路)暴露在恶劣的天气条件下,而另一些元件(如发电厂)在工作温度上反复变化,情况就尤其突出。

例 6.1

考虑图 6.1 中所示的有两台发电机组的系统。如果两个发电机组的容量都是 100MW,那么这个系统可以安全供应的最大用电负荷通常是 100MW,而不是人们可能预期的 200MW。因为系统需要足够的备用容量,以应对其中一台发电机组突然发生故障。一个有更多发电机组的系统显然能够以更小的容量裕度比例运行。

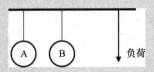

图 6.1 在双发电机组电力系统中可靠性要求对系统运行影响的说明

我们将首先考虑整个系统供需失衡所引起的运行可靠性问题。然后,我们将讨论输电网络运行限制引起的可靠性问题。需要说明的是,两个问题还远不能完全分开来讨论,在某些情况下,系统电力平衡和电网运行问题之间是相互影响的,也是需要重点分析的。

6.2.1 系统平衡问题

在讨论系统总体供需平衡时,我们假设所有用电负荷和发电机组都连接到同一节点。在互联系统中,该节点也是与其他地区和国家连接的所有联络线的终端。在这个高度抽象的模型中,唯一的变量是发电出力、负荷、频率以及与其他系统的交换功率。只要供需是平衡的,频率和交换功率就保持恒定。然而,电力供需的动态平衡经常会因扰动而受到破坏,这些扰动来自于负荷波动、可再生发电出力变化、发电机组出力偏差和发电机组或互联输电线路偶发性故障等因素。在一个孤立电力系统中，发电功率大于用电功率将会提高系统频率，而发电功率小于用电功率会降低系统频率。由于电力不平衡而引起的系统频率变化的速率，由与系统直接连接的发电机组和旋转负荷的转动惯量决定。由于大型风力发电机和光伏发电是通过电力电子接口连接到系统上的，它们不会增加系统的旋转惯量。当这些类型的发电机的装机比例增加，系统的惯性水平将因此降低，从而引起对频率稳定性的担忧。对该问题的详细探讨可以参见 Wang et al. (2016) 和 O'Sullivan et al. (2014) 的论文。

较大的频率波动会导致电力系统崩溃。实际上，发电机组通常被设计在相对较窄的频率范围内运行。如果频率降得太低，保护装置就会将发电机组与系统的其他部分解列，以保护它们不受损坏。而这种解列将加剧了发电和负荷之间的不平衡，导致频率进一步下降和更多的发电机组解列。也有系统崩溃的例子是因为发电机组过速保护起动，导致机组跳闸解列。这些发电机组的解列造成了发电出力短缺，导致频率崩溃。在互联系统中，频率偏差不是一个太严重的问题，因为系统的总惯性随系统规模的增加而增加。然而，互联系统中负荷与发电出力之间突然的局部的巨大失衡可能会使联络线过载并触发其断开连接，这将会影响相邻网络的稳定性。因此，系统操作员必须始终拥有可用的可靠性资源，以在出现较大的不平衡时立即予以纠正。

负荷和发电出力之间的微小不平衡并不意味着直接导致系统运行可靠性问题，因为由此产生的频率偏差和非计划的功率交换很小。然而，这些失衡应该被迅速消除，因为它们仍然增加了整体系统运行可靠性风险。如果一个系统的运行频率低于它的正常频率，或者系统联络线出现非计划超载，那么它确实将面临更高的出现重大事故的风险。

下面的例子说明了在一个孤立的电力系统中可能观察到的不平衡现象。

例 6.2

图 6.2a 显示了博尔多利亚电力系统在 5 个交易周期内的净负荷曲线。净负荷指系统实际用电减去随机可再生能源（如风能和太阳能）的发电出力。这一曲线显示了一个缓慢的变化趋势上叠加了随机波动。这反映了负荷和可再生发电出力的起伏变化的随机波动特征；同样，净负荷的缓慢变化趋势反映了用电需求的周期性变化以及不同天气和时段可再生发电出力变化。

与所有其他电力市场一样，假设博尔多利亚市场需求在每个交易时段内都是不变的。图 6.2a 显示了一个阶梯曲线，它说明了常规发电机组在每个交易时段内在市场上的交易合约量。这个阶梯曲线与净负荷负荷曲线有两方面不同。首先，它显然不能跟踪每个时间段内净负荷的随机变化。其次，如果市场能够准确地预测净负荷,那么每段时间内交易电能就等于这段时间内瞬时净负荷对时间的积分。实际上,由于预测总是不准确的,市场交易量并不精确等于平均净负荷。阶梯曲线也代表了常规发电机组的预期总出力。然而,即使是常规发电商也不能完全准确地达到预期出力。图 6.2a 中的虚线表示这些常规发电机组的实际出力。除了每个时段内存在一些细微差异外,各时段之间的过渡也会带来差异。由于机组调整出力的速率受到限制,常规发电机组无法完全按照市场交易形成的合约曲线来发电。图 6.2b 展示了这种按交易合约确定的发电计划出力与实际发电出力的差异。虽然这些不平衡量在第一个时段相对较小,但在第 2 和第 3 期,净负荷一般小于常规发电机组的计划出力,这可能是由于对可再生能源发电的预测不足造成的。一个更大的不平衡量出现在时段 4 中间,因为一个大的发电机组突然停机。图 6.2b 曲线的形状表明,电力供需失衡有三个具有不同时间特征的来源:快速随机波动偏差、缓慢变化但较大的偏差、偶尔出现的严重短缺偏差。图中还添加了平滑曲线,以展示渐进式的偏差变化趋势。

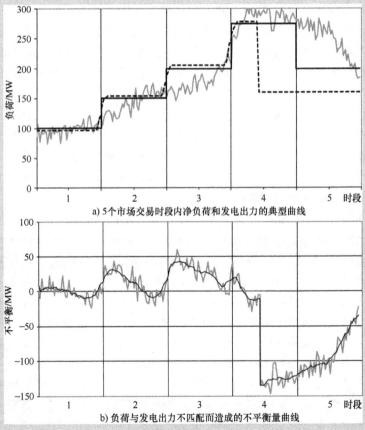

a) 5 个市场交易时段内净负荷和发电出力的典型曲线

b) 负荷与发电出力不匹配而造成的不平衡量曲线

图 6.2 5 个市场交易时段内净负荷和发电出力的典型曲线和负荷与发电出力不匹配而造成的不平衡量曲线

6.2.1.1 平衡资源

如例 6.2 所示，各种系统不平衡具有不同的"时间特征"。系统调度中心需要不同的可靠性资源来应对各种类型的系统偏差和不平衡。请注意，这些不同类型的可靠性资源的名称在不同电力市场所有差异。参见 Rebours 等（2007a）和 Rebours 等（2007b）对各种类型可靠性资源的研究。

系统调频资源旨在处理负荷的快速波动以及常规发电和可再生发电出力的非计划偏差。这些调频资源有助于将系统频率保持在或接近其额定值，并减少与其他电力系统的非计划功率交换。能够迅速增加或减少其出力的发电机组通常可以提供这种服务。这些机组必须连接到电网，并配备一个调速器。它们通常在自动发电控制（Automatic Generation Control，AGC）下运行。

提供负荷跟踪资源的发电机组可以跟踪较为缓慢的负荷波动，特别是同一个交易时段内的变化（电能量市场并没有反映这些变化）。这些机组显然也必须开机在线，并且应该具有响应负荷变化的能力。

发电机组需要进行连续的出力调节去提供系统调频和负荷跟踪这样的可靠性资源。然而，调频的调节幅度较小，而负荷跟踪的行为可预测性好。通过保持系统功率平衡和频率稳定在额定值，这些调节资源可作为系统运行可靠性的预防性措施。另一方面，用于紧急备用资源旨在应对可能威胁电力系统稳定性的严重且不可预测的电力短缺。因此，备用资源提供的又是一种校正性措施。虽然如此，备用资源的获取主要还是被看成是保证电力系统可靠性的一种预防性措施。

备用通常分为两类。提供旋转备用的发电机组须能够立即响应频率的变化，并且它们可提供的全部备用容量必须快速可用；而提供补充备用服务的发电机组不需要立即开始响应。根据当地的规则，某些形式的补充备用服务可由与电网不同步但可以迅速并网的机组提供。在某些情况下，在紧急情况下可从电网断开的电力用户也可以提供备用服务。除了响应的速度（speed）和速率（rate）外，备用服务的主要参数还包括发电机组维持响应的持续时间。由于系统的规模大小和适用的可靠性标准不同，所有这些参数在不同的系统之间有很大的差异。例如，与大规模互联电力系统相比较，在一个相对较小的独立电力系统中，要应对超出正常范围的频率波动需要有响应速度更快的备用资源。

平衡资源是来自于辅助服务交易，还是在来自于现货市场上的实时平衡电能量交易，是很难清楚地界别的。一般来说，如果市场关闭时间和实时运行时间之间的间隔很短，系统运营商能够在现货市场上购买相当大一部分的平衡资源。另一方面，如果市场调度是基于日前（day-ahead）市场，可能需要一个复杂的机制来获取平衡资源。

发电机组出力的调整速率显然是决定其平衡服务提供能力的最重要的因素。然而，在某些情况下，发电机组所处的位置也可能影响它提供这些服务的能力。

如果一个发电厂连接主网的输电通道经常出现阻塞,则该发电厂不适合提供这些平衡服务。因为其增加出力的能力会受到输电线路阻塞的限制。

例 6.3

图 6.3 显示了系统在一台主要的发电机组跳闸后的系统调频响应和备用资源的响应。这个例子是基于一个真实的电网事故。1995 年 8 月 15 日 12:25:30,1220MW 的发电出力突然与英国电力系统断开连接。该系统当时的总装机容量约为 65GW,但没有与任何其他电力系统交流互联。因此,它很容易出现明显的频率波动。该系统的两类主要的备用服务反映了这一特点。一次调频措施必须在 10s 内全部到位,并能持续 20s。二次调频措施必须在事件发生后 30s 内完全可用,并且必须持续 30min。从图中可以看出,一次调频措施成功地阻止了频率下降,使得频率下降没有达到 49.5Hz 的法定限值。二次调频则使系统频率进一步接近其额定值。燃气轮机机组于 12:29:20 起动,以将频率完全恢复到额定值。

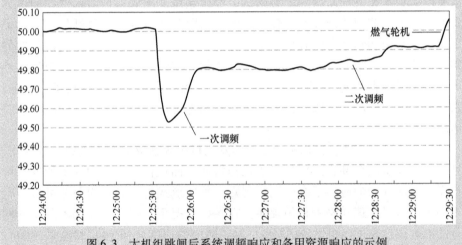

图 6.3 大机组跳闸后系统调频响应和备用资源响应的示例

6.2.1.2 随机可再生能源发电的影响

随着风能和太阳能等随机可再生能源发电机组渗透率的增加,系统调度必须获得更多的备用资源,以应对可再生能源不可预测的发电出力变化,特别是在可再生能源"大发"的时期。随着预测的提前时间拉长,风电出力预测的不确定性显著增大。例如,表 6.2 显示了如果英国安装 26GW 的风力发电,则发电出力预期的最大变化范围。如果备用容量是由联合循环机组(CCGT)提供的,则必须准备 7200~9650MW 的额外备用容量,因为这些机组需要大约 4h 才能与系统同步。

表 6.2 英国 26GW 风电预测误差估计值和备用容量需求

提前时间/h	最大变化范围/MW
0.5	1090~1450
1	2100~2800
2	4050~5400
4	7200~9650

6.2.2 电网问题

6.2.2.1 潮流输送限制

除了最小规模的电力系统，在几乎所有的电力系统中，用户和发电机组都通过一个电网连接。随着负荷和发电出力的变化，支路潮流和节点电压也随之波动。因此，系统调度中心必须考虑这些变化对运行可靠性的影响。除了不断检查是否有设备运行在其稳定性极限之外，系统调度还需要定期进行静态安全计算分析。该分析以系统当前运行状态为出发点，并检查是否会出现可能破坏系统稳定的故障。根据电力系统的特点，这种不稳定可能有以下几种形式：

1）在一条线路因故障断开之后，该线路的潮流在电网中重新改变输送路径。在这种"故障后"状态下，一条或多条线路的负荷率可能超过其热稳极限。除非系统调度能够迅速纠正这种情况，否则过载的线路将会下垂，导致故障，并断开连接。同样，过载的变压器也会跳闸，以保护过热带来的损坏。这些额外的设备停运进一步削弱了电网，并可能导致系统崩溃，因为会有越来越多的线路过载。

2）一台发电机组或无功补偿装置的突然跳闸会使系统失去必要的无功支持。类似地，重要线路的断开会增加网络中的无功损耗，并可能超出系统所能承受的范围。局部区域甚至整个电网的电压可能会崩溃。

3）重载线路上的一个故障可能会导致一部分发电机的转子角增加太多，以至于电网的一部分与其他部分动态解列，导致其中一个或这两个区域的电网崩溃，因为发电机组出力和用电负荷功率不能再恢复平衡。

当系统处于这样的运行状态时，即一个可能的故障将触发任何类型的不稳定性，系统调度必须采取预防措施。

某些类型的预防措施所涉及的成本是非常小的。例如，操作员可以通过调整变压器分接头和发电机端口电压设定值，或通过投切电容器组和电抗器组来增加电压稳定性的裕度。还可以通过使用移相变压器重新分配有功功率传输路径来降低事故后过载的可能性。虽然这些低成本的预防措施可能非常有效，但它们对系统运行可靠性的贡献是有限的。随着系统负荷的增加，到了一定程度，可靠性只能通过限制某些线路的有功功率来维持。而这也限制了位于关键线路上游的发电机组的发电出力，并阻止它们生产可以在市场上出售的电能量。正如我们在前一章所看到的，限制有功功率会影响电力市场价格，而且往往会带来非常高的成本。

例 6.4

让我们考虑图 6.4 所示的两节点系统。我们想要计算位于节点 A 的发电机组能够卖给节点 B 上的用电负荷的电能。线路的热稳定极限是容易计算的。如果每条线路设计为能够连续输送 200MW 而不超过热稳定极限，则节点 B 上的负荷从发电机组 A 获得的最大功率限制在 200MW。备用的 200MW 输电能力必须保留，以防发生故障使得其中一条线路断开。如果我们考虑到事故后采取的纠正措施，则可以减少这一非常可观的可靠性裕度。让我们假设任何一条线路都能承受 10% 的过载 20min，而不会下垂并引起另一个故障，也不会损坏导线。如果节点 B 的发电机组能够保证在 20min 内增加 20MW 的发电出力（如有必要），那么从节点 A 向节点 B 传输的最大功率可以从 200MW 提高到 220MW。

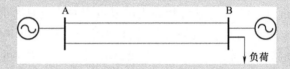

图 6.4 在两节点系统中保持输电网络可靠性的措施对系统运行的限制

为了计算暂态稳定性约束对节点 A 向节点 B 传输的最大功率的影响，我们需要更多关于系统的信息。为了避免不必要的麻烦，我们假定节点 B 等效为无穷大系统，并且 A 上的发电机的惯性时间常数 H 为 2s，其暂态电抗 X 的标幺值为 0.9，节点电压近似为常数。每一条线路的电抗的标幺值等于 0.3。每个节点的电压标幺值保持 1.0 不变。在这个系统中，比较糟糕的事故是靠近节点 A 的线路上出现故障，我们假设这样的故障线路切除时间将在 100ms 内完成。使用暂态稳定分析程序，很容易计算，在这些条件下，从 A 传输到 B 而不危及系统暂态稳定极限的功率是 108MW。

现在，让我们考虑电压稳定性约束是如何限制从节点 A 到节点 B 的传输功率的。再次，为了避免不必要的复杂性，我们将采用一个非常简单的电力系统模型，假设当线路潮流正好不收敛时系统达到电压崩溃点。这个假设让我们能够对该电力系统能够承受的最大输电功率进行有效的初步近似估计。如果需要更精确的电压稳定性极限计算，就需要已有的更复杂的分析技术。

节点 B 上可用的无功功率支撑对传输能力有很大的影响。让我们首先考虑这样一种情况，即节点 B 上已经没有可用的电压支撑，因为该节点上的发电机组已达到其无功出力上限。使用潮流分析程序，我们可以计算出，当两条线路都在运行时，在 B 节点的电压标幺值不低于通常的电压下限 0.95 的条件下，可以将 198MW 的功率从节点 A 传输到节点 B。然而，如果其中一条线路断开，而功率传输超过 166MW，电压就会崩溃。另一方面，如果在节点 B 上如果有 25Mvar 的无功支持，在线路中断不会引起电压崩溃的条件下，传输功率可以增加到 190MW。

在前面的例子中，暂态稳定对最大功率传输的限制最为严格。在实际的电力系统中，限制因素取决于其结构：具有长传输线的电网往往容易受到稳定性问题的限制，而连接更密集的网格结构的电网则容易受到热稳定极限或电压稳定性因素的限制。

6.2.2.2 电压控制和无功支撑

前面的示例还展示了系统调度如何使用无功补偿资源来增加从电网中某一部分向另一部分传输的电能。这些无功补偿资源和电压调节设备（如机械开关电容器和电抗器、静态无功补偿器、调节变压器）通常由系统调度直接控制，可以按需调用。然而，发电机组提供了调节电压的最佳方式。因此，需要对电压调节服务规则进行明确，以确定系统调度在何种条件下可以调用发电公司的电压调节资源。提供这种服务的发电机组在产生有功功率的同时产生或吸收无功功率。也可以由此推断，可以单独开放提供无功补偿或电压调节服务的市场。

电压调节服务的定义必须考虑系统在正常运行状态下的调度操作，但也要考虑出现不可预测停运事故的可能性。在正常运行状态下，系统调度使用无功补偿资源将所有节点的电压维持在接近额定电压值的相对狭窄的范围内。通常，这个范围（标幺值）为：

$$0.95\text{pu} \leqslant U \leqslant 1.05\text{pu} \tag{6.1}$$

将输电网电压保持在这个合理范围内，部分原因是为了方便配电网的电压调节。这也使输电系统的运行更加安全。保持电压小于等于这个上限可以减少绝缘故障的可能性。下限的设置则更加随意。一般来说，在正常运行状态下保持偏高的电压水平，可以让系统更有可能在不可预测的故障确实发生时避免电压崩溃。然而，良好的电压曲线并不能保证电压稳定性。重载输电线路的开断会导致电网剩余线路的无功损耗以非线性的方式快速增加，如果这些无功损失不能得到补偿，系统电压将崩溃。因此，故障后所需补偿的无功功率远远大于正常运行所需的无功功率。因此，电压调节服务的定义不仅要考虑在正常运行时调节电压的能力，还要考虑在紧急情况下提供无功功率补偿的能力。事实上，电压调节服务通常被称为无功补偿服务。

例 6.5

通过使用潮流求解程序,我们可以在一个类似于图 6.4 所示的两节点示例中探索电压调节或无功补偿服务的特性。该系统中的每条传输线路均使用图 6.5 所示的 π 型等效电路建模。假设节点 B 上的负荷的功率因数为 1。首先让我们来研究一下系统调度如何利用节点 B 上发电机组的无功来控制该节点上的电压。我们假设节点 A 上的电压恒定为其额定值。

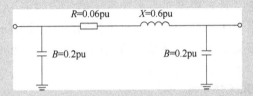

图 6.5 例 6.5 中的 π 型等效电路表示的输电线路

从图 6.6 可以看出,当节点 A 向节点 B 传输的功率较小时,线路并联等效电容产生的无功功率大于串联等效电抗消耗的无功功率。节点 B 上的发电机必须吸收这些多余的无功功率,以使该节点电压保持在可接受范围内。当传输功率在 100~145MW 之间时,无功功率平衡使得电压自然而然地保持在可接受的范围内。在这些条件下,节点 B 不需要注入无功功率。当功率传输超过 145MW 时,线路中的无功损耗必须通过节点 B 注入无功功率来补偿,以防止电压下降到其可接受的下限之外。

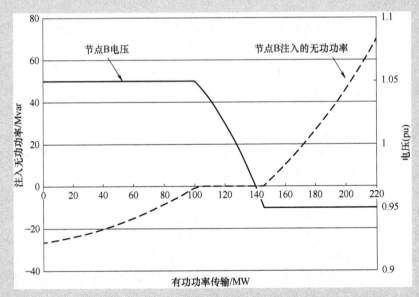

图 6.6 例 6.5 中两节点系统中节点 B 注入无功功率与节点 B 电压的关系。节点电压(实线)和将电压保持在正常范围所需的注入无功功率(虚线)与从节点 A 到节点 B 传输的有功功率的函数关系

如果连接到节点 B 的发电机断开连接,或提交的电压调节服务的报价过高,系统调度可以尝试通过调节节点 A 上发电机的电压设定值来调节 B 节点电压。当传输的功率很小时,节点 B 上的电压很高。为了使它低于可接受的上限,在节点 A 的发电机组的端口电压设定值必须降低。这意味着该发电机组必须吸收无功功率。由表 6.3 可知,当传输功率为 49MW 时,节点 B 处的电压达到上限,而节点 A 处的电压达到下限。因此,较低的传输功率可能无法与电压控制的需求相适应。另一方面,当传输功率较大时,必须提高发电机 A 的电压设定值,使节点 B 处的电压保持在其可接受的下限之上。当传输功率达到 172.5MW 时,节点 A 处的电压达到上限,节点 B 处的电压达到其下限。因此,小于 49.0MW 或大于 172.5MW 的传输功率将导致节点 A 或节点 B 电压越限。因此,我们可以得出结论,即使在正常运行条件下,电压的本地调节也比远程调节有效得多。

表 6.3 改变节点 A 机组电压对节点 B 进行电压调节的极限条件

传输功率	U_B(标幺值)	U_A(标幺值)	Q_A/var
49.0	1.05	0.95	-68.3
172.5	0.95	1.05	21.7

如前所述,无功支撑服务的真正价值不在于无功功率的实际输出,而在于提供无功补偿并防止电压崩溃的能力。潮流计算程序可以粗略算出事故发生后为防止电压崩溃而必须注入的无功功率。为了更精确地计算无功备用的需要,需要考虑动态性。图 6.7 显示了为了防止在我们的两节点系统中两条线路之一因故障断开后发生电压崩溃,而需要向节点 B 注入的无功功率数量。

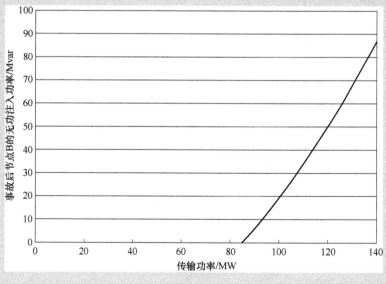

图 6.7 在连接节点 A 和节点 B 的一条线路故障后,节点 B 的无功功率补偿需求

在故障发生前的状态中，节点 A 的发电机确保该节点的电压保持在其额定值。该图显示，当传输功率小于 85MW 时，在节点 B 未提供无功支持的情况下，系统可以承受一条线路断开。然而，当传输功率超过该值时，在"事故后"状态中，无功补偿需求迅速增加。

图 6.8 给出了节点 A 向节点 B 传输功率为 130MW 时，故障前后的无功功率平衡关系。节点 B 处的发电机组在事故前后保持其电压为额定电压。在事故发生前，输电线路产生的 25Mvar 的无功必须被节点 A 处的发电机吸收。有功损耗约为 6MW。事故发生后，两台发电机组必须向剩余线路注入无功功率，以防止电压崩溃。线路现在消耗 107Mvar 的无功功率，而不是产生无功功率。而有功功率损耗仅增加到 15MW。

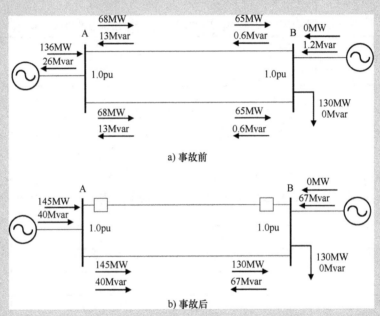

图 6.8 事故发生前状态和事故后状态两节点系统的有功功率和无功功率

6.2.2.3 保持稳定性的辅助服务

系统调度还需要从发电机组获取其他的保持电网稳定性的辅助服务。例如，联合隔离方案（intertrip scheme）可以缓解暂态稳定问题。这些方案对电力系统的当前状态没有影响，但在发生故障时，它们会自动断开一些发电机组和（或）一些负荷，以保持系统的稳定。类似地，电力系统稳定器对发电机的输出进行微小的调整，以抑制可能在电网中产生的振荡。这些稳定器的作用增加了可以传输的功率。

6.2.3 系统恢复

尽管系统调度尽了最大的努力，但偶尔也会出现系统扰动带来的振荡失控，导致整个电力系统崩溃。系统调度有责任尽快将系统恢复到正常运行状态。然而，重新起动大型火电厂需要大量的电力，如果整个系统崩溃，这些电力将难以获取。幸运的是，一些类型的发电机（如水电厂和小型柴油发电机）能够手动重起或使用电池储存的能量。系统调度必须确保有足够的这些系统恢复资源可用，以保证在任何时候都能迅速提供系统恢复服务。这种辅助服务通常称为"黑启动"。

6.2.4 市场模型与系统运行模型

准确地确定输电网络对各种发电机组出力的限制，需要使用复杂的电力系统模型进行计算，这些模型考虑了系统当前的或者预期的系统运行方式。这些电力系统模型过于复杂，无法纳入前一章所述的节点边际电价（Locational Marginal Price，LMP）的计算模型中。但是，如果所有的稳定性极限被转换成线路潮流的近似替代性限制，就可以采用5.3.4.4节的线性规划模型有效地求解。这种近似的线性模型是重要的，因为它们可以确保市场出清程序的计算时长控制在合理范围之内。但是，这些模型的计算结果的精确性不足以保证电力系统的运行可靠性。因此，在使用市场出清软件的情况下，系统运营商还会同时使用更精细、更准确的电力系统模型进行独立的分析。基于这些模型计算的结果，系统调度会对根据市场交易出清形成的发电调度方案进行修正，以使其符合电力系统可靠性标准。

6.3 获取可靠性资源

在前一节中，我们看到系统调度需要一些可靠性资源来维持电力系统的运行可靠性，而其中一些资源必须以辅助服务的形式从其他行业参与主体那里获得。系统运营商有两种机制来获取所需的资源：其一是义务提供一些资源；其二是采用市场机制。正如我们将看到的，两种方法都有优点和缺点。选择哪一种机制不仅受到资源类型的影响，而且还受到电力系统运行特征和历史因素的影响。

6.3.1 义务提供的方式

在这种方式下，对于某一个类别的主体来说，需要其提供一些资源，以作为其连接到电力系统的一个条件。例如，对于所有的发电机组来说，其并网的条件如下：

1）配备具有4%下垂系数（droop coefficient）的调速器。这一要求确保所有的机组对频率调节的贡献是平等的。

2）能够在0.85~0.9的滞后功率因数范围内工作，并配备自动电压调节器。这要求所有的机组均参与电压调节，有助于保持电压稳定性。

这是最接近垂直一体化模式下的做法，保证了系统可获得足够的资源来维持电力系统的运行可靠性。强制性的义务提供虽然看起来操作性强，但不一定会有好的经济性，实施起来也存在一定的困难：

3）这种强制性的资源获取方式可能造成不必要的投资，带来比实际需要更多的资源。例如，并不是所有的发电机组都需要参与频率调节来维持系统稳定性。同样，不是所有的发电机组都需要配备电力系统稳定器来抑制系统振荡。

4）这种方式不会带来技术创新或商业创新发展的空间。如果传统的服务提供者是被强制性要求去提供这种辅助服务，那么行业主体和系统运营商也不太可能开发或搜索新的、更有效的服务提供方式。

5）义务提供服务的方式往往不受服务提供者的欢迎，因为他们觉得自己被迫提供一种服务，这种服务增加了他们的成本，而他们却没有得到相应的报酬。例如，发电公司往往抱怨说，提供无功功率会增加同步电机的损耗，有时还会减少他们能够生产和销售的有功功率。

6）有些市场参与主体可能无法提供某些辅助服务，或无法以较为经济的方式提供这些辅助服务。例如，核电机组无法提供需要快速改变有功功率输出的调峰服务。不应强制要求高效率的常规机组或可再生能源机组低负荷运行以提供系统备用。系统应该集中统筹决策到底需要多少备用，并优先安排一些高成本的边际机组或超边际机组提供系统备用，这样可以大幅降低系统运行成本。因此，资源的义务提供方式并不适用于所有类型的辅助服务，即使是那些看起来好像合适的辅助服务。对于部分市场主体，可以免除其义务提供辅助服务的责任，虽然这样的义务免除可能会被认为是不公平竞争。

6.3.2 可靠性资源市场

考虑到要求参与主体义务提供可靠性资源在经济性上的劣势和实际操作困难，往往需要建立一种市场机制来采购可靠性资源。这种市场机制的具体设计取决于所需要服务的特征。长期采购合同适用于需求量不随时间变化或变化很小的辅助服务，也适用于主要由设备技术特性决定供应能力的服务。比如，黑启动能力、联动切负荷方案、电力系统稳定器和频率调节通常是根据长期合同采购的。另一方面，现货市场更适合那些需求在一天中随着时间变化很大的可靠性资源，而且由于该可靠性资源与电能量市场的关联性，其申报量也会随着时间发生变化。例如，至少有一部分基本的备用资源通常是通过短期市场机制获得的。但是，系统运营商往往会通过长期合同锁定一些备用，以规避在运行中备用不足或备用价格飙升的风险。在一个成熟的电力市场，备用服务的提供者也同样倾向于采用短期合同和长期合同的交易组合。

市场提供了一种更灵活、也可能更经济的可靠性资源采购机制。但是，目前还不清楚是否可以采用市场机制来采购所有类型的可靠性资源。在某些情况下，实际上能够提供某种资源的参与主体数量太少，以致于存在滥用市场力的可能性。例如，在某些偏远地区，可能只有一个发电机组能够在紧急情况下提供无功功率，有效支撑电压。因此，需要严格监管无功市场，以避免出现市场力滥用。

6.3.3　大规模间歇性可再生能源发电渗透下的系统平衡

正如我们在第 6.2.1.2 节中所讨论的，大规模的随机性可再生能源发电并网以后，系统调度需要相应增加可调用的备用容量资源。常规发电机组通常没有足够的灵活性来提供这种增量备用，因为这些机组最小稳定技术出力很高，爬坡速率又有限，而且开机停机时间也很长。这些物理性能限制可能会迫使系统调度削减可再生能源发电出力。此外，由常规发电机组来提供这些增量储备，将至少抵消可再生发电的一些环境效益，并可能大幅增加电力系统的运行成本。下面的例子说明了如何通过由需求侧资源提供备用，降低了传统发电机组提供备用的需求，并减轻了对可再生能源发电出力的限制。

例 6.6

表 6.4 描述了一个风电大量接入的电力系统的特征，给出了用电负荷需求、预测风电出力、为确保系统可靠运行所需的备用容量。根据第 6.2.1.2 节给出的数据，假设在 CCGT 机组开机的 4h 内，风电出力从 12000MW 下降至 5500MW，在这样的情景下，计算为保持电力平衡所需的备用容量水平。

表 6.5 总结了考虑三种不同备用供应方式的例 6.6 的系统调度方案。

表 6.4　电力系统特征及运行条件

风电装机容量/MW	必开核电装机容/MW	每台 CCGT 机组		用电负荷/MW	预测风电出力/MW	备用需求/MW
		最大技术出力/MW	最小技术出力/MW			
26000	8400	550	300	25000	12000	6500

表 6.5　考虑三种不同备用供应方式的例 6.6 的系统调度方案

	没有备用	只有 CCGT 备用	CCGT+需求侧资源备用
核电/MW	8400	8400	8400
CCGT/MW	4600	7800	5400
风电/MW	12000	12000	12000
弃风/MW	0	3200	800
CO_2 排放/(g/kWh)	68.8	137.28	95.04
总 CO_2 排放（t/30min）	860	1716	1188

首先，如果在不考虑备用需求的情况下，25000MW 的用电负荷将由 12000MW 的风电出力、8400MW 的非灵活性核电出力和 4600MW 的 CCGT 发电出力来满足。由于每个 CCGT 电厂的出力上限为 550MW，因此需要 9 个 CCGT 电厂同步运行，每个平均将提供 511.1MW 的出力。从环境角度看，不需要限制风力发电出力，平均二氧化碳排放量为 68.8g/kWh⊖。

其次，我们考虑 6500MW 的系统备用需求，但假设所有这些备用将由同步运行且部分载荷的 CCGT 机组提供。因为这些机组具有最小的稳定技术出力（P_{min}）300MW，每个机组只能提供 550-300=250（MW）的备用容量。因此，提供 6500MW 的备用将需要同步运行 26 台 CCGT 机组，且它们均按最小稳定技术出力运行。这些机组还将产生 26×300=7800（MW）的出力。由于核电机组被认为是缺乏灵活性的，保持发电和负荷的平衡需要削减 3200MW 的风电出力，即 26.7% 的风电可用发电能力。二氧化碳的平均排放量为 137.3g/kWh。

第三，我们评估了从需求侧获得 2000MW 备用的价值。在这种情况下，只需要 18 台 CCGT 机组提供剩下的 4500MW 的备用。这些机组以最小稳定技术出力运行，产生 5400MW 的出力。剩余的用电负荷由 8400MW 的核电机组和 11200MW 的风电机组来满足。在这种情况下，只需要削减 800MW 的风电，即占可用发电能力的 6.7%。平均二氧化碳排放量为 95.04g/kWh，比仅由常规电厂提供备用时低 30%。

这个例子说明了替代技术（如需求响应或储能）在提供可再生能源发电所需的系统灵活性方面的重要性。

6.3.4 营造一个公平竞争的环境

在发电侧引入竞争之前，垂直一体化的电力公司拥有的发电机组几乎提供了确保可靠性所需的所有资源。不幸的是，从各个电力市场对辅助服务的定义可以看到，当前许多电力市场仍然采用从发电侧获取辅助服务资源的方式。在一个真正竞争的市场环境中，系统运营商没有义务或动机在可靠性资源的采购中偏向于发电侧，因为其他供应主体也能够提供相同质量的服务。鼓励电力用户和其他主体（如储能系统的所有者）提供可靠性资源有几个优点。首先，更多的辅助服务供应商会增加这些市场中的竞争。第二，从系统经济性的角度来看，需求侧的参与提高了系统运行效率。例如，如果可中断负荷或储能装置提

⊖ 假设 CCGT 机组在按最大出力运行时的二氧化碳排放量为 368g/kWh，且假设 CCGT 机组在按最小稳定技术出力（P_{min}）运行时，运行效率下降 20%。

供了部分备用，则不需要保留相应的发电容量。这些发电机组可以用来产生电能，而这本来也是制造发电机组的主要目的。如果发电技术继续朝着大型非灵活机组和可再生能源发电机组的组合这样的趋势发展，那么系统控制的可靠性资源可能不得不来自于需求侧。最后，使资源供应分散化可以提高电力系统的可靠性。与少数的大型供应商相比，大量的小型供应商不能及时交付关键辅助服务的可能性确实要小一些。

需求侧资源可能在提供不同类型的备用服务中最具竞争力；一些电力用户（例如，那些有较大水泵负荷且配备了变速电机的用户）能够参与调频市场的竞争；抽水蓄能电站的灵活性使用户在提供调频和备用方面具有很强的竞争力。电池储能系统也越来越多地用于提供这些辅助服务。这些资源通过电力电子接口与电网相连，具有响应速度极快的优势。然而，由于这些资源的容量相对较小，对持续一段时间的发电不足的情景，其能提供的响应能力是有限的。

6.4 购买可靠性资源

在本章的开头，我们讨论了系统获取这些可靠性资源的目的，是为了在面对不可预测的事故的情况下，保持电力系统运行的可靠性。由于一个元件的故障会波及到整个电网，因此系统整体运行可靠性需要进行集中管理。因此，系统调度承担了代表系统中的所有电力用户购买系统运行可靠性的责任。如果我们假设已经采用了市场机制来采购必要的资源，那么系统运营商须向资源供应商支付购买费用，然后从系统中的电力用户那里收回这些成本。由于涉及的金额将达到一定规模，这些用户可能会仔细审查这个购买过程。他们需要确信，购买的资源数量是最优的，支付的价格是合理的，每个用户分摊的费用是公平的。

6.4.1 可靠性资源需求的定量分析

理想情况下，运行可靠性水平应该通过成本/收益分析来确定。成本/收益分析的目的就是要找到一个运行可靠性水平的最优水平，在这个最优水平上提供更多可靠性的边际成本等于该可靠性的边际价值。边际成本相对容易计算，而边际价值则主要通过用户失负荷的期望价值来衡量。这个成本很难计算。由于在每种情况下开展成本/收益分析是不实际的，所以需要制定近似于最优解决方案的可靠性标准。这些标准通常明确了系统必须能够承受的突发事件。基于此，开发了复杂模型和计算工具，以帮助系统调度根据这些标准管理电力系统，并量化他们实现这一目标所需的辅助服务。对这些技术的讨论超出了本书的范围。有兴趣的读者可以参考 Billinton 和 Allan（1996）对备用需求量化技术的详尽讨论。Pudjianto 等人（2002）则描述了一种确定和分配无功补偿需求的方法。

如果系统运行成本只是简单地传递给用户，那么系统运营商可能会购买比实际有效需求更多的可靠性资源。因为，在遭遇紧急情况时，拥有更多的资源可以让系统运行更容易和更轻松。因此，有必要建立激励机制，鼓励系统运营商不仅要尽量减少购买可靠性资源的成本，而且保证能购买足够数量的真正需要的资源。

6.4.2 集中式电力市场中电能量和备用的协同优化

对可靠性资源进行合理定价并不容易，因为特定资源的采购常常无法与电能或其他相关服务的采购分离开来。在早期的电力市场中，这个问题并没有得到充分理解。电能量和不同类型的备用服务分别在不同的市场上交易，然后根据资源的响应速度按顺序依次进行不同的市场出清。例如，首先出清一级备用市场，然后是二级备用市场，最后是电能量市场。这样操作的目的是使在一个市场上没有出清成功的资源，可以在其他性能要求不那么高的市场上成功出清，而成功中标的资源将不会在后续的市场中被考虑。经验表明，这种方法会带来一些问题，并已经导致该方法不再被采用。有关这些问题的更多细节见 Oren（2002）。

现在的广泛共识是，电能量和备用应通过联合市场提供，并且这些市场应当联合出清，以减少提供电能量和备用的总费用。这种联合优化的方法是必要的，因为提供电能量和备用是相互影响的。为了更直观地理解这种交互作用，考虑到要提供旋转备用，发电机组就不能满负荷运行。这种运行模式有几个后果：

1）如果不提供备用，这些部分载荷的发电机组可以通过提高出力出售更多电能。

2）为满足同样的需求，由于这些提供备用的机组降低了负荷，其他成本更高的发电机组需要增加出力来实现电力平衡。

3）提供旋转备用的发电机的运行效率很可能低于满负荷运行时的效率。因此，这些发电机需要更高的电能量价格去补偿增加的发电成本。

因此，满足备用需求要求就会提高电能量的价格。在本节的后续部分，我们将使用简单的示例来讨论如何在集中式电力市场中以这一增量成本最小化为目标进行联合优化，同时可以确保，各发电机组在增加备用供给而减少电能量供给的时候，最后的结果对发电公司并不是不利的。有关这一问题的更详细讨论，请参见 Read 等人（1995）。

例 6.7

考虑一个小规模的电力市场，其用电需求变化在 300~720MW 之间。为了简单起见，我们假设只需要一种类型的备用，并且备用容量需求达到 250MW，以避免出现紧急情况时仍有用户出现停电的情况。表 6.6 显示了连接到这个电力系统的 4 台发电机组的相关特性。

表 6.6　例 6.7 中发电机组的边际成本、最大技术出力和最大备用

发电机组	边际成本/(美元/MWh)	P^{max}/MW	R^{max}/MW
1	2	250	0
2	17	230	160
3	20	240	190
4	28	250	0

这些发电机组假设边际成本为常数，并且从 1 号机组到 4 号机组的边际成本是依次递增的。虽然它们的容量相近，但它们提供备用的能力却大不相同。1、4 号机组无法按照系统调度要求提供备用；而 2、3 号机组所能提供的备用的大小不仅受到它们的容量的限制，而且也受到它们的响应速度的限制。图 6.9 显示了在不同有功出力下，这些机组可以提供的备用大小。为了简单起见，我们忽略了所有发电机组最小稳定技术出力限制及其带来的复杂性。

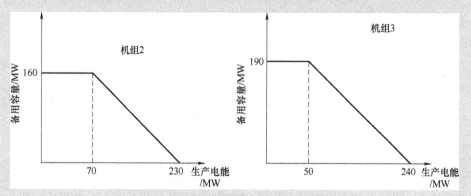

图 6.9　2 号和 3 号发电机组所能提供的备用与它们有功出力之间的关系

我们假设这个市场模式是集中式的，发电商按照他们的边际成本进行电能量市场报价，而且市场规则不允许对备用市场的单独报价。如果发电机组在提供备用时不产生直接成本，则前面关于不允许备用市场独立报价的假设具有合理性。我们将在下一个例子中放宽这个假设。为了进行市场出清，系统运营商需要开展经济调度以最大限度地降低发电费用（以机组的报价来衡量），同时要遵守系统运行物理约束。最终，这个最优化问题可以表示为：

求出使得下式最小的 4 个发电机组发电出力（P_1、P_2、P_3 和 P_4），以及这些机组的备用容量（R_1、R_2、R_3 和 R_4）。

$$\min\ 2P_1+17P_2+20P_3+28P_4 \tag{6.2}$$

有以下约束条件：

供需平衡约束：

$$P_1+P_2+P_3+P_4=D \tag{6.3}$$

最小备用约束：

$$R_1+R_2+R_3+R_4 \geqslant 250 \tag{6.4}$$

发电机组出力约束：

$$0 \leqslant P_1 \leqslant 250$$
$$0 \leqslant P_2 \leqslant 230$$
$$0 \leqslant P_3 \leqslant 240$$
$$0 \leqslant P_4 \leqslant 250 \tag{6.5}$$

发电机组备用容量限制：

$$R_1=0$$
$$0 \leqslant R_2 \leqslant 160$$
$$0 \leqslant R_3 \leqslant 190$$
$$R_4=0 \tag{6.6}$$

发电机组容量限制：

$$P_1+R_1 \leqslant 250$$
$$P_2+R_2 \leqslant 230$$
$$P_3+R_3 \leqslant 240$$
$$P_4+R_4 \leqslant 250 \tag{6.7}$$

任何线性规划程序都可以很容易地求解这个问题。表 6.7 显示了用电需求从 300MW 上升到 720MW 的结果。除了解出发电出力和备用容量的最优解之外，此类优化程序还可以计算与每个约束条件相关的对偶变量或拉格朗日乘子。供需平衡约束的拉格朗日乘子等于的边际发电成本。类似地，最小备用要求约束的乘子等于提供备用的系统边际成本。在集中式市场中，这些边际成本分别就是电能量的市场出清价格和备用市场出清价格。

表 6.7 在不同的用电需求下例 6.7 优化问题的求解结果

用电需求/MW	P_1/MW	R_1/MW	P_2/MW	R_2/MW	P_3/MW	R_3/MW	P_4/MW	R_4/MW
300~420	250	0	50~170	60	0	190	0	0
420~470	250	0	170	60	0~50	190	0	0
470~720	250	0	170	60	50	190	0~250	0

注：该表中的每一行对应一个子域，在这个子域范围内，只有一个发电机组的输出随用电负荷的变化发生变化。

对于这个简单的示例,我们可以很容易地进行手工求解,并能够更好地理解备用价格的物理含义及其随需求变化的变化情况。

考虑到最小用电负荷是 300MW,而 1 号机组的边际成本最低且不能提供备用,我们马上就可以得出,对所有用电负荷水平,该机组须按最大出力 250MW 运行。由于 2 号机组和 3 号机组是仅有的能提供备用的机组,而 2 号机组最多只能提供 160MW 备用容量,所以 3 号机组必须至少提供 90MW 备用容量。鉴于该机组的发电容量为 240MW,其有功出力须低于 150MW。

$$0 \leqslant P_3 \leqslant 150 \tag{6.8}$$

同样,由于 3 号机组最多只能提供 190MW 的备用,2 号机组必须至少提供 60MW 的备用容量。它的有功出力因此被限制在 170MW:

$$0 \leqslant P_2 \leqslant 170 \tag{6.9}$$

在用电需求在 300~420MW 之间变动的情况下,2 号机组是边际发电机组。它的发电出力在 50~170MW 之间,也就是说,1 号机组的最大发电出力为 250MW。根据 2 号机组的边际成本确定电能价格为 17 美元/MWh。在这个用电需求范围内,最小备用需求的不等式约束不起作用,因为 2 号和 3 号机组提供的备用就足以满足需求。因此,备用市场的出清价格为零。

随着用电需求从 420MW 增加到 470MW,2 号机组的出力被限制在 170MW,因为它必须提供至少 60MW 的储备。3 号机组成为边际发电机组,并且其出力逐步从 0 增加到 50MW。因此,电能量价格等于 3 号机组的边际成本,即 20 美元/MWh。为了确定备用的价格,我们必须弄清楚额外的备用容量从哪里来,以及它的成本是多少。图 6.9 显示,在此出力变化范围内,3 号机组提供了 190MW 的备用,这是它在所有情况下能够提供的最大备用容量。为了在基本的 250MW 的备用需求之外获得额外单位 MW 的备用容量,我们将不得不减少 2 号机组 1MW 的出力。因此,它的出力仅为 169MW,而不是 170MW。为了弥补这一发电功率缺口,我们将不得不把 3 号机组的出力增加 1MW。3 号机组的额外单位 MW 出力的边际成本为 20 美元,而减少 2 号机组的出力将节省 17 美元。因此,获得额外单位 MW 备用的净成本以及由此产生的备用价格为 20-17 = 3(美元/MWh)。

随着用电需求从 470MW 增加到 720MW,4 号机组为边际机组,其出力从 0MW 增加到 250MW。备用容量限制使 2 号机组和 3 号机组的发电出力分别保持在 170MW 和 50MW。在这些情况下,电能量价格为 28 美元/MWh。

备用的边际价格增加到 11 美元/MWh。这是因为,为了额外增加 1MW 的备用容量,我们需要将 2 号机组的发电出力减少 1MW,并将 4 号机组的出力增加 1MW。再调度的系统边际成本即备用价格为 27-17=11(美元/MWh)。

图 6.10 总结了不同需求下的电能价格和备用价格。

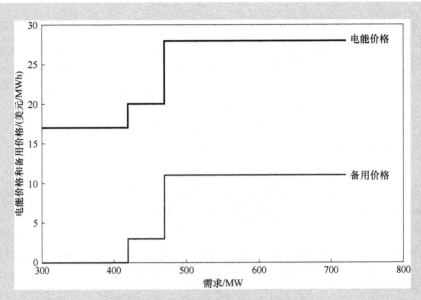

图 6.10 例 6.7 中的电能价格与备用价格

让我们计算一下每个发电机组的收入,它们所产生的成本,以及它们通过出售电能和备用容量而获得的利润。对于 1 号机组而言,计算是简单的,因为它总是满负荷运行,其发电价格由其他发电机组的边际成本决定。由于其自身的边际成本总是低于其他机组边际成本确定的价格,所以它总能获得良好的运营利润。

当用电需求在 300~420MW 之间变化时,电能量市场价格等于 2 号机组的申报价格。由于我们假设所有的发电机组都按照边际成本进行报价,所以机组在电能量的销售上并没有获得经济利润。考虑此时备用市场出清价格为零,它也不会从提供备用中获利。另一方面,当需求在 420~470MW 之间时,尽管 2 号机组的边际成本低于其他机组,但由于备用要求的限制,它的发电出力被限制在 170MW。3 号机组为边际机组。电能价格从原来的 17 美元/MWh 飙升至 20 美元/MWh,这意味着 2 号机组每生产 1MW 时可以获得 3 美元/MWh 的利润。乍一看,人们可能会认为,2 号机组的发电商受到了不公平对待,因为备用限制阻止它出售额外的 60MW 的电能量,而它的出价低于 3 号机组。然而,请注意,在这个需求范围内的备用价格为 3 美元/MWh,而 2 号机组提供的备用为 60MW。因此,它从备用所获得的收入正好等于不出售电能量的机会成本。因此,2 号机组的发电商会认为,此时不管是增加出售电能量并减少出售备用,还是增加出售备用并减少出售电能量,这两个选择的收益都是一样的,所以如何选都无所谓。在相同的用电需求变化范围内,3 号机组没有从电能量销售中获得经济利润,因为它是电能量市场的边际机组。但是,该机组通过出售备用容量提供中获得 3 美元/MWh 的利润,因为备用市场的边际机组是 2 号发电机组。

当需求超过470MW的情况下，4号机组将成为电能量市场的边际机组，并将决定电能源价格为28美元/MWh。因此，2号机组提供的170MW出力中，每单位电能可获得利润11美元/MWh。该机组的发电商并不介意备用约束对其出力的影响，因为他们还能从每MW的备用中获得11美元/MWh的利润。在这个用电需求变化范围内，2号机组仍然是边际备用机组。另一方面，3号机组的电能量市场利润为8美元/MWh，它出售备用的利润为3美元/MWh，因为它既不是提供电能量也不是提供备用的边际机组。

图6.11总结了2号发电机组从电能量市场和备用市场获得的收入及其成本和利润。

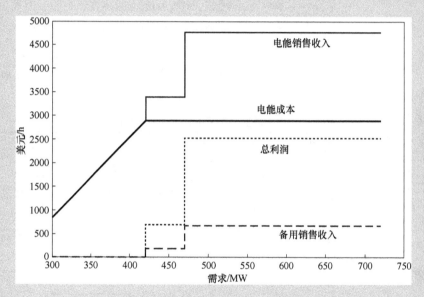

图6.11 在不同的用电需求下，2号发电机组的收入、成本和利润

例6.8

假设我们在前面的例子中的市场规则有了变化，我们需要考虑发电机组在提供备用时必须要承担的成本。这些成本可能是因为降低负荷运转带来的效率损失，或因为提供备用增加的额外维修费用。根据变化的市场规则，发电商可以在备用市场中单独报价。在市场竞争不充分的情况下，发电商可能不会根据其提供备用的边际成本来报价，而是根据发电商认为的备用服务的市场估值进行报价。我们还假设4号机组现在可以提供最多150MW的备用。表6.8给出了各发电机已提交的报价及相关机组特性。

表6.8 发电机组的边际电能量成本和边际备用成本、最大稳定技术出力和最大备用能力

发电机组	电能量边际成本/(美元/MWh)	备用边际成本/(美元/MWh)	最大稳定技术出力/MW	最大备用容量/MW
1	2	0	250	0
2	17	0	230	160
3	20	5	240	190
4	28	7	250	150

在发电机组明确进行备用市场单独投标的情况下,市场运营商须求解的优化问题的目标函数就变成了:

$$\min 2P_1+17P_2+20P_3+28P_4+0R_1+0R_2+5R_3+7R_4 \qquad (6.10)$$

除了4号机组所能提供的最大备用限制,其他约束条件与例6.7相同:

$$0 \leq R_4 \leq 150 \qquad (6.11)$$

表6.9汇总了此示例条件下的调度方案,图6.12展示了电能量和备用价格的变化。

表6.9 在不同用电需求变动区间下,例6.8优化问题的最优解

需求/MW	P_1/MW	R_1/MW	P_2/MW	R_2/MW	P_3/MW	R_3/MW	P_4/MW	R_4/MW
300~320	250	0	50~70	160	0	90	0	0
320~470	250	0	70	160	0~150	90	0	0
470~560	250	0	70	160	150~240	90~0	0	0~90
560~620	250	0	70~130	160~100	240	0	0	90~150
620~720	250	0	130	100	240	0	0~100	150

注:该表中的每一行对应一个子区间,在这个区间范围内,只有一个发电机组的出力随着用电需求的变化而变化。

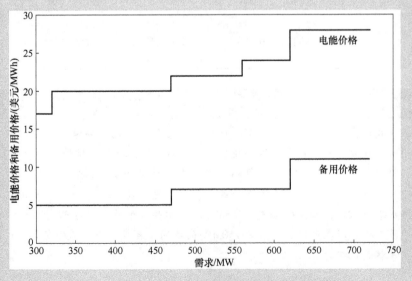

图6.12 在例6.8所列条件下,电能量价格和备用价格

我们来分析一下该最优解。当用电需求在300MW到320MW变动时，1号机组按最大出力250MW运行，2号机组作为边际发电机组出力满足剩余的用电需求。因此，电能量价格为17美元/MWh。2号机组按照最大备用能力（160MW）提供备用，因为该发电商愿意零成本提供备用容量。3号机组提供剩余的备用容量，因而该机组是备用市场的边际机组。备用市场的出清价格是5美元/MWh。2号机组从每MWh的备用中获取5美元的收益，而3号机组获得收益刚刚可以覆盖其提供备用的成本。

在320~470MW的用电需求变化范围内，2号机组的出力始终保持在70MW，所以一直可提供160MW的备用。3号机组是电能量市场的边际机组，电能量的价格因此为20美元/MWh，3号机组同时也是备用市场的边际机组，备用市场出清价格因而保持在5美元/MWh。2号机组出售电能量的利润为3美元/MWh，提供备用的利润为5美元/MWh。因此，该机组因需要提供备用而使出售的电能受到限制，并因此获得更多收益。

如果用电需求从470MW增加到560MW，2号机组继续保持70MW的出力，并提供160MW的备用。3号机组是电能量市场的边际机组。随着其出售电能的增加，其出售的备用也相应下降。4号机组则正好可以补上3号机组备用下降留下的缺口。在这种情况下，电能量价格并不等于3号机组的边际成本，因为增加3号机组电能量产出会影响备用的配置。3号机组增加出售单位电能的边际成本为20美元/MWh，但因此其提供的备用也降低了同样的水平，这减少了相应的备用成本，因此节省了5美元/MWh。而4号机组则正好补充提供了这一MW的备用，费用为7美元/MWh。因此，此时电能量的价格为系统总增量成本20-5+7=22（美元/MWh），这与任何发电机组的边际成本都不相等。因此，3号机组通过电能量产出在其边际成本基础上获利2美元/MWh。备用价格是7美元/MWh，因为备用市场边际机组是4号机组。通过分析可知，这个解决方案确实是最优的。设想一下，如果将3号机组的发电出力保持在150MW不变，使其能够始终提供90MW的备用，4号机组的发电出力将随着用电需求的增加而增加。采用这种调度方案的系统成本更高，因为增加的额外电能供给将导致8美元/MWh的增量成本，即机组4的边际成本高于机组3的部分，而因此避免的备用配置调整节省的成本将只有2美元/MWh。

在用电需求在560~620MW的变化范围内，3号机组的出力保持在最大技术出力240MW，因此不能提供任何备用。有趣的是，2号机组再次成为电能量市场的边际机组。然而，电能量市场出清价格不是17美元/MWh，而是24美元/MWh。虽然用2号机组增加额外单位电能供应的成本是17美元/MWh，但该机组提供的备用也相应降低了同样的水平。但是此时备用的下降并没有带来系统成本的降低，因为机组2愿意免费提供备用。由于备用缺口是由4号机组以7美元/MWh的成本填补的，所以电能量价格是17+7=24（美元/MWh）。备用市场的出清价格仍然是7美元/MWh，因为备用的边际机组是4号机组。

最后，对于大于 620MW 但小于 720MW 的用电需求变化区间，2 号机组和 3 号机组发电出力分别为 130MW 和 240MW。4 号机组是电能市场边际机组，2 号机组是备用市场边际机组。因此，电能量市场出清价格为 28 美元/MWh。备用市场的出清价格为 11 美元/MWh，因为要获得额外的单位 MW 备用，我们必须减少 2 号机组的出力（从而节省 17 美元/MWh），增加 4 号机组的出力（成本为 28 美元/MWh）。

这两个例子表明，可以同时对电能量市场和备用市场进行联合出清，在实现系统成本最小化的目标的同时，满足电力系统运行可靠性约束，并确保可以公平对待所有电能量市场和可靠性资源市场的市场主体。

6.4.3 在电能量和备用之间分配输电容量

系统运营商不仅需要保证他们有足够的备用容量，而且需要保证这些备用资源可以在需要时能通过电网供应。这个问题可能会变得越来越重要，因为为了应对可再生能源发电带来的更大的不确定性，备用要求将会提高。因此，电网可用传输能力（Available Transmission Capacity，ATC）必须在实际的输送电量和预留备用传输能力之间进行优化分配。下面的例子说明了这种权衡。

例 6.9

让我们考虑图 6.13 所示的对博尔多利亚-西尔瓦尼亚示例稍作调整后的情景。博尔多利亚仍然有成本更低的发电设备，并通过一个 800MW 的互联线路向西尔瓦尼亚外送。在运行期间，用电负荷如图所示，西尔瓦尼亚风电场出力为 1000MW。此外，这个互联系统的运营商还必须要防范在西尔瓦尼亚的规模达 300MW 的风电出力下降。

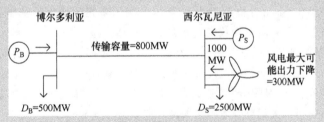

图 6.13 例 6.9 中修正后的博尔多利亚-西尔瓦尼亚系统

这两个地区都有完全竞争的电能量市场和备用市场，其中博尔多利亚的发电成本函数为 $C_B(P_B, R_B)$，西尔瓦尼亚的成本函数 $C_S(P_S, R_S)$ 如下：

$$C_B(P_B, R_B) = 10P_B + \frac{0.01}{2}P_B^2 + R_B + \frac{0.001}{2}R_B^2 + 0.001P_B R_B \quad (6.12)$$

$$C_S(P_S, R_S) = 13P_S + \frac{0.02}{2}P_S^2 + 5R_S + \frac{0.019}{2}R_S^2 + 0.001P_S R_S \quad (6.13)$$

式中，P_j 和 R_j 表示每个区域提供的电能量和备用的量，$j=B$ 则所指的区域为博尔多利亚，$j=S$ 则所指的区域为西尔瓦尼亚。根据式（6.12）和式（6.13），博尔多利亚和西尔瓦尼亚的电能市场出清价格 π_j^E 可由成本函数对 P_j 的偏导数给出：

$$\pi_B^E = 10+0.01P_B+0.001R_B \tag{6.14}$$

$$\pi_S^E = 13+0.02P_S+0.001R_S \tag{6.15}$$

备用市场的出清价格 π_j^R 由成本函数对 R_j 的偏导数给出：

$$\pi_B^R = 1+0.001R_B+0.001P_B \tag{6.16}$$

$$\pi_S^R = 5+0.019R_S+0.001P_S \tag{6.17}$$

在电能量和备用价格之间引入了 0.001 的耦合系数，因为用于提供电能量和备用的资源是相同的。因此，提供更多的备用不仅影响备用价格，而且影响电能量价格，反之亦然。

通过比较这些供给曲线可以看出，与西尔瓦尼亚的发电机组相比，博尔多利亚发电机组能够以更低的成本提供电能量和备用。因此，这种互联不仅使他们能够出售电能量，而且能出售备用服务，以填补西尔瓦尼亚风电出力可能的下降带来的不平衡。从整个电力系统的经济效率来看，这比在西尔瓦尼亚增加备用来应对当地风电出力变化更有效率。然而，从博尔多利亚获得较低成本的电能量和较低成本的备用，这两种资源都需要共享互联系统输电容量。对互联系统的输电能力在电能量和备用之间的分配的最优方案，可使博尔多利亚和西尔瓦尼亚的电能量和备用成本之和最小化。数学上表示为如下优化问题：

$$\min\{C_B(P_B+R_B)+C_S(P_S+R_S)\}$$

该最优化问题的约束条件如下：

博尔多利亚（Borduria）的电力平衡：

$$P_B-F^E = 500(\pi_B^E) \tag{6.18}$$

西尔瓦尼亚（Syldavia）的电力平衡：

$$P_S+F^E = 2500-1000(\pi_S^E) \tag{6.19}$$

博尔多利亚（Borduria）的备用需求：

$$R_B-F^R = R_B^R(\pi_B^R) \tag{6.20}$$

西尔瓦尼亚（Syldavia）的备用需求：

$$R_S+F^R = R_S^R(\pi_S^R) \tag{6.21}$$

输电容量约束：

$$F^E+F^R \leq 800(\pi^T) \tag{6.22}$$

F^E 和 F^R 分别表示分配给电能量和备用的传输容量。如果足够的输电容量分配用于备用（F^R），博尔多利亚/西尔瓦尼亚的备用需求（分别由 R_B^R 和 R_S^R 表示）可由本地（R_B 和 R_S）或其他区域的备用资源满足。

对偶变量 π_x^y 与每个约束相关联，如括号中所示。该优化问题的 Karush-Kuhn-Tucker（KKT）条件表明，这些对偶变量分别等同于式 (6.14)~式 (6.17) 中定义的电能量市场出清价格和备用市场出清价格。

让我们首先考虑这样一种情况，即没有分配输电容量以支持两地备用共享，以至于必须在本地提供这种备用资源。同时假设，备用只需要应对风电出力的最大可能降幅，即 300MW。换句话说，我们假设负荷预测是完全准确的，常规发电机组是 100% 可靠的。从数学上讲，这意味着在式 (6.20)~式 (6.22) 中设置 $F^R = 0$、$R_B^R = 0$ 和 $R_S^R = 300$MW，从而得到图 6.14 所示的运行条件，其中输电传输容量完全用于从博尔多利亚获得低边际成本的电能量。

图 6.14　当没有传输容量用以支持备用共享时博尔多利亚-西尔瓦尼亚系统的最优运行计划

如果我们设 $R_B^R = 0$ 和 $R_S^R = 300$MW 但不设 $F^R = 0$，图 6.15 说明了这个优化问题的解决方案。在这种情况下，电能量传输将从 800MW 缩减到 696MW，以分配 $F^R = 104$MW 的传输容量来支持备用共享。

图 6.15　当输电能力在电能与备用之间进行最优分配时，博尔多利亚-西尔瓦尼亚系统的最优运行计划

表 6.10 显示，随着分配给电能量的传输容量的增加，系统的运行总成本，以及电能量和备用成本如何变化。当分配给电能量的传输容量从 0MW 增加到 500MW 时，电能量成本会降低，因为博尔多利亚提供了更多更便宜的电能量。超过 500MW 后，随着分配给电能量的传输容量的进一步增加，这就会减少来自博尔多利亚的低成本的备用，进而导致系统备用成本开始增加，因为这时需要增加西尔瓦尼亚的成本更高的备用去替代博尔多利亚减少的备用。系统总运行成本最低值为 $F^E = 696$MW。

表 6.10　博尔多利亚-西尔瓦尼亚电力系统总运行成本及其组成部分随分配给电能量的传输容量变化而变化的情况

电能传输容量/MW	0	100	200	300	400	500	600	700	800
电能成本/（美元/h）	48400	45780	43460	41440	39720	38300	37160	36280	35660
备用成本/（美元/h）	345	345	345	345	345	345	815	1485	2355
总成本	48745	46125	43805	41785	40065	38645	37975	37765	38015

表 6.11 总结了所有市场参与主体在系统运行成本最低时的实际运行情况，负数表示对电能量和备用的需求。

在最优运行方案中（用 * 表示），博尔多利亚-西尔瓦尼亚的电能量价格为：

$$\pi_B^{*E} = 10 + 0.01 P_B^* + 0.001 R_B^* = 22.1 (\text{美元/MWh}) \tag{6.23}$$

$$\pi_S^{*E} = 13 + 0.02 P_S^* + 0.001 R_S^* = 29.3 (\text{美元/MWh}) \tag{6.24}$$

博尔多利亚-西尔瓦尼亚的备用价格为：

$$\pi_B^{*R} = 1 + 0.001 R_B^* + 0.001 P_B^* = 2.3 (\text{美元/MWh}) \tag{6.25}$$

$$\pi_S^{*R} = 5 + 0.019 R_S^* + 0.001 P_S^* = 9.5 (\text{美元/MWh}) \tag{6.26}$$

两地之间电能量市场和备用市场之间的价差为：

$$\pi_S^{*E} - \pi_B^{*E} = 7.2 (\text{美元/MWh}) \tag{6.27}$$

$$\pi_S^{*R} - \pi_B^{*R} = 7.2 (\text{美元/MWh}) \tag{6.28}$$

表 6.11　博尔多利亚-西尔瓦尼亚之间的发电出力、备用容量、用电负荷和电能传输

		电能/MW	备用/MW
博尔多利亚	常规发电出力	1196	104
	用电负荷	-500	0
西尔瓦尼亚	常规发电	804	196
	风电出力	1000	-300
	负荷需求	-2500	0
	电能输送	696	104

这些价格差异是相等的，因为在最优运行方案中，增加单位输电容量无论是分配给备用还是电能量，其增加的市场价值是相同的，应以相同的价格收费。使用优化问题的 KKT 条件，可以证明这个两地电能量或备用容量价差恰好等于互联线路传输容量 π^T 的边际价值或影子价格（就其绝对值而言），它是与式（6.22）表示的约束对应的对偶变量或拉格朗日乘子。如式（6.23）~式（6.28）所示，表 6.12 给出了每个市场参与主体的电能量和备用服务收入或支出，以及阻塞盈余。

表 6.12　电能量和备用的收入（正值）和支出（负值）

		电能/(美元/h)	备用/(美元/h)	合计/(美元/h)
博尔多利亚	常规发电	26431	239	26670
	用电负荷	-11050		-11050
西尔瓦尼亚	常规发电	23557	1862	25419
	风力发电	29300	-2850	26450
	用电负荷	-73250		-73250
	阻塞盈余	5011	749	5760

阻塞盈余等于 5760 美元/h，这是在电能量市场和备用服务市场中电力用户支付的费用和发电机组获得的收入之间的不平衡金额。阻塞盈余可以通过输电的边际阻塞价格 $\pi^{*T}=7.2$（美元/MWh）（不同节点的电能量价格差或备用价格差）乘以总输电容量（800MW，其中 696MW 分配给电能量市场，104MW 分配给备用市场）。在本例中，我们假定 2850 美元/h 的备用费用应由西尔瓦尼亚的风电机组支付，因为提供这些备用是为了抵消其发电出力的随机波动。其中，博尔多利亚的机组因为提供备用获取 239 美元/h 收入，西尔瓦尼亚的机组因为提供备用获取 1862 美元/h，而备用有关的阻塞盈余为 749 美元/h。

6.4.4　辅助服务费用分摊

并不是所有的用户都给予可靠性同等程度的重视。例如，对于半导体工厂或造纸厂来说，供电中断的成本要比居民用户高得多。因此，一些用户可能愿意为提高可靠性水平而支付更高的费用，而另一些用户则愿意接受较低的可靠性水平，以换取用电价格的降低。这种以可靠性为基础的定价在经济上是有效率的。不幸的是，目前的技术条件并不能使系统运营商提供不同程度的可靠性。因此，系统运营商遵循的可靠性标准必须以达到大多数人可以接受的平均可靠性水平为目标。由于所有用户得到的可靠性是相同的，因此从逻辑上讲，根据用户对电力系统的使用程度来分摊可靠性资源的成本似乎是合理的。而这个使用情况通常是以消耗或生产的电能量来衡量的。

然而，这个问题还有另一个方面。一些用户的行为可能会给电力系统安全造成较大的压力，惩罚可能会激励这些用户纠正不好的用电行为或实施一定的措施去减轻系统压力。最终，这些对需求侧的管理可以减少所需的可靠性资源数量，并降低实现一定可靠性水平的期望成本。让我们用两个例子来对这个观点进行分析。

6.4.4.1　谁应该为备用付费

发电能力被保留起来作为应急备用，以规避在用电负荷和发电出力之间出现的大扰动引发严重振荡并导致系统崩溃。在大多数情况下，这种大扰动源于发电机组的突然故障或与相邻系统的突然断开。在发生这种严重故障时，如果电力系统没有足够的备用容量时，系统调度人员必须通过"切负荷"来避免系统完全崩溃。利用发电机组和互联输电线路运行故障率的历史数据分析，有可能计算出将"切负荷"概率降低到可接受的较低水平时所需要的备用容量（例如，见 Billinton 和 Allan 1996）。这些故障概率分析发现，发电机组故障率更高的电力系统比发电机组更可靠的电力系统需要更多的备用容量。研究结果还表明，较之由多个小型发电机组的电力系统，仅有少数几个大型发电机组组成的电力系统需要更多的备用容量。少数大型发电机组的不可靠性，增加了对系统运行备用容量的需求。由于我们的目标是在不降低运行可靠性水平的情况下使备用成本最小化，因此我们应该鼓励发电机组降低故障率。如果一段时间后，可以证明他们已经成功地提高了运行可靠性，系统运营商将能够减少所需的系统备用。Strbac 和 Kirschen（2000）认为，最公平的激励措施是，根据某发电机组的不可靠性对系统备用需求的影响大小，向机组分摊系统备用费用。但发电商显然会通过提高电能价格的形式把这些成本转嫁给电力用户，在此情况下，更小、更可靠的发电机组将比更大、更容易出现故障的机组更加具有市场竞争优势。

6.4.4.2　谁应为系统调频与负荷跟踪付费

Kirby 和 Hirst（2000）分析了典型的实际电力系统对负荷跟踪和的需求。他们还提出了可以区分工业用户和非工业用户的系统负荷跟踪需求比例和系统调频需求比例的方法。在特定的电力系统中，他们的分析表明，93%的系统调频和58%的负荷跟踪需求来自工业用户，尽管他们的用电量只占全电力系统用电量的34%。但由于系统调频和负荷跟踪资源的成本是根据用户的用电量大小来分摊的，所以居民用户显然是在补贴工业用户。并且还可以看出，在各个工业用户之间对系统调节和负荷跟踪的需求也有很大的差异。例如，铝冶炼厂和造纸厂的用电负荷几乎是不随着时间变化的，因此几乎不产生系统调频和负荷跟踪需求。

6.5　出售可靠性资源

出售可靠性资源是发电公司和其他市场参与主体的另一个商业机会。然而，在物理约束和成本考量下，将备用和电压调节服务交易与电能量交易联系在一起是难以避免的。例如，发电机组必须开机并且在最小稳定技术出力以上运行，那么该机组才可能出售旋转备用或无功支撑。另一方面，一个发电机组如果按其最大稳定技术出力运行，则其也不能出售备用容量，因为它没有任何备用容量。如果发电机组决定减少电能量输出以出售备用，它就放弃了出售电能量的机会。由于这种机会成本可能是巨大的,因此发电商必须对电能量和备用的交易进行同步组合优化。

与其试图对这个明显较为复杂的问题进行一般性的分析,不如让我们用一个简单的例子来探讨这些市场交易的相互影响。

例 6.10

假设有这样一个发电机组,可以在竞争性市场上出售电能量和旋转备用。这种旋转备用服务的具体特性对我们来说并不重要,并且不考虑出售其他可靠性资源的可能性。我们假设,电能量市场和备用市场的竞争已足够充分,因此可以将该发电机组视为这两个市场的价格接受者。这意味着它的申报价格对电能量市场出清价格和备用市场出清价格都不会有影响,并且在这两个市场上按照出清价格可以售出任意数量的电能量或备用。我们假设该机组运行时间为 1h 的市场周期,并假设该机组在该周期开始时就已经在运行。这些假设允许我们忽略与机组起动成本、最小开机时间和最小停机时间相关的问题。而在实际应用中,优化将针对一天或更长时间,所有这些问题都必须考虑在内。

主要变量表示如下:

π_1:单位 MWh 电能量的市场价格。

π_2:在旋转备用市场上,每 MWh 容量的价格。一个 MWh 相当于 1MW 的备用容量,保持 1h 可用。由于这个备用容量可能被调用,也可能不被调用,所以一个 MWh 的备用并不等于一个 MWh 的电能量。为了简单起见,我们假设当发电机组所提供的备用容量实际上被系统调用去供给电能时,不会收到额外的执行费用 (exercise fee) 收入,因为即使考虑到这样的执行费用 (exercise fee) 不会改变这个例子的结论。

x_1:发电机组在电能量市场上报价中申报的数量。因为这个发电机组是一个价格接受者,其申报数量也是其实际中标的数量。

x_2:发电机组在备用市场上报价申报的数量。因为这个发电机组是一个价格接受者,其申报的数量也是其实际中标的数量。

$P^{\min}$:发电机组最小出力(即最小稳定发电出力)。

$P^{\max}$:发电机组最大出力。

$R^{\max}$:由机组爬坡率和响应时限要求决定的机组所能响应的最大备用。例如,如果机组的最大爬坡速率为每小时 120MW,并且要求必须在 10min 内提供备用,则该机组最多可以提供 20MW 的备用。

$C_1(x_1)$:生产电能为 x_1 的成本。这个函数必须是凸函数的。该成本函数包括与电能生产有关的燃料和运行维护费用,但不包括任何投资费用。

$C_2(x_2)$：提供 x_2 备用的成本。这个函数也必须是凸函数的。它不包括出售电能量的机会成本或任何投资成本。我们假设发电机组可以估算出其备用容量中可以用于提供电能量的比例，这种提供电能量的预期成本包括在这一成本中。

让我们把这个例子写成一个约束优化问题。由于这台发电机组试图从出售电能量和备用中获得最大化的利润，其目标函数就是电能量市场和备用市场的总收入与总成本之间的差额：

$$f(x_1, x_2) = \pi_1 x_1 + \pi_2 x_2 - C_1(x_1) - C_2(x_2) \tag{6.29}$$

这一机组提供的电能量数量和备用数量要受到若干物理约束限制。首先，电能量和备用的申报总量不能超过发电机组的最大出力：

$$x_1 + x_2 \leq P^{\max} \tag{6.30}$$

其次，由于机组运行不能低于其最小稳定技术出力，电能量的申报数量应大于或等于最小技术出力：

$$x_1 \geq P^{\min} \tag{6.31}$$

第三，机组的备用市场申报数量不能超过其在特定时间范围内所能提供的备用能力。

$$x_2 \leq R^{\max} \tag{6.32}$$

如果 $R^{\max} \geq P^{\max} - P^{\min}$，机组可提供的备用数量不受爬坡率限制，且条件 (6.32) 不再起作用。因此，我们假定 $R^{\max} < P^{\max} - P^{\min}$。这个限制意味着约束条件 (6.30) 和 (6.31) 不能同时起作用，这个限制也隐含了备用必须是正数这一事实。如果不做这样的限制，我们的分析将复杂化，且无助于对问题本质的深入剖析。一些发电机组可能会很明显地认为，至少在部分时间里，提供备用是不划算的。

给定目标函数和约束条件的情况下，我们就可以得到这个优化问题的拉格朗日函数：

$$\ell(x_1, x_2, \mu_1, \mu_2, \mu_3) = \pi_1 x_1 + \pi_2 x_2 - C_1(x_1) - C_2(x_2)$$
$$+ \mu_1(P^{\max} - x_1 - x_2) + \mu_2(x_1 - P^{\min}) + \mu_3(R^{\max} - x_2) \tag{6.33}$$

将拉格朗日函数对决策变量的偏导数设为零，得到了最优的条件：

$$\frac{\partial \ell}{\partial x_1} \equiv \pi_1 - \frac{dC_1}{dx_1} - \mu_1 + \mu_2 = 0 \tag{6.34}$$

$$\frac{\partial \ell}{\partial x_2} \equiv \pi_2 - \frac{dC_2}{dx_2} - \mu_1 - \mu_3 = 0 \tag{6.35}$$

最优解也必须满足不等式约束：

$$\frac{\partial \ell}{\partial \mu_1} \equiv P^{\max} - x_1 - x_2 \geq 0 \tag{6.36}$$

$$\frac{\partial \ell}{\partial \mu_2} \equiv x_1 - P^{\min} \geq 0 \tag{6.37}$$

$$\frac{\partial \ell}{\partial \mu_3} \equiv R^{\max} - x_2 \geq 0 \tag{6.38}$$

互补松弛条件为：

$$\mu_1 (P^{\max} - x_1 - x_2) = 0 \tag{6.39}$$

$$\mu_2 (x_1 - P^{\min}) = 0 \tag{6.40}$$

$$\mu_3 (R^{\max} - x_2) = 0 \tag{6.41}$$

$$\mu_1 \geq 0; \; \mu_2 \geq 0; \; \mu_3 \geq 0 \tag{6.42}$$

互补松弛条件认为不等式约束要么是起作用的，要么是不起作用的。如果它是约束起作用，它等同于一个等式约束，并且对应的拉格朗日乘子 μ_i 等于约束条件的资源边际成本或影子价格。由于一个起作用的约束条件总是增加最优解对应的成本，所以不等式约束的拉格朗日乘子必须是正的。另一方面，由于没有起作用的不等式约束条件对最优解对应的成本没有影响，所以其拉格朗日乘子为零。因此，起作用的不等式约束与严格正的拉格朗日乘数相关，反之亦然。我们将在下面的讨论中重复使用这一观察结果。

式 (6.34)~式 (6.42) 构成了该问题的一组充分必要的最优条件。他们被称为 KKT 条件。不幸的是，KKT 条件并没有告诉我们哪个不等式约束是有约束力的。采用优化软件包尝试各种有约束力的约束组合，直到找到满足 KKT 条件的约束。我们在这里研究所有可能的组合，因为它们每一个都说明了电能量市场和备用市场之间一种不同形式的相互作用。因为在这个问题中有三个不等式约束，我们必须考虑八个可能的组合。

情况 1：$\mu_1 = 0; \; \mu_2 = 0; \; \mu_3 = 0$

因为所有的拉格朗日乘数都等于零，所以没有一个约束是有约束力的。式 (6.34) 和式 (6.35) 简化为：

$$\frac{dC_1}{dx_1} = \pi_1 \tag{6.43}$$

$$\frac{dC_2}{dx_2} = \pi_2 \tag{6.44}$$

这些最优化条件意味着，当机组提供的电能量和备用为最优水平的时候，电能量的边际成本等于电能量市场出清价格时，备用量的边际成本等于备用市场出清价格时。由于机组的最优电能量和最优备用之间互不影响，这种情况类似于在完全竞争市场中出售电能量，如第 4 章所述。

情况 2：$\mu_1 > 0; \; \mu_2 = 0; \; \mu_3 = 0$

通过提供电能量和备用的组合，机组的发电能力得到充分利用：

$$x_1 + x_2 = P^{\max} \tag{6.45}$$

将式（6.34）和式（6.35）中拉格朗日乘数的值代入，得到：

$$\pi_1 \frac{\mathrm{d}C_1}{\mathrm{d}x_1} = \pi_2 \frac{\mathrm{d}C_2}{\mathrm{d}x_2} = \mu_1 \geq 0 \tag{6.46}$$

由式（6.46）可知，提供电能量和备用都会获取利润。当机组按这样一种方式调度时，即在这种调度方式下电能量的边际利润等于备用的边际利润，可以获得最大利润。拉格朗日乘数的值 μ_1 表明如果机组出力上限可以进一步放宽，那么机组会获得更多的边际利润。

情况3：$\mu_1 = 0$；$\mu_2 > 0$；$\mu_3 = 0$

机组出力刚好等于其最小稳定技术出力：

$$x_1 = P^{\min} \tag{6.47}$$

式（6.34）和式（6.35）给出：

$$\frac{\mathrm{d}C_1}{\mathrm{d}x_1} - \pi_1 = \mu_2 \tag{6.48}$$

$$\frac{\mathrm{d}C_2}{\mathrm{d}x_2} = \pi_2 \tag{6.49}$$

为了能够提供旋转备用，机组须至少按其最小稳定技术出力运行。由式（6.49）可知，该机组应提供的最优备用的条件是：备用的边际成本等于备用的市场价格。另一方面，由于起作用的约束条件的拉格朗日乘数为正，式（6.48）表明，机组此时增加出力带来的收入是小于边际成本的，因而不会增加边际利润的。如果可能的话，机组更愿意降低出力。

需要注意的是，KKT条件可以求出使利润最大化或亏损最小化的特定最优解。但他们不能保证发电机组真的会盈利。在这种情况下，出售电能的损失可能超过出售备用的利润。为了搞清楚在最优解是否真的是有利可图的，我们必须用最优解代入式（6.29）目标函数中的 x_1 和 x_2 的值，并检查此时目标函数值的正负情况。如果在最优解带来的利润值是负的，发电机组可能会决定在那一小时关闭机组。然而，当一个机组的运行在多个时间段（如一天）内进行优化时，考虑到启动成本或最小连续运行时间限制，多时段联合最优解可能包括一些利润为负的时间段提供备用或电能。而在这些亏损的时段，机组出售的备用可能可以减少必须承受的损失。

情况4：$\mu_1 > 0$；$\mu_2 > 0$；$\mu_3 = 0$ 和情况5：$\mu_1 > 0$；$\mu_2 > 0$；$\mu_3 > 0$

由于我们假设备用爬坡速率限制小于机组的正常运行范围，所以以上两种情况在实际中都不会出现，我们不会对此进一步开展讨论。

情况6：$\mu_1 = 0$；$\mu_2 = 0$；$\mu_3 > 0$

在这种情况下，唯一具有约束力的约束是备用受到爬坡率限制。故有：

$$x_2 = R^{\max} \tag{6.50}$$

$$\frac{dC_1}{dx_1} = \pi_1 \tag{6.51}$$

$$\pi_2 - \frac{dC_2}{dx_2} = \mu_3 \geq 0 \tag{6.52}$$

这些方程表明,在电能量销售利润最大化的情况下,放松爬坡率约束会增加备用销售利润。

情况7: $\mu_1 > 0$; $\mu_2 = 0$; $\mu_3 > 0$

最大出力约束和爬坡率约束都为紧约束:

$$x_1 + x_2 = P^{\max} \tag{6.53}$$

$$x_2 = R^{\max} \tag{6.54}$$

我们可以将式(6.53)改写为:

$$x_1 = P^{\max} - R^{\max} \tag{6.55}$$

最优条件(6.34)和(6.35)分别给出了电能量和备用的边际利润:

$$\pi_1 - \frac{dC_1}{dx_1} = \mu_1 \tag{6.56}$$

$$\pi_2 - \frac{dC_2}{dx_2} = \mu_1 + \mu_3 \tag{6.57}$$

由于 μ_1 和 μ_3 都是正的,式(6.56)和式(6.57)表明,出售更多的电能量和备用将是有利可图的。然而,由于出售备用的边际利润高于出售电能量的边际利润,因此在爬坡率约束允许的情况下出售尽可能多的备用可以实现最大利润。

情况8: $\mu_1 = 0$; $\mu_2 > 0$; $\mu_3 > 0$

在本例中, x_1 和 x_2 的值都由为紧约束的不等式约束决定:

$$x_1 = P^{\min} \tag{6.58}$$

$$x_2 = R^{\max} \tag{6.59}$$

同样,我们可以使用最优条件来求出两笔交易的边际收益率:

$$\pi_1 - \frac{dC_1}{dx_1} = -\mu_2 \tag{6.60}$$

$$\pi_2 - \frac{dC_2}{dx_2} = \mu_3 \tag{6.61}$$

这些公式表明,此时出售备用的边际利润是正的,如果没有爬坡率的约束,增加备用获利会更多。另一方面,出售电能量的边际利润是负的,如果没有最小稳定技术出力的限制,应该更进一步减少机组的出力。同样,应该计算目标函数的值,以判断在这个最优解的盈亏情况。

6.6 习题

6.1 一个电力系统中有三个额定容量分别为 150MW、200MW 和 250MW 的发电机组。如果两个发电机组同时停机的概率过低不予考虑，那么可以连接到这个电力系统的可保证可靠性的最大用电负荷应该是多少？

6.2 研究你所在地区（或选择其他地区）电力系统运行可靠性标准的文件。总结了这些运行可靠性规则的要点。

6.3 一个小型电力系统由两个节点和连接节点的三回输电线路组成。假设该电力系统必须按照 $N-1$ 运行可靠性准则运行，且其运行仅受传输线路的热稳定极限的影响，则针对以下每一种情况，计算这两个节点之间的最大传输功率：

a. 三条输电线路都在运行，每条线路的持续热稳定极限为 300MW。

b. 只有两条额定功率为 300MW 的线路在运。

c. 这三条线路都在运行，其中两条的持续热稳定极限为 300MW，第三条为 200MW。

d. 这三条线路都在运行，它们的持续热稳定极限都是 300MW。然而，在系统紧急状态下，它们可以在 20min 内保持 10% 的过载。下游节点上的发电机组可以以 4MW/min 的速率增加发电出力。

e. 与 d. 的条件相同，只是下游节点上的发电机组出力只能以 2MW/min 的速率增加。

f. 低温和大风改善了导体和大气之间的传热。假设该动态热稳定极限提升，使 d 中的过负荷率提升至 15%。

6.4 一个发电机组通过一条双回输电线路与大型电力系统相连。每条线的电阻可以忽略不计，电抗标幺值为 0.2，发电机的暂态电抗标幺值为 0.8，惯性时间常数为 3s。大型电力系统可以假设为无穷大系统，电压保持在其额定值。假设在 120ms 内可以切除单回故障线路。使用暂态稳定分析程序，计算在保持系统暂态稳定性的条件下，该发电机的最大出力。以 100MW 为有功功率基准值。

6.5 对于发电机通过两条一样的双回输电线路连接到电力系统的情况，

重复习题 6.4 的计算。

6.6 考虑一个有两个节点和两条输电线路的电力系统。其中一条输电线路的电抗标幺值为 0.25，另一条输电线路的电抗标幺值为 0.40。这两条线路的串联电阻和并联电纳可以忽略不计。其中一个节点上的发电机组的端口电压为额定电压，该机组其向另一个节点上的用电负荷送电。使用潮流计算程序，在下列情况下计算在其中一条输电线路突然停运时，在不引起电压崩溃的情况下，可以传输的最大有功功率：

a. 用电负荷的功率因数为 1，用户负荷所在节点没有无功功率补偿。

b. 用电负荷具有功率因数为 1，并联电容器在用户节点注入无功功率 25Mvar。

c. 用电负荷有滞后功率因数 0.9，用户节点没有无功补偿。

6.7 考虑如图 P6.1 所示的小型电力系统。该系统的每一条线路使用 π 型等效电路表示。表中列出了每一条线路的参数。

线路	R (pu)	X (pu)	B (pu)
A-B	0.08	0.8	0.3
A-C	0.04	0.4	0.15
C-B	0.04	0.4	0.15

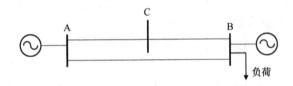

图 P6.1　习题 6.7 中的电力系统示意图

使用潮流计算程序，在正常情况和事故情况（如避免一条线路突然故障引起电压崩溃），研究无功补偿需求与节点 A 向节点 B 传输功率的函数关系。考虑节点 B 负荷具有功率因数为 1 和滞后功率因数为 0.9 的两种情况。分析并讨论节点 C 处安装无功补偿设备的作用。

6.8 研究你所在的地区（或选择其他地区）辅助服务的规则文件，了解每种服务的获取机制。当服务具有强制性时，了解它们的参数（例如，发电机组的最小超前和滞后功率因数）。当服务是通过市场机制获取的时，描述辅助服务市场的结构（合同期限、报价参数）。特别注意备用服务的定义。了解将辅助服务成本向用户的传导机制。

6.9 分析你所在地区或你能够获得所需数据的其他地区的辅助服务市场的结算价格和交易量。

6.10 发电机组的所有者希望通过出售电能量和平衡服务来实现利润最大化。写出这个优化问题的目标函数和约束条件。讨论不同的电能量和平衡服务价格下可能出现的各种情况。忽略机组爬坡率约束。

（提示：必须修改例 6.10 中的公式，因为提供平衡服务可能涉及发电机组出力减少。另一方面，你可能还需要清晰地认识到所出售的平衡服务的数量必须为正数，即 $x_2 \geq 0$。）

6.11 在图 P6.2 所示的三节点电力系统中，每个节点通过同一组塔上的双回线路与其他两条节点相连。这叫做双回路线路。

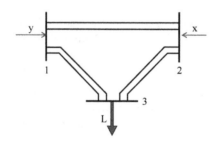

图 P6.2 习题 6.11 的三节点电力系统

假设如下：
1) 直流潮流近似是有效的。
2) 所有的线路都有相同的电抗。
3) 每条双回线路具有相同的传输容量 F。
4) 应用 N-1 可靠性标准，即每次故障仅考虑单条线路停运，不考虑多条线路停运故障。

将安全约束下最优潮流问题（Optimal Power Flow，OPF）的所有不等式约束的变量用节点注入功率 x 和 y 以及双回线路容量 F 表示。

（提示：（ⅰ）不需要清晰地写出直流潮流计算的具体公式，但需要用 x、y 的函数来表示每条线路潮流；（ⅱ）必须考虑每次线路停运对电网电抗和线路容量的影响。）

参 考 文 献

Billinton, R. and Allan, R.N. (1996). *Reliability Evaluation of Power Systems*, 2e. Plenum Press.

Kirby B. and Hirst E. (2000). Customer-specific Metrics for the Regulation and Load-following Ancillary Services. Report ORNL/CON-474, Oak Ridge National Laboratory, January 2000. www.ornl.gov/psr.

Oren, S.S. (2002). Auction design for ancillary reserve products. IEEE Power Engineering Society Summer Meeting, Vol. 3, pp. 1238–1239.

O'Sullivan, J., Rogers, A., Flynn, D. et al. (2014). Studying the maximum instantaneous non-synchronous generation in an island system – frequency stability challenges in Ireland. *IEEE Trans. Power Syst.* 29 (6): 2943–2951.

Pudjianto, D., Ahmed, S., and Strbac, G. (July 2002). Allocation of VAr support using LP and NLP based optimal power flows. *IEE Proc. Gener. Transm. Distrib.* 149 (4).

Read, E.G., Drayton-Bright, G.R., and Ring, B.J. (1995). An integrated energy and reserve market for New Zealand. In: *Transmission Pricing and Access* (ed. R. Siddiqi and M. Einhorn), 183–206. Kluwer.

Rebours, Y., Kirschen, D.S., Trotignon, M., and Rossignol, S. (2007a). A survey of frequency and voltage control ancillary services – part 2: Economic features. *IEEE Trans. Power Syst.* 22 (1): 358–366.

Rebours, Y., Kirschen, D.S., Trotignon, M., and Rossignol, S. (2007b). A survey of frequency and voltage control ancillary services – part 1: Technical features. *IEEE Trans. Power Syst.* 22 (1): 350–357.

Strbac, G. and Kirschen, D.S. (2000). Who should pay for reserve? *Electr. J.* 13 (8).

Wang, Y., Silva, V., and Lopez-Botet-Zulueta, M. (2016). Impact of high penetration of variable renewable generation on frequency dynamics in the continental Europe interconnected system. *IET Renew. Power Gener.* 10 (1): 10–16.

延伸阅读

Kirschen（2002）讨论了电力系统安全（已经被运行可靠性所取代）的概念，并应用成本/收益分析来确定最优可靠性水平。Ejebe（2000）描述了计算可用传输容量（Available Transmission Capactiy，ATC）的高效方法。Billinton 和 Allan（1996）撰写了一份关于电力系统可靠性的参考标准，介绍了在一定的可靠性水平下所需备用数量的算法。Pudjianto 等人（2002）提出了一种计算无功补偿需求的方法。对各种辅助服务感兴趣的读者还可查阅 Rebours 等人（2007）的论文。在特定电力系统中使用的可靠性资源的信息，通常可以在系统运营商的网站上找到。

Oren（2002）比较了电能量市场和备用市场依次出清和联合出清的优劣。Read 等人（1995）讨论了电能量和备用市场的联合优化，以及在新西兰电力市场的应用情况。Alvey 等（1998）给出了该方法的详细模型和公式。Strbac 和 Kirschen（2000）讨论了如何向造成辅助服务需求的主体分摊辅助服务费用的问题，Kirby 和 Hirst（2000）讨论了调频和负荷跟踪服务的费用分配问题。Kirby 和 Hirst（1999）讨论了需求侧资源提供辅助服务的问题。

劳伦斯伯克利国家实验室（Lawrence Berkeley National Laboratory）的报告详细介绍了一种严格的停电损失的计算方法，并提供了相关数据。其他报告也讨论了不同地区计算停电损失的计算方法。

Alvey, T., Goodwin, D., Ma, X. et al. (1998). A security-constrained bid-clearing system for the New Zealand wholesale electricity market. *IEEE Trans. Power Syst.* 13 (2): 340–346.

The Brattle Group and Astrape Consulting (2013). Resource Adequacy Requirements: Reliability and Economic Implications (September 2013). http://www.brattle.com/system/news/pdfs/000/000/618/original/Resource_Adequacy_Requirements_-_Reliability_and_Economic_Requirements.pdf (accessed 14 March 2018).

Ejebe, G.C., Waight, J.G., Santos-Nieto, M., and Tinney, W.F. (2000). Fast calculation of linear available transfer capability. *IEEE Trans. Power Syst.* 15 (3): 1112–1116.

Ernest Orlando Lawrence Berkeley National Laboratory. (2009). Estimated Value of Service Reliability for Electric Utility Customers in the United States. Report LBNL-2132E (June 2009). http://eetd.lbl.gov/ea/EMS/EMS_pubs.html (accessed 14 March 2018).

European Commission (2016). Interim Report of the Sector Inquiry on Capacity Mechanisms (April 2016). http://ec.europa.eu/competition/sectors/energy/capacity_mechanisms_swd_en.pdf (accessed 14 March 2018).

Kirby, B. and Hirst, E. (1999). Load as a resource in providing ancillary services. American Power Conference, Chicago, Illinois (April 1999). www.ornl.gov/psr (accessed 14 March 2018).

Kirschen, D.S. (2002). Power system security. *IEE Power Eng. J.* 16 (5): 241–248.

London Economics (2013a). The Value of Lost Load (VoLL) for Electricity in Great Britain, Final report for OFGEM and DECC (June 2013). https://londoneconomics.co.uk/blog/publication/the-value-of-lost-load-voll-for-electricity-in-great-britain/ (accessed 14 March 2018).

London Economics (2013b). Estimating the Value of Lost Load – Briefing paper prepared for the Electric Reliability Council of Texas, Inc. (June 2013). http://www.ercot.com/content/gridinfo/resource/2015/mktanalysis/ERCOT_ValueofLostLoad_LiteratureReviewandMacroeconomic.pdf (accessed 14 March 2018).

MISO Market Subcommittee (2016). Evaluating Energy Offer Cap Policy (May 2016). https://www.misoenergy.org/_layouts/MISO/ECM/Redirect.aspx?ID=223536 (accessed 14 March 2018).

CHAPTER 7

第 7 章 发电投资

7.1 简介

在前面的章节中，我们研究了在给定了一组发电机组的条件下电力系统调度运行的经济效率。在本章中，我们将考虑发电容量发生改变的情况，在本章的第一部分，我们将每个发电厂独立开来进行研究。从潜在投资者的角度出发，我们研究了影响建造新电厂决策的因素。当现有发电机组的盈利能力不足时，我们也会考虑将其淘汰。为简单起见，我们假设这些发电厂产生的所有收入均来自电能销售，而我们忽略了发电厂提供辅助服务或可靠性资源可获得的额外收入。我们还假设发电厂没有容量报酬，即仅在需要开机生产电能时才有收入。

在本章的第二部分，我们从电力用户的角度对发电容量的供给进行分析。电力生产是经济活动重要的一环，对个人福祉至关重要，所以电力用户希望无论是在电力需求发生波动，或是发电机组因故障无法发电的情况下，电力供应仍可以保证充裕性和安全性。因此，我们必须考虑发电机在市场上能所带来的利润决定其发电能力是否能满足电力用户对发电能力充裕性的期望。因为在许多实际运营的电力市场中，市场决定的发电能力往往因为不足而达不到电力用户的预期，因此，我们需要分析能吸引发电公司提供确保系统可靠性而所需的额外容量投资的其他激励措施。

7.2 从投资者角度看发电容量投资

7.2.1 新建发电容量

如果预测一个工厂在其经营周期内可以获得令人满意的利润，投资者将会投资这样的工厂。也就是说，工厂获得的收入不仅应超过建造和运营工厂的成本，而且其利润也应大于从具有类似风险水平的投资中可以实现的预期收益。为了做出这样的投资决定，投资者需要计算工厂的长期边际成本（包括预期回报率），并预测工厂产品的售价。只要预测产品价格超过工厂的长期边际成本，投资建造这个工厂就是一个合理的决定。在竞争激烈的电力市场中，上述分析方法同样适用于发电容量投资的分析，这样的投资决策模型就是所谓的"商业性发电投资模型"的来源。

实际上，决定投资一家新的发电厂的决策要比上述分析复杂得多。成本效益方程的成本和收益两个方面确实受到相当多不确定性因素的影响。施工延误和燃料价格的波动会影响长期边际成本。另一方面，众所周知，由于需求可能会发生变化，竞争对手可能会进入市场，或者可能会开发出更高效的新发电技术，长期以来批发电价水平很难得到预测。通常只有在已经获得的产业上游和下游长期合约的支持下，才有发电的市场投资的可能性。发电公司的上游商业合同保证企业可以按照固定价格购买发电所需燃料，下游合同确保发电机组生产的电能能够以固定价格出售。有了这些长期合约，发电投资者不用面对不受控制的市场价格风险。有了这样的合约，电厂的所有者因此仅承担与电厂运营相关的风险，即发生故障可能会阻止其生产电能并履行其合同的风险。

与其他生产设备类似，发电设备的设计使用也有使用寿命的限制。投资者根据估计的设备使用寿命来进行建造发电厂的决策。发电设备的寿命通常为20~40年，某些水力发电厂的使用寿命甚至可能更长。

例 7.1

博尔多利亚电力公司（Borduria Power）请咨询工程师布鲁斯（Bruce）对是否应建造新的500MW燃煤发电厂进行初步决策，布鲁斯首先收集此类电厂的基本参数标准值。下表列示了他所收集的一些参数：

投资成本	1021 美元/kW
经营期	30 年
额定出力的热耗率	9419Btu/kWh
预期燃料成本	1.25 美元/MBtu

注：摘自施朵夫（Stoft）引用的 DOE 数据（2002）。

由于仅要求布鲁斯提供一个粗略的估算，因此他忽略了电厂启动和维护电厂相关的成本。博尔多利亚电力公司要求布鲁斯使用内部收益率（Internal Rate of Return, IRR）方法来估算电厂的盈利能力。此方法也称为现金流量折现法，用于衡量投资的内部收益率。要实施此方法，布鲁斯必须确定该电厂经营期中每一年的净现金流量。建造工厂成本如下：

投资成本：

1021 美元/kW×500MW＝510500000 美元

在此基础上，布鲁斯需进行这家发电厂的年度发电量的估算。理想情况下，发电厂应始终满负荷运转。而实际上，这是不可能的，因为必须定期关闭发电机组进行维护，并且不可避免地会出现故障导致计划外的停机。布鲁斯根据经验，假定发电机组负荷率为80%。在这些条件下，该发电厂的估计年度发电量为：

年发电量：
$$0.8 \times 500\text{MW} \times 8760\text{h}/\text{年} = 3504000\text{MWh}$$

在此基础上计算生产电能的年度成本为：

年度发电成本：
$$3504000\text{MWh} \times 9419\text{Btu}/\text{kWh} \times 1.25\text{ 美元}/\text{MBtu} = 41255220\text{ 美元}$$

最后，为了估算发电收入，布鲁斯假设这家发电厂能够以32美元/MWh的电价出售电能。因此，年度发电收入为：

年度发电收入：
$$3504000\text{MWh} \times 32\text{ 美元}/\text{MWh} = 112128000\text{ 美元}$$

计算表格如下：

年份	投资/美元	发电量	生产成本/美元	收入/美元	净现金流量/美元
0	510500000	0	0	0	-510500000
1	0	3504000	41255220	112128000	70872780
2	0	3504000	41255220	112128000	70872780
3	0	3504000	41255220	112128000	70872780
⋮	⋮	⋮	⋮	⋮	⋮
30	0	3504000	41255220	112128000	70872780

因此，布鲁斯假设所有投资成本都是在该电厂开始发电之前的那一年发生的，并且它的收入、生产成本和净现金流量在该电厂的30年经营期中保持不变。在此基础上，布鲁斯利用电子表格软件提供的内嵌函数，计算此净现金流的内部收益率（有关IRR计算的详细说明，请参见苏利文（Sullivan, 2003）等人编写的书。大多数电子表格程序都提供了计算此IRR的函数）。计算得到内部收益率为13.58%，布鲁斯需在此基础上将其与最低可接受回报率（MARR, Minimum Acceptable Rate of Return）进行比较。如果高则进行投资，否则就应放弃投资。

在进行最终的决策之前，博尔多利亚电力公司也需将项目风险考虑在内。在这种情况下，有两个特别值得关注的问题：如果电能价格不符合预期，或者电厂无法达到目标负荷率，会发生什么？布鲁斯可以借助电子表格重新计算一系列不同的电能价格和机组负荷率组合下的IRR，并生成图7.1所示的结果。假设电厂达到负荷率为80%时，那么如果电厂要达到12%的MARR，则其平均售电价格就不会低于30美元/MWh。另一方面，如负荷率下降到80%以下，则平均售价将必须大幅提高，以满足MARR的要求。

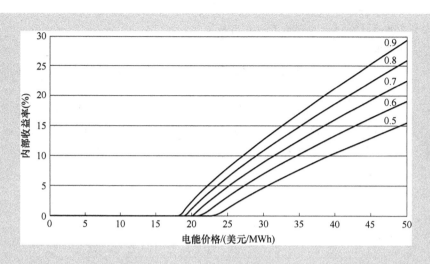

图 7.1 例 7.1 中的燃煤发电机组的内部收益率（是电价和负荷率的函数）

例 7.2

在考虑了上一节所示的结果后，博尔多利亚电力公司董事会关注的是初始投资的规模以及与该项目相关的风险。因此，它要求布鲁斯对联合循环燃气轮机（CCGT）电厂进行类似的分析。如下表所示，这项技术的经济性与燃煤电厂有很大不同。初始投资小得多，能量转换效率高得多（因为热耗率较低）。另一方面，CCGT 燃烧天然气，这种燃料在博尔多利亚比煤贵得多[⊖]。

投资成本	533 美元/kW
经营期	30 年
额定出力时的热耗率	6927Btu/kWh
期望燃料成本	3.00 美元/MBtu

注：摘自施朵夫（Stoft）引用的 DOE 数据（2002）。

假设 CCGT 电厂与燃煤电厂具有相同的负荷率（80%）与相同的电价（32 美元/MWh），若二者容量相同，那么他们的年产量与年收入相等。

年产量：

$$0.8 \times 500MW \times 8760h = 3504000MWh$$

年收入：

$$3504000MWh \times 32 \text{ 美元/MWh} = 112128000 \text{ 美元}$$

[⊖] 当我们在这本书的第一版提到这个例子时，在许多国家，煤炭确实比天然气便宜。水力压裂技术的发展大大增加了天然气的供应，降低了天然气的价格。这种逆转说明了与做出长期投资决策相关的风险。

但二者的投资成本与年生产成本有所不同：

投资成本：
$$533 \text{ 美元}/\text{kW} \times 500\text{MW} = 266500000 \text{ 美元}$$

年生产成本：
$$3504000\text{MWh} \times 6927\text{Btu}/\text{kWh} \times 3.00 \text{ 美元}/\text{MBtu} = 72816624 \text{ 美元}$$

布鲁斯再次借助工具分析了 IRR 随着预计的电能价格与负荷率变化而变化的趋势，如图 7.2 所示，这也表明了 CCGT 电厂回报率可能高于燃煤电厂。

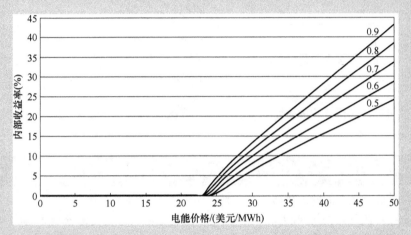

图 7.2 例 7.2 中 CCGT 机组的内部收益率（是关于电能价格和负荷率的函数）

但是，互斥的投资方案之间的比选，不应该仅仅基于各自收益率的比较，若较小的投资（如 CCGT 电厂）产生可接受的收益率，则应将较大的投资（燃煤电厂）视为增量投资。因此，布鲁斯计算了此项额外投资产生的增量净现金流量，计算如下表所示：

年数	CCGT 电厂投资成本（A）/美元	燃煤电厂投资成本（B）/美元	CCGT 电厂生产成本（C）/美元	燃煤电厂生产成本（D）/美元	现金流净量（A-B+C-D）/美元
0	266500000	510500000	0	0	-244000000
1	0	0	72816624	41255220	31561404
2	0	0	72816624	41255220	31561404
3	0	0	72816624	41255220	31561404
⋮	⋮	⋮	⋮	⋮	⋮
30	0	0	72816624	41255220	31561404

在上述两种方案下，电能生产量及年收入的结果完全相同，所以表中没有列出它们。然后，布鲁斯计算与上一列中显示的现金流相对应的内部收益率，得出的值为 12.56%。如果将博尔多利亚电力公司的 MARR 设置为 12%，则至少在此

负荷率数值的基础上，建造燃煤电厂比联合循环燃气电厂更合理。在他的报告和图 7.3 所示的图表中可以看到，博尔多利亚电力公司董事会指出，如果电厂未达到 80% 的负荷率，则此增量内部收益率也会相应下降至 12% 以下。

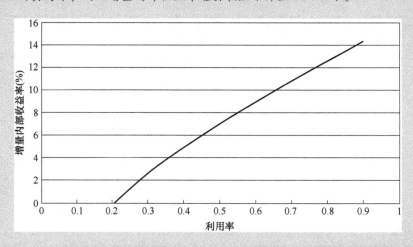

图 7.3　博尔多利亚电力公司投资燃煤电厂而非 CCGT 电厂获得的增量内部收益率

例 7.3

当博尔多利亚电力公司（Borduria Power）正在考虑建造一个化石燃料发电厂时，西尔瓦尼亚风力发电有限公司（Syldavian Wind Power Ltd.）的总经理尼克（Nick）为开发一个 100MW 风电场确定了一个有理想的场址。下表显示了尼克在其初步盈利能力计算中考虑的电厂参数。

投资成本	919 美元/kW
经营期	30 年
额定出力时的热耗率	0
预期燃料成本	0

注：摘自施朵夫（Stoft, 2002）引用的 DOE 数据。

因此，初始投资成本为：919 美元/kW×100MW＝91900000 美元

由于风能是免费的，并且在初步估算中维护和运营成本可忽略不计，因此尼克无需考虑年度生产成本。他对电厂经营期内平均电价的合理估计恰好与博尔多利亚电力公司所用的估计价格相同，均为 32 美元/MWh。即使尼克正在考虑的场址具有良好的风力资源，但风电场的负荷率却不太可能超过 35%。

年发电量：

$$0.35 \times 100\text{MW} \times 8760\text{h}/\text{年} = 306600\text{MWh}$$

年收入：
$$306600 MWh \times 32 \text{ 美元}/MWh = 9811200 \text{ 美元}$$

尼克的电子表格如下：

年份	投资/美元	产量	生产成本	收入/美元	净现金流量/美元
0	91900000	0	0	0	-91900000
1	0	306600	0	9811200	9811200
2	0	306600	0	9811200	9811200
3	0	306600	0	9811200	9811200
⋮	⋮	306600	⋮	⋮	⋮
30	0	306600	0	9811200	9811200

在风电场的30年经营期中，最后一栏中显示的净现金流量产生的IRR为10.08%。这低于博尔多利亚电力公司认为可接受的12%回报率，但符合西尔瓦尼亚风力发电有限公司使用的不太严格的10%MARR。

7.2.2 发电容量退役

一旦一个发电厂投入运行，其设计寿命周期只是理论参考值，实际经营周期可能很大程度地偏差这个参考值。市场状况可能确实会发生很大的变化，以至于电厂产生的收入不再覆盖其运营成本。除非有理由相信市场状况会改善，否则电厂就应该退役。需要强调的是，在竞争性市场环境下，这样的决策仅仅基于发电厂未来的收入和成本前景，而没有考虑工厂的技术适用性或沉没成本。另一方面，在这样的决定中考虑了可收回成本（例如，建造电厂的土地的价值），因为它们代表了可获取的收入。

例 7.4

根据布鲁斯（Bruce）的报告，博尔多利亚电力公司（Borduria Power）董事会决定建造例7.1中讨论的燃煤电厂。然而仅运行了15年，该电厂就遇到了麻烦。由于煤炭需求上升，该厂燃烧的低硫煤价格已攀升至2.35美元/MBtu。此外，博尔多利亚政府已对化石燃料电厂的产出征收1.00美元/MWh的环境税。在这种情况下，该电厂的边际生产成本已上升至：

2.35 美元/MBtu×9419Btu/kWh+1 美元/MWh=23.135 美元/MWh

同时，竞争者已经启用了更高效的CCGT电厂，这些电厂已将电能的平均价格降低至23.00美元/MWh。假设负荷率为80%，该电厂每年将损失：

(23.135−23.00) 美元/MWh×0.8×500MW/8760h/年=473040 美元

由博尔多利亚电力公司委托进行的市场分析表明，这种情况不太可能改变，因为预计未来几年将有更多高效发电厂投产。预计发电量组合的这些变化将导致电能价格下降至 22.00 美元/MWh。此外，预计低硫煤价格将进一步上涨。在此基础上，电厂应立即退役以收回土地价值，估计价值为一亿美元。

在对电厂退役做出最终决定之前，博尔多利亚电力公司将研究另一种可能性。与其燃烧低硫煤，不如改用高硫煤，其成本仅为 1.67 美元/MBtu。此项更改将需要投资 5000 万美元用于安装烟气脱硫（FGD）设备。该安装将花费一年时间，并且会对发电厂的热耗率产生不利影响，热耗率将提高到约 11500Btu/kWh。在保持其他经济假设不变的情况下，以下电子表格总结了该电厂技术改造对发电厂经营期剩余 15 年的经营的影响：

年 份	投资/美元	产 量	生产成本（含税）	收入/美元	净现金流量/美元
0	50000000	0	0	0	−50000000
1	0	3504000	70798320	77088000	6289680
2	0	3504000	70798320	77088000	6289680
3	0	3504000	70798320	77088000	6289680
⋮	⋮	⋮	⋮	⋮	⋮
15	0	3504000	70798320	87088000	16289680

第 15 年的收入包括土地的估计价值。尽管此项投资将产生正现金流量，但该现金流量的净现值等于 −4763285 美元。因此，投资于烟气脱硫将无法盈利，因此应确定退役该电厂。

7.2.3 需求周期性波动的影响

如果随着电力需求的增加而没有相匹配的发电容量投资，或者由于发电机组退役而使可用发电容量减少，那么电能的市场价格就会上涨。这样的电价上涨为发电公司投资新电厂提供了激励。正如我们在第 2 章中讨论的那样，发电产能将扩大到市场价格等于生产电能的长期边际成本的水平。从理论上而言，对发电能力的投资原则与其他普通商品的投资原则并无差异。但是，我们必须考虑到电能需求的周期性波动，以及天气对该需求的重要影响。电能绝不是唯一表现出这种需求波动的商品，但它是唯一不易被存储的商品。因此，其发电量必须与用电量相平衡，不仅要在几天或几周内，而且要在一秒钟的基础上。当瞬时用电需求降低时，某些发电机组必须在其额定容量以下运行或暂时停机。为了正确评估发电能力的投资效率，因此，我们需要知道每年用电负荷低于某特定值持续的小时有多长。此信息在所谓的负荷持续时间曲线中可观察。图 7.4

显示了1999年宾夕法尼亚州-泽西岛-马里兰州（Pennsylvania-Jersey-Maryland，PJM）电力系统的持续负荷曲线。从该曲线，我们可以观察到该电力系统中的用电负荷在该年中从不小于17500MW和不大于51700MW。我们还可以看到，在构成1999年的8760h中，仅超过8%的时间超过了4万MW。

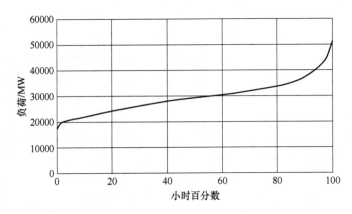

图7.4　1999年PJM系统的负荷持续时间曲线。来源：www.pjm.com

由于这条曲线的形状是典型的，我们可以得出结论，电力系统的装机容量必须远远大于全年平均用电负荷。这意味着不可能所有的发电机组都可以期望其负荷率接近于1。在一个有效的竞争市场中，边际生产成本较低的发电机组通常有机会优先于边际成本较高的发电机组生产。因此，与效率较低的发电机相比，廉价发电机的负荷率更高。正如人们所预料的那样，低用电负荷时期的价格比高用电负荷时期的价格要低。低用电负荷时期的竞争也应该比高用电负荷时期更加激烈。在用电高峰负荷的时期，大多数发电机组确实是满负荷的，并没有积极的竞争，竞争只限于在少数昂贵的发电机组之间。另一方面，在低用电负荷时期，即使是高效的发电机组也可能不得不通过竞争以保持在线运行，避免产生起动成本。

这些猜想由图7.5所示的1999年PJM电力系统的价格持续时间曲线确定。此曲线显示了一年中小时数中价格低于给定值的小时数比例。该曲线的形状类似于负荷持续时间曲线的形状，但是其末端会因竞争强度的改变而呈现与负荷持续曲线不同的陡峭的变化。

为了增强可读性，价格轴上限已限制为100美元/MWh。实际上，曲线在100%的小时内以1000美元/MWh达到峰值。显示的价格是平均节点边际电价（Locational Marginal Price，LMP）。资料来源：www.pjm.com。

正如我们在前面各章中讨论的那样，边际发电机组的报价决定了市场价格。在有效的竞争市场中，发电机组没有激励申报高于或低于其边际生产成本的报价。因此，市场价格等于生产最后1MWh电能的成本。虽然边际发电机组在出

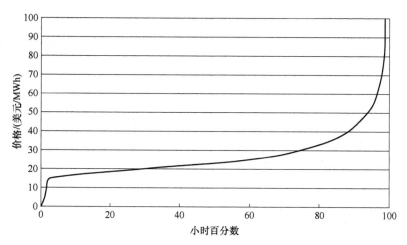

图 7.5 PJM 系统在 1999 年期间的价格持续时间曲线

售其生产的电能时不会亏损,但它也不会获得任何经济利润。另一方面,中标的非边际机组,即超边际发电机组(inframarginal generator),由于电价超过边际成本而获得的经济利润。虽然名义上是利润,但所有这些经济利润并不能直接分配给股东作为投资收益。经济利润的一部分必须用于支付发电公司的固定成本。这些固定成本包括不随发电量变化的运行维护成本、人力成本、增值税或容量税以及工厂可回收价值的机会成本。

但是,发电效率最低和成本最高的边际发电机组会发生什么呢?仅当在炎热的夏天或寒冷和黑暗的冬天晚上用电负荷达到最大时才需要使用这些发电机组。根据定义,这些机组不可能成为超边际机组(inframarginal generator),无法让其他机组作为边际机组,而使得这些机组有赚取经济利润的机会。如果该发电机组纯粹根据其短期边际生产成本进行竞价,则不可能获得补偿固定成本的额外收入。如果这些机组要继续经营下去,机组必须在竞价中考虑其固定成本。

例 7.5

面对竞争激烈的电力市场,西尔瓦尼亚电力公司(Syldavia Electric)运营副总裁哈利(Harry)必须决定如何处理臭鼬河发电厂(Skunk River Plant)。这是一座有一定年头的 50MW 的燃油发电站。该电厂的热效率为 12000Btu/kWh,燃烧燃料的成本为 3.00 美元/MBtu。由于该发电厂是西尔瓦尼亚电气公司效率最低的电厂,因此近年来仅在极高的用电负荷期间才会调用该电厂。哈利首先计算出与该电厂相关的固定成本约为每年 28 万美元。然后,他尝试估算该电厂收回所有成本应提交的最低报价。这意味着电厂产生的收入应等于其总运营成本,可以表示为:

发电量(MWh)×竞价(美元/MWh)= 固定成本(美元)+发电量(MWh)×发电热耗率(Btu/kWh)×燃料成本(美元/MBtu)

由于哈利并不能准确预测发电量，因此他决定计算发电量的一系列特定值对应的最低出价。为了简化计算，他假设，如果机组运行，该机组将以装机容量发电。哈利可以根据利用小时数或负荷率来计算最低出价。图 7.6 总结了他的结果，并表明如果该机组每年仅运行 5h，则最低出价将增加到 1000 美元/MWh 以上。相比之下，该电厂的边际生产成本只有 36 美元/MWh。这样的出价看似完全不合理，但是从哈利的角度来看，这价格完全是公道的。此外，很可能在一年中这几个小时内他提交的任意申报的价格都会中标，因为，在这些小时，他可能面临的唯一竞争对手将来自与他处境相同的电厂。尽管电力用户可能不愿接受这些价格，如果这样的话，唯一的选择就是在这段时间内完全不用电，因为，在这些时段，该电厂的机组可能是系统最后可用的机组。

使用这种方法确定申报价格的系统极端边际电厂的所有者需要估计电厂每年可能的年度小时数。这不是一件容易的事，因为此指标受多个随机因素影响。可以基于用电负荷增长和其他发电机组的退役的历史数据以及预测值预测来预测这个指标的期望值。但是，实际值可能会大大偏离该期望值。例如，在温暖的冬天或凉爽的夏天，用电需求可能不如预期那样频繁地达到高负荷水平值，并且高负荷所持续的时间也少于预期的时间。同样，降水不足可能会减少水电的调用并增加对火电的需求。因此，根据条件的不同，可能会经常或根本不调用极端边际电厂。虽然如果是从多年的平均水平来看，其收入可能是可以接受的，但一年或一年以上的亏损就可能超出了风险厌恶的电厂投资者的承受能力。因此，在这种情况下，这些机组退役是首先需要考虑的选择。

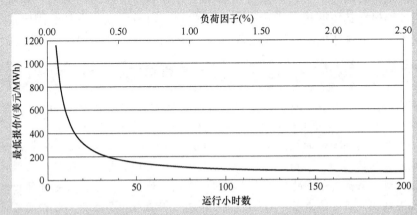

图 7.6　为了回收固定与变动成本，例 7.5 中臭鼬河发电厂的机组提交的最低报价（是机组满负荷运行小时数的函数）

7.3 从电力用户的角度看发电容量投资

在本章的第一部分中,我们从一个潜在投资者的角度出发,分析了是否建造一座新的发电厂。同时还考虑了发电厂所有者试图确定是否需要关闭和退役发电机组的决策过程。在本节中,我们将从电力用户的角度考虑如何进行发电容量的投资。在完全放松管制的市场环境中,任何公司都没有义务建造发电厂。因此,可用于满足用电需求的总发电能力的投资来自于基于追求获利机会的潜在投资者的个体决策。

我们将首先讨论发电能力投资的决策完全由在电力市场上可获得的利润多寡来驱动的机制。如果这样的投资机制还不能尽如人意,则可能需要以市场化发电容量投资机制为基础,并以一个以保障或鼓励可用发电容量充裕性为目标的发电容量集中规划机制为补充。我们将讨论这种机制可以采取的三种模式。

在这一点上,我们必须注意,电力用户在购买电能时会有一定的可靠性要求。这意味着,在用户需要用电的时刻应保证电能的实时同步供给能力,这与其他时刻的电能供给能力无关。由于故障原因或检修需要,一些发电机组有时不可用,因此电力系统必须保证可用的发电容量超出用电最高负荷需求。增加发电容量的裕度可提高电力系统的可靠性。下面的分析中,不仅需要分析某种投资机制是否能提供满足用户用电所需的发电容量,而且要看这种机制能否保证用户对电力可靠性的要求也同时得到满足。

7.3.1 电能市场导向的发电容量投资

一些电力系统经济学家[例如,见施朵夫(Stoft,2002)对这一观点的全面阐述]坚持认为,电能应该像任何其他商品一样对待。他们认为:

1)如果电能在自由市场上交易,就不需要一个集中的机制来控制或激励对发电厂的投资。

2)在不受政府干预的情况下,市场可以根据需求决定所要求的最佳生产能力水平。

3)对市场的干预会造成扭曲价格或市场激励。

4)集中规划或补贴机制只会引起过度投资或者投资不足,两种情况都是经济低效的体现。

正如我们在第2章中指出的,如果对一种商品的需求增加,或其供应减少,随后市场价格的上涨将鼓励对生产能力的额外投资,最终达到一种新的长期均衡。由于电力需求的周期性变化和缺乏弹性,电力市场的价格增长通常不是平稳和渐进的。相反,当需求接近总装机容量时,我们可能会看到价格飙升(即短期内价格大幅上涨)。图7.7描述了这种现象。一个典型的供给函数是由一条三段分段的线性函数曲线的形式来表示的。第一段适度倾斜，代表了在一个合理竞争的市场上大部分发电机组的报价。第二段有一个更陡的坡度，代表了经常不被调用的峰荷机组的报价。第三段是垂直的，表示所有的发电容量都已经中标的供给函数。一条几乎垂直的线表示低弹性的需求曲线。这个需求曲线函数随着时间的推移而在水平方向上左右移动。图中显示了两条曲线：一条表示用电最低负荷时段的需求，另一条表示用电最高峰时段的需求。这些需求曲线与供给函数的交点决定了市场最低电价和最高电价。当发电能力供应紧张但在满足用电负荷需求之后仍有裕度的条件下（见图7.7a）时，在此高峰负荷的市场价格会会急剧上升，因为此时的市场价格是由很少被调用的极端边际发电机组的报价决定的。当为满足用电高峰需求而所有的发电容量都完全被调用时，这些峰荷价格的水平会更高（见图7.7b）。当发电装机容量不能与增长的用电负荷匹配时，这种情况就会发生，原因可能是因为发电机组的退役，或者是发电容量因为某种原因变得不可用（例如，由于干旱降低了可用的水电发电能力）。

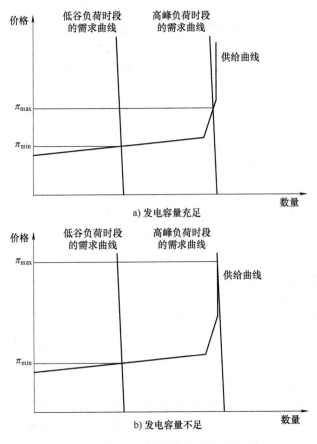

图 7.7 电能市场的价格尖峰形成机制

在这种情况下，限制价格上涨的唯一因素是需求价格弹性。注意，这个推理假设需求确实对价格有响应能力。如果不是这样，必须切负荷以防止电力系统崩溃。

实际上，实际市场的尖峰价格远远高于图7.7所示情形，即使每年只出现几次价格尖峰时刻，也足以导致平均电价的大幅提高。因此，价格尖峰提供了一个清晰的信号，即如果没有足够的发电能力来满足需求，市场会给发电容量"额外"的收入，这对于发电公司获得投资于新发电能力或保持旧机组可用性的激励至关重要。

这些尖峰价格对消费者来说显然是非常昂贵的（有人可能会说是痛苦的）。因此，这会鼓励用户对价格信号作出更多的响应。随着需求价格弹性的增加，即使在高峰负荷和发电最大能力之间的不平衡没有得到改善的情况下，高峰价格水平也会下降。飙升的电价也足以激励电力用户签订更多中长期合同，这会鼓励对发电容量的进一步投资。

上述理论得到了相当复杂的数学模型的论证［见Schweppe等人的经典著作（1988年）］，市场的长期均衡最终会出现。在这个均衡状态下，发电能力投资和负荷控制设备投资之间的平衡是最优的，社会福利是最大化的。然而，一些实际存在的困难和社会问题的考量及其背后政治因素的影响可能会使这种长期均衡难以实现。首先，能使用电需求对短期价格信号进行大规模充分响应所需的技术尚未大规模部署。在这种价格需求响应技术得到广泛应用和接受之前，当需求超过供应时，可能仍有必要进行强制性的轮流停电而不是依靠价格响应行为。换言之，在用电高峰时段，系统调度可能必须中断用电负荷以保持系统实时平衡。大范围的停电是非常不受大众的欢迎的，并且常常会造成灾难性的后果，例如，事故和骚乱，在经济效率上也非常低下。停电的影响可以用失负荷价值（Value of Lost Load，VoLL）来估计，这个值比生产电能的成本大好几个数量级。电力用户不可能喜欢停电，他们支持的政党代表也不太可能容忍不管是多长时段的停电事故的发生。

当电力用户面对电力现货市场的价格的时候，正如人们预期的那样，用户会根据价格的变化去相应地调整用电负荷，而市场价格飙升就会非常不受欢迎。由于这些尖峰价格出现的原因对于非专业人士很难理解和验证，电力用户通常认为他们遇到了价格欺诈而因此利益受损。电能价格飞涨也会造成社会上出现公众不可接受的情况出现，例如迫使穷人和弱势群体不得不减少供暖、烹饪和空调等基本生活用电的电能消费。为了保持政治正确，许多电力市场因此纳入了一个旨在防止价格大幅飙升的价格上限制度。这样的价格上限制度显然在很大程度上会削弱建设和保存充裕发电能力的动力。

依靠电能价格飙升来鼓励发电能力发展的电力市场对投资者来说也未必就一定有利。如果气温上升比预测的更加温和，或者比平均降水量更高的降水量使水力发电能力比预测的更加充沛，预期的价格上涨可能就不会出现，平均电价也可能会远远低于预测水平。在这种情况下，基于价格信号的投资决策对投资者来说就意味着存在比较大的风险。而这种风险最终可能会削弱投资者建造新发电容量的意愿。

最后，福特（Ford，1999，2001）开发的电力市场的仿真模型的研究表明，发电厂获得规划许可和建造该电厂所导致的时间延迟可能会造成市场供给的不稳定性。市场总体发电能力可能没有随着用电负荷增长而平稳增长，而会经历轮番的市场繁荣和市场萧条这样的周期性波动。发电能力的短缺会产生非常高的电价，并引导发电投资的繁荣。这种繁荣导致产能过剩，在产能过剩被重新吸收之前，过剩会压低市场价格，抑制发电投资的增长。这种繁荣和萧条的周期性波动并不符合发电商或电力用户的长期利益。

综上所述，仅仅依靠电力市场机制及市场的价格上涨就想引导和激励足够的发电能力，这样做似乎不太可能有令人满意的结果。这种的分析是假设电力用户只是将电能看成是普通商品在购买，而实际上，电力用户不能只看成是在购买电能，而应该被看成是在购买一种具有一定可靠性的供电服务。

7.3.2　容量补偿电费

人们常常认为，将发电投资交给看不见的电力市场这只手所带来的风险太大。一些国家和地区的市场设计师已经决定，与其不定期的因为短缺导致的价格飙升给发电商带来的大量收入，还不如定期支付给发电商少量的钱进行补贴。补贴费用将与每台发电机所能提供的容量成比例。这些容量补贴形成了一个现金流，与发电机组从电能市场的售电收入相互独立。这些容量补贴收入应该至少可以补偿部分新发电机组的投资成本，并鼓励发电公司保留那些很少被调用的发电机组容量。通过增加总可用发电容量，这些付款降低但不能消除市场短缺的可能性。另外，这样做会导致更多的发电容量的可用性，并增强了市场的竞争性，可以抑制电能市场的价格的上涨。

因此，发电容量补偿费用降低了上一节所述的风险，并在所有用户的用电量上进行分摊，但不考虑他们的用电时间。至少在短期内，这种用电高峰成本的平摊方法有利于风险厌恶的市场主体，无论他们是用户还是发电商。从长远来看，这种方法降低了对经济有效行为的激励：对发电能力投资过多，对电力用户控制用电需求的设备投资过少。

这种容量补贴机制还存在一些实施中的困难。首先，目前关于如何合理确定总容量补贴费用或单位装机容量费率还没有确定性的有效方法。第二，在这样一个机制中，关于应该给每个发电机组补贴多少费用的问题可能导致无休止的争论。例如，有人会争辩说，火电和水电对电力系统可靠性的贡献是不一样的，不同于火电，干旱就可能会限制水电机组的发电出力。最后，由于容量补贴费用不与任何发电机组的运行性能指标挂钩,因此哪些机组是否实际上提高了可靠性是不容易被识别到的。

为了克服这些困难,英格兰和威尔士的电力库(Electricity Pool)市场采用了另一种方法。在现货市场的第 t 个时刻由集中竞价形成的电能市场价格中增加了一个容量电价分量,该分量如下所示:

$$CE_t = VoLL \times LoLP_t \tag{7.1}$$

式中,VoLL(Value of Lost Load)为失负荷价值(通过客户调查,并考虑通货膨胀的影响每年更新一次)。$LoLP_t$(Loss of Load Probability)代表 t 时段的失负荷概率,该值取决于负荷与可用发电容量之间的差额以及机组的停运率,因此这种容量电价分量在不同的时间段是波动变化的,偶尔会导致价格大幅飙升。引入容量电价分量的影响在于,电能的价格上限变成了 VoLL。每半小时的分时市场,通过该容量电价分量获得的收入会分配给所有报价的机组容量,不管这些机组是否中标和投运。容量电价分量向用户发出了短期价格信号,而对应的容量电费分配则向发电商提供了长期激励。虽然这种容量补偿方式为发电商带来了可观的收入,并有助于维持充裕的发电能力,但容量电价分量是由短期变量 LoLP 决定,这让大型发电公司操纵容量电价变得容易。在英国的 NETA(New Electricity Trading Arrangement)交易机制引入后,这种容量电价制度就取消了。

7.3.3 容量市场

一些国家和地区的电力监管机构并没有选择采用将发电容量总补贴或单位容量补贴固定下来的容量补贴方式,而是通过设定发电总体容量充裕性目标,并由此确定实现这一目标所需的发电总容量水平。然后,所有售电公司和大用户(即所有购买电能的市场主体)都有义务在集中组织的发电容量市场上购买其承担的份额。虽然在这个市场上要总体购买的发电容量是由政府已经确定的,但容量购买价格取决于容量市场的卖方报价,而且可能有很大的波动性。

在实际中,建设一个能达到容量充裕性目标的发电容量市场不是一件容易的事情。有几个重要的问题必须认真考虑:第一个问题,也可能是最基本的问题,是市场周期的长度,即计算每个售电公司的容量责任的持续周期。售电公司更倾向于较短的周期(比如一个月或更短),因为这可以降低他们在用电低负荷期间必须购买的容量水平。较短的周期也会增加容量市场的流动性。另一方面,一个较长的容量市场周期(如一个季节或一年)有利于发电公司,可以鼓励新发电能力的投资。在一个互联的电力系统中,这也可以阻止现有的发电机组在邻近地区的容量市场上出售容量。另外,较长的容量市场周期与电力监管机构评估系统可靠性的长周期也更加匹配。

系统总装机容量水平必须超过用电最大负荷,因为发电机组随时可能出现故障。因此，由于发电容量存在不确定性，所以需要增加满足可靠性所需的总发电能力裕度，这进一步增加了整个电力系统的成本。因此，选择一种适当的方法来评估和奖励发电机组的性能是容量市场设计的第二个主要问题。这种方法应该尽可能密切地跟踪系统的可靠性指标。它应该奖励运行可靠的电厂，并鼓励不可靠的机组退役。例如，在宾夕法尼亚-泽西-马里兰（PJM, Pennsylvania-Jersey Maryland）电力市场，发电机在容量市场上允许出售的容量水平需要根据机组强迫停运率（Forced Outage Rate, FOR）的历史数据进行一定比例的缩减折算。因此，发电公司有动力去保持或提高其机组的可用率。理想情况下，应该细化这些性能标准，不仅要鼓励发电公司不仅投资或维护一定发电能力，而且更需要在系统供需紧张的关键时刻保证发电能力可用性。

如果一个购电主体没有购买其所承担的发电容量份额，这个公司可以从其他市场主体购买的装机容量裕度中获益，而节省的容量购买费用也让该公司在电能市场上有了成本优势。因此，从公平的角度出发，必须对任何不履行其容量责任义务的市场主体实施违约责任考核或罚款。关于考核费用和征收规则的制定，必须有助于鼓励正当的行为和威慑"搭便车"的行为。

一些电力市场已开始将需求资源纳入其容量市场。在这些市场中，大用户和将足够数量的小用户聚集在一起的负荷集成商具备在系统调度提出要求后降低用电负荷，并容量市场出售此负荷调节能力。例如，PJM（2017）分析需求响应的文献详细讨论该市场的运作方式。

7.3.4 可靠性合同

在理想情况下，每个电力用户都可以自由和独立地决定愿意为自身的供电可靠性支付多少钱。在一个成熟的电力市场，用户将能够与发电公司签订一份长期合同，以保证供电的可靠性水平。这样的长期合同将激励发电公司投资建设达到期望可靠性水平所需的发电容量。

只有电力市场发展达到一定的成熟程度，上述方法才有可行性。一个电力市场的集中管理组织（例如，监管机构或系统运营商）可以代表电力用户购买电力可靠性服务。与在容量市场中为装机容量设定目标的做法不同，这个组织可以进行 Vazquez 等人（2002）提出的可靠性合同拍卖。这类合约基本上都包括一个长期买方期权，如果最终没有交割，将面临巨额罚款。集中管理组织使用电力系统可靠性标准来确定要购买的合同总量 Q，并设定这些合同的执行价格为 s，通常比预计要调用的最昂贵的发电机的可变成本高 25%。它还设置了契约的期限。对这些合同的中标优先排序是根据发电商所要求的期权费用报价来排序的。出清交易量为 Q 的时候的边际期权费用报价 P 为统一结算期权费用价格。

让我们考虑这样一个例子：一个发电商以 P 的期权费价格出售了 qMW 的期权。在合同有效期内的每一段时间，该发电商都会收到一笔额外的 pq 费用。对

于电能的现货价格 π 超过行使价 s 的每个时期,该发电商必须向电力用户支付 $(\pi-s)q$ 的补偿。如果该发电商在该阶段只发电 gMW,那么它需要支付数量为 $pen(q-g)$ 的考核费用,其中,pen 为单位电力偏差考核费用。

可靠性合同具有很多理想特征:

1) 它们降低了系统边际发电机组面临的风险,因为来自尖峰价格的高度不稳定和不确定的收入被来自期权费的稳定收入所取代。

2) 集中组织可以将要拍卖的期权合同总购买量设定在一个可能达到预期系统可靠性的水平。

3) 发电企业有动力维持或增加发电容量的可用性,因为由发电能力不足引起的市场高峰电价时期的利润会较低。在高峰电价时段因为发电能力不足的偏差考核带来的影响是,发电商可能都不愿竞价出售可靠性较差的发电机组的期权合约。

4) 作为支付超出电能成本以外的期权费用的代价,电力用户可以对冲飙升的市场价格。可靠性合约制度在这方面上与容量补贴和容量市场形成了鲜明对比,在容量补贴或容量市场中,电力用户对容量支付带来的收益并不能有直接的感受。另外,电力用户的期权费是通过竞争性拍卖确定的,这也会保证期权费用的合理性。

5) 最后,由于合约执行价格一般远远高于竞争性市场价格,因此只有在系统因供应紧张导致的快要限电的这些时段,对应的期权合约交易才会变得活跃。因此,对比其他容量支付方法,可靠性合约对电能市场的干扰是最小化的。

7.4 考虑可再生能源的发电容量投资

7.4.1 投资者的视角

如例 7.3 所示,可再生能源发电机组的运行成本非常低。但是,这并不意味着它们可以自动获利,因为它们每 MW 装机容量的投资成本通常比常规的发电机组要高得多。因此,它们的利润取决于能否多发电。正如我们在前面章节中讨论的那样,多国政府鼓励开发可再生能源以应对气候变化,并建立了降低可再生能源相关的金融风险的机制。

7.4.2 电力用户的视角

当系统运营商和电力监管机构评估可以满足预期用电需求的发电装机容量时,他们总是会将此装机容量对系统充裕性的贡献按一定比例低估一点,因为,由于计划停运或强制停运的原因,没有任何发电机组在 100% 的时间内都是可用的。由于可再生能源发电出力依赖于间歇性、随机性资源,因此必须进一步降低这些机组对系统充裕性贡献的评估,因为在电力需求高峰期,这些机组可能并不可用。此外,如果可再生能源出力是季节性波动的,而系统用电负荷在一年中的不同时间都可能达到峰值,那么量化评估可再生能源发电对系统充裕性的贡献十分困难。例如,太阳能发电通常可以帮助满足夏季高峰用电需求,但是其对冬季高峰用电的贡献则有很大不确定性。

随着风电和太阳能发电容量份额的增长,由于其间歇性和随机性,需要系统提供更多的调峰资源来应对发用电动态平衡中出现的快速剧烈的变化。仅仅依靠充裕的发电容量来满足用电高峰需求的可靠性要求,不再是充足的条件。除了充裕性,还需要发电机组和其他调节资源(例如,需求响应资源和储能技术)必须具有足够灵活性和调节速度,才能及时对这些供需双方的变化做出快速响应。灵活的发电机组运行出力具有较大的上调和下调速率、较低的最小稳定技术出力以及较短的最小连续开机和连续停机时间。储能技术通常具有快速的响应速度,但必须具有足够大的容量来维持响应时间。需求侧响应资源必须保证其可靠性。仅基于持续负荷预测曲线来分析发电机组组合和其他资源组合能否满足未来电力平衡需求是不够的,因为持续负荷预测曲线不能反映出负荷随时间变化的特征,电力平衡分析需要考虑发电技术和需求资源的灵活性的问题。为了确保一定的发用电资源组合能够满足特定电力系统的运行约束,需要找到一系列不同条件下可能变化的用户负荷预测曲线,并在此基础上进行电力系统的模拟运行。有关此问题的更详细讨论,请参见 Ma(2013)或 Ulbig 和 Andersson(2015)相关文献。

7.5 习题

提示:大多数问题需要用电子表格软件求解。

7.1 计算投资于预期经营期为 30 年的 400MW 发电厂的内部收益率(IRR)。该工厂的投资建设成本为 1200 美元/kW,热效率为 9800Btu/kWh。它的燃料成本为 1.10 美元/MBtu。平均而言,预计机组的年度利用小时为每年 7446h,平均电能售价为 31 美元/MWh。如果这项投资要达到 13% 的最低可接受回报率(MARR),那么电能的平均售价应该是多少?

7.2 如果习题 7.1 中机组在 10 年后负荷率下降 15%,20 年后又下降 15%,那么 IRR 是多少?

7.3 在习题 7.1 中的机组,如果在电厂预期经营期的前 10 年,电价为 35 美元/MWh,然后降至 31 美元/MWh,那么此时 IRR 是多少?如果前 20 年的价格是 31 美元/MWh，过去 10 年的价格是 35 美元/MWh，那么 IRR 的值是多少？将这些结果与习题 7.1 计算的 IRR 进行比较，并解释存在的差异。

7.4 为了履行其在《京都议定书》下的义务，西尔瓦尼亚的政府已经决定通过保证以固定价格 35 美元/MWh 的价格购买可再生能源发电，从而鼓励可再生能源发电的建设。西尔瓦尼亚绿色电力公司（Greener Syldavia Power Company）正在考虑利用这个项目建造一个 200MW 的风电场。该风电场预计使用经营期为 30 年，建设成本为 850 美元/kW。根据对拟建地点风力状况的分析，工程师估计风力电厂的出力水平将如下表所示：

出力占装机容量的比例（%）	年度利用小时数/h
100	1700
75	1200
50	850
25	400
0	4610

假设西尔瓦尼亚绿色电力公司为自己设定的 MARR 是 12%，请分析该公司是否应接受政府的提议建设该风场？

7.5 西尔瓦尼亚能源公司（Syldavia Energy）正在分析建造一座 600MW 新发电厂的可行性。根据下表所示的参数，假设该工厂的负荷率为 0.80，并且能够以 30 美元/MWh 的平均价格出售其产出，那么该工厂应该采用哪种技术呢？西尔瓦尼亚能源公司的 MARR 是 12%。

项目	技术方案 A	技术方案 B
投资成本/(美元/kW)	1100	650
预期经营期/年	30	30
额定出力时的热耗率/(Btu/kWh)	7500	6500
预期燃料成本/(美元/MBtu)	1.15	2.75

7.6 假设博尔多利亚电力公司（Borduria Power）建造了一座电厂，它的具体参数如下表所示。

投资成本	1000 美元/kW
装机容量	400MW
预期经营期	30 年
额定出力时的热耗率	9800Btu/kWh
预期燃料成本	1.1 美元/MBtu
预期负荷率	0.85
预测平均销售电价	31 美元/MWh

经过 5 年的经营，市场情况发生了翻天覆地的变化。燃料价格上涨到 1.50 美元/MBtu，负荷率下降到 0.45，博尔多利亚电力公司这家电厂的售电平均价格下降到 25 美元/MWh。

博尔多利亚电力公司应该如何处理这个发电厂？如果该电力公司如果在投资的时候就能预测市场的这种变化，它会怎样的决策呢？假设该公司设定了 12% 的 MARR，并且忽略了工厂的可回收成本。

7.7 假设博尔多利亚电力公司（Borduria Power）决定继续经营习题 7.6 的电厂，而市场状况没有改善。5 年后，电厂发生了重大设备故障，需要花费 12 亿美元进行维修。预计这种修理将使电厂在其设计寿命的剩余时间里继续运转。该公司应该怎么做？如果这种故障发生在电厂投产 15 年后，又应该如何决策？

7.8 一座老旧的 100MW 发电厂的热效率为 13000Btu/kWh，燃料成本为 2.9 美元/MBtu。电厂的所有者估计，保持电厂可用的固定成本为每年 36 万美元。如果该工厂的负荷率只有 1%，那么保持该电厂可以继续维持经营的最低售电价格应该是多少？把这个价格与电厂的单位电能平均成本比较一下并进行分析。

7.9 习题 7.1 与习题 7.2 描述的投资分析过程非常简单。请讨论在更详细的分析中我们还需要考虑哪些因素。

7.10 绘制您所在地区的电力系统的持续负荷时间曲线和价格持续时间曲线，或者对其他系统进行绘图。将最大负荷需求与系统的装机容量进行比较。

7.11 选择几个不同的年份，重复习题 7.10 的分析。试着解释你所观察到的在天气条件、新发电厂的启用、旧发电厂的退役以及其他相关因素方面的显著差异。

7.12 确定是否有一种机制能激励在您居住的地区（或在您能够获得足够信息的另一个地区）的投资者对发电能力的投资。

参 考 文 献

Ford, A. (1999). Cycles in competitive electricity markets: a simulation study of the western United States. *Energy Policy* 27: 637–658.

Ford, A. (2001). Waiting for the boom: a simulation study of power plant construction in California. *Energy Policy* 29: 847–869.
Ma, J., Silva, V., Belhomme, R. et al. (2013). Evaluating and planning flexibility in sustainable power systems. *IEEE Trans. Sustainable Energy* 4 (1): 200–209.
PJM Interconnection (2017). Demand response strategy. http://www.pjm.com/~/media/library/reports-notices/demand-response/20170628-pjm-demand-response-strategy.ashx (accessed 3 March 2018).
Schweppe, F.C., Caramanis, M.C., Tabors, R.D., and Bohn, R.E. (1988). *Spot Pricing of Electricity*. Kluwer Academic Publishers.
Stoft, S. (2002). *Power System Economics*. Wiley.
Sullivan, W.G., Wicks, E.M., and Luxhoj, J.T. (2003). *Engineering Economy*, 12e. Prentice Hall.
Ulbig, A. and Andersson, G. (2015). Analyzing operational flexibility of electric power systems. *Int. J. Electr. Power Energy Syst.* 72: 155–164.
Vazquez, C., Rivier, M., and Perez-Arriaga, I.J. (2002). A market approach to long-term security of supply. *IEEE Trans. Power Systems* 17 (2): 349–357.

延伸阅读

苏利文（Sullivan，2003）写了一篇通俗易懂的关于投资决策技术的介绍。施朵夫（Stoft，2002）相当详细地讨论了在发电投资决策完全由电能价格驱动的电力市场，投资者应如何进行电力市场分析。Schweppe 等（1988）是关于现货定价的经典参考。Ford（1999，2001）提出了一些非常有趣的电力系统模拟，探索了发电容量建设中可能导致繁荣和萧条周期的因素。De Vries 和 Hakvoort（2003）讨论了用于鼓励发电能力投资的各种方法的优缺点。Vazquez 等人（2002）提出了可靠性契约的概念。Billinton 和 Allan（1996）详细解释了发电容量和系统可靠性之间的关系。

Billinton, R. and Allan, R.N. (1996). *Reliability Evaluation of Power Systems*, 2e. Plenum Press.
de Vries, L.J. and Hakvoort, R.A. (2003). The question of generation adequacy in liberalized electricity Markets. *Proceedings of the 26th IAEE Annual Conference* (June 2003).

第 8 章 输电投资

8.1 简介

第 5 章研究了已有输电网络对电力市场的影响,本章主要研究输电网络扩容的问题。一方面,通过建设新线路或升级改造现有设施来实现输电网络扩容,不仅增加了可靠交易的电能数量,还可以增加参与这一市场的发电商和消费者的数量。输电网扩容还可以增强市场竞争强度。另一方面,由于输电投资是高成本的,只有在经济有效的情况下才应该进行投资。为了使社会福利最大化,电力供应行业应该遵循最小化长期成本的发展之路。这意味着发电和输电的规划和投资应该联合优化。然而,为了避免对市场主体可能的歧视和不公平,建立开放电力市场需要使发电和输电活动分离。遗憾的是,这种分离意味着发电和输电的投资规划不再由一个垂直一体化的电力公用事业实体来协同,而是由具有不同组织结构和企业目标的社会组织分别独立进行。一方面,发电企业积极寻求投资机会,在有足够的输电能力保证其发电量能上网并投入市场的条件下,通过不断建设新电厂实现利润最大化。另一方面,大多数输电网为垄断电网公司所有。在这些公司获准修建新线路或升级输电网络之前,它们必须让电网监管机构相信,这些投资符合公众利益。世界各地的电网监管机构和立法机构都在努力制定合理的监管制度,鼓励所有的利益相关主体共同努力,制定最优的输电规划。

为了与本书的基本逻辑保持一致,我们将不讨论那些快速发展中的输电监管制度和方法。与此不同的是,我们将要聚焦分析输电投资的基本原理。在简要回顾输电业务的基本特征之后,我们将讨论传统的输电网扩容方法,即投资者获得的输电收入主要由输电设备的投资成本决定。然后,我们将注意力转向输电网所创造的各种价值流,以及如何证明输电投资的效率。最明显的内在价值来源来自于输电公司进行不同节点和区域之间的价差套利,例如,可以减少不同节点和地区间的电价差异。而且,输电网络也可以用于共享系统备用、平衡容量和容量裕度。我们将说明如何量化这些方面的价值,以提供额外的新建线路或输电网络升级的理由。

8.2 输电业务的性质

在放松管制的电力市场中，传统垂直一体化公用事业电力公司中的输电业务通常与其他业务独立分开。因此，在讨论输电投资时，首先应该考虑到输电作为一项独立业务的一些特点。

8.2.1 输电业务的基本原理

输电业务存在的意义在于，发电商和用户负荷处在输电网络的不同的位置。输电的价值随着发电厂和电力用户之间的距离的增加而增加。如果可以在居民用户和商业用户那里安装一种可靠的、环保的发电设备，而且这个发电设备还具有一定的经济效率，那么输电业务就可能因为没有需求而消失。

8.2.2 输电业务是一种自然垄断业务

在当前，如果已存在输电网的情况下，几乎很难想象，一群投资者会决定在同一地区投资建设一个全新的输电网络与已有电网进行竞争。由于这会给环境带来不良的视觉影响，监管机构也几乎不可能批准在相似的地理路径上建设多条相互竞争的输电线路。此外，输电网络存在最小有效经济规模，决定了输电是一种自然垄断业务。

与提供公共服务的所有垄断企业一样，政府必须对输电企业进行监管，以确保其提供服务质量和价格方面实现经济性最优。这样的目标并不容易实现。尽管电力用户和发电厂为使用输电网络而付费，但监管机构实际上是代表他们"购买"了输电容量。因此，监管机构自己对最优输电容量的判断，取代了在竞争激烈的市场中发电公司和电力用户独立购买输电容量决策汇总得到的需求曲线。

作为获得区域垄断经营地位付出的代价，输电公司必须接受由监管机构决定其准许收入。准许收入主要是确保输电网投资获得相对合理的资本回报率。然而，与其他股票市场的投资相比，输电公司相对风险比较小，因为不会面临竞争。事实上，输电公司面临的最大风险来自于输电监管政策，即监管制度或实践的调整可能会直接减少输电公司的许可收入。

8.2.3 输电是一项资本密集型产业

远距离可靠且有效地传输电能需要投资很多昂贵的电气设备。虽然最贵重的设备显然是架空输电线路，但变压器、开关柜和无功补偿装置的成本也很高。要在接近物理极限的情况下维持系统的运行可靠性，需要无处不在的继电保护装置、大规模的通信网络以及复杂的系统控制中心。这些电网设备的投资成本远远超过系统调度的运营维护成本。因此，做出有效的电网投资决策是经营输电公司最重要的工作。

8.2.4 输电资产使用寿命长

输电设备的设计使用寿命通常为 20~40 年甚至更长。在如此长的一段时间内，市场情景可能发生很大的变化。由于燃料成本的变化或更好的新技术的出现，原本为满足大规模用电需求建设的发电厂可能会过早地关闭。与此同时，不平衡的经济发展可能会改变用电需求的地理分布结构。因此，如果是在错误预测基础上建设的输电线路，其输电能力额定值可能只有一小部分被利用。

8.2.5 输电投资的不可逆转性

一旦输电线路建成，就不能将其拆卸并重新安装到其他可能有更好经济效益的地方。尽管一些输电设备可能可以移动，但这样做的成本往往过高。已安装的设备资产的转售价值很低。因此，输电网络的所有者不得不在很长一段时间内承担其输电投资决策的后果。使用率不如投资时预期那么高的大规模投资项目通常被称为搁浅投资（Stranded Investment）。因此，投资者必须分析未来可能出现的各种情景下投资资产的效率。在一个管制的行业中，这些投资通常得到某种形式的保证，即使投资的资产因输电需求的不可预见的变化而搁浅，也有足够的收入收回投资。

8.2.6 输电投资是成块状（lumpy）开展的

输电设备制造商只生产有限几个额定电压等级和额定容量的输电设备。因此，通常新建输电设备的额定容量与容量需求难以精准匹配。尽管偶尔新投资的设备容量与容量需求的增长正好可以匹配，但考虑到输配设备极高的固定成本和极低的低转售价值，要求新输电设备与用电需求的精确匹配往往是不切实际的，并且也是缺乏经济性的。因此，输电设备投资发生频率较低且成块状增加，在新输电设备投入运营的早期，输电设备的容量往往超过需求，以后，至少当市场需求按照预期增长时，这些设备才可能会得到更充分的利用。

8.2.7 输电投资的规模经济性

在理想情况下，投资应主要与生产能力成正相关关系。但对于输电线路来说，情况显然不是这样。建造输电线路的成本主要与线路的长度成比例，因为需要获得土地使用权，平整地形，并树立杆塔。线路的输电容量只通过导线的粗细和杆塔的高度来影响成本，因为电压越高，塔杆越高。此外，必须在线路的两端新建变电站或扩建现有的变电站。这一成本是很高的，且几乎与线路所能输送的有功功率的大小无关。由于存在这些输电投资的固定成本，输电的平均成本随着输电量的增加而降低。因此，输电网络具有很强的规模经济性。

8.3 基于成本的输电扩容

根据传统的监管契约，受监管的输电公司获得的收入足以回收其投资成本，以及补偿给寻求相对安全投资的投资者的合理投资回报。虽然这种方法在概念上很简单，但我们需要探讨两个重要的问题：

1）应该建设多大的输电容量？
2）输电成本应该如何在输电网络的用户之间分摊？

8.3.1 确定输电容量投资水平

在传统模式下，输电设施投资按照以下流程进行：

1）使用人口和经济预测，输电公司预测输电容量的需求。
2）根据这一预测，公司准备一个输电扩容规划，并提交给输电监管机构。
3）监管机构审查了这个规划，并决定是否可以建设或改造哪些输电设施。
4）输电公司利用股东和债券持有人提供的资金建造这些新输电设施。
5）一旦新输电设施投入使用，输电公司就开始通过向输电网络用户收取网络服务费用来回收投资成本。

电力用户为电能消费支付的电费显然是输电容量的函数。如果监管机构允许输电公司建设过多的输电容量，用户就可能要为从没有使用的冗余容量付费。另一方面，如果可用的输电容量太少，网络的阻塞会减少交易量，就会提高一些地区的电价，同时压低另一些地区的电价。在这种情况下，虽然用户支付的输电费用较低，但却无法享受到有效输电网络带来的福利。因此，太少或太多的输电容量都会导致社会福利的降低。由于用电需求和发电容量增长过程中不可避免的不确定性，保持最优的输电容量并不容易。从实际出发，有这样一种得到普遍认同的观点，即从经济性来看，偏高的输电容量比偏低更合适。输电成本实际上只占总用电成本的10%左右。尽管输电过度投资的成本并不低，但输电投资不足导致的潜在成本要更高，因为即使是很小的输电容量短缺也会对电能价格产生巨大影响，而电能价格约占用电总成本的60%。

另一方面，按照基于投资回报率确定输电公司的收入，输电公司就有动机去夸大用户对输电容量的需求，因为随着输电资产投资的增加，输电公司从输电网用户那里可以征收更多的输电费用。由于输电监管机构缺乏相应的资源和技术专家，所以他们很难准确评估输电公司制定的扩容规划的有效性。

综上所述，根据输电投资的成本来确定准许收入（成本加成）的模式，可以维持输电公司的正常经营，这通常符合所有利益相关方的利益。这种定价机制也确保了输电服务费用的可预见性。但是，这种机制不能保证输电容量的投资水平是经济最优的。

8.3.2 输电费用分摊

一旦监管机构确定了足够回收输电公司投资的准许收入,这部分沉没成本必须分摊给使用输电网络的发电商和电力用户。在下列段落中,我们简要讨论了几种已经提出主要分摊方法的原则。对于这些沉没成本分摊方法的细节,感兴趣的读者应该咨询马兰贡·利马(Marangon Lima, 1996)。

8.3.2.1 邮票法(Postage Stamp Method)

在这种分摊方法下,所有输电用户必须支付"电网服务费用",然后才能接入本地输电公司的网络。这一服务费用通常取决于发电机组的额定功率或电力用户的高峰需求(MW),还与每年的电能生产或消耗(MWh)有关,同时也与用户所在的电压等级相关。就像邮票一样,这种服务费用通常不取决于电能来自哪里,或去向何处,只要它在同一个输电网内即可。

因此,每个用户支付的输电网服务费用反映了整个输电网的平均使用量,而不是特定输电设备的使用量。输电费用按比例调整,以确保输电公司能获得其有权征收的所有收入。

由于简单,该方法是使用本地输电网络时最常见的收费机制。它的主要缺点是,每个输电用户支付的费用不能反映他们实际使用输电网络的情况,也不能反映他们通过输电网与其他主体互联中获得的价值。在许多情况下,存在用户之间的交叉补贴,这样扭曲了竞争关系,在经济上是低效的。例如,靠近主要负荷中心的发电商可能会提出质疑,认为自己不应该支付与远离负荷中心的发电商相同的输电费用,因为它们产生的电能不需要经过很长距离而且昂贵的输电线路就能送达电力用户。

邮票方法的另一个问题是,它只包括本地输电网络的服务成本。如果发电商想要在邻近的输电网中出售电能,可能需要额外购买相应的邮票(输电服务费)才能接入邻近的输电网络。如果两个交易主体不在相邻的输电网中,需要向中间路径中上所有其他输电网的邮票。像一叠煎饼一样,每个邮票的成本可能不是很高,但总支出可能很大。这种现象被称为"摊煎饼收费"。这种做法通常被认为是不合理的,因为收取的输电费用远高与电能输送的成本,进而导致原本经济有效的交易无利可图。

8.3.2.2 合同路径法(Contract Path Method)

合同路径法起源于电力供应行业主要由垂直一体化的公用事业电力公司组成的时代,当时电能交易并不常见。当某电力用户不想从本地的公用事业电力公司购电,而是想从某发电商那里购买能源时,这个用户仍然需要使用自己所在的这个公用事业电力公司的电网,以接收从发电公司送过来的电能。因此,用户必须承担一定比例的公用事业电力公司的沉没成本。用户必须与公用事业电力公司签订一份转运合同（Wheeling Contract）的合同，使这交易正规化。在这种方法中，转运合同需要在电网中确定一条连续的送电路径（合同路径，The Contract Path），假定电能按该路径从发电机节点流向用户节点。发电商和用户同意在合同期限内支付与所输电量成比例的转运费用（Wheeling Charge）。通过这种转运费，可以使公用事业电力公司收回合同路径中包含的部分输电资产的成本。

因此，发电商和用户仅为特定路径上输电设备的使用付费，而不是整个输网络平均成本付费的一小部分。与邮票法相比，这种方法从某种程度上讲更具有成本有效性，而且也能保证相对简单性。然而，根据基尔霍夫定律，电能实际流动路径并不遵循合同路径，而是通过多种路径流动。从这个角度而言，合同路径法是否为成本有效的判断依据，是不确定的。

8.3.2.3 兆瓦-公里法（MW-Mile Method）

在兆瓦-公里法中，潮流计算用于确定电能在输电网络中的实际流动路径。通常先计算每个交易的兆瓦-公里数量。然后，将这个量乘以给定的单位输电容量成本来明确转运费用。为了解决某些电力交易会减少特定线路的潮流这一事实，该方法可以改进。如果输电网络是线性系统，则此方法将是严谨的。但不幸的是，事实并非如此。评估交易的基准情景和考虑交易的顺序都会对分摊结果产生重大影响，我们并不希望出现这种不唯一性。

8.3.2.4 讨论

前一节讨论的所有分摊方法由于缺乏坚实的经济学理论基础，已经受到了人们批评。特别是，这些方法得到输电的费用与平均输电成本相关，而不是与输电网使用的边际成本成比例。也就意味着，这种输电服务价格没有提供正确的经济信号。无论如何，由于这些方法简单易行，已被人们广泛使用。

8.4 输电的市场价值

在一个竞争激烈的电能市场中，输电网看起来与发电机组存在竞争关系。输电网确实让远离负荷的发电机组与本地的发电机组竞争成为可能。因此，我们可以根据输电网不同节点的边际供电成本或节点电价的差异来量化对应输电路径的输电服务的价值。这为发电和用户的输电服务的定价提供了依据。

例 8.1

让我们考虑图 8.1 中所示的双节点和单回路系统。为了简单起见，我们忽略了网损，且不考虑运行可靠性的约束。我们还假设两个发电机 G_1 和 G_2 的发电能力都可以满足节点 B 的 1000MW 的用电负荷需求。最后，我们假设输电线路的容量是无限大，足以承载任何可能需要的潮流。

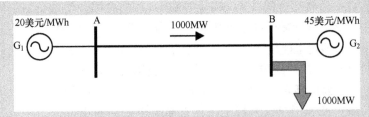

图 8.1 输电价值简单举例说明

B 节点的用户可以从本地发电机 G_2 以 45 美元/MWh 的价格购电，也可以从远程发电机 G_1 以 20 美元/MWh 的价格购电，并支付电能的输电费用。如果这种输电成本低于 25 美元/MWh，用户将选择从 G_1 发电机购买电能，因为总的成本将低于 45 美元/MWh，也就是从发电厂 G_2 购买电能时需要支付的电价。

因此，收取超过 25 美元/MWh 的输电费用并不符合输电线路所有者的最佳利益，因为这样的费用会阻碍用户使用输电系统。在这个例子中，输电服务的价值是 25 美元/MWh，因为输电价格为这一数值时，用户是否使用输电网的收益是无差异的。因此，输电的价值是发电的短期边际成本（SRMC）的函数。在这种情况下，这个函数非常简单，因为在输电线路容量和本地发电能力之间没有替换的限制。

我们也可以从投资的角度来看待这个问题。只有当其单位输电量分摊的平均成本低于 25 美元/MWh 时，才应该建造这条输电线路。

如果本地发电机 G_2 的最大出力小于 1000MW，则必须使用输电线路来输送外部的电能。输电的价值不再由当地发电机组 G_1 的报价决定，而是由消费者为电能的支付意愿决定。在短期内，这可能远远高于 25 美元/MWh。本地发电机 G_1 的发电能力限制使输电网处于市场垄断地位，因为电力用户可以在使用输电服务和放弃电能消费之间进行选择。这种垄断地位从长远来看可能是不可持续的，因为它会鼓励本地发电容量的投资和扩容。

例 8.2

让我们回顾一下我们在第 5 章中介绍的博尔多利亚和西尔瓦尼亚电力系统的例子。在那一章中，我们研究了互联线路运行对两节点价格的影响。我们现在要确定这种互联系统的最优输电容量。

我们采用的电网模型与第 5 章中使用的电网模型一致，如图 8.2 所示。唯一的区别是互联线路的输电容量不是固定的。在假设两个国家的电力市场独立运作时的经济特征后，博尔多利亚和西尔瓦尼亚电力市场的供应函数如下：

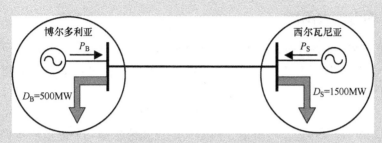

图 8.2 博尔多利亚和西尔瓦尼亚互联电力系统

$$\pi_B = MC_B = 10 + 0.01 P_B (美元/MWh) \quad (8.1)$$
$$\pi_S = MC_S = 13 + 0.02 P_S (美元/MWh) \quad (8.2)$$

博尔多利亚和西尔瓦尼亚的电力需求分别为500MW和1500MW。我们继续假设这些需求不随时间变化,并且是完全无价格弹性的。

在没有联网的情况下,两个国家电力市场独立运作,博尔多利亚和西尔瓦尼亚的价格分别为15美元/MWh和43美元/MWh。因此,从博尔多利亚向西尔瓦尼亚输送单位MWh电能的市场价值等于两国电价之差,即28美元/MWh。

我们在第5章中看到,当通过互联线路的潮流为400MW,博尔多利亚的发电出力为900MW,其中满足本地用电负荷需求为500MW,其余的400MW卖给西尔瓦尼亚的电力用户。西尔瓦尼亚剩余的1100MW的用电负荷需求由本地发电机组供应。在这种情况下,博尔多利亚和西尔瓦尼亚的价格分别为19美元/MWh和35美元/MWh。此时,从博尔多利亚向西尔瓦尼亚的增加1MWh输电电量实现的市场价值仅为16美元/MWh。这也是西尔瓦尼亚的电力用户愿意为他们在博尔多利亚以19美元/MWh购买的1MWh输电服务支付的最高可能价格。如果输电的价格更高,他们更愿意从当地(博尔多利亚)的发电机组那里购买这1MWh电能增量。

当联络线潮流达到933.3MW时,博尔多利亚和西尔瓦尼亚的节点电价相等:

$$\pi = \pi_B = \pi_S = 24.30 (美元/MWh) \quad (8.3)$$

在这种情况下,输电的边际市场价值为零,因为西尔瓦尼亚的电力用户从本地的发电机组购买额外单位电能的价格与从博尔多利亚的发电机组的购买价格是一样的。因此,他们不会愿意为这种来自输电网的非本地的增量电能支付任何输电费用。也没有必要进一步增加两国间的电能输送量,因为这将使输电的边际市场价值为负。对于西尔瓦尼亚的用户而言,更多的外来电能就需要增加博尔多利亚的发电量,这样一来,博尔多利亚市场上的节点电价就会高于西尔达维亚的节点电价。这种电能输送将把电能从高电价市场传输到低电价市场,这显然是浪费和经济效率低下的。因此,我们可以得出这样的结论:输电的边际市场价值是输电潮流的函数,该价值也取决于电能市场价格和输电容量。

8.4.1 输电需求函数

现在，我们将通过引入输电需求函数来形式化我们在上述示例中所做的研究。这个函数给出了在博尔多利亚和西尔瓦尼亚之间输电功率为 F 时对应的输电市场价值：

$$\pi_T(F) = \pi_S(F) - \pi_B(F) \tag{8.4}$$

其中，$\pi_T(F)$ 表示输电市场价值，西尔瓦尼亚和博尔多利亚的电能价格分别为 $\pi_S(F)$、$\pi_B(F)$，上述价格均是关于潮流 F 的函数。将（8.1）与式（8.2）代入式（8.4），可以得到

$$\begin{aligned}\pi_T(F) &= [13+0.02P_S(F)] - [10+0.01P_B(F)] \\ &= 3+0.02P_S(F) - 0.01P_B(F)\end{aligned} \tag{8.5}$$

博尔多利亚和西尔瓦尼亚的发电功率可以用互联线路潮流数量和本地用电负荷需求表示如下：

$$P_B(F) = D_B + F \tag{8.6}$$

$$P_S(F) = D_S - F \tag{8.7}$$

因此式（8.5）可以表示为

$$\pi_T(F) = 3 + 0.02(D_S - F) - 0.01(F + D_B) \tag{8.8}$$

将已知值代入需求函数，我们可以得到

$$\pi_T = 28 - 0.03F \tag{8.9}$$

使用这个表达式，我们可以用一种特定的方式验证前面分析的结果。特别地，我们看到当潮流等于 0 时，输电价值是 28 美元/MWh。相反，当潮流达到 933.3MW 时，输电市场价值降为零，这是在博尔多利亚和西尔瓦尼亚两个市场的价格相等时的潮流值。

将式（8.9）进行转换，我们可以得到输电需求量跟输电价格的函数关系：

$$F(\pi_T) = 933.3 - 33.3\pi_T \tag{8.10}$$

如图 8.3 所示，跟其他需求曲线形状相同，输电需求量随着输电价格的下降而上升。

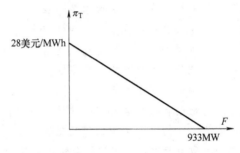

图 8.3 博尔多利亚-西尔瓦尼亚互联线路的输电需求函数

研究输电商的输电收入与输电量之间的关系是很有意思的,输电收入等于输电价格乘以输电量:

$$R(F) = \pi_T F = (28 - 0.03F)F \qquad (8.11)$$

如图 8.4 所示,这个收入函数是输电功率的二次函数。如果没有可用输电能力,输电公司显然没有任何收入,因为输电量为零。另一方面,对于 933MW 的输电能力,当通过输电线路的潮流达到最大值,此时联络线两端的节点价格是相同的,因此有 $\pi_T = 0$,输电收入也是零。当输电量为 466MW 时,可以获得最大输电收入。

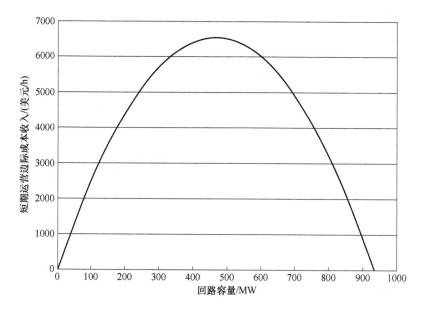

图 8.4 博尔多利亚-西尔瓦尼亚互联输电系统的输电商
收入随着线路可用容量变化的函数关系

8.4.2 输电供给函数

现在让我们看看输电"市场"的另一面,构建输电的供给函数。建设一条输电线路的年度成本由长期变动成本和固定成本组成,长期变动成本取决于线路的输电容量 T,固定成本则与输电容量无关:

$$C_T(T) = C_F + C_V(T) \qquad (8.12)$$

为了简化起见,假设长期变动成本是关于输电容量的线性函数:

$$C_V(T) = klT \qquad (8.13)$$

式中,l 为线路长度 (km);k 为建设长度为 1km 的输电线路分摊到每年的边际成本,单位是美元/(MW·km·年)。

因此我们可以得到输电容量的年度边际成本是:

$$\frac{dC_T}{dT} = kl \tag{8.14}$$

这一数值被称为长期边际成本（Long-Run Marginal Cost，LRMC），因为它与输电投资成本相关。将其除以一年的小时数（$\tau_0 = 8760h$），我们得到了每小时的长期边际成本（单位为美元/MWh），符合我们构建输电供给函数的需要：

$$c_T(T) = \frac{kl}{\tau_0} \tag{8.15}$$

由于我们对式（8.13）进行了简化考虑，上面得到的输电长期边际成本实际上是一个常量，它与线路的输电容量无关。

如果现在有一条长度为 1000km 的输电线路，我们假定：

$$k = 35 \text{ 美元}/(MW \cdot km \cdot \text{年}) \tag{8.16}$$

可以计算出它的输电的每小时长期边际成本为

$$c_T = 4.00 \text{ 美元/MWh} \tag{8.17}$$

8.4.3 最优输电容量

当互联输电系统容量达到最优时，输电市场处于均衡状态，即输电用户愿意支付的输电电价等于提供该输电容量的边际成本。在这个最佳状态下，我们有：

$$\pi_T = c_T = 4.00 \text{ 美元/MWh} \tag{8.18}$$

联立式（8.10）与式（8.18），我们可以计算出最优输电容量为

$$T^{OPT} = 800MW \tag{8.19}$$

图 8.5 解释了这种最优状态。它显示了博尔多利亚和西尔瓦尼亚的节点电价是关于各节点机组的发电功率的函数。

因为我们假设用电需求是常数，所以它也显示了这些节点价格是互联线路潮流的函数。如果该潮流受到特定输电容量的限制，两条发电边际成本曲线之间的垂直距离给出了两个市场之间节点电价的差异。我们可以将两个节点电价差异看成是增加单位联络线输电容量减少的短期边际系统发电成本（Short Run Marginal Cost，SRMC）。如果这个互联输电线路有 800MW 的输电容量，从博尔多利亚和西尔瓦尼亚的潮流等于 800MW（$F = T$），上述短期边际系统发电成本（SRMC）为 4.00 美元/MWh。由于 800MW 的输电潮流等于最优输电容量，这意味着短期边际系统发电成本应该正好等于输电系统的长期变动成本（LRMC）。如果互联系统的运营商以两个市场节点价格差异（或征收了相当于节点电价差异的输电费用）作为收入，将正好实现输电收入与输电建设费用的平衡。

如果输电容量大于 800MW，系统运行方式在图 8.5 中向右移动，节点电价之差将降低。由于输电系统的长期变动成本（LRMC）是常数，互联输电系统的边际容量价值将小于其边际容量成本。如果输电公司的收入根据节点电价之差

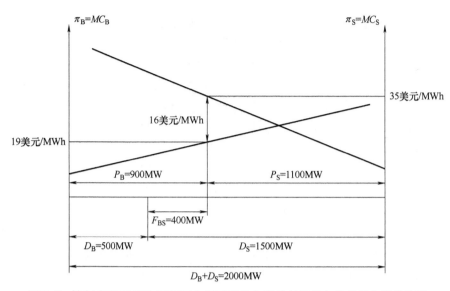

图 8.5 博尔多利亚-西尔瓦尼亚之间互联输电容量与节点电价差异之间的关系

收取,输电公司将不会获得足够的输电收入来支付输电投资成本,换句话说,现在的输电容量规模是过度投资的。

另一方面,如果输电容量小于 800MW,系统运行方式将在图 8.5 中向左移动。节点电价的差异将大于输电系统的长期变动成本(LRMC),这种情况下是输电容量规模是投资不足的,而这有利于输电公司,因为公司可以收取更高的输电价格。从全局角度来看,这种投资不足并不好,因为它将市场交易水平限制在次优水平。

8.4.4 平衡约束成本和投资成本

将式(8.1)和式(8.2)中给出的博尔多利亚和西尔瓦尼亚的边际发电成本公式进行推倒,即可得到两个市场的发电变动成本:

$$C_B = 10P_B + \frac{1}{2}0.01P_B^2 (\text{美元}/h) \tag{8.20}$$

$$C_S = 13P_S + \frac{1}{2}0.02P_S^2 (\text{美元}/h) \tag{8.21}$$

在第 5 章中,我们确定,当发电不受输电容量约束时,使系统发电成本最小的运行方式是:

$$P_B = 1433.3 \text{MW} \tag{8.22}$$

$$P_S = 566.7 \text{MW} \tag{8.23}$$

互联线路中的未阻塞潮流是:

$$F = 933.33 \text{MW} \tag{8.24}$$

各个国家和整个系统的相应小时发电变动成本为：

$$C_B = 24605 \text{ 美元/h} \tag{8.25}$$

$$C_S = 10578 \text{ 美元/h} \tag{8.26}$$

$$C^U = C_B + C_S = 35183 \text{ 美元/h} \tag{8.27}$$

无约束调度和相对应费用分别被称为最优经济调度方案和最优化发电成本。

如果输电容量（对应的互联线路上的潮流）为 800MW，那么发电功率和相应变动成本为：

$$P_B = 1300\text{MW}, C_B = 21450 \text{ 美元/h} \tag{8.28}$$

$$P_S = 700\text{MW}, C_S = 14000 \text{ 美元/h} \tag{8.29}$$

在这种输电阻塞条件下，提供用电负荷的总成本为：

$$C^C = 35450 \text{ 美元/h} \tag{8.30}$$

有输电阻塞和无输电阻塞之间的系统运行成本差异称为输电阻塞成本或偏离最优调度的发电增量成本（out-of-merit generation cost）：

$$\Delta C = C^C - C^U = 267 \text{ 美元/h} \tag{8.31}$$

输电总成本可以看成是输电投资成本和输电阻塞成本之和。如图 8.6 所示，输电网的投资成本随着输电容量的增加而增加，而输电阻塞成本随着输电容量的增加而降低。后者的原因在于，随着输电容量的增加，输电网对潮流的约束越来越小。因此，最小化输电总成本是输电网扩容的优化目标。从图 8.6 中可以看出，输电容量达到最优解 800MW 时，就实现了输电总成本最小化的目标，这就与我们在式（8.19）中得到的结论是一致的。

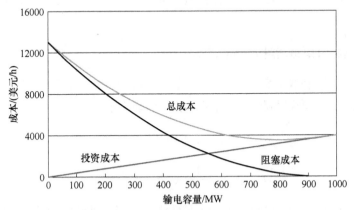

图 8.6 博尔多利亚和西尔瓦尼亚互联输电系统的阻塞成本、投资成本和总成本

8.4.5 用电负荷波动的影响

到目前为止，我们已经做出了一个非常简单的假设，即随着时间的变化，用电负荷保持不变，但显然这是不现实的，我们必须分析电力用户行为的周期

性变化带来的用电负荷波动，及其对输电潮流的影响。

8.4.5.1 负荷持续曲线

如果我们假设某电力系统的用电负荷的波动遵循类似的模式，我们没有必要过多关注用电负荷达到不同水平对应的是哪一个时刻。更为重要的是特定用电负荷水平所持续时间。时序负荷曲线，如图 8.7a 所示，显示了一天中不同时刻的用电负荷的变化过程。一天被分割为固定数量的时段，在该时段的用电负荷假定为常数。那么上述的图中，一天被分为 8 个时刻，每个时刻持续 3h，对应的不同的用电负荷水平用 a 到 h 标记。在图 8.7b 中，上述这些时段按照用电负荷水平从高到低排序。这个图显示了一天用电负荷水平超过某个值的所持续的小时数。这个图可以表示较长的总时间（例如，一年）和较短的时段（例如，一小时）。由此可以得到了年度负荷持续时间曲线，表示一年中用电负荷超过特定水平所持续的小时数。实际上，我们已经在第 7 章中分析过这样的曲线。

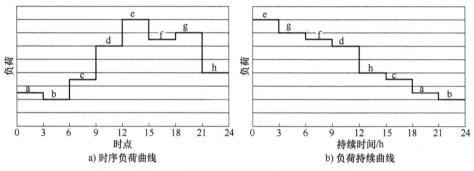

图 8.7 时序负荷曲线和负荷持续曲线

由于处理高达 8760h 的年度负载持续时间曲线并不太实际，因此通常会进行一些简化整合处理。例如，图 8.8 展示了通过将负荷水平分为 4 个值来简化图 8.7 的负载持续时间曲线。

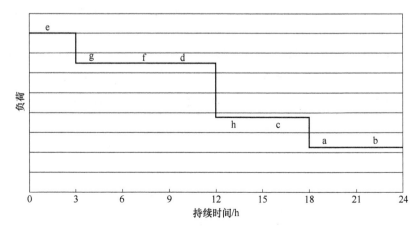

图 8.8 简化负荷持续曲线

例 8.3

我们可以将图 8.9 所示的非常简单的负荷持续曲线应用到博尔多利亚和西尔瓦尼亚这个例子，在该例子中，每个国家的用电负荷被分为峰荷和非峰荷两个时段，峰荷时段为 3889h，而非峰荷时段为 4871h，为了简单起见，我们假设两国的峰荷和非峰荷时段一致。

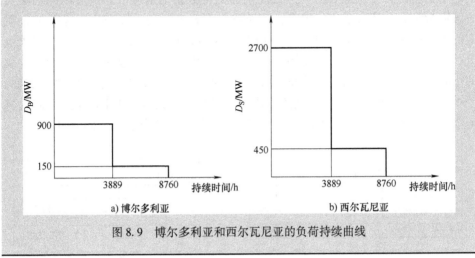

图 8.9 博尔多利亚和西尔瓦尼亚的负荷持续曲线

如前所述，为了确定最优输电容量，我们必须平衡节省的年度发电成本与增加的年度输电成本两个变量，尽管我们可以对最优解进行直接的计算，但我们仍然选择通过计算一系列输电容量的成本分量，去展示搜索最小输电总成本的过程。

为了计算小时输电阻塞成本，我们需要知道无输电阻塞下的总发电成本。表 8.1 显示了峰荷和非峰荷时段的无约束经济调度方案，以及式（8.20）和式（8.21）计算出的相应发电成本。表 8.2 和表 8.3 显示了峰荷和非峰荷时段的小时总发电成本。

考虑到非峰荷时段和非峰荷时段的持续时间分别为 4871h 和 3889h，我们可以计算前两个表中不同输电系统容量约束条件下的年度输电阻塞成本。

表 8.1 博尔多利亚和西尔瓦尼亚系统的峰荷和非峰荷下的无约束经济调度

总用电负荷/MW	博尔多利亚的发电功率/MW	西尔瓦尼亚的发电功率/MW	每小时总发电成本/(美元/h)
600	500	100	7650
3600	2500	1100	82650

表 8.2　以互联线路输电容量为变量的博尔多利亚和西尔瓦尼亚系统非峰荷时段每个小时的发电功率、总发电成本和输电阻塞成本

互联线路输电容量/MW	博尔多利亚发电功率/MW	西尔瓦尼亚发电功率/MW	每小时总发电成本/(美元/h)	小时阻塞成本/(美元/h)
0	150	450	9488	1838
100	250	350	8588	938
200	350	250	7988	338
300	450	150	7688	38
350	500	100	7650	0
400	500	100	7650	0
450	500	100	7650	0
500	500	100	7650	0
600	500	100	7650	0
700	500	100	7650	0
800	500	100	7650	0
900	500	100	7650	0

表 8.3　以互联线路输电容量为变量的博尔多利亚和西尔瓦尼亚系统峰荷时段每个小时的发电功率、总发电成本和输电阻塞成本

互联线路输电容量/MW	博尔多利亚发电功率/MW	西尔瓦尼亚发电功率/MW	每小时总发电成本/(美元/h)	小时阻塞成本/(美元/h)
0	900	2700	121050	38400
100	1000	2600	116400	33750
200	1100	2500	112050	29400
300	1200	2400	108000	25350
350	1250	2350	106088	23438
400	1300	2300	104250	21600
450	1350	2250	102488	19838
500	1400	2200	100800	18150
600	1500	2100	97650	15000
700	1600	2000	94800	12150
800	1700	1900	92250	9600
900	1800	1800	90000	7350

输电投资的年度长期边际成本为 140 美元/(MW·km·年)。表 8.4 显示了输电阻塞成本、输电投资年度成本及其成本总和，即年度输电总成本。我们只考虑了输电投资成本的长期变动成本部分，并使用式（8.13）进行计算，结果显示 400MW 的输电容量为最优解，因为它可以使输电总成本最小化。

表 8.4 以互联线路输电容量为变量的博尔多利亚和西尔瓦尼亚系统峰荷时段
每个小时的年度输电阻塞成本、年度输电投资成本和年度输电总成本

互联线路输电容量/MW	年度阻塞成本 /(10^3 美元/年)	年度输电投资成本 /(10^3 美元/年)	年度总输电成本 /(10^3 美元/年)
0	158304	0	158304
100	135835	14000	149835
200	115993	28000	143993
300	98780	42000	140780
350	91159	49000	140159
400	**84012**	**56000**	**140012**
450	77157	63000	140157
500	70593	70000	140593
600	58342	84000	142342
700	47257	98000	145257
800	37339	112000	149339
900	28587	126000	154587

注：粗体表示最佳值。

8.4.5.2 输电投资变动成本的回收

我们对容量为 400MW 的联络线输电容量在博尔多利亚和西尔瓦尼亚电能市场的影响进行研究。

在非峰荷时段，400MW 的互联系统输电容量并不会限制两国之间的输电潮流，这两个市场的运行就像是在同一个市场中。博尔多利亚和西尔瓦尼亚的发电公司分别产生 500MW 和 100MW 的电力，由于博尔多利亚只有 150MW 的用电负荷，因此 350MW 的电力通过互联线路向西尔瓦尼亚的市场输送。博尔多利亚和西尔瓦尼亚的边际发电成本和价格相同，均为 15.00 美元/MWh。因此，在非峰荷时段，输电的短期边际价值为零。因此，阻塞盈余或输电收入也为零。

在峰荷时段，博尔多利亚的发电机组发电功率为 1300MW，因为博尔多利亚的用电负荷此时为 900MW，而输电容量限制在 400MW 以内。而西尔瓦尼亚发电功率为 2300MW。由于输电阻塞，在博尔多利亚和西尔瓦尼亚的电力市场价格是

由当地的边际发电成本决定的,即23.00美元/MWh和59.00美元/MWh。因此,可得出两国联络线输电的短期市场价值为36.00美元/MWh。

在峰荷时段,每小时的输电阻塞盈余为:

$$CS_{hourly} = 400 \times 36 = 14400 (美元/h) \qquad (8.32)$$

如果我们假设输电公司以输电阻塞盈余作为收入,其年度收入等于此值乘以峰荷小时数:

$$CS_{annual} = 14400 \times 3889 \approx 56000000 (美元/年) \qquad (8.33)$$

该金额等于输电投资的年度变动成本:

$$C_V(T) = klT = 140 \times 1000 \times 400$$
$$= 56000000 (美元/年) \qquad (8.34)$$

对于最优输电容量,阻塞盈余获得的收入包括投资成本的长期变动成本,但不包括输电投资的固定成本。这种规律之所以可以成立,是因为我们假定的边际成本是一个常数 k。然而,边际成本往往是由规模经济决定的而不是常数,如果是这样的话,那么输电收入和成本之间的等式关系将不再成立。

8.4.6 次优输电容量的投资收回

实际上,实际输电容量很少会与期望的最优值相吻合,如果考虑:影响用电需求预测和发电价格的不确定因素;输电容量投资的非连续性和不可分割性;以及历史投资决策的遗留问题,那么这种差异形成的原因就很容易理解了。显然,电力系统运营商是根据实际输电容量来运行的,而不是基于一个优化程序的结果来运行系统的。由于节点电价和阻塞盈余是由实际输电网络决定的,所以研究最优输电容量的偏离会如何影响输电公司的成本收回是很重要的一个问题。

在例8.2中,博尔多利亚和西尔瓦尼亚之间的互联系统的最优发电容量为800MW。那么让我们计算一下,如果输电线路的容量为900MW将产生多少收入和成本。由于这一输电容量是可用的,博尔多利亚的发电功率增加到1400MW,那么西尔瓦尼亚的发电功率降低到600MW,而互联线路上的输电潮流提高到900MW。使用式(8.1)和式(8.2),我们发现博尔多利亚和西尔瓦尼亚的电价分别为24.00美元/MWh和25.00美元/MWh。因此,输电的短期市场价值从800MW容量时对应的4.00美元/MWh下降到900MW容量时对应的1.00美元/MWh。

小时阻塞盈余和年度输电收入为:

$$CS_{hourly} = 900 \times 1 = 900 (美元/h) \qquad (8.35)$$
$$CS_{annual} = 90 \times 8760 = 7884000 (美元/年) \qquad (8.36)$$

另一方面,输电年度投资成本等于

$$C_V(T) = klT = 35 \times 1000 \times 900$$
$$= 31500000(美元/年) \tag{8.37}$$

在当前的输电容量水平上，阻塞盈余带来的输电收入低于最优输电容量时可获得的收入，不足以补偿当前投资规模过度情况下的输电投资成本。

现在让我们来研究一下投资规模不足的情况。如果输电容量只有700MW，互联线路的潮流也被限制在这一值上。博尔多利亚的机组只有1200MW的出力（其中500MW用来供应本地用电负荷，700MW的电能通过联络线向西尔瓦尼亚输送），电价为22.00美元/MWh。西尔瓦尼亚以29.00美元/MWh的价格发电800MW，以满足西尔瓦尼亚剩余用电负荷1500MW。然而这7美元/MWh的差价造成了以下阻塞盈余：

$$CS_{hourly} = 700 \times 7 = 4900(美元/h) \tag{8.38}$$

在1年中获得的输电收入：

$$CS_{annual} = 4900 \times 8760 = 42924000(美元/年) \tag{8.39}$$

另一方面，700MW互联线路的年度输电投资成本为：

$$C_V(T) = klT = 35 \times 1000 \times 700$$
$$= 24500000(美元/年) \tag{8.40}$$

在这种情况下，短期边际输电阻塞成本定价产生的收益大于建设输电线路的投资成本，也就是说，将输电容量规模保持在低于最优容量值的水平将获得额外收益。

现在让我们考虑例8.3的情况，假设博尔多利亚和西尔瓦尼亚之间的互联线路有500MW的输电容量。在非峰荷时段，这种超过最优容量规模的过度投资对系统运行方式没有影响（500MW容量），因为，即使输电容量在最优水平，也不会在非峰荷时段引起输电阻塞。此时，输电的短期边际市场价值和对应的输电收入均为零。而在峰荷时段，系统运营商充分利用互联系统的500MW输电容量。博尔多利亚的发电出力为1400MW，而西尔瓦尼亚的发电功率只有2200MW。式（8.1）和式（8.2）表明，博尔多利亚和西尔瓦尼亚的电价分别为24美元/MWh和57美元/MWh，因此短期输电边际价值为33.0美元/MWh，而不是400MW输电容量所对应的36.00美元/MWh。

峰荷时段的阻塞盈余为：

$$CS_{hourly} = 500 \times 33 = 16500(美元/h) \tag{8.41}$$

考虑到峰荷时段的持续小时数，输电公司的年度收入为：

$$C_{annual} = 16500 \times 3889 = 64168500(美元/年) \tag{8.42}$$

另一方面，年度输电投资成本等于：

$$C_V(T) = klT = 140 \times 1000 \times 500$$
$$= 70000000(美元/年) \tag{8.43}$$

阻塞盈余带来的输电收入大于最优传输容量条件下的输电收入，但不足以补偿输电过度投资下的投资成本。

下面分析输电投资规模不足情况，如果输电容量只有300MW，互联线路上的潮流在峰荷和非峰荷时段都会受到限制。

在非峰荷时段，博尔多利亚的发电功率为450MW（其中150MW供应本地的用电负荷，输出到西尔瓦尼亚的发电功率为300MW），节点电价为14.50美元/MWh。西尔瓦尼亚的发电功率为150MW，节点电价为16.00美元/MWh，以满足西尔瓦尼亚剩余负荷450MW的需求。这1.50美元/MW的节点电价差异造成的阻塞盈余：

$$CS_{hourly} = 300 \times 1.50 = 450 (美元/h) \quad (8.44)$$

由此可知，在4871h的非峰荷时段，输电公司获得了2191950美元的阻塞收入。

在峰荷时段，博尔多利亚的发电功率为1200MW，其中300MW通过互联系统输送到西尔瓦尼亚。在西尔瓦尼亚，除了外来电以外，剩下的2400MW用电需求由西尔瓦尼亚机组供应。因此，博尔多利亚和西尔瓦尼亚的边际电价分别为22.00美元/MWh和61.00美元/MWh。每小时的阻塞盈余为：

$$CS_{hourly} = 300 \times (61.00 - 22.00) = 11700 (美元/h) \quad (8.45)$$

考虑到峰荷时段持续3889h，可知输电阻塞收入为45501300美元。合计非峰荷时段和峰荷时段，年阻塞收入达到47693250美元；另一方面，300MW的互联线路的年度投资成本为：

$$C_V(T) = klT = 140 \times 1000 \times 300$$
$$= 42000000 (美元/年) \quad (8.46)$$

在这种情况下，根据短期边际阻塞成本定价确定的输电收入大于输电网的投资成本，也就是说，将输电容量控制在最优水平以下会导致更为频繁和严重的输电阻塞，进而增加输电公司的收益。

8.4.7 规模经济

到目前为止，我们假设输电设备的投资成本与输电容量成正比。然而，这一投资成本的很大一部分是固定不变的，即与输电容量大小无关。让我们忽略这一简化假设，重新考虑博尔多利亚和西尔瓦尼亚之间的互联系统，考虑修建线路总成本 C_T 中的组成部分 C_F：

$$C_T(T) = C_F + C_V(T) \quad (8.47)$$

输电固定成本的大小与待建输电线路的容量无关，因为我们一旦决定进行投资输电扩建项目，我们就承诺支付固定成本，这就与后续决定容量的大小的决策无关了。

输电固定成本的这个特性似乎不容易让人理解，为了说明这种固定成本的影响，我们可以联系例8.2，假设输电线路的固定成本为20000美元/(km·年)。当我们将此固定成本增加到 1000km 长的博尔多利亚-西尔瓦尼亚互联系统的输电投资成本之上时,它只是将图 8.6 中的总成本曲线向上平移,并不影响其最小成本值所对应的输电容量。

如果我们假设互联系统的输电容量为最优输电容量,并且所有的输电容量都是可用的,正如前面的章节所示,在采用节点电价模式下,节点电价差价产生的输电收入正好可以补偿输电线路投资的变动成本,但是,输电阻塞收入是不足以补偿输电线路的固定成本的。

Hogan(1999)建议,弥补这一收入缺口的一种方法是限制输电容量的可用率,让我们计算一下,如果它只向系统运营商提供 650MW 的输电能力,而不是提供全部的 800MW 的输电容量,输电资产的所有者的短期输电收入是多少。此时,博尔多利亚和西尔瓦尼亚之间的输电潮流为 650MW,当西尔瓦尼亚的发电功率增加到 850MW 时,博尔多利亚的发电功率将减少到 1150MW,根据式(8.1)和式(8.2),我们发现博尔多利亚和西尔瓦尼亚的节点电价分别为 21.50 美元/MWh 和 30.00 美元/MWh。因此,输电的短期边际市场价值从 4.00 美元/MWh 增加到 8.50 美元/MWh。

每小时和每年的输电阻塞盈余分别为:

$$CS_{hourly} = 650 \times 8.5 = 5525 (美元/h) \tag{8.48}$$

$$CS_{annual} = 5525 \times 8760 = 48399000 (美元/年) \tag{8.49}$$

另一方面,年度输电投资成本等于:

$$C_T(T) = C_F + klT = 20000000 + 35 \times 1000 \times 800$$
$$= 48032000 (美元/年) \tag{8.50}$$

在这种情况下,持留 150MW 的输电能力产生足够的额外输电收入,以支付固定成本和可变成本。持留部分输电容量会导致更大的节点电价差异,并由此增加输电市场价值。因此,输电服务用户可能愿意支付更高的费用从新建线路的输电商手中购买金融输电权(FTR,Financial Transmission Right),从而使输电商不仅有可能收回其成本,还可以赚取利润。

> **例 8.4**
>
> 让我们重温例 8.3 和表 8.5 展示了年度固定成本对最优输电容量的影响,并表明互联线路的最优输电容量仍为 400MW,其确定过程与固定成本的大小无关。
>
> 如果假设互联线路是按照最优输电容量建成的,但为了获得足够的输电收入来收回固定成本,部分输电容量被持留,并未提供给市场。表 8.6 和表 8.7 显示了输电容量持留在非高峰和高峰期间是如何影响输电阻塞收入的。

表8.5 年度输电阻塞成本、年度输电投资成本(包括固定成本和可变成本)以及年度输电年总成本与博尔多利亚和西尔瓦尼亚互联线路的输电容量的关系

互联系统输电容量/MW	年度阻塞成本/(10^3 美元/年)	年化投资固定成本/(10^3 美元/年)	年化投资变动成本/(10^3 美元/年)	年度投资总成本/(10^3 美元/年)	总年度输电成本/(10^3 美元/年)
100	135835	20000	14000	34000	169835
200	115993	20000	28000	48000	163993
300	98780	20000	42000	62000	160780
350	91159	20000	49000	69000	160159
400	**84012**	**20000**	**56000**	**76000**	**160012**
450	77157	20000	63000	83000	160157
500	70593	20000	70000	90000	160593
600	58342	20000	84000	104000	162342
700	47257	20000	98000	118000	165257
800	37339	20000	112000	132000	169339
900	28587	20000	126000	146000	174587

注：粗体字为最优值。

表8.6 非峰荷时段可用输电容量与输电阻塞盈余的关系

可用输电容量/MW	博尔多利亚发电功率/MW	西尔瓦尼亚发电功率/MW	博尔多利亚发电边际成本/(美元/MWh)	西尔瓦尼亚发电边际成本/(美元/MWh)	每小时阻塞盈余/(美元/h)	年度阻塞盈余/(美元/年)
100	250	350	12.5	20	750	3653250
200	350	250	13.5	18	900	4383900
300	450	150	14.5	16	450	2191950

表8.7 峰荷时段可用输电容量与输电阻塞盈余的关系

可用输电容量/MW	博尔多利亚发电功率/MW	西尔瓦尼亚发电功率/MW	博尔多利亚发电边际成本/(美元/MWh)	西尔瓦尼亚发电边际成本/(美元/MWh)	每小时阻塞盈余/(美元/h)	年度阻塞盈余/(美元/年)
100	1000	2600	20	65	4500	17500500
200	1100	2500	21	63	8400	32667600
300	1200	2400	22	61	11700	45501300

在非峰荷时段，将可用输电容量从400MW减少到200MW将使输电收入从0美元/年增加到4383900美元/年。进一步减少可用输电容量反而会降低输电收入。另一方面，在峰荷时段，无论持留多少可用输电容量都将减少输电收入。导致这种差异的主要原因分析如下，如图8.4所示，输电阻塞收入是输电容量的二次

函数,在峰荷时段,表8.7中考虑的输电容量范围位于输电收入最大值的输电容量值的左侧范围;而在非峰荷时段,表8.6中考虑的输电容量范围跨越了输电收入最大值对应的输电容量,起点在其左侧,终点在其右侧。考虑到峰荷时段的输电收入总体贡献远远大于非非峰荷时段的输电收入的贡献,因此不可能通过持留可用输电容量来增加短期输电收入。

无论何时,我们在评估固定成本的影响时,我们必须考虑的问题是:如果我们决定不投资输电线路会发生什么。在这种情况下,输电总投资成本将为零。对于例8.3的情况下,输电阻塞成本将达到最大值,即158304000美元/年。通过比较,建设最优输电容量(即400MW)时,总输电成本为160012000美元/年。显然,在这种情况下,建设输电线路是不合理的。

8.4.8 网格结构类型的输电网络的投资扩容

我们现在必须探讨基尔霍夫电压定律(KVL, Kirchhof's Voltage Law)对输电市场价值和输电容量投资回报的影响。为了说明这一问题,我们将使用图8.10所示的三节点电力系统。假设每年的用电需求可分为两个阶段,以此来考虑需求变化的影响。

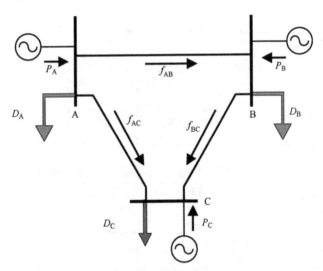

图8.10 用三节点电力系统来说明基尔霍夫电压
定律对输电市场价值和输电投资回报的影响

表8.8显示了每个阶段的持续时间和在每个阶段每个节点的用电负荷。值得注意的是,与前两节点示例不同,每个节点不遵循相同的负荷变化模式。表8.9显示了每个节点的边际发电成本随出力而线性上升。再者,我们假设电力市场有足够多的市场竞争者来确保各个节点上的电价等于该节点机组的边际发电成本。

表 8.8 三节点系统的各节点用电负荷随时间的变化

	阶段 1	阶段 2
持续时间/h	2190	6570
A 节点负荷/MW	0	0
B 节点负荷/MW	10000	5000
C 节点负荷/MW	2500	10000

表 8.9 三节点系统的各节点发电边际成本

节　　点	发电容量/MW	边际成本/(美元/MWh)
A	5000	$0.03P_A+2$
B	7000	$0.003P_B+1.35$
C	8000	$0.003P_C+1.75$

输电线路 c 的年度输电投资成本与其输电容量 (T_c) 以及线路长度 (l_c) 成正比。

$$\Omega_c(T_c) = k_c l_c T_c \quad (8.51)$$

其中，单位长度线路 k_c 的边际年度投资成本为 50 美元/(MW·km·年)，为了简单起见，我们假设三节点系统中的所有线路具有相同 600km 的长度，因此这些线路的电抗值均相等。

我们要确定输电线路的最优容量，以使该输电网的运行和投资成本之和最小化，且时间覆盖该电力系统的整个预期使用寿命。此外在本例中，我们假设用电负荷变化模式年复一年地重复运行，所以我们可以按照等效小时方法计算最优成本。

具体计算方法：通过将每个负荷时段的运行成本乘以其持续时间（$\tau_1 = 2190h$ 和 $\tau_2 = 6570h$）并除以一年的小时数（$\tau_0 = 8760h$）来实现的。

因此，该优化问题的目标函数是：

$$\min_{T_{AB},T_{AC},T_{BC}} \left[\sum_{t=1}^{t=2} \frac{\tau_t}{\tau_0} \left(\sum_{i \in \{A,B,C\}} a_i P_{it} + \frac{1}{2} b_i P_{it}^2 \right) \right.$$
$$\left. + \frac{k_{AB} l_{AB} T_{AB}}{\tau_0} + \frac{k_{AC} l_{AC} T_{AC}}{\tau_0} + \frac{k_{BC} l_{BC} T_{BC}}{\tau_0} \right] \quad (8.52)$$

对于阶段 1，根据基尔霍夫电流定律（KCL）和电压定律（KVL），得出该优化问题的约束条件为：

$$\left. \begin{array}{r} f_{AB1} + f_{AC1} - P_{A1} + D_{A1} = 0 \\ -f_{AB1} + f_{BC1} - P_{B1} + D_{B1} = 0 \\ -f_{AC1} - f_{BC1} - P_{C1} + D_{C1} = 0 \\ -f_{AB1} + f_{AC1} - f_{BC1} = 0 \end{array} \right\} \quad (8.53)$$

对于阶段 2

$$\left.\begin{array}{r}f_{AB2}+f_{AC2}-P_{A2}+D_{A2}=0\\-f_{AB2}+f_{BC2}-P_{B2}+D_{B2}=0\\-f_{AC2}-f_{BC2}-P_{C2}+D_{C2}=0\\-f_{AB2}+f_{AC2}-f_{BC2}=0\end{array}\right\} \quad (8.54)$$

此外,每阶段的线路潮流流量必须低于相应线路(线路容量目前还未确定)的输电容量:

$$|f_{AB1}|,|f_{AB2}| \leq T_{AB}$$
$$|f_{AC1}|,|f_{AC2}| \leq T_{AC}$$
$$|f_{BC1}|,|f_{BC2}| \leq T_{BC} \quad (8.55)$$

最后,在每个负荷阶段,与每个节点的发电功率必须小于其装机容量:

$$P_{A1} \leq P_A^{max}; P_{A2} \leq P_A^{max}$$
$$P_{B1} \leq P_B^{max}; P_{B2} \leq P_B^{max}$$
$$P_{C1} \leq P_C^{max}; P_{C2} \leq P_C^{max} \quad (8.56)$$

这个二次优化问题求解过于复杂,难以通过人工计算完成的,需要运用电子表格(spreadsheet)这样的计算工具来求解。图 8.11 和图 8.12 给出了两个用电负荷阶段下的发电经济调度、线路潮流和节点电价。表 8.10 显示了运营成本的详细情况。

表 8.10 三节点电力系统的最优小时运营成本

节 点	负荷阶段 1 /(美元/0.25h)	负荷阶段 2 /(美元/0.75h)	等效小时成本 /(美元/h)	年度成本 /(美元/年)
A	3687	28233	31920	279619200
B	18827	31817	50644	443641440
C	5519	44184	49703	435398280
总计	28033	104234	132267	1158658920

由于用电负荷第 1 阶段占总小时数的 25%,而第 2 期占剩余的 75%,因此每个用电负荷阶段的单位小时的系统运营成本可以看成是分别是由 0.25h 的阶段 1 的成本或 0.75h 阶段 2 的运营成本组成。然后,将两个阶段的运营成本相加,得出一个等效小时的系统运行成本。将等效小时的成本乘以一年中的小时数,继而得出年度运营成本。

表 8.11 显示了每个输电线路的潮流流量以及其最优输电容量和相应的小时和年度输电投资成本。每一条线路中的潮流均在某一用电负荷阶段内达到最大值(输电容量),因为为了最小化运营成本和投资成本的总和,至少在一段时间内,输电线路的全部容量应该得到充分利用,在这种特殊情况下,这两个用电负荷阶段,节点 B 与节点 C 之间联络线的潮流均等于该线路的输电容量,但两个阶段的输电潮流方向恰好相反。

表 8.12 总结了每个用户阶段的节点电价和该节点的电费。负数表示向发电公司支付的电费,正数表示向用电负荷方收取的电费。

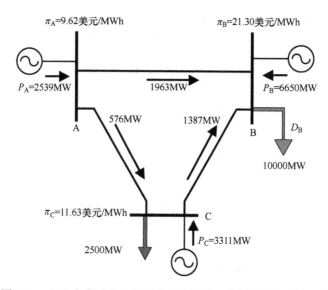

图 8.11 用电负荷阶段 1 的最优经济调度、线路潮流和节点电价

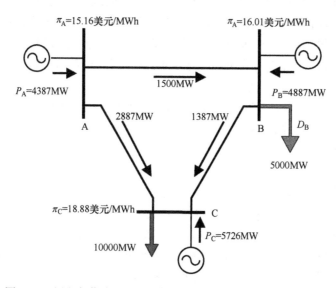

图 8.12 用电负荷阶段 2 的最优经济调度、线路潮流和节点电价

表 8.11 三节点系统的最优线路容量和输电投资成本

线 路	阶段 1 潮流 /MW	阶段 2 潮流 /MW	最优输电容量 /MW	小时投资成本 /(美元/h)	年度投资成本 /(美元/年)
A-B	1963	1500	1963	6723	58891939
A-C	576	2887	2887	9887	86612631
B-C	−1387	1387	1387	4750	41612636
总计				21360	187117206

表 8.12 三节点系统的节点电价和电费

线路	节点电价		电费		
	阶段 1 /(美元/MWh)	阶段 2 /(美元/MWh)	阶段 1 /(美元/0.25h)	阶段 2 /(美元/0.25h)	等效小时电费/(美元/h)
A	9.62	15.16	-6105	-49885	-55990
B	21.3	16.01	17839	1356	19195
C	11.63	18.88	-2359	60514	58155
总计			9375	11985	21360

各阶段的收入与该阶段对应的时长成正比，而等效小时收入是各个等效小时的收入的加权平均值，总收入（右下角）反映了各个等效小时的总阻塞盈余，且与表 8.11 显示的总投资成本数相等，即在没有输电固定成本的条件下，短期边际定价能提供足够的输电收入，来回收投资成本。

表 8.13 提供的信息可用来计算每条线路在各时段获得的等效小时收入，正如第 6 章所述，即使连接两个节点之间直接相连的线路没有发生阻塞，节点电价差异仍有可能出现，如在阶段 1，A 点到 C 点线路上的潮流流量是 576MW，远低于其容量值 2887MW。但是，节点 A 和节点 C 之间的 2.01 美元/MWh 的节点电价价差是由 A-B、B-C 上的阻塞造成的，那么该线路上的潮流产生的等效小时内阻塞收入的计算如下式所示：

$$R_{AC,1} = 576 \times 2.01 \times 0.25 = 289(美元/0.25h) \tag{8.57}$$

在第二阶段，当该线路上的潮流等于其输电容量时：其产生的等效小时内阻塞收入如下：

$$R_{AC,2} = 2887 \times 3.72 \times 0.75 = 8055(美元/0.75h) \tag{8.58}$$

由此可得，该输电线路可以得到等效小时阻塞收入为 8344 美元/h 的回报，并不等于表 8.11 给出的 9887 美元/h 的该线路小时投资成本，同理；在第二阶段，线路 A-B 上 1500MW 的潮流远低于 1963MW 的容量，但是该线路上的差价会产生一些收益，结果表明各线路上的小时短期边际成本（SRMC）带来的小时阻塞收入与小时投资成本并不相等，然而表 8.13 显示总阻塞收入恰好等于该输电网络的投资成本，这一结论并非是巧合，且无论电网结构多复杂，该结论都适用。如果整个输电网络归一个实体运营，输电线路间的交叉补贴就不构成问题。然而，在上述情景下，如何有效地将金融输电权（FTR）出售给输电网络使用主体是一个有待解决的问题。例如，假设线路 A-B、B-C 属于公用事业的输电企业，而线路 A-C 归一家纯商业运营的输电企业所有，如果该公司按照节点电价价差的方式获得输电阻塞收入，那么线路 A-C 只能收回 8344 美元/h 的收入，低于其线路投资 9887 美元/h 的成本，但是此时线路 A-B、B-C 属于公用事业的输电企业获得的收入会比其投资的成本多，不仅如此，输电网络使用主体和输电公司所有者应该在怎样的基础上进行金融输电权的协商交易也是不明确的。

表 8.13 三节点系统的每条线路的阻塞收入和投资成本

线路	阶段 1			阶段 2			总收入 /(美元/h)	投资成本 /(美元/h)
	节点电价差异/(美元/MW)	线路潮流/MW	收入/(美元/0.25h)	节点电价差异/(美元/MW)	线路潮流/MW	收入/(美元/0.25h)		
A-B	11.68	1963	5732	0.85	1500	956	6688	6723
A-C	2.01	576	289	3.72	2887	8055	8344	9887
B-C	-9.67	-1387	3353	2.86	1387	2975	6339	4750
总计			9374			11986	21360	21360

8.4.9 参考电网的概念

在前面讨论的例子中，通过最小化输电系统运营成本和投资成本的总和来确定新输电线路的最优容量。在竞争性市场环境下，因为发电和输电企业作为单独的市场实体运营，保持电力系统的平衡是电力监管机构面临的一个重大挑战。如果我们假设输电系统是垄断运营，那么电力监管机构需要设计一系列的激励政策来促进输电投资达到有效水平。为了实现这一目标，电力监管机构需要一种方法来评估输电系统的整体效率，参考网络模型可以实现该目标。

在最简单的情况中，参考电网的拓扑结构与待评估的现有实际电网拓扑结构相同，发电机组和用电负荷也是一样的。另一方面，每个线路具有如上例中确定的最优容量。然而，与实际电网可能的区别在于，参考电网设计的优化范围不仅仅是一条或几条新输电线路的容量，而是把优化的范围覆盖于整个电网，包括所有的新线路和已有线路。

因此，参考电网是一个能够客观评价和比较现有实际电网的工具，可以量化最优投资成本和阻塞成本，并与实际电网的投资成本和阻塞成本进行比较。此外，通过比较参考电网和实际电网中单条线路的容量，可以识别电网扩容的潜在投资需求，并发现现有实际电网中的冗余容量，还可对标参考电网的最优运营成本与实际电网的运营成本。总而言之，实际电网和参考电网运营和投资之间的成本差距可以作为衡量输电公司绩效水平的指标，并由电力监管机构用于制定和执行经济激励规制政策。

参考电网的概念的提出和发展有着悠久的历史和坚实的经济学理论基础。详尽内容参见，Boiteux（1949），Nelson（1967）和 Farmer 等人（1995）。

在这一节中，我们给出了一个用于输电服务定价和监管的输电投资扩建问题一般公式。其中涉及到了确定输电网络的最优容量。为了确定参考电网，我们需要解决安全约束下的最优潮流这样的问题，简化情况时，这一问题可以运用常规的最优直流潮流模型来推导,优化问题的目标函数是年度发电成本和年度输电成本之和的最小化,该优化问题受基尔霍夫电流(KCL)和电压(KVL)定律以及系统元件物理约束的限制,它必须使用前面提到的年负荷持续时间曲线(该曲线包含不同阶段的负荷)。最后,该优化问题还必须考虑输电和发电设备停运的可能性。

8.4.9.1 表达符号

为了从数学上说明问题,我们需要引入以下符号:

np　　负荷阶段数量

nb　　节点数量

ng　　发电机组数量

nl　　支路数量

nc　　系统故障状态的数量

τ_p　　负荷阶段 p 的持续时间

D_p　　阶段 p 的用电负荷功率向量

C_g　　发电机组 g 的运行成本

P_{pg}　　发电机组 g 在阶段 p 的发电功率

P_p　　阶段 p 的发电功率向量

$P^{\max}$　　机组最大发电功率向量

$P^{\min}$　　机组最小发电功率向量

A^0　　正常状态下节点-线路关联矩阵

A^c　　故障状态 c 下的节点-线路关联矩阵

H^0　　正常状态的系统灵敏度矩阵

H^c　　故障状态 c 下的灵敏度矩阵

k_b　　线路 b 的年度投资成本 [美元/(MW·km·年)]

l_b　　支路 b 的长度(km)

T_b　　支路 b 的容量

T　　支路容量向量

F_p^0　　阶段 p 正常状态的支路潮流向量

F_p^c　　阶段 p 故障状态 c 下的支路潮流向量

节点注入功率和支路潮流之间的关系可以用灵敏度矩阵 H 定义,如下所示:

$$[H] = [Y_d] \cdot [A^T] \cdot \begin{bmatrix} 0 & 0 \\ 0 & [Y_{\text{bus}}^r]^{-1} \end{bmatrix} \tag{8.59}$$

其中,Y_d 是支路导纳的对角矩阵,通过删除节点导纳矩阵 Y_{bus} 中松弛节点(Slack Bus)对应的行和列,得到非奇异导纳矩阵 Y_{bus}^r。其中灵敏度矩阵 H 的元素称为灵敏度因子:

$$h_{kn} = \frac{\Delta F_k}{\Delta P_n} \tag{8.60}$$

灵敏度因子表示节点 n 注入功率的变化引起的支路 k 的潮流变化的关系，在传统的直流潮流模型中，这些灵敏度因子依赖于电网的拓扑结构和电抗值，与负荷大小无关。因此，对于具有固定拓扑结构的电网，灵敏度因子是常数的，不需要不考虑发电功率和负荷功率就可以计算。

Wood 和 Wolenberg（1996）表明，如果支路 k 是连接节点 a 和节点 b 的支路上的潮流，则支路 k 的潮流 F_k 与 n 节点注入功率 P_n 之间的关系如下：

$$h_{kn} = \frac{\Delta F_k}{\Delta P_n} = \frac{1}{x_{ab}}(X_{an} - X_{bn}) \tag{8.61}$$

其中，X_{an} 和 X_{bn} 是非奇异导纳矩阵 Y_{bus}^r 的逆矩阵中的元素，虽然敏感因子的值取决于参考节点（松弛节点）的选择，但本节中的优化结果与参考节点的选择无关。

8.4.9.2 问题描述

该优化问题的目标函数可以表示为：

$$\min_{P_{pg}, T_b} \left(\sum_{p=1}^{np} \tau_p \sum_{g=1}^{ng} C_g P_{pg} + \sum_{b=1}^{nl} k_b l_b T_b \right) \tag{8.62}$$

该问题涉及一年内的多个负荷阶段，在每个负荷阶段都必须满足整个电网的潮流方程约束和支路容量限制。使用忽略电网损耗的直流潮流法求解，其约束条件表示为：

$$A^0 F_p^0 - P_p + D_p = 0 \tag{8.63}$$

$$F_p^0 = H^0 (P_p - D_p) \tag{8.64}$$

$$F_p^0 - T \leq 0 \tag{8.65}$$

$$-F_p^0 - T \leq 0 \quad p = 1, np \tag{8.66}$$

式（8.63）是由基尔霍夫电流定律（KCL）导出的节点功率平衡约束。它要求流入节点的总功率必须等于流出节点的总功率。关于支路潮流和节点注入功率之间关系的约束式（8.64）是基于基尔霍夫电流定律（KCL）推导得到。后两个约束表示支路潮流大小受到的热稳定极限的约束。在各个用电负荷阶段，在所有的故障状态下，所有这些约束也必须得到满足：

$$A^c F_p^c - P_p + D_p = 0 \tag{8.67}$$

$$F_p^c = H^c (P_p - D_p) \tag{8.68}$$

$$F_p^c - T \leq 0 \tag{8.69}$$

$$-F_p^c - T \leq 0 \quad p = 1, np; c = 1, nc \tag{8.70}$$

最后，优化目标还必须分别考虑到每台发电机组的最大出力约束：

$$P^{\min} \leq P_p \leq P^{\max} \quad p = 1, np \tag{8.71}$$

由于优化的目的是确定支路的最优热稳定极限，因此 T 必须取正值：

$$0 \leq T \leq \infty \tag{8.72}$$

8.4.9.3 优化问题的求解

上述模型可以计算出每个负荷阶段调度的发电功率向量 P_p、支路潮流向量 F_p^0，以及输电容量向量 T 的最优值。方程中的所有其他参数都是由电网拓扑结构决定的，或外部给定的。由于我们假设了各机组的发电边际成本为常数，因此优化问题是线性优化问题。然而，由于该优化问题的计算规模一般都很大，该问题通常不能直接求解。因此，求解过程往往是通过如图 8.13 所示的循环迭代算法求解的。在每次循环周期开始时，我们计算每个用电负荷阶段的发电调度计划和每条支路的输电容量，这些解需要满足用电负荷需求和输电容量的约束。需要注意的是，在循环刚开始的时候，并没有设置电网支路的容量约束。调度方案的可行性的评估过程中，需要进行所有的负荷阶段和所有可能的故障状态下的潮流计算。

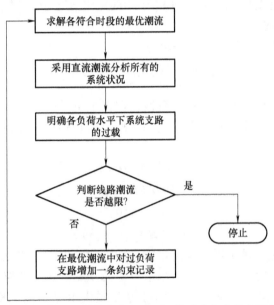

图 8.13 基于安全约束下的最优潮流（OPF）模型确定参考电网的算法流程图

如果任何支路的潮流超过了当前循环周期支路的容量值时，在下一个循环周期，最优潮流计算程序（OPF，Optimal Power Flow）就会动态增加该支路的输电容量约束。例如，如果线路 b 过载，可以将以下约束添加到优化问题中：

$$-T_b \leq f_b^{ps} + \sum_{k=1}^{nb} h_{kb}^S (P_k^p - P_k^{p0}) \leq T_b \tag{8.73}$$

式中，S 表示所有正常状态和故障状态下的电网拓扑结构集合；h_{kb}^S 是相对应的敏感因子。重复此循环过程，直到所有线路过载都被消除为止。

节点电价采用以下公式计算：

$$\pi_j^p = \pi^p + \sum_{s=1}^{nc}\sum_{b=1}^{nl} h_{jb}^s \mu_b^{ps} \qquad (8.74)$$

式中，π^p 是正常状态中用电负荷阶段 p 对应的功率平衡约束的拉格朗日乘数，该变量通常称为系统边际电能成本（SMP，System Marginal Pricing）；变量 μ_b^{ps} 是循环过程中的输电容量约束（8.73）的拉格朗日乘数。

例 8.5

将上述优化模型应用于图 8.14 所示的 IEEE 24 节点可靠性测试电力系统（RTS，Reliability Test System）。该系统的详细细节参见 IEEE（1979）的相关资料。图 8.15 表明，除了少量的线路，即使在最大用电负荷阶段，大部分线路的潮流也远低于线路最优容量的 50%。这一结论从侧面佐证了，在设计和定价输电网络时安全因素的重要性。

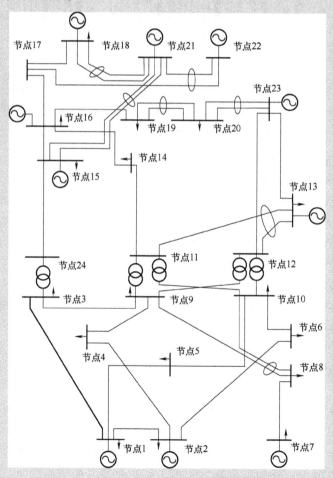

图 8.14　IEEE 可靠性测试系统（RTS）示意图

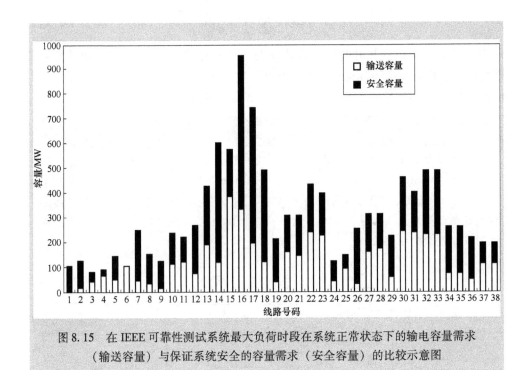

图 8.15 在 IEEE 可靠性测试系统最大负荷时段在系统正常状态下的输电容量需求（输送容量）与保证系统安全的容量需求（安全容量）的比较示意图

8.4.9.4 其他因素的考虑

参考电网计算的基本算法极其复杂，我们不仅要优化线路容量，还要对电网拓扑结构和电压等级进行优化，或者要考虑负荷的未来增长、规模经济性、如灵活交流输电系统（FACTS，Flexible AC Transmission System）这样的新输电技术、分布式发电、需求侧管理、网损、无功功率、系统稳定性约束和系统备用等因素的影响。复杂程度的合理性取决于预期的用途和特定的电力系统的特点。然而，非常重要的一点是，必须记住，提出参考电网的目的不是去取代实际电网详细的规划和技术设计，而是给政府监管、主体投资和市场定价的决策提供支撑和参考。

8.5 输电其他方面的价值

虽然输电网络系统最明显的价值是它将电能从一个区域转移到另一个区域的能力，除此之外，还有其他方面的价值，这些价值判断有助于评估建设新输电线路或扩容现有线路容量的投资决策的合理性，在接下来的几节中，我们将讨论输电网在其他方面可能创造的价值，包括使共享系统备用、实现电力总体平衡和保证发电容量裕度等方面。

8.5.1 共享系统备用

在第6.4.3节中,我们认为,应将部分可用输电容量预留为系统备用容量的,而且这种预留的输电备用容量很可能随着具有随机性的可再生能源发电容量比例的增加而增长。在决定增加输电投资时,也应考虑到,增加的输电容量可以增加系统备用容量,这样的输电价值判断无疑对电网投资是有利的。目前,正如之前所讨论的那样,输电的投资决策需要平衡输电阻塞成本和输电投资成本,这样的投资将使更有效的电能输送成为可能。由于没有明确考虑到输电新增容量预留为系统备用容量带来的效益,这可能导致输电能力投资低于有效水平,进而可能会限制电力系统消纳可再生能源的能力,或者增加消纳的成本。

例 8.6

在例6.9中,我们研究了如何将博尔多利亚和西尔瓦尼亚互联线路的输电容量在电能市场和备用市场这两个市场间进行分配的过程。让我们从输电规划的角度重新回顾这个例子,规划机构试图确定有效输电容量水平,既要考虑在系统正常状态下电能输送的线路容量需求,又要考虑各种故障情况的系统备用对线路容量的需求。图8.16展示了该电力系统。与例6.9中电力系统的唯一区别是,当前例子中的线路输电容量不是给定的,是一个变量T。

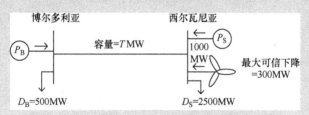

图 8.16 改进的博尔多利亚和西尔瓦尼亚电力系统

如上所述,我们优化问题的目标函数是最小化包括两国的电能成本、备用成本和互联线路的投资成本的系统总成本:

$$\min\{C_B(P_B,R_B)+C_S(P_S,R_S)+C_T(T)\} \tag{8.75}$$

其中,P_B和P_S分别表示在博尔多利亚和西尔瓦尼亚的发电功率。R_B和R_S分别表示两国机组的备用发电功率。博尔多利亚和西尔瓦尼亚的电能成本和备用发电的成本分别是$C_B(P_B,R_B)$和$C_S(P_S,R_S)$,与例6.9中的情况相同,具体如下:

$$C_B(P_B,R_B)=10P_B+\frac{0.01}{2}P_B^2+R_B+\frac{0.001}{2}R_B^2+0.001P_BR_B \tag{8.76}$$

$$C_S(P_S,R_S)=13P_S+\frac{0.02}{2}P_S^2+5R_S+\frac{0.019}{2}R_S^2+0.001P_BR_B \tag{8.77}$$

输电投资成本假定为：
$$C_T(T) = c_T T = 4T \tag{8.78}$$

上述最小化问题受到以下条件约束：

博尔多利亚的电力平衡约束：
$$P_B - F^E = 500 \quad (\pi_B^E) \tag{8.79}$$

西尔瓦尼亚的电力平衡约束：
$$P_S + F^E = 2500 - 1000 \quad (\pi_S^E) \tag{8.80}$$

博尔多利亚的备用容量约束：
$$R_B - F^R = R_B^R \quad (\pi_B^R) \tag{8.81}$$

西尔瓦尼亚的备用容量约束：
$$R_S + F^R = R_S^R \quad (\pi_S^R) \tag{8.82}$$

总输电容量约束：
$$F^E + F^R \leq T \quad (\pi^T) \tag{8.83}$$

F^E 和 F^R 分别表示电能传输和系统备用占用的输电容量。在博尔多利亚和西尔瓦尼亚的备用容量需求（R_B^R 和 R_S^R），既可以通过本国的备用发电容量供应（R_B 和 R_S）来满足，也可以通过其他国家的备用发电容量来满足，只要预留给该备用发电容量相对应的输电容量是充裕的就行。

这些约束条件与例6.9中的约束条件相同，但最后一个约束条件中输电容量 T（800MW）在例6.9中为固定值，在当前优化问题中，T 成为拟求最优解的决策变量。

解此优化问题会得到以下结果：
$$P_B = 1293\text{MW} \quad P_S = 1293\text{MW}$$
$$R_B = 256\text{MW} \quad R_S = 44\text{MW}$$
$$F^E = 793\text{MW} \quad F^R = 256\text{MW}$$
$$T = 1049\text{MW}$$

由于在当前的优化问题中考虑了预留给系统备用的输电容量的需求，最优输电容量从原来的800MW（见第8.4.4节计算）增加到1049MW。793MW的输电容量用于电能输送，而剩余的256MW输电容量裕度预留给备用容量，以在需要提供备用时使用。

假设这两个国家的电能量市场价格和系统备用市场价格是由总成本函数对发电功率或备用容量的偏导数给出的，即可得到：
$$\pi_B^E = 23.18 \quad (\text{美元/MWh}) \qquad \pi_S^E = 27.18 \quad (\text{美元/MWh})$$
$$\pi_B^R = 2.55 \quad (\text{美元/MWh}) \qquad \pi_S^R = 6.55 \quad (\text{美元/MWh})$$

提供额外的输电容量用于备用带来的最明显的影响,是降低了西尔瓦尼亚的备用成本,特别是与例 6.9 的情况对比。

值得注意的是,两国之间的电能量市场和备用市场平均价差为 4 美元/MWh,该价差水平正好是我们在式(8.78)中假设的输电投资扩容的长期边际成本(LRMC, Long Run Marginal Cost)。因此,电能的边际收益等于储备边际收益,两者相结合获得的收益足以收回最佳输电容量的投资成本。

这个例子表明,输电线路让低成本的非本地发电机组为本地市场提供系统备用成为可能,这样的功能无疑可以增加输电容量的价值,所以应该在输电网扩建规划模型考虑进来。然而,只有在输电公司会因预留输电备用容量空间而获利的市场环境中,预留输电备用容量的事情才可能会发生。

8.5.2 共享电力平衡资源

通过输电线路将两个系统连接起来,使它们有机会获得所需的发电容量,以保持发电和用电功率的平衡。当具有随机性的可再生能源发电机组在系统装机容量中占有比较大的比例时,不同区域的市场通过输电网共享电力平衡资源,进而增强了对输电容量的价值的认识。为了说明这一观察结果,我们考虑在图 8.17 所示的区域 A 和区域 B 之间修建输电线路。这两个区域的市场情况是完全一样的,即它们有完全相同发电机组组合和一样的用电负荷需求曲线。因此,电能量市场和备用市场的价格在这两个区域都是相同的。这样的假设可以帮助我们清楚地看到共享电力平衡资源的价值,因为两个完全相同的区域市场之间没有任何地方性的套利机会,也就是说,这两个区域之间的输电线路在电能市场或备用市场的交易套利方面没有任何价值。然而,每个区域的用电负荷、太阳能发电和风力发电都有随机波动性,发电机组也有随机故障的可能性,因此双方的系统运营商需要灵活性调峰资源来应对这些随机发生的不平衡量。两个系统之间的短期平衡服务交易可以降低这两个系统的总系统运行成本,而成本的降低就意味着从现有的输电线路中获得了一种收益。

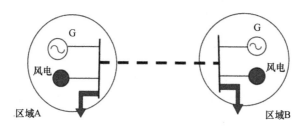

图 8.17 互联系统中交换平衡服务的两个区域

例 8.7

表 8.14 概括了区域 A 和区域 B 安装的常规发电机组的特征。这两个区域的年度电能量需求为 600TWh，最大用电负荷达到 95GW。考虑了两个风力发电出力在系统负荷中的相对水平：15% 和 30%，提前 4h 的风力发电预测的误差假定为 10%。并且假设这两个区域的风电出力预测误差是不相关的。

表 8.14 在区域 A 区和区域 B 的常规发电机组的特征

	核电	CCGT	OCGT
装机容量/GW	15	60	30
边际成本/(美元/MW)	7	70	140
空载成本/(10^3 美元/h)	0.3	11	34
起动成本/(10^3 美元/次)	100	42	20

使用随机调度模型（详见 Teng-Strbac, 2017），我们可以计算出提供电力平衡资源的年度成本。当两个区域市场是相互独立运行时（即没有与其他区域形成互联系统），图 8.18 显示，对于 15% 的风电穿透率（Wind Penetration），年度系统平衡成本约为 7.8 亿美元，而对于 30% 的风电穿透率，年度平衡成本是 20 亿美元。

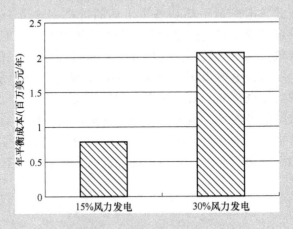

图 8.18 平衡系统的年度成本

图 8.19 显示了如果在两个地区之间建立 5GW 的互联输电系统，将会节约年度运营成本。正如所预料的那样，节约成本将随着风力发电的比例显著增加。

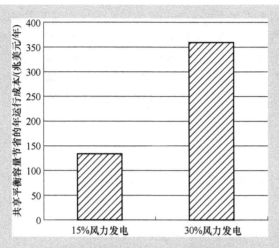

图 8.19 两个区域市场通过共享电力平衡资源每年可节省运营成本

投资安装海底电缆的年度固定和可变成本值（详见，Konstantelosal. 2017），分别约为 56000 美元/km 和 96000 美元/(GW·km)，投资建造 500km 互联输电系统的成本约为 $2.6×10^8$ 美元/年，但通过实现两个区域之间的电力平衡资源交易，30% 的风电穿透率将带来近 $1×10^8$ 美元/年的净效益。然而，对于 15% 的风电穿透率来说，建立这样的互联系统将不具有经济性，因为由此带来的运营成本的减少值将小于年度投资成本。

8.5.3 共享发电容量裕度

正如第 7 章中所述，电力系统中的总发电装机容量超过预测最大系统用电负荷，并留出一定的容量裕度，这是因为某些发电机组可能因故障或检修的原因停运。在这一小节，我们将分析如下问题：即在不同电力系统之间建立输电联络线路或扩大已有的输电联络线，可以在满足系统可靠性要求的条件下，降低各个系统总发电装机容量裕度。输电联络线让发电容量裕度的共享成为可能，因为各个发电机组的停运是相互独立的随机事件，因而互联输电线路让发电机组集合对系统总装机容量的贡献增大。

例 8.8

我们假设西尔瓦尼亚电力系统的用电负荷峰值为 500MW，而唯一能够建造的发电机组的容量为 60MW，可用率为 90%。西尔瓦尼亚系统调度的可靠性标准规定，发电功率低于用电最大负荷需求的概率不应超过 10%，即失负荷概率（LoLP，Loss of Load Probability）小于 10%。

为了确定上述条件下的失负荷概率（LoLP），我们需要构建如表 8.15 所示的发电容量停运概率表。因为我们假设所有的发电机组都有相同的容量，所以这个表每一行对应一个可能的状态，在该状态中有 n 台机组在运行。每行反映相应状态下的系统可用发电容量，还有这个可用容量是否足以满足用电负荷需求，以及这个运行机组数量对应的随机状态的概率。使用二项式分布公式计算概率公式如下：

$$\Pr(n) = \binom{N}{n} p^n (1-p)^{N-n} \tag{8.84}$$

其中，p 表示单个机组的可用率，N 表示机组总数。在表 8.15 中，我们假设 $N=11$。此外假设所有机组的可用率为 90%，因此 $p=0.9$。因此，每个状态下的概率计算如下：

$$\Pr(n) = \binom{11}{n} (0.9)^n (0.1)^{11-n} \tag{8.85}$$

如果只有 8 台或更少的发电机组处于运行状态，可用发电容量小于负荷峰值。可以将可用机组数量 $n \leq 8$ 的状态的概率求和，得到 LoLP 为 0.09，我们可以得出结论，该电力系统必须至少需要 11 台容量为 60MW 的发电机组才能满足系统运行可靠性要求。

注释：关于如何构造这样一个表和计算 LoLP 的具体分析，参考 Billinton and Allan (1996)。

表 8.15　11 台容量为 60MW、可用率为 90% 的发电机组满足最大用电负荷为 500MW 的发电容量停运概率表

可用机组数量 n	可用发电容量/MW	可用发电容量-用电峰荷/MW	n 个可用机组的概率
11	660	160	0.313811
10	600	100	0.383546
9	540	40	0.213081
8	480	-20	0.071027
7	420	-80	0.015784
6	360	-140	0.002455
5	300	-200	0.000273
4	240	-260	2.17E-05
3	180	-320	1.20E-06
2	120	-380	4.45E-08
1	60	-440	9.90E-10
0	0	-500	1.00E-11

例 8.9

博尔多利亚电力系统与上例中的西尔瓦尼亚电力系统完全相同。如果这两个系统没有互联，则每个电力系统必须至少有 11 台 60MW 容量的发电机组才能满足其运行的可靠性标准。我们试图证明，如果这两个电力系统之间建立了 80MW 容量的互联线路，单个电力系统只需 10 台 60MW 机组即可满足 500MW 的最大用电负荷需求和 LoLP 为 0.1 的可靠性要求。

表 8.16 为西尔瓦尼亚系统的发电容量停运概率表，该电力系统只有 10 台 60MW 发电机组。由于我们假设博尔多利亚系统是完全相同的，因此它有一个相同的表。如果西尔瓦尼亚系统仅依赖其自身发电资源，那么需要 9 台或 10 台发电机组投入运行才能满足最大用电负荷。此时，可用发电能力低于最大用电负荷的概率为：

$$\text{LoLP} = 1 - [\Pr(n=10) + \Pr(n=9)] = 1 - (0.3487 + 0.3874) = 0.2369 \quad (8.86)$$

由于此概率大于 0.1，因此并不满足系统可靠性要求。另一方面，如果与博尔多利亚系统建立了 80MW 的互联输电系统，只要博尔多利亚有足够的备用发电能力，西尔瓦尼亚系统就只需要 7 台或者 8 台本地的机组就可以满足最大用电负荷需求。

为了计算西尔瓦尼亚满足其峰值负荷的可能性，我们必须考虑是否可以同时考虑西尔瓦尼亚和博尔多利亚的两个系统的机组可用性。以下是可能的情况：

如果西尔瓦尼亚只有 7 台机组可用，则必须从博尔多利亚输入 80MW 容量。那么只有博尔多利亚至少有 80MW 的备用容量，即所有 10 台博尔多利亚机组都在使用中，才有可能满足上述条件。

表 8.16　10 台装机容量为 60MW 和可用率为 90% 的发电机组满足 500MW 峰荷需求的发电容量停运概率表

可用机组数量 n	可用发电容量/MW	可用发电容量-用电峰荷/MW	n 个可用机组的概率
10	600	100	0.3487
9	540	40	0.3874
8	480	−20	0.1937
7	420	−80	0.0574
6	360	−140	0.0112
5	300	−200	1.49E-03
4	240	−260	1.38E-04
3	180	−320	8.75E-06
2	120	−380	3.65E-07
1	60	−440	9.90E-09
0	0	−500	1.00E-10

如果西尔瓦尼亚只有8台机组可用,则必须从博尔多利亚输入20MW。只有博尔多利亚至少有20MW的备用容量,即有9或10台博尔多利亚机组可用,才有可能满足上述条件。

如果西尔瓦尼亚有9台或者10台机组可用,则不需要通过输入电力来满足其用电峰荷,那么博尔多利亚机组的可用性就与此无关了。

如果我们分别用 n_S 和 n_B 表示西尔瓦尼亚和博尔多利亚的可用机组数,并使用表8.16中西尔瓦尼亚和博尔多利亚的可用容量概率值,则西尔瓦尼亚能够满足其峰负荷的概率为:

$$\Pr(n_S = 10) + \Pr(n_S = 9) + \Pr(n_S = 8) \times \{\Pr(n_B = 10) + \Pr(n_B = 9)\} + \Pr(n_S = 7) \times \Pr(n_B = 10) = 0.899 \quad (8.87)$$

这使LoLP的值约为0.1,足以认定这已经满足了系统的可靠性标准。因此,投资建造一个80MW的互联输电线路可以避免投资建设两个分别位于西尔瓦尼亚和博尔多利亚的60MW的发电机组。需要注意的是,在上述分析中,我们忽略了互联线路停运概率的影响。

8.6 去中心化的输电容量投资扩容

8.6.1 基本概念

我们在基于成本和基于价值的条件下假设:对于输电投资扩建的决策旨在将整个电力系统的投资和运营成本总和最小化。换句话说,我们这里是采用了集中计划的机制。有人提出了一种完全不同的以市场机制为基础的方法,有时这种模式也会得到付诸实施,参见 Joskow 和 Tirole (2005)。其想法是,应该允许从输电网投资扩建项目中受益的利益相关者或利益相关者团体,投资该输电项目,并从中分享收入和利润。这些以利润最大化为目标的利益相关主体可以包括电力用户、发电公司以及商业化输电公司,即那些以输电投资获利为目的的公司。虽然这种市场化分散决策的方法符合电力行业全面放松管制的市场化改革方向,但人们仍然对这种商业机制能否带来实现社会福利最大化的输电网络投资存有疑问。

为了对这种分散投资决策的方法进行建模分析,我们必须意识到,进行商业化输电项目投资的每个市场实体的行为都具有独立性和战略性,例如,每一个市场实体都试图获得超出其在集中式方法下获得的利润。然而,每一个市场实体成员都必须考虑到竞争对手可能做出的决策。每一个新建的输电设备都确实会影响电力系统的运行方式,继而影响到节点边际电价(LMP,Locational Marginal Price),因此,多个不同的输电项目投资产生的收入和利润是相互影响的。由于这些市场实体的战略行为之间有互动性和相互依赖,因此需要建立一个基于博弈论的分析模型进行分析。在这个分析框架中,输电监管机构需要决定一个协调了不同市场实体间的利益关系的最终的输电扩建规划方案,即实现了纳什均衡(Nash Equilibrium):没有一个参与市场实体可以通过单方面修改其决策来增加其利润的输电投资方案。

8.6.2 两节点系统示例

让我们研究分散式输电投资扩建模式如何在图 8.2 所示的博尔多利亚-西尔瓦尼亚的两节点系统上实现。与前面的例子一样,博尔多利亚和西尔瓦尼亚的发电机组的运行成本分别为:

$$C_B = 10P_B + 0.005P_B^2 (\text{美元}/h) \tag{8.88}$$

$$C_S = 13P_S + 0.01P_S^2 (\text{美元}/h) \tag{8.89}$$

上述公式中,P_B 和 P_S 分别表示博尔多利亚和西尔瓦尼亚发电机组的输出功率。那么博尔多利亚—西尔瓦尼亚上的刚性用电负荷需求分别为:

$$D_B = 500 \text{MW} \tag{8.90}$$

$$D_S = 1500 \text{MW} \tag{8.91}$$

我们假设博尔多利亚和西尔瓦尼亚之间最初没有互联输电线路,那么这两个国家之间建设输电线路的每小时长期边际成本是:

$$c_T = 4 \text{ 美元}/\text{MWh} \tag{8.92}$$

理论上,这两个国家的发电公司和电力用户,以及商业输电公司都可以考虑投资建设两国之间的输电线路,为了简便起见,我们假设只有两个市场实体可以投资于这两个国家之间的互联系统:博尔多利亚的发电公司联合体和西尔瓦尼亚发电公司联合体。

由于这些发电公司可以在本国按照节点边际电价(LMP)出售生产的电能,因此他们可以获得以下收入:

$$\Gamma_B = \pi_B P_B \tag{8.93}$$

$$\Gamma_S = \pi_S P_S \tag{8.94}$$

如果博尔多利亚发电公司投资的输电容量为 F_B,而西尔瓦尼亚发电公司投资的输电容量为 F_S,则它们分别有权获得以下阻塞盈余:

$$CS_B = (\pi_S - \pi_B) F_B \tag{8.95}$$

$$CS_S = (\pi_S - \pi_B) F_S \tag{8.96}$$

这些公司发生如方程式(8.88)和(8.89)中的运营成本以及输电投资成本:

$$IC_B = c_T F_B \tag{8.97}$$

$$IC_S = c_T F_S \tag{8.98}$$

他们的利润来源于两种收入和这两种成本之间的差额:

$$\Omega_B = \Gamma_B + CS_B - C_B - IC_B \tag{8.99}$$

$$\Omega_S = \Gamma_S + CS_S - C_S - IC_S \tag{8.100}$$

这些利润取决于发电功率、节点边际电价(LMP)以及投资的输电容量。由于博尔多利亚的发电成本比西尔瓦尼亚低,投资输电线路的潮流将从博尔多利亚流向西尔瓦尼亚。研究表明,该潮流将充分利用互联输电系统的输电容量,即两个投资主体投资的输电容量之和。博尔多利亚发电公司的出力应该等于博尔多利亚的本地用电需求加上总输电容量:

$$P_B = D_B + (F_B + F_S) \tag{8.101}$$

西尔瓦尼亚发电功率等于西尔瓦尼亚本地的用电负荷减去从博尔多利亚输入的功率:

$$P_S = D_S - (F_B + F_S) \tag{8.102}$$

如果我们假设这两个国家的市场是完全竞争的,那么每个国家的 LMP 等于当地发电机组的边际成本,使用式(8.88)和式(8.89),我们得到:

$$\pi_B = \frac{dC_B}{dP_B} = 10 + 0.01 P_B = 10 + 0.01 (D_B + F_B + F_S) \tag{8.103}$$

$$\pi_S = \frac{dC_S}{dP_S} = 13 + 0.02 P_S = 13 + 0.02 (D_S - F_B - F_S) \tag{8.104}$$

结合式(8.88)~式(8.104),我们可以将博尔多利亚和西尔瓦尼亚的发电公司的利润表示为两个国家发电联合体投资的输电容量的函数:

$$\Omega_B = -\frac{F_B^2}{40} - \frac{F_B F_S}{50} + 29 F_B + \frac{F_S^2}{200} + 5 F_S + 1250 \tag{8.105}$$

$$\Omega_S = \frac{F_B^2}{100} - \frac{F_B F_S}{100} - 30 F_B - \frac{F_S^2}{50} - 6 F_S + 22500 \tag{8.106}$$

每个国家的发电联合体都会选择使其利润最大化的最优输电容量,但必须受到该容量大于等于零的约束:

$$F_B \geq 0 \tag{8.107}$$

$$F_S \geq 0 \tag{8.108}$$

通过 F_B 和 F_S 决策变量耦合的两个利润最大化问题的解决方案是我们的分散化商业输电投资扩建中讨论过的博弈论的纳什均衡解。

为了计算这种均衡解,我们将这些利润最大化问题表示为等价的负利润最小化问题,并构造其拉格朗日函数:

$$L_B = -\Omega_B - \lambda_B F_B \tag{8.109}$$

$$L_S = -\Omega_S - \lambda_S F_S \tag{8.110}$$

式中, λ_B 和 λ_S 是与约束条件(8.107)和(8.108)对应的非负拉格朗日乘子。

考虑到博尔多利亚电力公司只决定 F_B,西尔瓦尼亚的电力公司决定 F_S,这些优化问题的 KKT(Karush-Kuhn-Tucker)最优条件是:

$$\frac{\partial L_B}{\partial F_B}=0 \Rightarrow \frac{F_B}{20}+\frac{F_S}{50}-\lambda_B-29=0 \quad (8.111)$$

$$\frac{\partial L_S}{\partial F_S}=0 \Rightarrow \frac{F_B}{20}+\frac{F_S}{25}-\lambda_S+6=0 \quad (8.112)$$

$$\lambda_B\frac{\partial L_B}{\partial \lambda_B}=0 \Rightarrow \lambda_B F_B=0 \quad (8.113)$$

$$\lambda_S\frac{\partial L_S}{\partial \lambda_S}=0 \Rightarrow \lambda_S F_S=0 \quad (8.114)$$

联合式（8.111）~式（8.114）可得到表 8.17 所示的纳什均衡解。

表 8.17 博尔多利亚-西尔瓦尼亚互联系统的最优分散化输电投资

F_B/MW	F_S/MW	λ_B/（美元/MWh）	λ_S/（美元/MWh）
580	0	0	11.80

正如所料，西尔瓦尼亚发电公司不会在输电容量上进行投资，正如我们在第 5 章中讨论的一样，与博尔多利亚的互联输电线路将降低了西尔瓦尼亚发电公司的利润。这样的互联系统不仅降低了西尔瓦尼亚的节点边际电价（LMP），而且降低了西尔瓦尼亚生产的电能。事实上，λ_S 的值表明，通过互联系统增加输送的单位电能给西尔瓦尼亚发电公司增加的成本为 11.80 美元。另一方面，博尔多利亚发电公司希望建造一个 580MW 的互联系统，因为这不仅将给它们增加发电量，而且也有机会获得出口到西尔瓦尼亚的输电线路带来的阻塞盈余。

这种分散式输电投资决策方式产生的 580MW 最优输电容量小于相同情况下集中式输电投资决策的 800MW 的最优输电容量（第 8.4.4 节）。投资建设 580MW 以上的输电容量并不符合博尔多利亚发电公司的最佳利益，因为这将降低互联系统两侧之间的节点电价差异，因此减少阻塞盈余。

表 8.18 比较了两种输电扩建方法的结果。由于分散化输电决策方法导致输电容量较小，因此不仅在博尔多利亚公司，还是在西尔瓦尼亚公司，这都将为这些发电公司带来更大的利润。另一方面，系统总成本（即输电投资和发电运营成本之和）也增加了。

表 8.18 集中和分散输电投资扩建方案的比较

	集中式	分散式
最优输电容量/MW	800	580
博尔多利亚发电商利润/（美元/h）	8450	9660
西尔瓦尼亚发电商利润/（美元/h）	4900	8464
总成本/（美元/h）	38650	39376

考虑到分散化输电规划过程中涉及更大规模的优化和更自利的市场主体，需要使用更先进的博弈论和均衡规划模型和方法，如 Shrestha 和 Fonseka（2007）或 Fan 等人（2016）提出的方法。

8.7 非电网的输电扩容的替代方案

本章所用的例子可能会给人一种印象，即输电容量扩建等同于新建或升级现有的输电线路。然而，环境因素会导致以这种方式来增加输电能力变得非常困难，建设或升级改造输电网的成本可能非常高。因此，输电规划越来越多地考虑所谓的"非电网的替代方案"。

在传统的集中式输电规划中，关于负荷和发电能力增长的投资项目，需要预测在系统用电高峰负荷期间，在关键输电线路或断面上，潮流是否会越限。虽然在各种用电负荷水平上输电扩容都具有一定的价值，但电力投资决策往往以是否能可靠地满足系统用电高峰负荷来决定。从这个角度来看，一些非电网替代方案，在无须输电网升级的条件下，以更低廉和更环保的方式满足系统用电峰值负荷的需求。

这些解决方案包括：

1）在用电高峰负荷时段策略性启动特定位置的用电需求侧响应资源，以保证关键输电线路和断面的潮流保持在安全限额以内。

2）当某关键线路上的潮流接近安全性稳定极限时，对在该线路的上游的储能设备充电，对在该线路下游的储能设备放电。

3）补救措施计划，以减轻线路超载和其他由计划外停机引起的系统稳定性问题。

4）减缓高峰时段的电能峰值负荷增长的能效服务技术。

5）在负荷中心的分布式发电技术，以减轻输电系统的负荷。

非电网解决方案可以将需要的输电网建设或升级的进程推迟至少数年，还可以降低由于负荷预测错误导致的大规模输电项目投资冗余的风险。另一方面，这些解决方案的落地，需要统一的资源规划和提供此类资源和技术发展的激励机制。有关这些问题的讨论，请参见 Poudineh 和 Jamasb（2014）。

8.8 习题

8.1 总结您所在地区或国家或者您可以获得充分信息的其他地区用于输电投资扩容的监管机制。

8.2 分析您所在地区或国家或您可以获得足够信息的其他地区的输电投资成本分摊的办法。

8.3 考虑图 P8.1 所示的两节点电力系统。假设用电需求是刚性的，没有价格弹性，电价按照发电边际生产成本价确定，并且对发电没有装机容量限制。如果边际生产成本如下所示，那么输电服务的最高价格是多少？

$$MC_A = 25 \text{ 美元/MWh}$$
$$MC_B = 17 \text{ 美元/MWh}$$

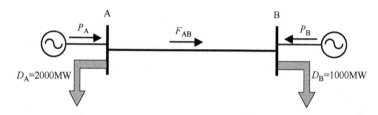

图 P8.1 习题 8.3～习题 8.9 的两节点电力系统

8.4 考虑图 P8.1 所示的两节点电力系统。假设用电需求是刚性的，没有价格弹性，电价按照发电边际生产成本价确定，并且对发电没有装机容量限制。那么与 A 和 B 节点发电机组的边际生产成本，通过以下表达式给出：

$$MC_A = 20 + 0.03P_A (\text{美元/MWh})$$
$$MC_B = 15 + 0.02P_B (\text{美元/MWh})$$

绘制反映输电边际市场值与节点 A 和 B 间输电线路容量关系的函数图形。

8.5 确定习题 8.4 的输电需求函数。

8.6 计算习题 8.4 中输电线路的每小时长期边际成本，假设输电线路长度为 500km，建设输电线路的年度可变成本为 210 美元/(MW·km·年)。

8.7 假设在图 P8.1 所示的用电负荷条件下，确定习题 8.4～习题 8.6 中输电线路的最优容量水平。

8.8 确定习题 8.4～习题 8.6 输电线路的最优容量水平，对于下表中总结的三段负载持续曲线。假设在两个节点上高、中、低负荷的持续时长完全一样。

阶段	A 用电负荷/MW	B 用电负荷/MW	持续时间/h
高	4000	2000	1000
中	2200	1100	5000
底	1000	500	2760

将每年最优输电容量对应的输电阻塞盈余与输电线路的年度投资成本进行比较。

8.9 如果习题 8.8 系统中的输电容量比最优输电容量高 33.3%，或者低 33.3%，计算每年收取的输电阻塞盈余收入，将这些值与输电线路的年度投资成本进行比较。

参 考 文 献

Billinton, R. and Allan, R.N. (1996). *Reliability Evaluation of Power Systems*, 2e. Plenum Press.

Boiteux, M. (1949). La tarification des demandes en pointe: application de la théorie de la vente au coût marginal. *Rev. Gén. Electr.* 58: 321–340.

Fan, Y., Papadaskalopoulos, D., and Strbac, G. (2016). A game theoretic modeling framework for decentralized transmission planning. *2016 Power Systems Computation Conference (PSCC)*, Genoa, pp. 1–7.

Farmer, E.D., Cory, B.J., and Perera, B.L.P.P. (1995). Optimal pricing of transmission and distribution Services in Electricity Supply. *IEE Proc. Generat. Transm. Distrib.* 142 (1).

Hogan, W.W. (1999). Market-based transmission investments and competitive electricity markets. https://sites.hks.harvard.edu/fs/whogan/trans_mkt_design_040403.pdf.

IEEE Power Engineering Society Subcommittee on the Application of Probabilistic Methods (1979). A reliability test system. *IEEE Trans. Power App. Syst.* PAS-98 (6).

Joskow, P. and Tirole, J. (2005). Merchant transmission investment, J. *Industr. Econ.* 53 (2): 233–264.

Konstantelos, I., Moreno, R., and Strbac, G. (2017). Coordination and uncertainty in strategic network investment: case on the north seas grid. *Energy Econ.* 64: 131–148.

Marangon Lima, J.W. (1996). Allocation of transmission fixed charges: an overview. *IEEE Trans. Power Syst.* 11 (3): 1409–1418.

Nelson, J.R. (1967). *Marginal Cost Pricing in Practice*. Prentice-Hall.

Poudineh, R. and Jamasb, T. (2014). Distributed generation, storage, demand response and energy efficiency as alternatives to grid capacity enhancement. *Energy Policy* 67: 222–231.

Shrestha, G.B. and Fonseka, P.A.J. (Sep. 2007). Optimal transmission expansion under different market structures. *IET Gen. Transm. Distr.* 1 (5): 697–706.

Teng, F. and Strbac, G. (2017). Full stochastic scheduling for low-carbon electricity systems. *IEEE Trans. Autom. Sci. Eng.* 14: 461–470.

Wood, A.J. and Wollenberg, B.F. (1996). *Power Generation, Operation and Control*, 2e. Wiley.

延伸阅读

Hogan, W.W. (2003). Transmission Market Design. www.ksg.harvard.edu/whogan.

Woolf, F. (2003). *Global Transmission Expansion: Recipes for Success*. PennWell.